»Es begann alles so hoffnungsvoll.« Als sie damals in das schöne arabische Haus im Niemandsland zog, unweit der historischen Altstadt und mit malerischem Blick über die Judäische Wüste, da glaubte Angelika Schrobsdorff, in Jerusalem endlich den Ort gefunden zu haben, der für sie Heimat bedeuten könnte. Heute, Jahrzehnte später, sind Frieden und Sicherheit mehr denn je eine Illusion, und die Hoffnung schwindet. Ein Prozeß, mit dem Angelika Schrobsdorff sich nicht abfinden will. Für sie gibt es »nichts Lohnenderes als die Gerechtigkeit per se, egal um welches Volk es sich handelt«. Und sie hat sowohl israelische als auch arabische Freunde. Von diesen Menschen, denen ihre Zuneigung gehört, aber auch von denen, die sie verabscheut, erzählt sie. Von den Katzen, denen ihre ganze Fürsorge gilt, und von der Stadt, der sie verfallen ist und die ihr Alpträume beschert. »In Jerusalem hab ich zum zweiten Mal das Licht der Welt erblickt, und es war und ist ein so magnetisches Licht, daß man daran klebenbleibt und sich, wenn man wieder loskommen will, die Haut in Fetzen runterreißt.«

Angelika Schrobsdorff wurde am 24. Dezember 1927 in Freiburg im Breisgau geboren, mußte 1939 mit ihrer jüdischen Mutter aus Berlin nach Sofia emigrieren und kehrte 1947 nach Deutschland zurück. 1971 heiratete sie in Jerusalem Claude Lanzmann und beschloß 1983, nach Israel zu gehen.

Angelika Schrobsdorff

Wenn ich dich je vergesse,
oh Jerusalem ...

Deutscher Taschenbuch Verlag

Ungekürzte Ausgabe
September 2004
Deutscher Taschenbuch Verlag GmbH & Co. KG,
München
www.dtv.de
© 2004 für die Taschenbuchausgabe:
Deutscher Taschenbuch Verlag GmbH & Co. KG,
München
Erstveröffentlichung: München 2002
Umschlagkonzept: Balk & Brumshagen
Umschlagfoto: © Axel Krause/laif
Gesetzt aus der Garamond 10/11,5· (3B2)
Gesamtherstellung: Druckerei C. H. Beck, Nördlingen
Gedruckt auf säurefreiem, chlorfrei gebleichtem Papier
Printed in Germany · ISBN 3-423-13239-6

Der Prediger Salomo

Alles Reden ist so voller Mühe,
daß niemand damit zu Ende kommt.
Das Auge sieht sich niemals satt,
und das Ohr hört sich niemals satt.
Was geschehen ist, eben das wird hernach sein.
Was man getan hat, eben das tut man hernach wieder,
und es geschieht nichts Neues unter der Sonne.

Kohelet, Kapitel 1. 8,9

Das Millennium

Es begann alles so hoffnungsvoll. Viele neue Hotels wurden gebaut, eins häßlich-pompöser als das andere, Straßen wurden verbreitert und frisch asphaltiert, Plakate an allen Ecken und Enden angebracht: »Jerusalem 2000«.

Dabei war Jerusalem eine rein jüdische Stadt – wie immer wieder unter Beweis gestellt wird –, nach jüdischem Kalender nicht zwei-, sondern fünftausendsiebenhundertsechzig Jahre alt. Aber man richtete sich in diesem Fall eben nach der christlichen Zeitrechnung, denn die Christen würden das Geld bringen, in den häßlich-pompösen Hotels wohnen und in die Restaurants gehen, in denen die schon vorher unverschämten Preise rasch noch um ein Weiteres in die Höhe schossen.

In Bethlehem, wo sich die Festlichkeiten konzentrieren sollten, Feuerwerk abgeschossen, 2000 weiße Tauben gen Himmel geschickt, Chöre singen und Arafat eintreffen würden, herrschte Chaos. Auch dort wurde gebaut, renoviert und verschönert. Die seit Jahrzehnten nicht mehr ausgebesserte Hauptstraße in ihrer ganzen Länge und der große Platz vor der Geburtskirche, den man bis dahin als Parkplatz für zahllose Autos und Busse mißbraucht hatte, waren aufgerissen worden, damit sie sich am Stichtag in neuem Glanz präsentieren könnten. Aber dieser Moment schien noch sehr weit, und verfrühte, verstörte Besucher mußten sich durch dröhnende Baumaschinen, Staubwolken und Geröll ihren Weg bahnen.

»Bethlehem 2000 welcomes you«, hieß es auf einem Transparent am Ortseingang.

Euphemia, meine christlich-palästinensische Putzfrau, die mich seit siebzehn Jahren, trotz Intifada und Golfkrieg, Straßen- und Ausgangssperren, nicht einen Tag versetzt hat, war sich der großen Stunde des »Heiligen Landes« gewiß: »Sechs Millionen werden kommen«, kreischte sie beglückt, »sechs Millionen Pilger und Touristen aus der ganzen Welt, Americans and Russians, Clinton und ...«, der Name des russischen Staatschefs fiel ihr nicht ein.

»Wie kommst du auf sechs Millionen?« fragte ich argwöhnisch. Sollte diese ominöse Zahl bis in die palästinensischen Gebiete gedrungen sein und dort als Maßstab freudiger Ereignisse gelten?

Aber Euphemia schien sich der Bedeutung der Zahl keineswegs bewußt zu sein: »Sechs Millionen, sagt man«, wiederholte sie triumphierend, »oder noch mehr!«

In Israel sprach man nur von drei Millionen, darunter von vielen verdächtigen Sekten, die gedroht haben sollen, in Jerusalem Massen-Selbstmord zu verüben oder, viel schlimmer noch, das muslimische Heiligtum auf dem Tempelberg, die Al-Aksa-Moschee, in Brand zu setzen. Vielleicht würden sie auch beides zusammenlegen, denn schließlich war Jerusalem prädestiniert, spannende Ereignisse und Endzeitkatastrophen zu produzieren. Doch der israelische Geheimdienst war den Sekten bereits auf der Spur und entschlossen, sie am Flugplatz abzufangen und dahin zurückzuschicken, woher sie gekommen waren. Dies immerhin schien gelungen zu sein, denn nicht ein Sektenmitglied, geschweige denn ein ganzes Rudel, hat sich hier umgebracht, was die hohen Erwartungen, die wir an den Jahrhundertwechsel gestellt hatten, erheblich enttäuschte.

Auch die Anschaffung von Lebensmitteln, Mineralwasserflaschen in großen Mengen, Kerzen, Sturmlampen und Radios, die auf Batterie laufen, war umsonst gewesen. Meine Mutter-Freundin, Evchen, neunzig Jahre alt und nach wie vor positiv eingestellt, hatte mir dringendst geraten, mich mit diesen überlebenswichtigen Dingen einzudecken.

»Auch in den Zeitungen stand es«, erklärte sie, »und im Fernsehen wurde es gesagt.« Ihr Glaube an die Unfehlbarkeit der Medien war unerschütterlich. »Man soll auch alle

Computer ausschalten«, fuhr sie fort, »denn wenn da was schiefgeht mit der Technik, explodieren sie.«

»Nein, nein, das hast du falsch verstanden«, wagte ich, es selber nicht verstehend, einzuwenden, »da ist irgendein ›bug‹, der die Zahlen und Programme durcheinanderbringt, aber das heißt nicht ...«

»Na ja, das sage ich doch«, unterbrach sie mich ungeduldig, »sie geraten durcheinander und explodieren.«

»Sollen sie«, sagte ich ermattet, denn wenn unsere Gespräche bereits an den simpelsten Themen scheiterten, wie da erst, wenn es sich um etwas so Unbegreifliches wie Computer handelte. Ich versuchte also, das Thema zu wechseln, doch das ließ sie nicht zu. Für sie, so wie für viele ihrer Generation, war die potentielle Apokalypse ein ebenso anregender Gesprächsstoff wie etwa der Simpson-Prozeß oder die Sexaffäre zwischen Clinton und Monica.

»Hältst du es für möglich«, fragte sie hoffnungsfroh, »daß die Welt untergeht?«

»Nein«, enttäuschte ich sie, »ich fürchte, das dauert noch ein Weilchen.«

Für sie wäre es zweifellos eine gute Nachricht gewesen, denn die Vorstellung, daß die Welt nach ihrem Tod noch weiter existieren könnte, empfand sie als ungerecht.

»Also sehr viele Menschen halten es für möglich«, belehrte sie mich, »besonders die Deutschen. Ich sehe doch manchmal RTL, und was man da so alles sagt! Richtig gruselig! Stell dir vor, die Flugzeuge fallen plötzlich vom Himmel und der Computerbug ist nicht mehr aufzuhalten und zerstört die ganze Technik.«

»Ich hoffe, als erstes zerstört er RTL.«

»Du scheinst das nicht ernst zu nehmen«, warf sie mir vor, »aber ich sage dir, viele kluge Leute, mit denen ich gesprochen habe und die etwas von diesen Dingen verstehen, haben große Zweifel, daß die Sache gutgeht.«

Die hatte ich nun leider nicht. »Die Welt geht nicht unter mit einem Knall, sondern mit einem Gewimmer«, hatte ein wirklich kluger Kopf einmal gesagt, und so sah ich es auch. Möglicherweise würden ein paar Pannen eintreten und die Versorgung der Stadt mit Elektrizität, Wasser und Telefon unterbrochen werden. Aber solange ich genug Katzenfutter hatte, konnte mir persönlich gar nichts passieren. Ich rief meine Tierhandlung an und bestellte vorsichtshalber hundert Dosen »Cat-Star«.

»Na ja«, sagte Harry, der seit einiger Zeit bei mir wohnte und die schwere Bürde der Katzenbetreuung mit mir teilte, »das reicht ja dann auch für uns.«

Harry ist ein Stoiker, anderenfalls würde er es auch gar nicht bei mir aushalten. Er nimmt alles mit ernster Gelassenheit hin: meine Wut- und Angstausbrüche, das zügellose Treiben einer 25-köpfigen Katzenmeute, das irrationale Verhalten meiner Freunde, die geistesgestörte Politik des israelischen Staates, die Terroraktionen der Palästinenser, verstopfte oder geplatzte Wasserrohre in meiner Wohnung, Euphemias merkwürdige Putzmethoden, bei denen der Dreck unter den Möbeln und die Spinnweben in den Ecken der Zimmer alle Kalamitäten unseres Lebens überdauern, und Kater Dinos senile Spleens, die den 16jährigen dazu veranlassen, zehnmal am Tag absichtlich seinen Wassernapf auszukippen oder auf der Bademette, die grün und weich an Rasen erinnert, ein ordentlich geschichtetes Häufchen zu hinterlassen.

»Kann man nichts machen«, sagt Harry und betrachtet mit schief geneigtem Kopf das Häufchen, mein verzerrtes Gesicht, die schmutzige Schaumwolke, die aus dem Abflußrohr in der Küche steigt, die munteren Spinnen und die irrwitzigen Katzen, die sich zu bestimmten Stunden, ohne ersichtlichen Grund, kreischend durch die Wohnung jagen und ein Schlachtfeld an zerknüllten Teppichen, zerkratzten Ledercouchen, umgeworfenen Gegenständen und Pelzbüscheln hinterlassen.

Auch dem heraufziehenden Millennium stand er mit Gleichmut gegenüber, und all die finsteren Szenarien, Mutmaßungen und Prognosen, mit denen sich die Leute Zeit und Langeweile vertreiben, fielen bei ihm auf unfruchtbaren Boden.

»In der Nacht des 31. Dezember stellen die meisten Fluglinien ihre Flüge ein«, gab ich ein Gerücht, das in Jerusalem kursierte, an ihn weiter.

»Blödsinn«, sagte er, »die haben längst alles im Griff.«

»Woher willst du das wissen?« fragte ich, denn wenn man schon nicht an den Weltuntergang glaubte, wollte man sich wenigstens an der dramatischen Endzeitstimmung beteiligen.

Er sah mich schweigend an, ein kleines, arrogantes Lächeln um den Mund und unter der Brille.

»Dann erklär mir doch endlich mal, was es mit diesem berühmten Computerbug auf sich hat«, rief ich verärgert und setzte mich auf das behaarte Polster eines Sessels.

Die Erklärung, mit der er mir das Entstehen, Leben und Treiben des Bugs darzulegen versuchte, war anschaulich und ausgiebig, und ich tat, als hörte ich aufmerksam zu. In Wahrheit verlor ich mich schon bald in eigenen Gedanken, und die kreisten um den dreijährigen Sohn meiner russischen Nachbarin, Elena, der, obgleich er noch kein Wort sprechen konnte und den Eindruck erweckte, zurückgeblieben zu sein, in Windelhöschen vor dem Computer saß und sich seine Kinderprogramme einstellte. Während ich mein unkompliziertes, wenn auch mit grellbunten Lichtspielen ausgestattetes Stereogerät nach zwei Jahren immer noch nicht bedienen konnte. Ich wußte tatsächlich nicht, was anomaler ist: Max, das Windelhöschenkind, unbeirrt vor dem Computer oder ich, alte Ziege, verwirrt vor dem wetterleuchtenden Stereogerät.

»Sehr interessant«, sagte ich, nachdem Harry seinen Vortrag beendet hatte, »aber ich könnte mir denken, daß man doch nicht alles im Griff hat.«

Wozu schließlich ein Millennium in Jerusalem, der »Heiligen Stadt«, wenn es genauso ereignislos verlaufen würde wie irgendeine Neujahrsnacht in irgendeiner unbedeutenden Stadt? Ich konnte mich an keine gelungene Silvesterfeier in meinem langen Leben erinnern, es sei denn, man rechnete die mit dem makabren Ausgang zu den gelungenen.

Die hatte in München stattgefunden, in einem faden Mietshaus im fünften Stock. Auch die Gäste waren fade gewesen und krampfhaft darum bemüht, sich zu amüsieren. Die einzige, die mir gefallen hatte, war die Gastgeberin gewesen, eine gutaussehende junge Anwältin von erfrischender Natürlichkeit. Nachdem wir das Mitternachtsritual mit mahnenden Glockenschlägen, Sekt und Küssen hinter uns gebracht hatten, hatte sie uns eine dicke Linsensuppe mit Würstchen serviert, war ins Nebenzimmer gegangen und aus dem Fenster gesprungen. Sie war auf der Stelle tot und hatte uns mit dem Rätsel ihres Suizids zurückgelassen. Niemand hatte einen konkreten Anlaß dafür finden können. Ihr Leben soll von Kindheit an unter den günstigsten Bedingungen verlaufen sein. Noch heute fasziniert mich diese ungewöhnliche Kombination aus dicker Linsensuppe und unerklärbarem Selbstmord.

Nicht, daß ich auf eine Wiederholung dieser kuriosen Neujahrsnacht Wert gelegt hätte, aber etwas, das den außergewöhnlichen Umständen im »Gelobten Land« gerecht werden würde, erwartete ich eben doch. Und damit war ich wahrlich nicht allein. Infolge meines Kabelfernsehens, dem ich die Verknüpfung mit der ganzen absonderlichen Welt verdanke, wußte ich, daß das Millenniumsfieber die gesamte christliche und merkantile Menschheit ergriffen hatte und man sich dementsprechende Sensationen und Geschäfte von ihm erhoffte. Es wurden also die vielversprechendsten Reisen, Hotels, Restaurants, Dinners und Unterhaltungsprogramme, die gigantischsten Millenniumsbusen, knackigsten Millenniumsärsche, Berühmtheiten aus Film, Wirtschaft und Politik angekündigt. Die Mode-, Kosmetik- und Andenkenbranche lockte mit tollen Millennium-Sonderangeboten, und Städte wurden mit den ausgefallensten Kreationen geschmückt. Dann allerdings wurden die erwartungsfrohen Bürger dieser Städte eindringlichst vor Millenniums-Terroraktionen gewarnt. Und was nun?

Die Geschäftemacher waren empört, die erwartungsfrohen Bürger verschreckt und die Medien über diesen guten, die Auflagen- und Einschaltquoten steigernden Einfall erfreut. Die Hysterie, die natürlich in Amerika ausgebrochen war, griff schnell um sich, und die Touristengastronomie und Unterhaltungsindustrie erlitten schwere Einbußen.

Ich weiß nicht, ob Jerusalem und Bethlehem unter diese Geschädigten fielen. Mag sein, denn wir halten ja den Spitzenplatz, was Terroraktionen betrifft. Doch davon abgesehen, steht die Bevölkerung dieses Landes dem christlichen Fest ohnehin teils erzürnt, teils gleichgültig gegenüber. Für die hohe Anzahl orthodoxer Juden ist es nichts anderes als »Gojim naches«, ein Fest, das ausschweifend und unter dem Einfluß von Alkohol gute Juden noch ein Stück weiter von den Gesetzen der Sittlichkeit abbringt. Also verhängten sie für Silvesternächte über alle Hotels, die in ganz Israel obligatorisch koscher zu sein haben, ein Feierverbot, das selbst ein weltuntergangsträchtiges Millennium nicht zu brechen vermochte. Und was den palästinensischen, muslimisch geprägten Teil unseres Landes betrifft, so fürchtete der einen Weltuntergang wohl weitaus weniger als etwa eine israelische Polizeikontrolle.

Wie auch immer, die angekündigten Millionen blieben aus, die Selbstmördersekten, die gewiß Schwung in die Geschichte gebracht hätten, waren uns dummerweise ferngehalten worden, und die säkularen Israelis flogen entweder in Länder, in denen sie sich amüsieren konnten, oder fügten sich den Sitten und Unsitten ihres Staates. Es drohte ein sehr lahmes und verlustbringendes Fest zu werden, das auch von der kleinen, offenbar harmlosen Sekte, die sich ausgerechnet in dem renovierten Haus mir schräg gegenüber eingenistet hatte, nicht aufgelockert werden würde. Es war eine Schweizer Sekte, die aus unattraktiven Kindern und deren nicht minder unattraktiven Lehrern bestand und sich »Die Verkünder« nannte. »Die Verkünder« sangen langweilige christliche Lieder und spielten ein Ballspiel, zu dem unsere Hauswand, unterhalb Harrys Zimmer, herhalten mußte.

»Ich weiß nicht, was mir mehr auf den Geist geht«, sagte Harry mit gefurchter Stirn, »der Ball oder die Lieder.«

Als der große Tag näher rückte, entstand Panik in meinem Freundes- und Bekanntenkreis. Keiner wußte, wie er den Jahrhundertwechsel begehen sollte, jeder fragte jeden, wo er an diesem Abend hingehen würde, ob er nicht eine Party geben oder zumindest irgendwo eine arrangieren könne. Ich, deren große Wohnung für Partys geradezu entworfen zu sein scheint, wurde so oft gefragt, daß ich kurz davor war, mich auf dieses ungute Abenteuer einzulassen. Was mich noch zögern ließ, waren meine Katzen, die Partys, Menschenansammlungen und Lärm verabscheuen, eine Tugend, die sie von mir übernommen haben. Hätte man mich nicht mit der Millenniumshysterie angesteckt und in Ruhe gelassen, wäre der Abend kein Problem für mich geworden. Ich hätte ihn mit ein paar guten Freunden verbracht oder mit den Katzen, Whisky und Zigaretten im Bett.

»Kommt gar nicht in Frage«, erklärten die, die sich auf Partys versteift hatten, »ein Millennium ist nun mal was Besonderes, und ein zweites wirst du nicht erleben.«

»Gott sei Lob und Dank dafür«, sagte ich und überlegte, was ich schon alles nicht mehr erleben würde. Es war viel und es tat mir ein bißchen leid darum, erstaunte mich auch, aber es schmerzte nicht mehr.

»Heute habe ich in der Tiefkühltruhe im Supermarkt ein Päckchen Räucherlachs gesehen«, sagte ich, »und da stand das Haltbarkeitsdatum 2009 drauf.«

»Was hat das denn jetzt mit der Neujahrsparty zu tun?«

»Gar nichts, nur habe ich da plötzlich gedacht: Der Lachs wird mich wahrscheinlich überleben.«

Es herrschte einen Moment lang teils verdutztes, teils betretenes Schweigen. Dann lachte meine Freundin Ina und sagte: »Eine viel interessantere Frage ist, ob Israel den Lachs überlebt.«

Ina war Journalistin und Kennerin des Mittleren Ostens. Sie war sehr oft in Israel und sollte diesmal über die Millenniumsereignisse im »Heiligen Land« berichten. Immerhin war hier der Brennpunkt, der Ort, Armageddon oder Megiddo genannt, an dem die letzte Schlacht zwischen Gut und Böse, Gog und Magog, stattfinden sollte. Und was lag näher, als daß diese Offenbarung in der Nacht zum Jahr 2000 über uns hereinbrechen und uns, so wir nicht zu den Gerechten zählten, hinweggraffen würde.

Mary, eine junge Amerikanerin, die der internationalen christlichen Sekte der »Gläubigen« angehörte und eine Zeitlang meine Katzen verpflegt hatte, flehte mich an, der Sekte beizutreten. Nur so könnte ich Gottes jüngstes Gericht überleben. Sie hatte mir mit hochroten Wangen und irrem Blick die Offenbarung des Johannes vorgelesen, und als das nicht half, »das neue Jerusalem« zitiert: »Und ich sah die Heilige Stadt, das neue Jerusalem, von Gott aus dem Himmel herabfahren, bereitet wie eine geschmückte Braut ihrem Mann.« Aber auch der paradiesischen Verlockung, nach meiner Rettung in einem neuen, wie eine Braut geschmückten Jerusalem leben zu dürfen, hatte ich widerstanden und gesagt: »Mary, genug, die Katzen auf dem Dach warten auf ihre Hühnerköpfe.«

Das war das Ende unserer heilversprechenden Beziehung gewesen. Doch jetzt, in Anbetracht dessen, was uns, mit Hilfe des Computerbugs, möglicherweise bevorstünde, drang ein gewisser Zweifel in mich ein. Was wäre schon dabei gewesen, den »Gläubigen« beizutreten und damit meine stark strapazierte Haut zu retten! Ich kannte Dutzende, die von einer Religion in die andere hüpften und die Hoffnung nicht aufgaben, das zu finden, was die Angst vor dem Tod und die vor dem Leben ein wenig bannte.

Ina beschloß, auf der Suche nach einem annähernd dramatischen Ereignis wie der letzten Schlacht zwischen Gog und

Magog, durch Jerusalem und Bethlehem zu fahren und sich zur entscheidenden Stunde auf dem Ölberg einzufinden. Sie fragte mich, ob ich sie begleiten wolle.

»Es wird gar nichts passieren«, sagte ich trübe, »aber wenn es nicht regnet, komme ich mit. Wir können uns ja auch ohne Weltuntergang einen vergnügten Abend machen.« Damit schien die Entscheidung gefallen zu sein: ein ruhiger Abend für die Katzen, ein vergnügter für Ina und mich, ein langweiliger für diejenigen, die eine Party brauchten, um in den Millenniumsrausch zu fallen.

Es kam dann aber doch ganz anders, denn Ina verkrachte sich aus heiterem Himmel mit ihrer Freundin, mit der sie während ihrer Jerusalemer Aufenthalte die Wohnung, das Bett und ein innig weibliches Einvernehmen teilte. Ein unvorhergesehenes Drama, was für beide dann auch noch psychosomatische Folgen hatte: Ina bekam einen Hexenschuß und Amanda, ein entzückendes Geschöpf mit einer kubanischen Mutter und einem deutsch-jüdischen Vater, eine Hautallergie.

»Ich verstehe nicht, wie das passieren konnte«, sagte ich zu Harry, der gerade dem schönen, langhaarigen Kater, Puschkin, das Fell bürstete, »beide sind überdurchschnittlich intelligent, attraktiv, und Humor haben sie auch noch!«

»Und beide sind in dem gefährlichen Alter zwischen 35 und 40 und haben keinen festen Kerl und keine Kinder«, erwiderte Harry.

»Wenn das so einfach wäre, wie du es hinstellst!« rief ich.

»Die menschliche Natur ist so einfach, auch wenn die Frauen sie nach allen Regeln der Kunst zu komplizieren versuchen.«

»Also schön, dann ist es deiner Meinung nach ein rein biologisches Zerwürfnis. Aber vielleicht kannst du mir dann auch noch erklären, was es ausgelöst hat.«

»Wahrscheinlich ein Hormonschub«, sagte er ernst, »du weißt doch, wie das bei deinen Katzen ist: erst große Liebe und Köpfchen lecken, und plötzlich schlagen sie zu und beißen sich in den Hals.«

»Ein guter Vergleich«, sagte ich lachend, »aber als Frau sehe ich die Sache eben etwas komplizierter und ich würde gern erfahren, wie und warum es dazu kam.«

Um es vorwegzunehmen, ich habe alles und nichts erfahren, denn es handelte sich bei dem Vorfall um eine Verkettung so tiefgreifender Gefühlsphänomene, daß weder der Auslöser festzustellen noch das Zerwürfnis als solches zu klären und aus der Welt zu schaffen war.

In dieser prekären Situation rief mich Alexander von Trossing an und lud mich zu einem Fest im »American Colony Hotel« ein, dem schönsten Hotel unserer Region, das sich in Ostjerusalem befindet und als extrem israelfeindlich verschrien ist. Zu diesem Fest, sagte er, würden zahlreiche Verwandte und Freunde von seiner Frau und ihm aus Deutschland einfliegen, denn wo lasse sich ein Millennium standesgemäßer begehen als in Jerusalem und dort im »Pascha-Saal« des »American Colony Hotels«.

»Vorausgesetzt, die sieben Engel mit ihren sieben goldenen Schalen gießen nicht Gottes Zorn über der Stadt aus«, gab ich zu bedenken.

»Das tun sie doch sowieso schon die ganze Zeit«, lachte er.

Alexander von Trossing ist Historiker und langjähriger Leiter einer deutschen Stiftung. Außerdem verkörpert er eine interessante Kombination aus anerzogenem Konservativismus, mit dem er die Regeln seiner Klasse einhält, angeborenem Negativismus, der ihn des öfteren an sich und der Welt verzweifeln läßt, und einem scharfen Witz, mit dem er sich sowohl gegen das eine als das andere zur Wehr setzt. Lang, dünn, blaß und von nervösen Spannungen geplagt, verdankt er ein gewisses Gleichgewicht seiner Frau Elisabeth, die mit Humor, Vernunft und festen Beinen auf dem Boden der Tatsachen steht und sich von nichts und niemandem erschüttern läßt – nicht vom Jerusalem-Syndrom, das die christlichen Besucher dieser Stadt gefährdet, nicht von ihren Kindern, einem Sohn und einem weiblichen Zwillingspärchen, das sie mit einem gesunden Maß an Strenge und Nachsicht erzieht.

Ich empfinde für beide eine echte, wenn auch distanzierte Zuneigung, denn vieles an ihrem Lebensstil erinnert mich an den meines Vaters und weckt damit zwiespältige Gefühle: an die Sehnsucht des Kindes nach einer scheinbar heilen Welt, die gehässige Ablehnung des enttäuschten jungen Mädchens, die Skepsis einer Frau, die mitunter immer noch zwischen zwei extremen Welten pendelt, der ihres protestantischen, schöngeistigen und auf Haltung bedachten Vaters und der ihrer jüdischen, vitalen und sich über alle bürgerlichen Gesetze hinwegsetzenden Mutter. Aus diesem Gefühl heraus erklärte ich dann auch, daß ich noch nicht wisse, ob ich kommen könne.

»Ich passe doch überhaupt nicht dahin«, sagte ich zu Harry, »also was soll ich da?«

»Hauptsache, du weißt, was du hier sollst«, gab er zur Antwort.

»Wo hier?«

»Na hier in Jerusalem, in Israel, auf diesem Planeten.«

»Das, mein Lieber, weiß ich schon lange nicht mehr.«

Zwei Tage später rief mich Elisabeth an und sagte, ich müsse unbedingt zu dem Fest kommen, sie habe bereits die Tischkarte drucken lassen und mich neben Ernst Heidebreck, einen reizenden Schriftsteller, gesetzt. Er lebe die meiste Zeit in Paris und Italien und schreibe so hohe Literatur, daß kein Mensch seine Bücher kaufe.

»Genau das Gegenteil von Ihnen«, schloß sie, und ich mußte lachen.

Elisabeth sagt immer das, was andere aus Höflichkeit verschweigen. Als wir uns kennenlernten, hatte sie mich unverhohlen von oben bis unten gemustert und gefragt: »Wie alt sind Sie nun eigentlich?«

»Älter, als ich aussehe, aber daß das so ist, verdanke ich allein meinem Schönheitschirurgen.«

Sie war auf meine Antwort ebensowenig gefaßt gewesen

wie ich auf ihre Frage, und unsere gegenseitige Verblüffung endete in Heiterkeit und Zutrauen.

»Gut, dann komme ich eben«, sagte ich mit wenig Begeisterung, »vorausgesetzt, ich brauche kein Abendkleid anzuziehen. Ich habe nämlich keins.«

»Ist auch nicht nötig. Jeder zieht an, was er will. Es kommen auch ein paar Israelis.«

Ich wußte nicht, ob sich diese Bemerkung auf die unansehnliche Garderobe der Israelis bezog oder ob sie glaubte, die Anwesenheit einiger Juden wäre mir eine Bestätigung dafür, daß bei den Trossings alles rechtens zuginge. Als ich eingehängt hatte, schämte ich mich dieses engstirnigen Verdachtes, der mich wieder einmal daran erinnerte, daß das Verhältnis zwischen Deutschen und Juden nach wie vor paranoid war. Die Deutschen dürfen sich den Juden gegenüber keinerlei Kritik erlauben, und wagen sie es doch einmal, sind sie prompt Antisemiten. Ein äußerst peinliches Phänomen, das allen Beteiligten mehr Schaden als Nutzen und mir, die ich mit Kritik an beiden Seiten nicht spare, abwechselnd den Ruf einer Antisemitin oder den einer Deutschenhasserin einbringt.

»Also ich feiere ein standesgemäßes Millennium«, erklärte ich meinem Freundeskreis, und der war erstaunt.

»Erst hältst du jede Party für eine Zumutung«, beschwerten sie sich, »und dann gehst du zu einem Fest mit lauter deutschem Adel und Jubel, Trubel, Heiterkeit!«

»Komisch, nicht wahr?« sagte ich, selber erstaunt.

Ich wußte wirklich nicht, was mich letztlich dazu bewogen hatte, zuzusagen: die allgemeine Unentschlossenheit, was diesen Abend betraf? Die Entschlossenheit Elisabeths, die mir bereits den reizenden Ernst Heidebreck als Tischherrn zugewiesen hatte? Der schöne Pascha-Saal, mit dem sich für mich Erinnerungen an bessere Zeiten verbanden? Oder die Enttäuschung über meine beiden Freundinnen, die sich ohne Sinn und Verstand verkrachen und dann auch noch psychosomatische Krankheiten zulegen mußten?

Auf jeden Fall, dachte ich, wird es mal was anderes sein als die unbeholfenen, inzestuösen Partys in Jerusalem, auf denen man seit Jahrzehnten mit immer denselben Leuten zusammentrifft und den unbarmherzigen Spiegel der Zeit vorgehalten bekommt:

»Warum ist denn Frau Rosenkranz heute nicht gekommen?«

»Sie ist vor sechs Monaten verstorben, wußten Sie das denn nicht? Und Dr. Sapir weilt auch nicht mehr unter uns. Ein so guter Arzt und dann ein so langes, schweres Leiden!«

Und ich in meiner irritierten Ratlosigkeit: »Hätte er doch als Arzt verhindern können, während wir ...! Sind Sie eigentlich Mitglied der Organisation ›To Die in Dignity‹? Nein? Na, das ist aber leichtsinnig!«

Partygespräche der Fossilien: Ach, die Schmerzen im Rücken! Die Steine in der Galle! Die Katarakt im rechten Auge! Das Rauschen im linken Ohr!

Also dann lieber Adelsparty mit nobler Zurückhaltung, was die diversen Leiden der Alten und die manierliche Fröhlichkeit der Jungen betraf.

»Da sieht man's mal wieder«, sagte Amanda, die Freundin mit der Hautallergie, die sich mit den ehemals diskriminierten sephardischen Juden identifizierte, »dein aschkenasisches Großbürgertum läßt sich nicht verleugnen.«

»Mein aschkenasisch-arisches«, verbesserte ich sie, und einen Moment lang wußte sie nicht, ob sie das ernst nehmen und mich anschreien oder in mein Gelächter einstimmen sollte. Sie entschied sich für letzteres, aber ihre schwarzen, kubanischen Mandelaugen blitzten mich böse an.

»Ein schrecklicher Irrtum, sich immer mit den einstigen Opfern und zukünftigen Tätern zu identifizieren«, sagte ich.

Was gibt es über das Fest zu berichten? Nicht viel. Es war standesgemäß, was das Ambiente, die Bewirtung, die Stimmung und das Benehmen betraf. Die Tische, an denen wir zu mehreren Personen saßen, waren schön gedeckt, die Bedienung war liebenswürdig, das Buffet erstklassig, die Musik angenehm gedämpft. Die Kleider der Damen bürgten für beste Qualität und schlechten Geschmack, der dezente Aftershave-Duft und die Höflichkeit der Herren für gute Erziehung, die Frische und gesittete Unbeschwertheit der mit eingeflogenen Söhne und Töchter für herrschaftliche Verhältnisse. Meine Unterhaltung mit Herrn Heidebreck entsprach Elisabeths Bewertung unserer gegensätzlichen schriftstellerischen Produktionen. Wir sprachen beide, wie wir schrieben, und das bedeutete, daß wir nie auf denselben Nenner kamen, obgleich wir in vielem einer Meinung zu sein schienen.

Zum Nachtisch wurden Reden gehalten, die sich durch kulturgeschichtliche Bildung und Wohlwollen gegenüber den Gastgebern, Jerusalem, der warmen Nacht und der einmaligen Chance, hier dem Millennium begegnen zu dürfen, auszeichneten. Danach trat eine Bauchtänzerin auf, eine junge schöne Frau mit wenig Bauch, aber großem Geschick, ihn kreisen und hüpfen zu lassen. Ihre schwarzen Augen und Haare, die honigfarbene Samthaut und die gelenkigen Finger und Hüften fesselten das gepflegte, bleichgesichtige Publikum und ließen diffuse Sehnsüchte aufkeimen.

Es war inzwischen elf Uhr dreißig – nur noch eine halbe Stunde bis zum Anbruch des neuen Jahres. Alexander und Elisabeth eröffneten den Tanz mit einem Englischen Walzer. Andere Paare folgten. Sie tanzten mit schwungvollen Schritten und steifen Oberkörpern und schienen sich dabei jung zu fühlen.

Ich sah ihnen zu und spürte einen Stich wehmütigen Neides. Sie hatten zweifellos keine Identitätsprobleme, wußten, wohin sie gehörten. Der Zweite Weltkrieg hatte gewiß auch ihnen Verluste jeglicher Art zugefügt, Erschütterungen und Krisen ausgelöst, und dennoch waren sie ganz geblieben oder es wieder geworden, eins mit dem Land, dem Stand, der Familie, der christlichen Religion und Tradition, in die sie hineingeboren worden waren.

Auch mein Vater, wäre er nicht so früh gestorben, hätte in all das zurückgefunden und in dem Bewußtsein, ein Gegner des Naziregimes gewesen zu sein, mit schwungvollen Schritten Englischen Walzer getanzt. Und er hätte versucht, auch mich in den Schoß des Vaterlandes zurückzuholen und eine ähnlich frische, kultivierte, sich ihrer Verpflichtungen bewußte höhere Tochter aus mir zu machen. Er hatte es, die kurze Zeit, die ihm noch blieb, sogar versucht, aber er war schon zu schwach und verzagt gewesen und ich, aus dem Exil zurückgekehrt, zu hart und bitter.

Jetzt wurde eine Polka gespielt, und die jungen Leute gesellten sich zu ihren Eltern auf die Tanzfläche. Sie waren gut gewachsen und hatten noch den Charme der Jugend. Ich beobachtete sie, fand sie reizend und fragte mich, ob ich gerne ein so ungebrochenes Leben geführt hätte. Ich wußte es nicht, ich konnte mich in diese Art von Leben nicht mehr hineindenken. Doch ich wußte mit Sicherheit, daß ich auf meine Vergangenheit, so schwer und grausam sie auch gewesen sein mochte, nie und nimmer würde verzichten wollen. Ich liebte sie, denn sie war meine Wurzel und meine Heimat.

Eine Viertelstunde vor zwölf stand ich auf. Ich wollte auf keinen Fall von mir fremden Menschen umarmt und geküßt werden und mit ihnen auf ein gutes, gesundes, friedliches Jahr 2000 anstoßen. Ich entfernte mich so unauffällig wie möglich, doch als ich den Saal verließ und in den Vorraum trat, hielt mich eine Hand zurück.

»Wohin wollen Sie denn?« fragte Alexander von Trossing.

»Nach Hause«, sagte ich.

»Aber es ist doch gleich Mitternacht!«

»Deshalb.«

Er hielt eine Flasche Champagner in der einen Hand, meinen Arm in der anderen und schaute beunruhigt auf mich herab. Hinter uns galoppierten, lachend und juchzend, die Polkatanzenden durch den Saal. Ich schaute zu ihnen hinüber, und Alexander folgte meinem Blick.

»Solche Feste machen Sie traurig, nicht wahr?« fragte er.

»Einsam«, sagte ich, »nicht traurig.«

»Und wenn Sie jetzt nach Hause fahren, wird es noch einsamer.«

»Nein, allein zu Hause bin ich eigentlich nicht einsam. Da tanze ich dann, und meine Katzen finden das unheimlich und starren mich mit aufgerissenen, entsetzten Augen an ... so wie Sie jetzt!«

Ich brach in Lachen aus, und das schien seine Sorge, ich könnte einsam und traurig sein, zu zerstreuen.

»Dann wünsche ich Ihnen noch einen vergnügten Rutsch ins Jahr 2000«, sagte er und beugte sich tief über meine Hand.

Ich fuhr nach Hause. Die Straßen waren menschenleer, alles um mich herum war still und erstarrt. Es war, als hielte Jerusalem, in Erwartung der einen entscheidenden Minute, den Atem an. Ich hatte gehört, daß sogar die Muslime in die Moscheen und die Juden in die Synagogen gerannt waren, um, vom heidnischen Aberglauben angesteckt, für die Erhaltung der Welt, vielleicht aber auch nur für die ihrer eigenen Familie zu beten. Ich hielt vor einer roten Ampel, neben einem einzigen Auto, in dem ein ebenfalls erstarrter Fahrer saß. Es war fünf Minuten vor zwölf, und die Ampel wechselte nicht auf Grün. Möglicherweise war der Computerbug bereits aktiv geworden. Gerade als ich beschloß, bei Rot über die Kreuzung zu fahren, sprang die Ampel auf Gelb, und ich gab Gas. Als ich am Jaffa-Tor, das in das christliche Viertel der Altstadt führt, vorbeikam, sah ich endlich eine größere Gruppe Menschen. Die Furchtsamen wollten wohl schnell noch zum Beten in eine der zahlreichen Kirchen eilen, die Unerschrockenen das neue Jahr auf dem Platz innerhalb der Stadtmauer empfangen. Auch viele Polizeiwagen standen da, und das überzeugte mich, daß sich nichts geändert hatte und höchstens eine Bombe explodieren, nicht aber das alte Jerusalem in die Luft gehen und das neue vom Himmel herabschweben würde.

Als ich mein Auto parkte, begannen die Glocken sämtlicher Kirchen in Jerusalem zu läuten. Es waren viele und es hörte sich dramatisch an. Ich stieg aus und stand alleine auf dem kleinen, mir so vertrauten Platz mit seinem geborstenen, notdürftig wieder geflickten Asphalt, der bescheidenen Rasenfläche, den Bäumen, die auch im Winter nicht ihr Laub verloren, den zwei Meter hohen Buschhecken und Agaven, den ungestrichenen Holzbänken und den Kinderschaukeln an rostigen Ketten. Über mir war der Himmel, den ich in seiner leuchtenden, sternengeschmückten Klarheit so liebte, und ein halber Mond, dessen perlmuttfarbenes Licht die Nacht erhellte.

Ich ging an der alten, wuchtigen Mauer, die den Bodenbesitz der griechisch-orthodoxen Kirche umschloß, entlang, unter dem Nadeldach des sturmgebeugten Baumes hindurch, zu meinem Haus. Es waren nur etwa vierzig Meter, und mit jedem Schritt schwoll die Freude in mir an, strahlte wie ein Schmerz in alle Nervenstränge meines Körpers aus und konzentrierte sich an einem Punkt in der Herzgegend. Es war ein Gefühl, das ich von früher her kannte, nur hatte es sich damals nicht auf jahrhundertealten Stein, eine mit Bougainvillea bewachsene Hauswand, einen früchtetragenden Zitronen- und Orangenbaum, ein rotes Plastikschaukelpferd im struppigen Gras des Nachbargartens bezogen, sondern auf den jeweiligen Mann, den ich zu lieben glaubte. Ja, es war ein ganz ähnlich schmerzhaft beglückendes Gefühl, nur daß dieses hier mit nichts und niemandem austauschbar war.

In das dramatische Glockengeläut mischte sich jetzt das Kriegsgetöse eines Feuerwerks, das aus der Richtung des Ölbergs kam. Kein Zweifel, das Jahr 2000 war angebrochen und die Welt nicht untergegangen. Selbst die Pannen, stellte ich in meiner Wohnung fest, waren ausgeblieben: Das Licht brannte, das Wasser lief, und das Telefon klingelte, gewiß weil mir jemand ein frohes, gesundes, friedliches neues Jahr wünschen wollte. Ich ließ es klingeln und begrüßte meine vier Katzen, die mir lautlos und erwartungsvoll entgegengekommen waren: mein alter, schwarzer Dino, mit dem mich unter all meinen Ehe- und Lebensgemeinschaften die längste und harmonischste verband; mein junger neurotischer Puschkin, eine vollendete Kreation aus langem vielfarbigem Pelz, großen, weißen Pfoten, buschigem Schweif und gelben, schwarzumrandeten Augen, die beinahe senkrecht in das kleine Kirgisengesicht hineingesetzt waren; Nachtsche, der geschmeidige Yogakater, dessen graues, kurzhaariges Fell mit dem schwarzen, extravaganten Muster eines Frischlings gezeichnet war; und Zille-Kind, ein biederes, sich ständig putzendes Weibchen, das allein durch seinen weißen Puderzuckerbauch und die riesigen, grünen, etwas töricht dreinschauenden Augen auffiel.

»Ein glückliches neues Jahr, Katzen«, sagte ich und strich jeder über Kopf und Rücken, »bleibt mir gesund und stark.«

Da sie Futter erwartet hatten und nicht alberne Worte, wurden sie wütend und gaben sich gegenseitig, fauchend und Ohrfeigen austeilend, die Schuld an meinen miserablen Manieren. Ich holte eine Dose »Cat-Star« aus dem Küchenschrank und verteilte den Inhalt auf vier Teller: »Aber nur weil wir heute ein Millennium haben«, sagte ich.

Ich beschloß, mit einem Glas Whisky auf das Dach zu steigen, um dort das neue Jahr zu begrüßen, ging durch den Patio, in dem der schwarz-weiß gefleckte Kater mit seiner Mutter auf dem Tisch saß, winkte ihnen zu und stieg die Wendeltreppe hinauf. Der Kater, den ich unpassenderweise General Schwarzkopf genannt hatte, folgte mir. Er war der sanfteste und einfühlsamste Kater, den ich jemals erlebt habe, denn ich hatte ihm im Babyalter die durch eine hiesige Katzenkrankheit verklebten Augen behandelt und ihn damit vor dem Erblinden gerettet. Das schien er zu wissen. Und seitdem liebt er mich. Während ich auf Jerusalem hinabschaute, wurde ich wieder von jenem schmerzhaften Glück überwältigt, das ich mit dem Gefühl der Liebe und einer erfüllten Sehnsucht verband.

»Zu Hause!« sagte ich und ließ meinen Blick im Halbkreis über die Landschaft gleiten, die sich im matten Perlmuttlicht des Mondes in ihrer archaischen Schönheit und Würde zeigte. Die neuen, hohen Häuserblöcke, die roten Ziegeldächer und der abscheuliche Rohbau, den man mir wenige Meter entfernt vor die Nase gesetzt hatte, waren vom Dunkel aufgesogen, die palästinensischen Dörfer, die sich, mit goldgelben und bläulichen Lichtern betupft, in die östlichen Hügel von Jerusalem schmiegten, erweckten den Eindruck tiefsten Friedens. Die Mauer der Altstadt mit dem Davidsturm, Zions- und Tempelberg war zur Feier der Neujahrsnacht angestrahlt, und auf den flachen Gräbern des Ölbergs lag das Licht wie weißer, in breite Bahnen geschnittener Tüll.

»Scheint doch das neue, himmlische Jerusalem zu sein«, sagte ich und trank einen großen Schluck Whisky. »Auf dich, himmlisches Jerusalem, auf daß wir in Ewigkeit vereint bleiben.«

Der Kater, der sich dicht neben mich gesetzt und den Schwanz säuberlich um die Vorderpfoten gewickelt hatte, sah verliebt zu mir auf und stieß einen kleinen, gurrenden Laut aus.

»Auf dich auch, mein kleiner Kavalier«, sagte ich und trank einen weiteren Schluck. Die Glocken hatten aufgehört zu läuten, und am Himmel über Bethlehem, keine zwölf Kilometer von mir entfernt, flammte lautlos und geisterhaft schön ein Feuerwerk auf. Ich betrachtete die im Schwarz zerplatzenden und als farbenprächtige Ornamente hinabfallenden Feuerwerkskörper, und plötzlich sagte ich, ohne zu wissen, warum, und ohne irgendeine Hoffnung daran zu knüpfen: »Gott beschütze uns!«

In einem Nachbarhaus brach laute, hektische Diskomusik aus und bohrte schräge Töne in die pastorale Stimmung, die Gedanken wie »in Ewigkeit« und »Gott beschütze uns« in mir hervorgerufen hatten.

»Also doch noch das alte Jerusalem«, sagte ich, trank das

Glas Whisky leer und beugte mich zum Kater hinab: »General Schwarzkopf, darf ich bitten?«

Er gurrte, und ich nahm ihn hoch und bewegte mich sacht im Rhythmus der Musik. Der Kater lag in meinen Armen, ein Samtpfötchen an meinem Hals, Hingebung in dem linken kleinen und dem rechten großen Auge, ein tiefes, glückliches Schnurren in der Kehle. Es war grotesk, dieses so zärtliche Geschöpf mit dem häßlichen Namen eines martialischen Grobians zu benennen! Auch die tief in die Stirn gezogene schwarze Kappe konnte das nicht rechtfertigen. Es waren das weiße Schnäuzchen und der rosarote Stempel seiner Nasenspitze, die seinem Wesen entsprachen. Während der amerikanische General Schwarzkopf, der uns jeden Abend als alptraumhafte Erscheinung auf dem Fernsehschirm heimgesucht hatte, von unangenehmster Natur gewesen war. Er hatte uns mit ausdrucksloser Stimme und den Augen eines toten Fisches die militärische Einmaligkeit des »Desert Storm«, die chirurgische Treffsicherheit amerikanischer Bomben (natürlich nur auf militärische Ziele), den Nutzen und die Notwendigkeit des Golfkrieges (bei dem es sich natürlich nicht um Öl handelte), den genauen, bis auf die Minute geplanten Ablauf dieses Wunderkrieges und dessen ruhm- und siegreiches Ende erklärt. Und wenn dann die Sirenen zu heulen, die Kinder zu weinen und die Alten zu zittern begannen, erschien uns Nachman Shai auf dem Schirm, ein junger, gelassener Mann in Uniform, der uns Anweisungen gab, wie wir uns zu verhalten hätten: vor allem Ruhe bewahren, ein Glas Wasser trinken, in das mit Klebestreifen abgedichtete Zimmer oder zumindest ins oberste Stockwerk gehen – Gas steigt nicht, war uns versichert worden –, Babys und Kleinkinder in isolierte Plastikzelte legen, größeren Kindern und Erwachsenen die Gasmaske überstülpen, sich bequem und entspannt hinsetzen und vor allem immer Ruhe bewahren. All das müßte in zwei Minuten vonstatten gehen, denn Raketen, ob mit oder ohne Gas, fliegen schnell.

Ich tanzte und kicherte, denn erstens hatte ich viel getrunken, und zweitens rief der Golfkrieg immer die unpassendsten Erinnerungen in mir hervor: komische, absurde, haarsträubende. In die letzte Kategorie fiel wohl die Geschichte mit den Gasmasken. Sie waren uns angeblich von Deutschland, das vorher den Irak mit den erforderlichen Ingredienzien zur Herstellung von Giftgasraketen beliefert hatte, geschenkt worden. Egal wie man das nennen mochte: Wiedergutmachung, humanitäre Hilfe oder Zynismus, sie hätten in jedem Fall ein nützliches Geschenk sein können, wären sie dicht gewesen. Aber da sie aus Beständen zu stammen schienen, die man den deutschen Bürgern – mir inbegriffen – bereits im Jahr 1937 probeweise über den Kopf gezerrt hatte, waren sie schon etwas mürbe und durchlässig geworden. Das erfuhren wir allerdings erst Monate später, was ein Glück war, denn sonst hätten die Israelis, trotz des gelassenen Nachman Shai, vielleicht keine Ruhe bewahrt und die Palästinenser, denen man zur Strafe, weil sie für Saddam Hussein waren, keine Gasmasken ausgehändigt hatte, wären vor Freude über unser Mißgeschick ganz außer Rand und Band geraten.

»Ein Jammer, Generalchen«, sagte ich, »daß diese bis ins Mark verrottete Welt nicht doch untergegangen ist.«

Ich lachte und drehte mich im Kreis. Das mochte der Kater nicht. Er fand es wahrscheinlich peinlich, daß sich eine Frau meines Alters so aufführte, und darum entwand er sich meinen Armen, setzte sich auf die erhöhte Umrandung des Daches und schaute nach Bethlehem hinüber, wo sich gerade eine Kaskade roter Sterne auf die Stadt ergoß.

»Hübsch, nicht wahr, Schwarzkopf!« rief ich, aber er würdigte mich keines Blickes mehr und begann, energisch sein Gesicht zu waschen.

»Also dann ist das Fest jetzt beendet«, stellte ich fest, nahm mein leeres Glas und stieg die Wendeltreppe hinab.

Harry war zurückgekehrt. Er trug eine schwarze Hose, einen enganliegenden schwarzen Pullover und statt der Brille Kontaktlinsen. Vielleicht sah er deshalb so unheilvoll aus.

»Auch schon wieder da«, sagte ich und machte ein paar linkische Tanzschritte.

Er starrte mich an und schüttelte ungläubig den Kopf.

»Ich weiß, ich vertrage nicht mehr soviel«, lachte ich, seine Bestürzung auf mich beziehend, »aber so schlimm ist es nun auch nicht. Wir haben hier schon viel Schlimmeres erlebt. Erinnere dich nur an die zwei Kätzchen, die in Shwarzens Lichtschacht gefallen sind.«

»Die waren nichts gegen die Tauben heute abend.«

»Welche Tauben?«

»Die in Bethlehem! Ich war mit Ina und Joe dort, und da haben diese Idioten doch tatsächlich 2000 weiße Tauben zusammen mit dem Feuerwerk in die Luft gehen lassen. Glaubten wohl, diese hirnlosen Kerle, das mache sich besonders hübsch. Na ja, die armen, verschreckten Vögel sind dann ... ach, frag nicht! Auf jeden Fall wird's in Bethlehem jetzt wochenlang Täubchen zu essen geben.«

»Ist ja gräßlich! Und dabei sah das Feuerwerk, ohne die Kriegsgeräusche, so schön und harmlos aus!«

»Nicht für die Tauben! Ina hat geschrien: Das ist ja schlimmer als die Szenen mit Amanda, und Joe hat sich prompt übergeben.«

Joe, Harrys Freund, war Kopte. Eine hohe, schmale Gestalt mit einem feingeschnittenen Gesicht, das von einer schönen, großen Nase und schwarzen Augen dominiert wurde.

»Was mußte Ina auch mit ihrem Hexenschuß und Joe mit seiner Feinfühligkeit nach Bethlehem«, sagte ich zu Harry.

»Konnten wir wissen, daß man da 2000 Tauben abschießt?« regte er sich auf. »Und ich sage dir, das hat noch böse Folgen!«

»Hier hat alles böse Folgen«, sagte ich und goß mir einen Whisky ein.

»Ich habe dir schon oft genug gesagt, daß du nicht mehr soviel verträgst!«

»Ich trinke doch nur, damit du es mir immer wieder sagst

und damit zu verstehen gibst, daß ich in meinem Alter jeden Moment tot umfallen kann.«

»Nicht tot«, sagte er trocken, »aber vielleicht ...«

»Bitte, erspar mir deine medizinischen Weisheiten und sag mir, was für böse Folgen die toten Tauben haben können.«

»Zweitausend weiße Friedenstauben fallen in der Millenniumsnacht tot auf Bethlehem hinab. Also wenn das kein eindeutiges Zeichen ist!«

»Du meinst, ein eindeutiges Zeichen dafür, daß es hier keinen Frieden geben wird? Harry, dazu brauche ich keine weißen Tauben, sondern nur einen klaren Menschenverstand.«

»Also du glaubst auch, daß hier was schiefgehen wird.«

»Ja, aber das glaube ich nicht erst seit heute und auf Grund der toten Tauben. Prost, Harry, auf ein frohes, gesundes, friedliches neues Jahr.«

Schalom Freund – Schalom Frieden

Seit wann glaube ich, daß hier alles schiefgehen muß? Vielleicht seit Ende der ersten Intifada? Allerdings gab es da zunächst viele euphorische, in den Medien als »historisch« dargestellte Ereignisse, von denen ich mich mitreißen ließ. Dazu gehörte der an Wunder grenzende Wahlsieg Rabins, das Osloer Abkommen, bei dem erst Gaza und Jericho, dann sukzessive die meisten anderen palästinensischen Städte als autonom erklärt wurden, dann das Treffen von Arafat, Rabin und Clinton im Weißen Haus, das ich auf einem altersschwachen Fernseher im autonomen Jericho und dort im Kreis andächtig lauschender, beim Händedruck Rabins und Arafats in Applaus ausbrechender Palästinenser verfolgt hatte. Oh, dieses herrliche Gefühl der Hoffnung, dem selbst ich mich, trotz aller Skepsis, nicht entziehen konnte. In dem

Moment, in dem sich die beiden Feinde die Hände reichten, mußte ich schnell die Sonnenbrille aufsetzen, um meine feuchten Augen zu verbergen.

Die fünf Jahre anhaltende Intifada, an deren Zweck und Sinn ich nie gezweifelt, die aus »den Arabern« die Palästinenser und aus den Palästinensern ein Volk gemacht hatte, das sich endlich einen Teil seines Gebietes und damit ein lebenswichtiges Maß an Ehre, Würde und Stolz zurückerobern konnte, hatte sich gelohnt. Es war trotz Angst, Schrecken und zahlreicher Verluste eine hoffnungsvolle Intifada gewesen, die vieles, so glaubte ich in gewissen Momenten, in Schwung gebracht und die Haltung der Menschen auf beiden Seiten positiv verändert hatte. Und auch das Ende war vielversprechend gewesen. Das Land, bis dahin zu einem Ghetto zusammengeschrumpft, in dem sowohl die Israelis als auch die Palästinenser auf ihren scheinbar unvereinbaren Positionen beharrten und das einzig Lebendige zwischen ihnen Haß, Verbitterung und Verachtung gewesen waren, hatte sich geöffnet. Ein Strom erwartungsvoller Touristen, ausländischer Politiker, Journalisten und Investoren war in Israel eingebrochen und hatte uns wirtschaftlich und moralisch beflügelt. Es war sogar eine große ägyptische Delegation gekommen, unter ihnen der breithüftige Ali, ein einflußreicher Politiker, den ich aus Paris kannte und dem ich mich im Zuge der allgemeinen Öffnung auch öffnete, denn nichts war wichtiger als die Zusammenarbeit auf allen Ebenen.

»Du kannst dir nicht vorstellen, was bei mir los ist«, hatte mir meine Freundin Sarah, die in der vornehmsten Gegend Tel Avivs ein Immobiliengeschäft betrieb, mitgeteilt, »alle wollen plötzlich in Israel investieren. Die russische Mafia hat mir für ein Haus am Meer gleich acht Millionen Dollar in bar auf den Tisch gelegt, die Japaner suchen ein Grundstück, um darauf ein Einkaufszentrum zu bauen, und kürzlich sind sogar die Jordanier gekommen, die einen Bauplatz für ihre zukünftige Botschaft suchen.«

Das also war der Beginn einer großen Ära, und wäre ich nicht eine so beharrliche Pessimistin – sprich Realistin –, hätte ich die andere Seite der goldenen Medaille gar nicht gesehen. Doch dank dieser unguten Eigenschaft fiel mir auf, daß hinter der schönen Kulisse alles beim alten zu bleiben schien.

Neue Siedlungen wurden gebaut und alte vergrößert. Neue vorbildliche Straßen, die um die autonomen Städte herum zu den Siedlungen führten, wurden angelegt und vielspurige Autobahnen, denen privater palästinensischer Besitz zum Opfer fiel. Die israelischen Gesetze, mit denen die Palästinenser, was freien Warenvertrieb und Bewegungsfreiheit betraf, geschlagen waren, wurden nicht geändert und die Leidtragenden auf spätere Zeiten vertröstet. Die palästinensischen Dörfer, die zu Jerusalem zählten und damit unter israelische Verwaltung fielen, waren und blieben in einem erbärmlichen Zustand, obgleich die Einwohner hohe Steuern an den Staat zahlen mußten. Über die Existenz der fünf großen israelischen Siedlungen, die in dem überbevölkerten, jetzt autonom gewordenen Gazastreifen wie fette Rosinen in einem kümmerlichen Teig klebten, wurde nicht einmal diskutiert. Und als Baruch Goldstein, ein fanatischer Siedlerarzt in Hebron, elf betende Muslime in der Abrahamsmoschee über den Haufen schoß und das ein allgemein gebilligter Anlaß gewesen wäre, das Siedlerpack aus Hebron rauszuwerfen, wurde nichts unternommen. Dafür aber wurde dem Mörder, der bei dieser Aktion ebenfalls umgekommen war, eine Gedenkstätte errichtet, zu der seine zahlreichen Anhänger pilgerten, um ihn als Helden des jüdischen Volkes zu verehren.

All das brachte mich auf den Gedanken, daß man den Palästinensern blauen Dunst vormachen und sich der »Friedensprozeß« nur in aufgeblasenen Worten und nicht in Taten niederschlagen könnte.

»Das Wichtigste ist«, wurde ich belehrt, »daß zwei Völker, die seit Jahrzehnten verfeindet sind, plötzlich aufeinander zugehen und an Frieden denken, das Wort aussprechen, den Zustand anstreben.«

Taten sie das wirklich? Gingen nicht nur die machthabenden Politiker unter dem Druck der amerikanischen Weltpolizei und den väterlichen Ermahnungen Clintons aufeinander zu? Während die beiden Völker, in keiner Weise darauf vorbereitet, abwartend und etwas verlegen am Rande standen und sich weiterhin mißtrauten?

»So was geht natürlich nicht von heut auf morgen«, belehrte man mich erneut, »aber Frieden wollen wir alle.«

»Ja«, sagte ich, »die Israelis wollen ihn zu ihren eigenen, unverschämten Bedingungen, und wenn die Palästinenser damit nicht einverstanden sind, sind sie eben diejenigen, die keinen Frieden wollen.«

»Du glaubst also nicht an den Friedensprozeß?«

»Bei näherer Betrachtung eigentlich nicht.«

»Und deine palästinensischen Freunde, freuen die sich wenigstens über die neue Situation?«

»Fragt sie doch selber! Geht zu den Palästinensern und unterhaltet euch mit ihnen. Das wäre doch überhaupt der erste Schritt in Richtung Frieden: Kontakt aufnehmen, Gedanken und Erfahrungen austauschen, zuhören und sich gegenseitig zeigen, daß man ein Mensch ist.«

Aber keiner ging – weder die Israelis zu den Palästinensern noch die Palästinenser zu den Israelis. Man hatte sich auf menschlicher Ebene angeblich nichts zu sagen. Die Furcht voreinander war zu groß, das Mißtrauen steckte zu tief, und die Gegensätze schienen unüberbrückbar. Man begegnete sich an Orten, an denen es etwas zu kaufen gab. Israelis gingen wieder in die Altstadt, denn das Obst und Gemüse waren da billiger, der Humus schmackhafter und die Auswahl an Kitschandenken und hübschen, bunten Fummeln größer. Die Palästinenser hingegen wurden geradezu magisch von den israelischen Geschäften und Einkaufszentren angezogen, denn dort war die Qualität besser als in ihren eigenen Läden, die Textilien moderner und die

Auswahl an technischen Geräten größer und auf dem neuesten Stand. Man kaufte und kam sich im Zuge dieser beliebten Tätigkeit nahe genug, um ein paar freundliche Worte über den Friedensprozeß zu wechseln: Hatten sie nicht alle seit Jahrzehnten darauf gehofft und gewartet? Wollte nicht jeder seine Kinder in Frieden und Sicherheit aufwachsen sehen? Weinte nicht eine arabische Frau um ihren toten Sohn oder Mann genauso wie eine jüdische?

Und dann ging wieder irgend etwas in die Luft, und die palästinensischen Gebiete wurden in einer kollektiven Strafaktion abgeriegelt, und die radikalen Israelis schrien: »Tod den Arabern!«, und die radikalen Palästinenser feierten den Selbstmordattentäter als Helden und Märtyrer.

»Man kann eben nicht mit Terroristen in Frieden leben«, sagten die einen; »man kann nicht jahrzehntelang unter einer infamen Besatzung leben«, sagten die anderen. Beide hatten recht.

Aber der Friedensprozeß ging unter den Machthabenden verbissen weiter, und die beiden Völker standen noch immer abwartend und etwas verlegen am Rande und mißtrauten sich. Der Deckel, mit dem man den brodelnden Topf schnell wieder verschloß, lag schon bereit, und Clinton ermahnte seine beiden Schützlinge väterlich, ihre Völker im Griff und das höchste Gut der Menschheit, den Frieden, im Auge zu behalten.

Zwei Jahre gingen ins Land. Rabin hielt sich tapfer und folgte seiner Vision, aus Israel ein offenes, mit seinen arabischen Nachbarvölkern in Frieden lebendes Land zu machen. Die Palästinenser fielen bei dieser Vision unter den Tisch, aber sie waren im Vergleich zu den großen arabischen Staaten eben nicht so wichtig. Und da sie bei denen auch nicht beliebt waren, konnte man hoffen, das Problem später vielleicht gemeinsam auf diese oder jene Art zu lösen. Arafat und seine vier- oder fünftausend Kumpel, die er aus Tunesien mitgebracht hatte, machten es sich behaglich. Die Kumpel bekamen alle die höchsten Posten in der PA (Palestinian

Authority) und Arafat hohe Summen von den europäischen Staaten. Mit denen sollte dem palästinensischen Volk auf die Beine geholfen und der utopische Grundstein zu einem Staat gelegt werden.

Doch der Grundstein verschwand spurlos in den Taschen Arafats und seiner Kumpel und die europäischen, merkwürdig blauäugigen Staaten wunderten sich und gaben weitere Summen. Die Palästinenser, die endlich bessere Zeiten und von ihrem Nationalhelden Gerechtigkeit und Unbestechlichkeit erwartet hatten, waren zunächst verstört, dann verärgert. Aber da er nun mal ihr Nationalheld und der Begründer ihrer Freiheitsbewegung war, versuchten sie, gute Miene zum bösen Spiel zu machen, und taten, was sie seit vielen Generationen getan hatten, sie warteten weiter auf bessere Zeiten und Gerechtigkeit.

Mein Pessimismus, sprich Realismus, wuchs. Rabins Vision forderte eine Flut von Aufklebern heraus, die die Rückfenster jeglicher Verkehrsmittel zierten und in primitiven Worten genau das Gegenteil von dem verlangten, was Rabin anstrebte: ein rein jüdisches, noch dichter besiedeltes Ghetto mit allen im Sechs-Tage-Krieg eroberten Gebieten. Plakate tauchten an den Mauern der Häuser auf, die Rabin in SS-Uniform oder mit einer Kefieh um den Kopf zeigten und einem das Blut in den Adern gefrieren ließen. Kundgebungen gegen den »Verräter des israelischen Volkes« fanden statt, und der Abschaum dieses Volkes brüllte zotige Parolen gegen ihn. Die Friedensbewegung »Schalom achshav« (Frieden jetzt) und kleinere, um Frieden bemühte Gruppen protestierten gegen die Hetze. Und der zivilisierte »linke« Flügel senkte, von diesem Spektakel angeekelt, den Blick und schwieg.

Der Friedensprozeß aber ging weiter und kulminierte in einer beeindruckend großen Demonstration für die Ideen Rabins. Auf der wurde der israelische Ministerpräsident von einem rechtsradikalen orthodoxen Jüngling abgeknallt.

Es war eine Katastrophe alttestamentarischen Ausmaßes. Die Kugeln schienen nicht nur den Ministerpräsidenten, sondern das ganze Volk durchbohrt zu haben – selbst die, die seine Politik verurteilt hatten. Egal, wie sehr sich die Parteien innerhalb der Regierung zerfleischt hatten, so etwas hatten sie nicht gewollt! Ein Aufschrei ging durch das Land: »Ein Jude hat einen Juden ermordet!« So etwas hatte es in der jüdischen Geschichte noch nie gegeben, wurde behauptet, so etwas hätte es niemals geben dürfen.

Abgesehen davon, daß diese Behauptung nicht stimmte – viele Juden haben Juden ermordet –, hinterließ sie für mich noch einen unangenehmen Beigeschmack. Gibt es denn einen Unterschied zwischen einem Juden, der einen Juden, und einem Juden, der einen andersgläubigen Menschen umbringt, überlegte ich. Und wenn man es so sah, war es dann vielleicht auf die Hybris eines Volkes zurückzuführen, das sich wertvoller dünkte als andere Völker?

Wie immer, dem fassungslosen Entsetzen darüber, daß ein Jude einen Juden ermordet hatte, folgte die viel schwerwiegendere Erkenntnis, daß es sich hier um den gemeinen politischen Mord an einem Mann handelte, der versucht hatte, andere Wege zu gehen, neue Türen zu öffnen und damit dem Frieden näher zu kommen. Mit Rabin war diese Hoffnung ermordet worden.

Die allgemeine Trauer, in die sich bei denen, die weggeschaut und geschwiegen hatten, Schuldbewußtsein mischte, artete in eine Massenhysterie aus, die an den würdelosen Rummel erinnerte, mit dem man Diana, die sogenannte Prinzessin der Herzen, ins Jenseits begleitet hatte.

Gewiß, es war eine Tragödie, doch wenn man sie retrospektiv betrachtet, fragt man sich, wie ein derart bestürztes, um Rabin und seine Friedenspolitik jammerndes Volk keine sechs Monate später den rechtsradikalen Netanjahu wählen konnte. Und wenn ich bereits angesichts der wachsenden Siedlungen und immer neuen Straßen, der Versäumnisse und Winkelzüge meine Zweifel an Rabins Politik gehabt hatte, dann kam ich mit Netanjahu zu der Erkenntnis, daß er derjenige war, den das israelische Volk verdiente.

Aber zunächst einmal hatten wir alle den Eindruck, daß die Tränenströme um Rabin, die Gebete, die man ihm hinterherschickte, die zigtausend Kerzen, die man für ihn entzündete, und die alten Chaluzlieder, die man ihm sang, zu einer Katharsis führen und ein neues, von allem Bösen gereinigtes Volk erstehen lassen würden. Trauern verbindet die Menschen und Trauern, wenn es in der Öffentlichkeit zelebriert wird, macht Spaß.
Ich sah sie überall zusammenhocken, hauptsächlich Jugendliche, die um die Kerzen wie um ein Lagerfeuer saßen und die schwermütigen, idealistischen Lieder sangen, die eine Zeit heraufbeschworen, in der das Land angeblich noch heil gewesen war. Sie klangen ein bißchen wie Elton Johns Lied auf Diana: »Good-bye England's rose...«, und man hätte den Text nur etwas umzudichten brauchen, dann hätte er auf Rabin gepaßt. Trauer, wenn sie zu einem Volksfest mutiert, ist eben auch austauschbar und für diejenigen, die echte Trauer empfinden, eine Zumutung.
»Wo wart ihr, als Rabin noch lebte!« rief Lea, Rabins Frau, einer Gruppe Jugendlicher zu, die sich mit den unvermeidlichen Kerzen und Liedern vor ihrem Haus niedergelassen hatten, »damals, nicht heute, hätte er euch gebraucht!«
Als man den Ministerpräsidenten zu Grabe trug, waren alle da, die höchsten Rang und Namen hatten, und selbst die Palästinenser saßen gebannt vor dem Fernseher und waren erschüttert über die weltweite Anerkennung und Bedeutung eines Mannes, der während der Intifada befohlen hatte: »Wenn diese Araber keine Ruhe geben wollen, muß man sie verprügeln und ihnen die Knochen im Leibe brechen.« Doch dieser Befehl stammte aus einer Zeit, in der er noch Verteidigungsminister gewesen war, und wäre er dabei geblieben, sowohl was das Amt als was die Befehle betraf, wäre er auch nicht ermordet worden – jedenfalls nicht von einem Juden.
Und es hätte auch nicht die zahllosen Aufkleber auf den

Rückfenstern der Fahrzeuge gegeben, die den vehementen Schmerz des israelischen Volkes auszudrücken versuchten: »Schalom Freund!«

Kurzer Rückblick auf die erste, »Glorious« benannte Intifada

Es war trotzdem eine schöne und für mich wichtige Zeit, die zwischen den beiden »hardlinern« Schamir und Netanjahu, zwischen Erkenntnis und Illusion, zwischen Schmerz und Hoffnung. Es war eine lebendige Zeit, die mir Augen und Ohren öffnete, eine Zeit, aus der die stärksten Beziehungen erwuchsen, die Menschen mit gleichem Denken zusammenschmiedete. Ich vermisse diese Freundschaften mehr als die Liebe, vermisse die verrückten Stunden mit Philip und Rick, deren Geist, Witz und Charme mich aus den schwärzesten Stimmungen rissen, die Gespräche mit der wunderbaren Jane, die das Gesicht und den Nimbus einer Prophetin hatte, die unfreiwillig komischen Situationen, in die ich mit Stanley, dem zerstreuten, homosexuellen Literaturprofessor, geriet. Und ich vermisse meine palästinensischen Freunde: den mir nahestehenden Arzt Ismael und seine Familie, die in Ramallah leben; den hübschen, zarten Verführer Ibrahim; George, den schlauen »Manager« meines Stammlokals in Jericho, und den vornehmen Baumeister Avi, mit dem ich meine ersten Schritte in die fremde arabische Welt wagte. Ich vermisse ihre Nähe, ihre unbedingte Freundschaft, Loyalität und Diskretion, und am meisten vermisse ich die Freude, ihnen auf diese oder jene Art helfen zu können und das Band zu knüpfen, das ihre Gegenwart mit meiner Vergangenheit verbindet.

Sie wird nie wiederkommen, diese Zeit, in der Philip, Rick und ich unsere Beklommenheit in Wodka ersäuften, Ismael zu mir nach Jerusalem kam, um bei einer friedensbewegten jungen Israelin Hebräisch zu lernen, und ich am frühen Morgen in mein geliebtes Jericho fuhr, um dort mit George unter dem Orangenbaum zu sitzen und über die Ungerechtigkeit in der Welt zu philosophieren. Sie ist unwiederbringlich verloren und mit ihr die Kraft, mit der ich mich damals in den Strudel der Ereignisse warf. Ich glaube, ich habe niemals so bewußt und aktiv gelebt wie in der Zeit der Intifada, die mich zwang, aus morschen Denkmustern auszubrechen und in neue Lebensbereiche vorzudringen. Heute, in einer Ära des Verfalls, der nicht nur zwei Völker, sondern sogar mich und meinen schwarzen Kater Dino betrifft, kommt mir die damalige Zeit wie ein letzter Aufschub vor, ein Versuch, den Niedergang zu überlisten. Aber wem kann das schon gelingen? Dino und ich haben die Kraft verloren und die zwei Völker den letzten schäbigen Rest eines Gewissens.

Natürlich ereignete sich das alles nicht von heute auf morgen. Dinos Sauf- und meine Brüllperiode, die bei ihm auf schlechte Nierenfunktion, bei mir auf schlechte Nerven schließen ließ, hatten noch lange nicht begonnen. Er konnte manchmal noch auf hohe Mauern springen und ich mich im Badeanzug zeigen.

Ironischerweise fiel die Amtsperiode Netanjahus sogar in eine sehr erfolgreiche Zeit für mich – sowohl beruflich wie privat. Eins zog das andere nach sich, und beides erstaunte mich, denn ich hatte in den letzten dreißig Jahren weder meinen Schreib- noch meinen Lebensstil geändert. Ich schrieb immer noch in der ersten Person und über ruhmlose Erdenbürger, die schuldlos in das Räderwerk verantwortungsloser Politik geraten. Und ich liebte nach wie vor die Natur, schwärmte für Katzen und befreundete mich fast immer nur mit Menschen, die an sich und der Welt zweifelten und litten. Warum mich also plötzlich gewisse, aber wohl recht große Bevölkerungsgruppen in Deutschland

»entdeckten«, weiß ich nicht genau. Es könnte sein, daß sich an deren Geschmack und Weltbild etwas geändert hatte und sie auf einmal ruhmlose Menschen, die in das Räderwerk nationalistischer Politik geraten waren, interessant fanden. Hinzu kam wohl, daß ich meinen Stoff aus der Fülle wirklicher Menschen und Ereignisse schöpfte und damit den Lesern einen realistischen Einblick in deren und meine Existenz gewährte. Wie auch immer, ich wurde Mittelpunkt eines beachtlichen Leser- und Bekanntenkreises, der mir, dem Land, in dem ich lebte, den Freunden, die an der Welt litten, und den Katzen, die ich betreute, ein hohes Maß an Anteilnahme und Verständnis zukommen ließ. Und da sich sowohl die Katzen auf meinem Dach als die Leiden meiner Freunde, ganz zu schweigen von den Desastern im »Heiligen Land«, mehrten, wuchs auch deren Interesse.

Was meinen Freundeskreis betraf, so wurde er immer jünger und deutscher, und das gab mir zu denken. War es im Hinblick auf »jung« mein ästhetisches Bedürfnis, meine Freude an straffer, glatter Haut und festem Fleisch? War es der offene, wache Geist, der noch nicht von den Schlacken des Alters und den als Erfahrung getarnten Konventionen überlagert war? War es ein spät ausgebrochener »Florence-Nightingale-Tick«, der bei diesen gescheiten und verwirrten jungen Menschen einen Beschützer- und Helferinstinkt weckte? War es das Verlangen nach Lachen und Unfugtreiben, nach Geschichten, in denen die Liebe, mit all ihren schönen und bösen Begleiterscheinungen, so viel ernster genommen wurde als die weltweiten Katastrophen? Wahrscheinlich war es von allem etwas, und was das Deutsche betraf, mochte es schlicht und einfach die gemeinsame Sprache und Kultur sein. Die gleichaltrige und alte Generation, die in Israel über Jahrzehnte zu meinem Freundeskreis gehört hatte, schien mir zunehmend enger und selbstbezogener zu werden, was gewiß eine Folge der generellen Verengung, Verflachung und Selbstbezogenheit war. Allerdings gesellte sich auch noch die Altersstarre dazu, die meine

Geduld mit jeder Platitüde und Wiederholung, mit jedem unkonzentrierten Abschweifen auf eine harte Probe stellte.

Die Zeit wird knapp, sagte ich mir, bald werde ich selber ein altes Kind und meine jungen Freunde werden erwachsen sein und von der Banalität des tagtäglichen Lebens abgestumpft. Also beschloß ich, mir wenigstens in dieser Hinsicht noch ein paar hübsche Jahre zu gönnen, ein Entschluß, mit dem ich mir ein permanentes Schuldbewußtsein meinen alten, lieben Freunden gegenüber einhandelte. Die Intervalle zwischen meinen Besuchen bei ihnen wurden immer länger und mein Lächeln, mit dem ich sie begleitete, immer gereizter.

Der Friedensprozeß des Bibi Netanjahu

Und der Friedensprozeß ging weiter, besser gesagt, er fing von vorne an, denn jetzt mußte er ja nach dem Konzept Bibi Netanjahus geführt werden.

Ich hatte längst den Glauben und jetzt auch jegliches Interesse daran verloren und nannte ihn, wie der ehemalige Ministerpräsident Schamir, der der englischen Aussprache des Wortes »peace« nicht mächtig war, den »piss process«. In diesem Zusammenhang kam mir dann jedesmal der uralte Witz meines Freundes Rudi in den Sinn, den er immer dann vortrug, wenn ihm gar nichts Besseres mehr einfiel: Ein alter, prostatakranker Mann kommt zu einem Arzt und beschwert sich, daß er nicht mehr richtig pissen könne. »Wie alt sind Sie«, wird er gefragt. »87.« – »Also dann, guter Mann, genug gepißt«, sagt der Arzt.

Ach, wären die in den »Friedensprozeß« involvierten Politiker doch so weise gewesen wie dieser Arzt. Sie hätten den Gutgläubigen auf beiden Seiten viel kurzatmige Hoffnung und langfristige Enttäuschung erspart. Statt dessen herrschte hektische Betriebsamkeit an allen Friedensfronten.

Ich habe keine Ahnung mehr, wer wann wo hinflog, um zu verhandeln und zu handeln, um zu drohen, zu mahnen, zu schlichten, zu versprechen, zu lügen. Jede Woche konnte man in der Zeitung lesen, im Radio hören und im Fernsehen sehen, welcher Politiker sich mit welchem traf, wer wem mit einem breiten Grinsen die Hand schüttelte, wer was zu wem sagte. Manchmal, wenn ich mich durch die Sender zappte, huschten sie zufällig über meinen Bildschirm: der selbstherrliche Bibi, dessen Gesicht immer feister wurde; Arafat, dessen fette Unterlippe zu zittern begonnen hatte; Clinton, der hochgemut zu verkünden wußte, daß dieses oder jenes Treffen »sehr positiv« verlaufen sei.

Wenn eine Bombe explodierte, kam der Friedensprozeß ins Stocken, dann wurden erst die palästinensischen Gebiete abgesperrt und anschließend mehrere Straßen in Jerusalem. Daran erkannte ich, daß wieder einmal ein Rudel hoher Tiere aus Amerika angereist und die Sicherheitsmaßnahmen dementsprechend verschärft worden waren. Wenn die Straßen wieder ganz und die palästinensischen Gebiete teilweise offen waren, ging der Friedensprozeß weiter.

Über Monate wurde um ein paar Prozente Land gefeilscht, das den Palästinensern als zweite Stufe des Osloer Abkommens zurückgegeben werden sollte. Waren es zwei oder zwanzig Prozent? – ich weiß es nicht mehr. Aber es spielt auch insofern keine Rolle, da selbst die nicht zurückgegeben wurden.

Dafür wuchs die Zahl der Siedlungen und Straßen, aber das schien in Israel niemanden mehr zu interessieren. Was viel mehr interessierte, war Sarah, die Frau des Ministerpräsidenten, die First-Lady-Allüren entwickelte und sich bizarre Dinge leistete. Sie war drall, hatte ein hübsches, ordinäres Gesicht und einen sehr schlechten Ruf. Man verfolgte die Dramen im Hause Netanjahu mit derselben Begierde, mit der man die Sex- und Ehegeschichten von Staatsoberhäuptern, Schauspielern und Sportkanonen nun mal verfolgt. Erst als Bibis Korruptionsaffären, bei denen es sich um Veruntreuung von Staatsgeldern handelte, aufflogen und Sarahs bizarres Verhalten in den Schatten stellten, verschwand sie aus den Medien und tauchte auch nie wieder auf. Von nun an stand Bibi im Rampenlicht, und obgleich ihn das sehr schlecht beleuchtete, schien er sich wohl dabei zu fühlen. Auch als es zu einer Anklage, zu Prozeß und Verurteilung kam, blieb er seinem arroganten, selbstgefälligen Image treu. Immerhin war er der bestaussehende, best Englisch sprechende Ministerpräsident, den Israel jemals gehabt hatte, und was die Straftaten betraf, so stand er damit ja nun nicht alleine in der globalen politischen Arena. Schließlich verschwand die Geschichte, wie so viele andere, in der Versenkung, und das Feilschen um Landrückgabe, oder was nun gerade anstand, ging weiter.

Auf den Rückfenstern der Fahrzeuge hatten die militanten Parolen wieder das wehmütige »Schalom Freund« abgelöst, und im Friedenslager schien man sich unter dem Motto: »Da kann man nichts machen!« zur Ruhe gesetzt zu haben.

Interludium am Meer

»Verstehst du, was hier los ist«, fragte ich Philip, der nach einem mißglückten Intermezzo in seiner Heimatstadt London wieder nach Israel zurückgekehrt war und sich in Jaffa niedergelassen hatte.

Das schmale, schmucke Haus, lachsfarben und türkisgrün, in dessen oberster Etage er ein winziges, wunderschön eingerichtetes Appartement bewohnte, stand in Adjami, einem arabischen Slum, und dort mitten im Drogenviertel. Und Philips manische Phase, die ihn bewogen hatte, nach Israel zurückzukommen und sein ergrauendes Haar goldblond zu tönen, war in Depression umgeschlagen.

»Was soll wo los sein?« fragte er gleichgültig.

»Na hier, in Israel ...«

»Ach, hör doch auf«, unterbrach er mich irritiert, »dieser Schwachsinn interessiert doch kein Schwein mehr.«

»Ich fürchte, da irrst du dich. Gestern habe ich einen Brief von einem deutschen Leser bekommen, und der hat mich gefragt, warum man sich hier nicht an die internationalen Menschenrechtsgesetze oder zumindest an die Resolutionen hält. Kannst du mir sagen, was das für Resolutionen sind?«

»Welche? Es gibt da eine ganze Menge.«

»Ich weiß: 224 und 566 und 123 ...«

»Komm, gehen wir baden, dazu bist du doch hergekommen.«

»Aber was soll ich dem Mann antworten?«

»Daß er ein mieser Antisemit ist.«

»Sei doch mal ernst, der Mann scheint wirklich beunruhigt zu sein.«

»Wer Israels Integrität mit solchen Fragen anzweifelt, ist ein mieser Antisemit.«

Jetzt lachte er zum erstenmal, und das war mir dieses unergiebige Gespräch wert. Wir fuhren zum Strand, keine fünf Minuten vom Haus entfernt. Ich mochte den Slum mit seinen baufälligen Häuschen und Hütten, die planlos in die Gegend gestreut waren. Der Boden war steinig und trocken, weit und breit sah man keinen Baum, dafür aber viel Gerümpel und hier und da einen blühenden Busch, buntes Obst und Gemüse vor einem kleinen Laden, grün-blau gestrichene Türen, grellfarbige Kleidungsstücke an einer Wäscheleine. Ich stellte mit Besorgnis fest, daß auch hier die Israelis im Vormarsch waren und ansehnliche Häuser mit großen Fenstern und Terrassen rund um das alte Viertel herum bauten. Ein riesiges Schild verkündete, daß noch mehr davon zu erwarten wären, ja, daß sogar ein ganzer Komplex hochmoderner Luxusvillen mit Swimmingpool, Tennisplatz und Grünanlagen in Planung sei.

»Das ist dann wohl bald das Ende von Adjami«, sagte ich.

»Was dachtest du? Sie lassen sich guten Grund und Boden entgehen? Ich kann dir nachher ein paar Paläste im Norden Adjamis zeigen. Dort haben die reichen Araber in wunderschönen Häusern gelebt, und die sind jetzt alle wieder kostspielig renoviert worden.«

»Die kenne ich, sie zerfielen, und jahrzehntelang hat niemand darin gewohnt. Aber hier leben doch noch Leute! Wo tun sie denn die Leute hin, wenn sie die Hütten abreißen?«

»Auf die Müllhalde«, sagte Philip, »da, wo sie nach Meinung der Israelis sowieso hingehören.«

»Manchmal gehst du wirklich zu weit, Philip! Du sprichst wie ein mieser jüdischer Antisemit.«

»Bin ich ja auch!«

Ich parkte das Auto auf einem Platz oberhalb des Meeres, und wir stiegen aus.

»Den Strand hier haben sie doch sehr hübsch hergerichtet«, sagte ich und schaute auf ein Restaurant mit rotgedeckten Tischen, auf terrassierte Rasenflächen, Sonnenschirme, Duschen und einen hohen Aussichtsplatz für muskulöse, braungebrannte Rettungsschwimmer hinab.

»Mir war er lieber, als er noch leer war und es dieses winzige arabische Fischrestaurant hier oben gab.«

Im Grunde empfand ich dasselbe. Es war ein Stück ursprünglicher Küste gewesen, nicht sehr gepflegt, aber idyllisch einsam, mit heißem, gelbem Sand und einem sacht abfallenden Meer, in dem man alleine, von kleinen Glitzerwellen geschaukelt, auf dem Rücken liegen und einfach glücklich sein konnte. Ich hatte ihn »meinen« Strand genannt, jetzt war er das nicht mehr.

Als wir die Stufen hinabstiegen, begann einer der Lebensretter mit donnernder Lautsprecherstimme eine Schar Kinder anzubrüllen, die sich zu weit ins Meer gewagt hatten.

»Erinnerst du dich noch«, fragte Philip, »als wir damals, vor vielen Jahren, in Tel Aviv baden gingen und dich der Rettungsschwimmer anschrie: ›du, Mädchen da, im lila Badeanzug‹ ...«

Und ob ich mich erinnerte! Wir hatten uns noch nicht lange gekannt, und ich war alles andere als ein »Mädchen« – Mitte Fünfzig, glaube ich, und Philip zwanzig Jahre jünger, schwul und manisch-depressiv. Vielleicht war er gerade in einer manischen Phase – damals kannte ich mich noch nicht so gut damit aus –, auf jeden Fall machte er einen verliebten Eindruck, und eines Tages lag er neben mir im Bett.

»Laß den Quatsch, Philip«, hatte ich gesagt, »du hast mir doch erzählt, daß deine paar Frauenaffären immer an den zu weichen Bäuchen und überflüssigen Brüsten gescheitert sind.«

Daraufhin mußten wir derart lachen, daß jeder Gedanke an Sex gestorben und eine Freundschaft geboren worden war.

»Those were the days, my friend«, summte ich, »we thought they'd never end ...«

Wir standen unschlüssig am Strand, und Philip schaute mißgestimmt um sich: »Wo möchtest du liegen?« fragte er.

»Nahe am Meer.«

»O Jesus, ich wünschte, ich wäre an der Riviera! Diese scheußlichen Menschen hier, dieses Geschrei und diese Hitze!« Er riß sich den Bademantel herunter und zeigte sich unbekümmert in einem sehr knappen weißen Badeslip: »Ich hasse Sand, der einem überall reinkriecht«, brummelte er.

»Wir können uns Liegestühle bringen lassen und einen Sonnenschirm.«

»Bis der Kerl uns die bringt, sind wir längst geflohen. Du siehst doch, er trinkt gerade Coca-Cola und bohrt sich in der Nase.«

Wir breiteten zwei große Handtücher aus und setzten uns darauf. Erst dann streifte ich Hose und Bluse ab.

»Es macht eigentlich gar keinen richtigen Spaß mehr«, sagte ich.

»Sprichst du schon wieder von Israel?« fragte Philip und streckte sich auf dem Bauch aus.

»Nein, von mir. Ich fühle mich jetzt immer unbehaglich

im Badeanzug ... meine Oberarme, meine Schenkel, und das wird ja immer schlimmer und schlimmer, nicht?«

»Darling, du bist kein ›spring chicken‹ mehr«, sagte er, ohne den Kopf zu heben.

»Das weiß ich selber. Ich bin eine alte, zähe, gerupfte Henne.«

»Du kannst froh sein, daß du noch so aussiehst, wie du aussiehst. Und außerdem schien mir, daß du etwas mehr zu bieten hast als Oberarme und Schenkel.«

»Ich möchte aber feste Oberarme und Schenkel bieten ... so, wie das hübsche Mädchen da. Schau mal!«

»Interessiert mich nicht.«

»Oder wie dieser schöne Junge.«

»Wo?« fragte er und hob den Kopf.

»Du wirst auch immer schlimmer«, sagte ich, und er setzte sich auf und grinste.

»Ich glaube, ich gehe jetzt ins Meer«, sagte ich lustlos und stand auf.

»Das klingt so düster, Darling. Willst du dem Verfall zuvorkommen?«

Einer der muskulösen, braungebrannten Rettungsschwimmer brüllte in den Lautsprecher, die Süße mit den blonden Haaren solle ihm keinen Zores machen und sofort zurückschwimmen.

»Dieser Alterungsprozeß«, sagte ich, »ist genauso hoffnungslos wie unser Friedensprozeß ... glaubst du, ich sollte noch mal zu Dr. Shatz gehen?«

»Nein, warte noch ein Weilchen, dann kannst du alles in einem Aufwasch liften lassen: Oberarme, Schenkel, Hintern und Gesicht.« Ich mußte lachen, und er stand auf und legte den Arm um meine Schultern: »Schau mal die beiden da«, sagte er und deutete mit dem Kinn auf ein knapp bekleidetes, älteres Paar, das mit hüpfenden Fettwülsten und den Geräuschen einer Dampflokomotive an uns vorbeijoggte, »dagegen sind wir geradezu perfekt.«

»Und dafür haben die bestimmt weniger Probleme.«

»Besonders mit dem Alterungs- und Friedensprozeß ... also komm jetzt ins Meer, dann haben wir's hinter uns.«

»Warum müssen wir überhaupt ins Meer, wenn wir keine Lust dazu haben?«

»Damit wir nachher nicht glauben, wir hätten was versäumt. Außerdem ist schwimmen gut für deine Oberarme und Schenkel.«

»Geh du, ich rufe erst mal Rick an.«

Der Rettungsschwimmer schrie wieder nach der Süßen mit den blonden Haaren.

»Das ist alles zuviel für mich«, stöhnte Philip, »und wozu jetzt auch noch Rick?«

»Der kennt einen russischen Masseur, der wahre Wunder vollbringen soll. Er wohnt hier ganz in der Nähe und heißt Boris Romanow. Ich will da hin!«

»Unbedingt, Darling«, nickte Philip, »ein russischer Neueinwanderer, der wahre Wunder vollbringt und sich Boris Romanow nennt, hat dir und dem Land noch gefehlt.«

Bei Boris Romanow

Rick war, ähnlich wie Philip, nach einem mißglückten Intermezzo in Paris, nach Israel zurückgekehrt und wohnte jetzt mit seiner Freundin Isabelle, einer reichen belgischen Jüdin, in Tel Aviv. Es war ein schickes Mietshaus mit einer riesigen Eingangshalle, die ein livrierter Portier überwachte.

Isabelle war eine sehr attraktive, elegante Frau, zwölf Jahre älter als Rick, magersüchtig und dem Alkohol zugetan. Sie war aus einer langweiligen Ehe und einem langweiligen Luxusleben ausgebrochen, um mit dem ungewöhnlich intelligenten und exzentrischen Rick in die Höhen und Tiefen menschlicher Existenz vorzustoßen. Rick hingegen, der sich eine Zeitlang als Journalist betätigt und als solcher der Welt im allgemeinen und Israel im besonderen eine apokalyptische Zukunft vorausgesagt hatte, hatte zum Studium der Orientalistik gewechselt. Das nun befriedigte ihn weitaus mehr als der Journalismus und ersparte ihm außerdem viel Ärger, denn seine düsteren Prognosen, die leider nie ins Schwarze trafen, hatten die Leser erbost.

Das Paar wohnte getrennt in zwei sich gegenüberliegenden Penthouse-Wohnungen, die bewiesen, daß es in Israel an nichts fehlte, wenn man stilvoll und bequem leben wollte und das Geld dazu hatte.

Rick kam aus New York und war der Sohn wohlhabender jüdischer Eltern. Er hatte Amerika, seine Familie, das protzige, oberflächliche Milieu, in dem er aufgewachsen, und die elitäre Universität, in der er einer der begabtesten Studenten gewesen war, gehaßt und war von einem Tag auf den anderen nach Europa geflohen. Dort hatte er sich jahrelang mit kleinen Jobs über Wasser gehalten und war dann, wie so viele gescheiterte Existenzen, denen es an Geld und Glück mangelte, ins »Gelobte Land« und nach Jerusalem gegangen. Aber auch hier war er lange nicht zu Geld und Glück gekommen, hatte dafür aber seine heftige Abneigung gegen Israel und seine tiefe Verbundenheit mit den Palästinensern entdeckt. Von Isabelle wurden seine materiellen Ansprüche, das einzige, was er aus Amerika und seinem Elternhaus mitgenommen hatte, endlich wieder gedeckt und seine ästhetischen und geistigen Ansprüche gleichzeitig erfüllt. Trotzdem fühlte er sich nicht wohl in seiner Haut, er hatte das Land, die Gesellschaft, den Wirkungsbereich und den Menschen, der seinem komplizierten Wesen entsprach, einfach noch nicht gefunden.

Am wohlsten schien er sich ausgerechnet in Gaza zu fühlen, wo eine palästinensische Familie ihn oder er sie »adoptiert« hatte. Mit ihnen wohnte er oft ein paar Tage auf engstem Raum und nahm teil an ihrem Leben, das er als echt und wesentlich empfand. Auch Isabelle schloß sich ihm manchmal an, denn wo hätte sie tiefer in die Tiefen menschlicher Existenz vorstoßen können als in Gaza.

Als ich Rick anrief und ihm mitteilte, daß ich noch heute zu Boris Romanow gehen wolle, um mich massieren zu lassen, war er hoch erfreut.

»Du tust genau das Richtige«, sagte er, »seit mich Boris massiert, fühle ich mich kräftiger und ausgeglichener und Isabelle ißt wieder mehr und trinkt kaum noch.«

»Kann er auch was gegen biologischen Verfall tun? Ich meine, kann er ihn aufhalten?«

»Natürlich kann er das. Er massiert die ganze russische, ewig besoffene Theatergruppe, die beste hier im Land, und die sind jetzt alle fit.«

»Das freut mich.«

»Ich mache jetzt gleich einen Termin mit ihm aus und bringe dich hin.«

Boris Romanow schien, trotz der besoffenen Theatergruppe, die er fit gemacht hatte, dringend Klienten zu brauchen.

Wir fuhren zu dritt, denn Rick hatte Philip davon überzeugt, daß der Wundermasseur auch Depressionen heilen könne.

»Ihr dürft nur nicht zimperlich sein«, warnte er, »Boris massiert nach der russischen Methode, und die tut manchmal etwas weh.«

Ich dachte mit Schaudern an die Methode einer russischen Laborantin, die mir Blut abnehmen sollte und dreimal bis auf den Knochen danebengestochen hatte.

Boris Romanow wohnte mit seiner Mutter in Bat Jam, einer der trostlosen, in den fünfziger Jahren gebauten Städte, von deren Sorte es in Israel viele gab. Das Haus, ein achtstöckiger, billig hochgezogener Kasten, war dementsprechend. Die Romanows wohnten in der obersten Etage, und der Masseur, ein Hüne mit einem breiten, slawischen Gesicht und einer lächerlichen Knopfnase, öffnete uns die Tür. Er sprach ein paar Brocken Englisch und Hebräisch und damit begrüßte er uns laut und jovial.

»Mamitschka!« rief er dann.

Mamitschka kam mit einem Tablett, auf dem Gläser und viele Flaschen Limonade standen. Sie war zwei Köpfe kleiner als ihr Sohn, aber fast so umfangreich wie er. Außerdem hatte sie tizianrot gefärbtes Haar, das in krassem Gegensatz zu ihrem faltigen Gesicht stand. Sie hieß uns willkommen wie ihre lang verlorene Familie, küßte Rick, umarmte mich und tätschelte Philip das goldblond getönte Haar: »Beautiful boy«, strahlte sie.

Rick zog die Brauen hoch, und Philip lachte geschmeichelt: »Thank you, Madame«, sagte er.

Die Romanows zogen sich in die Küche zurück, wo sie sich aufgeregt auf russisch unterhielten oder stritten.

»Die haben doch bestimmt nicht mal eine jüdische Ururgroßmutter«, sagte Philip, »kannst du mir mal erklären, Rick, wie die hier reingekommen sind?«

»So wie fünfzig Prozent der russischen Einwanderer hier reingekommen sind. Mit Bestechung und gefälschten Papieren.«

»Fabelhaft!« rief Philip.

Boris war zurückgekommen. Er kaute an etwas, das zwischen seinen Zähnen knirschte. »O. k., Lady«, sagte er zu mir, »let's go!«

»Ich bestelle vorsichtshalber schon mal die Ambulanz, sweetie«, murmelte Philip.

Es war die erste Massage meines Lebens, und darum konnte ich nicht beurteilen, ob sie der üblichen Methode entsprach oder speziell für Masochisten und besoffene russische Theatergruppen erfunden worden war. Ich lag auf einem harten Tisch am Fenster, hinter dem man nichts anderes sah als das Meer. Auf seiner grenzenlosen blauen Fläche zitterten platingoldene Reflexe. Ich versuchte mich und den Schmerz in diesem Anblick zu ertränken, aber das ließ Boris nicht zu. Er war mit meinen Zehen beschäftigt, die er der Reihe nach zu brechen schien.

»Sitzt schon Arthrose drin«, erklärte er ungerührt, »muß

ich kurieren.« Er stand am Fußende des Tisches, ein Riese aus der Taiga mit Händen so groß wie Schaufeln.

»Wie gefällt es Ihnen in Israel?« fragte ich, um ihn von meinen Füßen abzulenken.

»Gut«, sagte er, »kann ich bald kaufen eine Auto.«

Aus dem Nebenzimmer, wo Rick und Philip auf mich warteten, drangen Partygeräusche: viele Stimmen, Gelächter, das Klirren von Geschirr, dann das gellende Kläffen eines Hundes. »Was ist denn da plötzlich los?« fragte ich.

»Freunde«, gab Boris zur Antwort, und nun selber in Partystimmung, ging er zu einem Tonbandgerät und legte eine Kassette ein: »Lieben wir Russen Musik«, teilte er mir mit, und es erklangen alte russische Schlager im Tangotakt, von einer gefühlvollen männlichen Stimme mit Akkordeon- und Geigenbegleitung gesungen.

»Das ist die Musik, zu der ich damals in Bulgarien getanzt habe«, vertraute ich Boris an. »Ich war noch sehr jung.«

Doch den schien weder meine Jugend noch der sentimentale Schlager milder zu stimmen.

»Jetzt Finger«, befahl er.

»Wissen Sie«, sagte ich vorsichtig, »eigentlich bin ich zu Ihnen gekommen wegen dem und dem hier.« Ich strich mir über die Innenflächen von Oberarmen und Schenkeln.

»Verstehe«, nickte Boris, »ist häßlich.«

Ich überlegte, ob diese unerfreuliche Bemerkung an dem geringen Wortschatz des Masseurs oder an der Direktheit der Slawen lag. Um mir Gewißheit zu verschaffen, fragte ich: »Ist alles zu spät, nicht wahr?«

Jetzt fürchtete er wahrscheinlich, mich als Klientin zu verlieren, und sagte beschwichtigend: »Sind Sie eine schöne Frau, machen wir mit Maschine, ist gleich weg.«

Er setzte mich auf ein Gerät, das einem ramponierten Fahrrad ähnelte und aus den Zeiten des Zarenreiches zu stammen schien.

»Große Erfindung«, lobte Boris, »habe ich mitgebracht, aus Rußland. Gibt es so was nicht in Israel.« Er drückte auf einen Knopf, und das Ding begann sich und mich erbarmungslos zu schütteln.

»Machen wir erst Beine, dann Arme«, sagte Boris und zündete sich eine Zigarette an. Von der Kassette ertönte ›Otschi tschornia‹, Boris sang herzhaft mit, und ich schüttelte mich und dachte: Auf so einen Wahnsinn habe ich mich schon lange nicht mehr eingelassen! Bestimmt haben wir Ostwind.

Zum Glück barst in diesem Moment Mamitschka ins Zimmer: »Kommt«, rief sie, »das Essen ist fertig, und alle sind schon da!«

Es waren etwa zwölf Personen, Männer und Frauen, Halbwüchsige und ein winziges weißes Hündchen mit einer roten Schleife auf dem Kopf. Sie saßen alle an einem lang ausgezogenen, mit Schüsseln und Platten beladenen Tisch, unter ihnen der schmale, blasse Rick und der mollige, goldbraune Philip, die mir heimtückisch entgegengrinsten.

Ich wurde zwischen meine beiden Freunde gesetzt und zischte leise: »Hättet ihr das nicht verhindern können?«

»Unmöglich«, flüsterte Rick, »das ist die russische Gastfreundschaft. Isabelle und ich müssen da auch jedesmal durch.«

»Ich will da aber nicht durch«, flüsterte ich zurück und betrachtete verstört Berge von Mayonnaisesalaten, fetttriefenden Piroschki und ein halbes Dutzend gebratene Hühner. Als ich den Blick wieder zurückholte, war mein Teller bereits mit Essen und mein Glas mit Wodka gefüllt.

»Ist gut für deine Schenkelchen«, kicherte Philip, und Boris hob sein Glas und trank mir zu: »Le chaim«, rief er, ein Wort und eine Geste, die auch alle anderen perfekt beherrschten.

Mir gegenüber saß eine hellblond gefärbte, hellgrün gekleidete Frau. Sie hatte ein goldenes Kreuz um den Hals und den kleinen, weißen Hund mit der roten Schleife auf dem Schoß.

»Ein niedliches Hündchen«, sagte ich, um meine Verwirrung zu verbergen, und streckte die Hand nach ihm aus.

»Laß das«, warnte Rick, »er beißt wie ein Frettchen.«

Die Frau rückte das rote Schleifchen auf dem Kopf des bissigen Hundes zurecht, aß ein Stück Räucherfisch und lächelte mir zu.

»Das ist Nadeschda«, informierte mich Rick, der sich mit den einzelnen Personen der Gesellschaft und den Eigenarten des Hündchens schon gut auskannte, »und der große Junge, drei Stühle weiter, ist Boris' Sohn, der bei seiner Mutter in Tel Aviv lebt.«

»Sie sind ja perfekt gebräunt«, sagte Philip zu Nadeschda, und sein zuckersüßes, kaltes Lächeln verriet mir seine Abneigung, »sind Sie schon lange in Israel?«

»Ich bin vor zwei Jahren mit meiner Tochter hergekommen. Sie ist ausgebildete Pianistin und Musiklehrerin und lebt in Jerusalem. Sie wollte, daß ich mit ihr nach Jerusalem gehe, aber ich wollte auf keinen Fall dorthin.«

»Warum denn nicht?« fragte ich.

»Ich möchte am Meer sein, und außerdem sind mir zu viele Araber in Jerusalem. Ich finde die primitiv und unheimlich.«

Die neben ihr sitzende Person nickte zustimmend, und ein junger Mann, der ein schwarzes T-Shirt mit phosphoreszierendem Totenschädel trug, rief lachend: »Das ganze Land ist primitiv und unheimlich.« Er übersetzte seine Bemerkung sogleich ins Russische, und jetzt lachten alle.

»Die Israelis haben eben keine Kultur«, erklärte eine ältere Frau in einem bunt geblümten Badekleid, »ich war Lehrerin in Kiew und bin entsetzt über das Schulsystem in Israel. Was wissen diese kleinen Barbaren hier von europäischer Literatur, Geschichte, Philosophie? Was lernen sie überhaupt?«

»Schießen«, sagte Rick mit glasigen Augen und törichtem Grinsen. Er war bereits beim zweiten Wodka und dem schien er bei dieser Hitze nicht gewachsen zu sein.

»Das ist in diesem Land auch wichtiger als Kultur«, sagte der Sohn von Boris, ein etwa sechzehnjähriger Junge, der sich die Baseballkappe – zeitgemäß – verkehrt herum aufgesetzt hatte, »wir sind von Feinden umzingelt.«

»Hat seine Lektion schon gut gelernt«, murmelte Philip, und Mamitschka rief: »Er ist der Beste in seiner Klasse und will MIG-Pilot werden.«

»Nicht MIG«, schrie der Junge, »Phantom, Baba, wie oft soll ich dir das noch sagen!«

»Es ist ein Jammer«, seufzte die Lehrerin aus Kiew, »unsere Jugend wird bald nicht mehr wissen, wer Puschkin war!«

»Dafür wird sie nie vergessen, wer Marx, Lenin und Stalin waren«, sagte der junge Mann mit dem phosphoreszierenden Totenschädel.

»Und wie man schießt«, sagte Rick mit törichtem Grinsen.

Die Lehrerin sah gramvoll von einem zum anderen: »Unsere russische Jugend ...«, begann sie, wurde aber von Philip unterbrochen: »Entschuldigen Sie, Madame«, sagte er mit penetranter Höflichkeit, »dürfte ich Ihnen eine persönliche Frage stellen?«

»Bitte schön.«

»Sind Sie Jüdin?«

»Selbstverständlich.«

»Na, so selbstverständlich?« murmelte Rick.

»Dann sind Sie also aus nationalen oder religiösen Motiven nach Israel emigriert?« fragte Philip lauernd.

»Nein«, antwortete die Lehrerin mit Nachdruck, »aus wirtschaftlichen, so wie neunzig oder mehr Prozent von uns. Erst kommt das Fressen, junger Mann, dann kommt die Moral! Von meiner Pension konnte ich nicht leben und nicht sterben.«

Am Tisch war es still geworden. Dann rief Boris: »Eßt, Kinder, und freut euch, daß ihr hier seid. Le chaim!« Er hob sein Glas, und wir tranken uns zu.

»Ohne Geld und Arbeit kann man hier auch nicht leben«, sagte plötzlich ein älterer, gepflegt aussehender Mann und biß in eine Hühnerkeule, »und um ganz ehrlich zu sein, lieber leide ich Not in meiner Heimat als hier.«

»Schau, Aljoscha«, sagte die Frau mit dem Hündchen, »auf uns Ältere und Alte kommt es wirklich nicht mehr an. Wir sind eine verlorene Generation und nirgends mehr glücklich. Aber unsere Kinder, die werden es vielleicht schaffen, und das ist wichtig. So ist nun mal das Leben, nicht wahr?«

Sie nickte und lächelte mir zu, und ich sagte: »Ja, so ist es.«

Die slawische Seele

Der Besuch bei den Romanows hatte mich davon überzeugt, daß es meine Oberarme und Schenkel nicht wert waren, mich solchen Prozeduren zu unterziehen. Die russische Methode, einen harmlosen Menschen zu massieren und ihn anschließend zu mästen, lag mir nicht. Daran änderte auch die Tatsache unserer Seelenverwandtschaft nichts. Die Russen waren nämlich der Volksstamm, zu dem ich mich am stärksten hingezogen fühlte. Ich glaubte, die slawische Seele zu verstehen, denn ich hatte acht Jahre in Bulgarien, dem Bruderland, gelebt und mich mit allen Heldinnen, manchmal auch Helden, der von mir geliebten russischen Literatur identifiziert.

Dann, als die Rote Armee in Bulgarien einmarschiert war, sah ich zum ersten Mal Russen aus Fleisch und Blut. Ich hätte zu gerne Bekanntschaft mit ihnen geschlossen, aber erstens herrschte Fraternisierungsverbot, und zweitens hatte mich meine Mutter vor ihnen mit denselben furchteinflößenden Worten gewarnt wie wenige Jahre zuvor vor den deutschen Soldaten. So konnte ich nur ihre schönen Stimmen und Lieder hören, wenn sie in Kompanien durch die Straßen marschierten, und sie aus der Ferne betrachten. Es waren sogenannte Elite-Truppen, und ich sah in jedem von ihnen Anna Kareninas schönen Geliebten, Wronski. Der Irrtum ließ sich niemals korrigieren, denn mit siebzehn folgte ich dem Trend der Zeit, vertauschte die russische Literatur mit den Filmergüssen Hollywoods, den aristokratischen Wronski mit dem rauhen Clark Gable, heiratete ein Exemplar aus dem amerikanischen Westen und landete mit dem in der entsprechenden Zone Deutschlands. Bis heute weiß ich nicht, ob es klug war, die Steppen Sibiriens, die Birkenwälder und die Wolga durch Einrichtungen wie das PX und Commissary zu ersetzen, und die »weißen Nächte« mit puritanischen Tanzveranstaltungen im amerikanischen Offiziersclub.

»Ich hätte zu gerne mal einen Schwarm Kraniche über Moskau fliegen sehen«, hatte ich neulich einem israelischen Bekannten geklagt, »und so schöne Städte wie Leningrad, Odessa und Samarkand besucht.« Der war gebildet, hatte gelacht und mich verbessert: »Leningrad heißt inzwischen wieder Sankt Petersburg, und Samarkand liegt nicht mehr in Rußland, sondern in Usbekistan.«

»Macht nichts«, hatte ich erwidert, »so gesehen, heißt Jericho Aricha, und Israel liegt in Palästina.«

Als die russische Einwanderungswelle mit fast einer Million Menschen über Israel kam und man sich damit zunächst eine große segensreiche Wende erhoffte, schloß ich mich der Begeisterung an. Für mich war die Invasion von ganz persönlichem Vorteil, denn jetzt konnte ich endlich meine slawische Seelenverwandtschaft unter Beweis stellen. Für viele Israelis hingegen war sie von anderer Bedeutung, denn nun würde ein Gleichgewicht zwischen den sich schnell vermehrenden, noch immer geringgeschätzten sephardischen Juden und der Elite, den aschkenasischen Juden, hergestellt werden. Und was da ins Land kam, schien wirklich von guter Qualität zu sein und nicht nur »Menschenmaterial«, als das meine aschkenasische Tante Lily die orientalischen Juden bezeichnet und mich mit diesem mir nicht unbekannten Wort in die Flucht geschlagen hatte.

Die russischen Einwanderer, hörte ich von allen Seiten, hatten hohes Niveau: Akademiker und Musiker, Ingenieure und Mathematiker, Architekten und Mediziner. Und die kamen nun, von den Russen als Juden verfolgt und sich plötzlich ihrer authentischen Wurzeln erinnernd, in das Land ihrer Väter. Eine tolle Sache! Nur war das Land ihrer Väter schon reichlich besetzt, und es mangelte an Unterkünften, Arbeitsplätzen und Geld, um so mehr, als die Einwanderer sehr störrisch zu sein schienen und alle ans Meer wollten und nicht, wie es sich gehörte, in die trostlosen, neu gebauten Städte im Inneren des Landes. »Sie haben eine ganz andere Mentalität«, stellte man gekränkt fest, »keinen Idealismus und von der jüdischen Religion nicht die geringste Ahnung. Sie saufen, stellen Forderungen und bleiben unter sich. Unsere Probleme interessieren sie überhaupt nicht.«

Und dann flog zu allem Überfluß auch noch auf, daß die meisten von ihnen nicht beschnitten oder, noch viel schlimmer, gar keine Juden waren. Das ging den orthodoxen Rabbinern nun doch zu weit. Die, die irgendwie jüdische Vorfahren auskramen konnten, wurden zu Hunderten in die Krankenhäuser geschleppt und mit einem hastig gemurmelten Segensspruch beschnitten. Und die, die, zum ersten Mal in der Geschichte, das Pech hatten, kein jüdisches Blut nachweisen zu können – ja also, ehrlich gesagt, ich weiß bis heute nicht, wie sie die eingeordnet haben. Man weiß so vieles nicht in diesem Land! Auf jeden Fall herrschten eine Zeitlang verworrene Zustände, und die segensreiche Wende drohte sich in Unsegen zu verwandeln.

Ich aber machte mich auf, Kontakte zu meinen slawischen Brüdern und Schwestern zu knüpfen. Ein Unternehmen, das sich als glatter Mißerfolg entpuppte. Die ersten, die ich kennenlernte, waren ein Professor der Slawistik, seine Frau, eine Malerin, und seine Tochter, eine Dolmetscherin. Mit denen fuhr ich, in dem Bestreben, ihnen etwas besonders Schönes zu zeigen, durch die Wüste nach Jericho. Es war das Verkehrteste, was ich hatte tun können, denn sie fanden alles furchtbar: die kahle Wüste, das verkommene Jericho, die arabische Küche und die Palästinenser, die ihrer mit einem Minirock bekleideten Tochter auf die nackten Beine starrten. Am Ende des Ausflugs fand ich wiederum die Familie furchtbar.

Die zweite war eine junge Dozentin der Anglistik, die trotz einer überlangen Nase und einem depressiven, selbstmordgefährdeten Mann mit viel Charme und Intelligenz aufwarten konnte. Allerdings sah ich sie einmal und nie wieder, was ich dem selbstmordgefährdeten Mann zuschrieb.

Die dritte war eine angeblich bekannte russisch-jüdische Schriftstellerin, eine ältere gebildete Frau, die die Israelis schlichtweg Barbaren nannte und allem, was sie hervorbrachten, mißtraute, sogar ihrem Käse. Deshalb stellte sie sich nach russischem Rezept und auf abenteuerliche Weise in ihrer Küche den echten russischen Käse selbst her. Sie hat mir das Rezept gegeben, aber ich habe weder von dem noch von ihr ein zweites Mal Gebrauch gemacht.

Möglicherweise war ich an die Falschen geraten, Menschen, die, dank ihrer hohen Qualität, zu viel Kultur und damit ein großes Maß an Überheblichkeit aus Rußland mitgebracht hatten. Sie hatten sich von Israel wohl das »Gelobte Land« versprochen und einen chaotischen Staat vorgefunden, der von ihnen Genügsamkeit und Anpassung einerseits, Eigeninitiative und Leistung andererseits forderte. Doch der Genügsamkeit und Anpassung hatten sie ja nun gerade entkommen wollen, und Eigeninitiative entwickeln oder Leistungen erbringen mußte erst gelernt werden. Sie fanden das heiße, krisengeschüttelte Land, die Orte, in denen man sie absetzte, die Behausungen, in die man sie pferchte, die Jobs, die man ihnen anbot, unzumutbar, waren, selbst wenn sie, wie der Professor und die langnasige Dozentin, ihre akademische Laufbahn an der Jerusalemer Universität fortsetzen konnten, unzufrieden, träumten von einem baldigen Aufbruch in ein anderes, zukunftsträchtiges Land – zum Beispiel Amerika oder Deutschland – und blieben eine geschlossene Gesellschaft, die ihre Sprache, Kultur und Sitten pflegte. Von Seelenverwandtschaft keine Spur, was ich auf den Umstand zurückzuführen versuchte, daß die Russen, die Rußland verließen, eben keine echte russische Seele hatten.

Es soll ein gelungener Einwanderungsprozeß gewesen sein. Möglich ist alles, und die Tatsache, daß die meisten musizierenden russischen Bettler aus der Fußgängerzone Jerusalems verschwunden sind und man bald in zahllosen Geschäften und Apotheken, an den Kassen und hinter den Käse- und Fleischtheken der Supermärkte, in den Kliniken und Krankenhäusern die drohenden Gesichter der dort arbeitenden Russen sah, bekräftigte die Behauptung. Warum die Gesichter so bedrohlich wirkten, weiß ich nicht. Vielleicht, weil wir in deren Augen Barbaren waren und uns dann auch noch einbildeten, tauglicher zu sein als sie; vielleicht, weil wir ihnen kein »Gelobtes Land« zur Verfügung gestellt hatten; vielleicht war es aber auch nur ihr ganz normaler Gesichtsausdruck, jedenfalls hier, wo man durch alles dazu angeregt wird, sich bedrohlich zu geben. Ich denke da in erster Linie an mich und mein Gesicht.

Wie auch immer, ich ziehe die russische Einwanderung der amerikanischen bei weitem vor. Die Amerikaner mit den Stimmen verendender Frösche, die sich kilometerweit nicht überhören lassen, sind schlicht und einfach abscheulich. Kaum im Land, entwickeln sie nationalistische und religiöse Überzeugungen und sehen sich als die neuen, unentbehrlichen Pioniere, denen wir die Verteidigung Groß-Israels verdanken. »Haarez shelanu« – das Land ist unser – quaken sie und setzen sich in die gemachten, vom Staat finanzierten

Nester in den Siedlungsgebieten, in denen sie das knapp bemessene Wasser in Strömen fließen lassen, um Blumen und Rasen zu bewässern, Swimmingpools zu füllen und ihrem neurotischen Waschzwang gerecht zu werden. Häßlich sind sie in der Regel auch noch, egal ob jung oder alt, und das kann man von den jungen Russinnen nicht behaupten. Es ist kein Zufall, daß so viele von ihnen mit Sex ihr Geld verdienen und in israelischen Männerkreisen sehr beliebt sind. Da kann ich nun wirklich meinem Freund Rudi vertrauen, der sich mit Frauen bestens auskennt: »Sind großartig«, sagt er, »alles Schicksen!«
»Woher weißt du das?«
»Das sieht man doch: schmale Hüften, lange Beine, kleiner, fester Po, hochprofessionell und sehr teuer.«
Meine Nachbarin, Elena, die mir schräg gegenüber wohnt, ist auch schön und außerdem Tänzerin. Leider hat sie einen Mann von der Sorte, die sich schwer einordnen läßt, und jetzt auch noch drei Kinder, darunter das Windelhöschenkind, das am Computer sitzt. Die Brut hat zwar nicht ihre herrliche Figur, dafür aber ihr Leben beeinträchtigt. Anstatt zu tanzen, schleppt sie drei Kinder hinter sich her. Einmal, als sie bei mir war und ich gerade eine Flasche Rotwein, den sie sehr gerne trinkt, öffnete, nahm sie einen Fuß in die Hand und streckte ein endlos langes, schwarzbestrumpftes Bein seitlich an ihrem Körper entlang in die Luft. Sie trug ein kurzes Schottenröckchen, darunter ein schwarzes Höschen, und ich war hingerissen von ihrem Anblick. Elena braucht noch viele Jahre keinen Boris Romanow und keinen Joel Shatz, und wenn dieser Tag kommt, und natürlich kommt er, bin ich nicht mehr da. Ich kann sie in dieser unauslöschlichen Pose mit dem schwarzbestrumpften, makellosen Bein und dem langen, mahagonifarbenen Haar mit in die Urne nehmen.
Viele meiner Freunde, von denen die liebsten jetzt als Foto auf meinem Nachttisch stehen, haben mich auch noch als schöne Frau ins Grab oder in die Urne mitnehmen

können. Doch wenn das so weitergeht und wir, die Natur, das Schicksal oder ich selber, uns nicht entschließen können, einen Schlußpunkt zu setzen, dann werden meine jungen Freunde dasselbe mit mir erleben, was ich mit meinen alten Freunden erlebte und in immer schnellerer Folge erlebe. Und das scheint mir das Schlimmste: der Verfall im Spiegel ihrer teilnahmsvollen, traurigen, erschrockenen, ungeduldigen Blicke, im Wissen, daß man ihnen immer weniger geben kann und schließlich überhaupt nur noch ein gutes Gewissen, wenn sie kommen, und ein schlechtes, wenn sie wegbleiben.

»Du solltest nicht von dir auf andere schließen«, sagen sie, wenn ich dieses Thema anschneide, und sie glauben wohl wirklich, daß meine Vitalität und ihre Gefühle für mich stark genug sind, sie nie in die Verlegenheit solcher Gedanken kommen zu lassen. Sie weigern sich, den Verfall als ganz normalen Vorgang zu betrachten, und solange ich nur mein müde werdendes Fleisch beklage, sollen sie sich ihre Illusion bewahren und sowohl meine Vitalität als ihre Gefühle für unverwüstlich halten.

Besuch in Ramallah

Die Zeit meiner scheinbaren Unverwüstlichkeit liegt Jahre zurück. Vom Millennium war damals noch nicht die Rede und eine zweite Intifada noch nicht in Sicht. Allerdings wurde die oft erwähnt, und dann hieß es: »Die nächste wird blutig und viele das Leben kosten.« In anderen Worten, das nächste Mal wird nicht nur mit Steinen, Gummigeschossen und Knüppeln gekämpft, sondern auf beiden Seiten mit scharfer Munition. Man sagte das, wie man zum Beispiel sagt: »Beim nächsten großen Regen kommt das Wasser bestimmt wieder durch die Decke«, und bei dieser Aussicht verdüsterten sich die Gesichter nicht mehr oder weniger als bei der auf eine neue Intifada. Man kann also nicht behaupten, daß sie für uns aus heiterem Himmel kam, nur war es mit ihr etwa so wie mit dem Alter: Erst wenn es mit all seinen Begleiterscheinungen da ist, kann man es sich vorstellen.

Also weder das eine noch das andere war greifbar nahe, und es gelang mir noch, den schleichenden Prozeß so weit zu verdrängen, daß ich von Boris Romanows russischer Verjüngungsmethode keinen weiteren Gebrauch machte und mich die Möglichkeit einer blutigen Intifada nicht stärker beunruhigte als der nächste, Schimmelflecken produzierende heftige Regen. Ich durfte nur nicht darauf warten, mußte mich soviel wie möglich körperlich und geistig beschäftigen, nur bei frontalem Licht oder bei matter Beleuchtung in den Spiegel schauen und mich ausschließlich von Menschen, die sich in den palästinensischen Gedankengängen auskannten, informieren lassen.

Ich tat das alles. Ich lief, den Forderungen meiner Katzen und meinen ästhetischen Ordnungsansprüchen folgend, kilometerweit kreuz und quer durch die Wohnung und Einkäufe schleppend durch die Supermärkte und Straßen von Jerusalem. Ich füllte ein soundsovieltes Heft mit Notizen, beantwortete Post, empfing Besuche oder stattete welche ab, fuhr zu Freunden nach Jericho und Beit Jalla und zu meinem Vertrauten, dem Arzt Ismael Abu Bashir, nach Ramallah, um mich von ihm über die Gedankengänge der Palästinenser informieren zu lassen.

Wenn ich morgens um 6 Uhr 30 aufstand, von Katzen umschwirrt in die Küche ging und von dort einen Blick in den ungewöhnlich großen, lichtdurchfluteten Wohnraum warf, mußte ich oft an einen Ausspruch Harrys denken, der, als er die Wohnung zum ersten Mal sah, bedenklich den Kopf geschüttelt und bemerkt hatte: »Na, jünger werden Sie ja nun auch nicht.«

Das war vor acht Jahren gewesen, und ich hatte gelacht

und geantwortet: »Das schaffe ich noch lange!« Jetzt schien sich der Zeitpunkt des »lange Schaffens« seinem Ende zuzuneigen, und das erschreckte mich so, daß ich mir das Gegenteil beweisen wollte und mich zu allem Überfluß in einen Aerobic-Kurs einschrieb.

»Was hältst du davon?« fragte ich Ismael, der immer bemüht war, den westlichen Unerläßlichkeiten ein hohes Maß an Beachtung zu zollen. Er hielt sehr viel davon. »Man muß doch geschmeidig bleiben«, schwatzte ich weiter, und auch dem stimmte er zu und sagte: »Schade, daß es in Ramallah keine Aerobic-Kurse gibt. Den Kindern würde das außerordentlich guttun.«

Als ich die Kinder kennenlernte, war das eine vier Jahre, das andere sechs Monate alt gewesen. Sie hatten sich mittlerweile zu dicken, eigenwilligen Persönchen entwickelt. Salua, die mich mit ihrer dunklen Schönheit und stürmischen Wißbegierde bezaubert hatte, war inzwischen dreizehn und in der unerquicklichen Phase der Pubertät, die die schönsten, angenehmsten Kinder in formlose, mißgestimmte Tolpatsche verwandelt. Die Jüngere, jetzt Achtjährige, war psychisch stabiler und körperlich robuster als ihre Schwester. Sie hatte einen starken Willen und helle, grau-grüne Augen, zwei Eigenschafen, die den stolzen Vater dazu bewogen, sie seine kleine »Aschkenasin« zu nennen.

»Aschkenasin«, zischte ihre Mutter Jamila, die in dieser Bezeichnung kein Lob, sondern ein Schimpfwort sah, »genauso benimmt sie sich auch! Ist frech und respektlos zu mir und nicht wie eine arabische Tochter, die ihre Eltern ehrt.«

Jamila hatte noch immer ihr hübsches junges Gesicht mit der kleinen, geraden Nase und den schwarzen Augen. Doch die silbernen Fünkchen der Erwartung und Freude in ihnen waren erloschen, und jetzt sahen sie aus wie ein trüber Nachthimmel.

Mutter und Töchter zankten sich oft und laut, und dann rief Ismael: »Halas!« – genug – und schloß mit Nachdruck die Tür zu der verglasten Veranda, auf der wir saßen.

»Sie sind alle drei frustriert«, glaubte er mir erklären zu müssen, »wenn man Tag für Tag aufeinanderhockt und keine Möglichkeit hat, sich frei zu bewegen und andere Welten zu entdecken – das Meer, zum Beispiel, eine große Stadt wie Tel Aviv, ein Kino oder auch nur ein hübsches Café, irgend etwas, das neue Eindrücke und Impulse verschafft, dann wird man aggressiv. Sie sind doch so aufnahmefähig und begabt, wirklich, ich mache mir Sorgen um sie.«

Ich dafür machte mir Sorgen um Ismael. Er war apathisch geworden, schien an nichts mehr Interesse zu haben, arbeitete freudlos und für einen Hungerlohn ein paar Stunden täglich in einer sozialen Organisation für Waisenkinder und verbrachte den Rest des Tages in seinem Zimmer, das wir – er und ich – in zuversichtlicher Stimmung als seine Praxis eingerichtet hatten. Dort standen ein großes, mit deutschen, arabischen und englischen Büchern gefülltes Regal, ein Schreibtisch, ein Schränkchen mit Medikamenten gegen Grippe, Durchfall und leichtere Verletzungen und ein schwarz gepolsterter Sessel, den ich mit Liebe und Bedacht ausgesucht hatte.

»Weißt du«, hatte er mir damals anvertraut, »für mich gibt es nichts Schöneres, als mit einem Glas Rotwein und einer Zigarre im Sessel zu sitzen und zu lesen, zu lernen und nachzudenken.«

Doch auch das tat er nicht mehr. Die Symptome einer schweren Depression waren unübersehbar, aber offen darüber zu sprechen, noch dazu mit mir als Frau, hätte er nicht zugelassen.

»Nicht nur Jamila und die Kinder müßten mal hier raus, sondern vor allen Dingen du!«

Er schwieg. In seinem grünlich-gelben, leicht aufgedunsenen Gesicht bewegte sich nichts. Seine Augen, so trübe wie die seiner Frau, schauten an mir vorbei auf eine der undurchsichtigen Scheiben der verglasten Veranda. Seine feingliedrigen Hände lagen auf den Armlehnen des Stuhles. So saß er mir bei meinen Besuchen seit Monaten gegenüber.

»Kannst du nicht doch mal zu mir nach Jerusalem kommen?« fragte ich.

»Dazu brauche ich von der israelischen Militärbehörde eine Sondergenehmigung.«

»Als Arzt kriegst du die doch.«

»Manchmal kriegt man sie, wenn man immer wieder hinläuft und stundenlang ansteht, manchmal nicht. Aber darum geht es ja auch gar nicht. Wenn ich, der seit Generationen in diesem Land lebt und sich nie etwas hat zuschulden kommen lassen, eine Sondergenehmigung brauche, um nach Jerusalem fahren zu dürfen, dann fahre ich unter keinen Umständen. Ein wenig Stolz und Würde darf ich mir wohl bewahren.«

»Früher bist du so oft und gerne ...«

»Früher wurden wir nur manchmal unsanft aus dem Taxi geholt und kontrolliert, aber eine Sondergenehmigung brauchten wir nicht. Und früher hatte ich auch noch so etwas wie Hoffnung und die Illusion, daß man diese zwei Völker zu einer Verständigung führen kann, indem man die Palästinenser mit der Geschichte, der Vergangenheit, dem Schicksal und Leiden der Juden und die Juden mit dem der Palästinenser vertraut macht. Wir hätten uns von Mensch zu Mensch begegnen, sprechen, lernen, um Entschuldigung bitten müssen. Auch Frieden muß gelehrt und gelernt werden, und zwar vom Kindergartenalter an. Er fällt einem nicht in den Schoß und er kann einem nicht von oben diktiert werden. Er muß in einem Volk wachsen, und dabei wollte ich behilflich sein.«

»Dazu ist es jetzt definitiv zu spät, und ich fürchte, selbst damals, als du noch Hoffnung hattest, war es bereits zu spät.«

»Es wäre einen Versuch wert gewesen.«

»Das stimmt allerdings, und ich habe auch immer an dich und dein Vorhaben geglaubt und so wie du die Hoffnung gehabt, daß da was zu machen wäre, wenn ...« Ich hob die Schultern und verstummte.

»Die beiden Völker sind verbohrt, unbelehrbar und dumm«, sagte Ismael, »und weiterhin sind wir Palästinenser in unserer gesamten Entwicklung ein gutes Jahrhundert hinter den Israelis zurück. Das macht sich jetzt bei unserer palästinensischen Führerschaft besonders böse bemerkbar, denn die besteht aus nichts anderem als einem Haufen korrupter, inkompetenter Kerle. Und das schmerzt mich viel mehr als alle Schikanen und Menschenrechtsverstöße der Israelis. Sollen die ihren Dreck weitermachen, sie sind nicht mein Volk, und ich muß mich nicht für sie schämen. Aber daß das eigene Volk nicht besser ist als seine Besatzer und in dem Moment, in dem es die Macht hätte, genauso handeln würde wie die, das ist unerträglich.«

»Ich weiß, Ismael«, sagte ich, »diesen Schmerz kenne ich. Aber ich habe immer gehofft, daß Menschen wie du, die klug, einsichtig und tolerant sind, auf die palästinensische Führung Einfluß nehmen könnten.«

»Du solltest es eigentlich besser wissen, Angelika. Hat man damals in Deutschland Einfluß nehmen können?«

»Na ja«, sagte ich und lachte, »nun wollen wir die autonomen palästinensischen Gebiete nicht gleich mit Nazideutschland vergleichen.«

»Es kommt nicht auf die Größenordnung, sondern das Prinzip an«, sagte er ernst. »Unser ›Führer‹ Arafat ist ein Diktator, und die, die in den Führungspositionen sitzen, sind seine tunesischen Kumpane. Und die, die ihm die Füße lecken und schwachsinnig sind, werden von ihm zu ›Generaldirektoren‹ ernannt, und von denen gibt es inzwischen mehr als Flüchtlinge in den Lagern.«

Zum ersten Mal bewegten sich seine Züge in einem unsicheren Versuch zu lachen und erstarrten in einem kleinen, süffisanten Lächeln: »Und jetzt komme ich, der kluge, einsichtige, tolerante Abu Bashir und schlage einen neuen, klugen, einsichtigen, toleranten Kurs ein. So schnell, wie ich weg bin, kannst du gar nicht von deiner Wohnung aufs Dach laufen, um deine Katzen zu füttern.«

»Es gibt ja bestimmt nicht nur einen von deiner Sorte.«

»Gewiß nicht! Aber anschließend würde es eine Menge von Witwen und Waisen geben.«

»Ich glaube, du übertreibst, so wie wir alle übertreiben, wenn wir in Sachen Ungerechtigkeit unseren Standpunkt klarmachen wollen.«

»Selbst wenn ich übertreiben sollte, ist das, was übrigbleibt, schlimm genug. Und ich bin der letzte, der sich in ein schmutziges Geschäft einläßt und damit in die Gefahr begibt, selber schmutzig zu werden. Ich bin nun einmal nicht bereit, meinen Stolz und meine Würde aufzugeben, sei es, um vor der israelischen Militärbehörde, sei es, um vor der palästinensischen Führerschaft zu kriechen. Und ohne zu kriechen, zu lügen und zu betrügen, kommst du in unserer und eurer Bananenrepublik nicht mal bis vor die Tür, geschweige denn hindurch. Und jetzt sag bloß noch, daß ausgerechnet du das nicht verstehst!«

»Natürlich verstehe ich es, aber ich weiß nicht, wie du das durchhalten willst. Es geht dir doch gar nicht gut, oder?«

»Nein, es geht mir nicht gut«, sagte er und verschwand hinter seiner Maske, »ich habe diesen schrecklich niedrigen Blutdruck, und meine Mutter ist schwer krank.«

Schluß, aus, Ende der Durchsage! Ich stand auf, wissend, daß er kein weiteres Wort über die Zustände, in denen das Land, und die Gemütsverfassung, in der er steckte, sagen würde.

Ich ging zu Jamila. Sie saß mit den Kindern vor einem alten Schwarzweißfernseher. Auf dem Schirm wand sich eine junge, vollschlanke Frau und sang.

»Das ist eigentlich ein arabisches Lied«, sagte Jamila, »aber jetzt singen sie unsere Lieder auf hebräisch.«

»Na, wenigstens etwas, das die Besatzer von den Besetzten übernehmen ... ist dir nicht viel zu heiß, Jamila?«

Sie trug einen der flauschigen, grellfarbenen Morgenröcke, die bei den orientalischen Frauen – egal ob jüdisch oder arabisch – sehr beliebt waren. Ihrer war grün.

»In der Wohnung ist es ja kühl«, gab sie zur Antwort, »besonders, wenn man sich nicht bewegt.«

Auch in einer Depression, resümierte ich.

»Mama ist immerzu unglücklich«, sagte Salua, die bereits sehr gut Englisch sprach, »ich mag das nicht. Ich möchte glücklich sein.«

»Was bedeutet glücklich sein für dich?« erkundigte ich mich.

»Mir kaufen können, was ich will, mit meinen Freundinnen in ein Restaurant gehen oder Schaufenster gucken, modische Kleider und Schuhe tragen.«

»Sehr wichtig«, sagte ich ironisch, »tolles Lebensziel!«

»Geld ist wichtig«, rief Jamila und maß mich mit einem Blick, der sagte: Aber woher sollst du das wissen!

»Du brauchst mich nicht über die Wichtigkeit des Geldes aufzuklären, Jamila, es ging mir auch mal lange Zeit sehr dreckig.«

»Wirklich?« fragte Salua ungläubig.

»Ja, und ich habe mir, so wie du, modische Kleider und Schuhe gewünscht. Das ist ja auch ganz normal, wenn man jung ist.«

»Siehst du, Mama«, sagte Salua vorwurfsvoll.

»Unterstütz sie auch noch«, regte sich Jamila auf, »machen mich verrückt mit ihren Ansprüchen und wollen einfach nicht begreifen, daß wir kein Geld haben, um uns auch nur einen neuen Kochtopf zu kaufen. Schämen sich, weil ihre Mutter, die Frau eines Arztes, in alten Sachen herumläuft. Und ihr Vater, der Arzt, ist zu stolz, um eine Arbeit anzunehmen, die nicht seiner Lebensanschauung entspricht. Ich weiß nicht, wie es weitergehen soll, woher wir das Geld für Essen, Kleidung, Elektrizität, Gas, Schule nehmen sollen. Jetzt faselt Ismael auch noch von einem Schäferhund – ein Schäferhund hat uns gerade noch gefehlt! Und die Kinder denken an nichts anderes als eine Fernsehschüssel, damit sie fünfzig Sender sehen können und anstatt Schularbeiten zu machen vor dem Ding hocken.«

»Wenn wir schon nichts von der Welt sehen dürfen«, beschwerte sich ihre Tochter, »dann könnten wir sie wenigstens im Fernsehen angucken.«

»Da hat sie nicht ganz unrecht«, wagte ich mich vor, »es gibt ja manchmal auch ein gutes Programm.«

Jamila sprang auf: »Weißt du, Angelika«, fuhr sie mich an, »du verstehst genausowenig wie die Kinder und Ismael! Allerdings kannst du es dir, aus deiner Situation heraus, leisten. Wir können das nicht.«

»Ich habe gefürchtet, daß es eines Tages dazu kommen könnte«, sagte ich.

»Wozu?«

»Daß du mir die ›andere Seite‹ und meine privilegierte Stellung an den Kopf wirfst.«

»Nein, Angelika«, schrie sie, »Angelika, nein, nein, nein!«

Der trübe Nachthimmel ihrer Augen war kurz vor einem Wolkenbruch: »Wir lieben dich, Angelika, und du gehörst zu unserer Familie! Angelikaaaa!«

Sie warf sich in meine Arme und weinte. Salua heulte sofort mit, die kleine Aschkenasin hielt sich tapfer und trat nur verlegen von einem Bein aufs andere. Ismael erschien im Türrahmen und schüttelte erstaunt den Kopf: »Was ist denn hier los?« fragte er.

»Nichts«, sagte ich, »ein Mißverständnis. Da in der Plastiktüte ist eine Flasche Rotwein, sei so gut und mach sie auf.«

Ich hatte nicht gewagt, die Flasche auf den Tisch zu stellen, denn Jamila mochte es nicht, wenn in ihrem Haus Alkohol getrunken wurde. Doch jetzt, in der allgemeinen Aufregung, würde sie es übersehen, vielleicht sogar begrüßen, wenn Ismael und ich ein Glas Wein miteinander tranken. Sie brachte dann auch die Gläser und erlaubte mir, ihr einen kleinen Schluck einzugießen.

Wir stießen an: »Auf daß uns keine noch so infame Politik trennen kann«, sagte ich.

»Auf daß du nie vergißt, daß wir dich lieben«, sagte Jamila.

»Auf daß wir alle zusammen eines Tages nach Berlin reisen dürfen und im Grunewald spazierengehen können«, sagte Ismael.

»Mit Schäferhund«, schloß ich.

Jamila trank den kleinen Schluck und schüttelte sich, aber Ismael leerte fast die ganze Flasche, und mit jedem Glas wurde er aufgeschlossener und ich froher.

Wir sprachen über alte Zeiten, die der Intifada, der Ängste und Hoffnungen.

»Erinnerst du dich noch, Angelika, an unsere erste Begegnung im Makassed-Hospital?« fragte Ismael.

»Na, du bist gut! Es war eine meiner wichtigsten Begegnungen in den letzten zwanzig Jahren.«

»Und ich hab mir beim ersten Mal, als ich dich sah, gedacht, das ist ein ganz gefährliches Weibsstück, das sich in unsere Familie zu drängeln versucht«, lachte Jamila.

»Ich weiß, dir ist es schwergefallen, Mißtrauen und Feindseligkeit mir gegenüber zu überwinden, und ich hab das gut verstanden. Mir ist es den Deutschen gegenüber bis heute noch nicht ganz gelungen.«

»Die Vergangenheit geht immer weiter«, sagte Ismael, »ist Gegenwart und Zukunft geworden. Wir haben versäumt, sie zu verarbeiten und dadurch etwas Produktives aus ihr zu machen. Jetzt dient sie nicht der Verständigung, sondern allein Propagandazwecken. Aber wir halten durch, nicht wahr, Angelika?«

»Wir halten durch, ja.«

»Uns kann nichts trennen«, sagte Jamila, »erinnerst du dich noch, Angelika, als wir alle unter dem Olivenbaum saßen, an diesem wunderschönen Platz, von dem man ganz weit ins Land schauen kann?«

Ich erinnerte mich: Salua auf Ismaels Schultern, die Kleine an Jamilas Brust. Ich hatte ein Foto von ihnen gemacht und es »ein Augenblick im Paradies« genannt.

»Es gibt trotz allem immer wieder schöne Stunden«, sagte Ismael, »so wie diese hier. Ich bin sehr glücklich.«

Im Nebenzimmer knallten zwei Schüsse.

»Jetzt sehen sie wieder diesen scheußlichen Krimi im israelischen Sender«, stöhnte Jamila, »die Frauen laufen fast nackt rum, und die Männer erschießen sich gegenseitig.«

Ismael lachte, bis ihm die Tränen unter der Brille hervorliefen und Jamila erklärte: »Siehst du, jetzt ist er auch noch betrunken!«

»Bin ich überhaupt nicht«, protestierte Ismael, ging zur Tür und riß sie auf: »Halas«, schrie er seine Töchter an, und dem folgte eine lautstarke Diskussion auf arabisch.

»Jamila«, sagte ich, »wenn Ismael einen Schäferhund hätte und die Kinder eine Fernsehschüssel, dann hättest du deinen Frieden.«

»Frieden«, wiederholte sie mit einem ersterbenden Lächeln.

»Den häuslichen Frieden meine ich natürlich, auf den anderen müssen wir wohl verzichten.«

Katzenchaos

Um meinen häuslichen Frieden war es auch schlecht bestellt. Die Katzenmütter, die im Frühjahr geboren hatten und ihre Jungen nicht mehr säugen konnten, führten sie zu mir aufs Dach, damit ich sie füttere. Es waren acht, vier davon in moribundem Zustand, mager, verdreckt und mit verklebten Augen. Ich hatte genug Erfahrung, um zu wissen, daß sie nicht zu retten waren, und versuchte, sie zu fangen, um sie von einem Veterinär einschläfern zu lassen. Aber es gelang mir nicht, und so mußte ich mit ansehen, wie sie langsam starben.

Die vier anderen Kätzchen waren gesund und entschlossen, zu überleben. Es waren zwei getigerte Brüder, der eine kurz-, der andere langhaarig, die ich Löwi und Tiger nannte, ein verwahrlostes Geschöpfchen, das nur aus Haut und Knochen und langem, verfilztem Fell bestand und den Namen Puschel erhielt, und eine kleine, unscheinbare Kätzin, die auf der obersten Stufe der Wendeltreppe saß, Zeter und Mordio schrie und einem Zille-Kind sehr ähnlich war. So wurde sie dann auch benannt.

Alle vier landeten bald im Patio, wo sie von mir nahrhaftes Futter bekamen und daraufhin Durchfall. Als diese nerven- und wasserraubende Phase vorüber war, begann die der wilden Spiele und systematischen Zerstörung meiner Fauna. Die großen Pflanzen dienten ihnen zu Kletterübungen und deren Töpfe als Klos. Die kleinen wurden zerpflückt und die Knospen und Blüten zum Ballspiel benutzt.

Ich verbrachte einen guten Teil meiner Tage im Patio, wo ich versuchte, die Pflanzen zu retten und die Kätzchen zu zähmen oder aber mich an ihren abwechslungsreichen Spielen zu beteiligen. So dauerte es nicht lange, da hatten sie mich völlig in ihrer possierlichen Gewalt. Mohammed, mein palästinensisches Faktotum, der einzige, der mit meiner hundertjährigen Behausung und meinen extravaganten Wünschen fertig wurde, baute ihnen im Patio ein Kinderzimmer, und ich schleppte von einem Abfallhaufen in der Stadt eine guterhaltene, mit rotem Velours überzogene Couch zu meinem Auto, die ich mit Hilfe eines stämmigen, freundlichen Männleins verstaute. Als ich zu Hause ankam, gab Mohammed dem Kinderzimmer gerade den letzten Schliff. Er nahm die Couch in Empfang und meinte, auf der könnten die Kätzchen schlafen wie einst die erschöpfte Katze auf des Propheten Mohammeds Djallabia. Darauf tranken wir zusammen Tee und unterhielten uns über die Vorzüge eines Katzenzimmers und die Nachteile eines Lebens unter moslemischen und jüdischen Fanatikern. Mein alter schwarzer Kater Dino, der die Vorgänge im Patio mit Abscheu verfolgt hatte, saß am Ende des Tisches in einem Sessel und starrte uns feindselig an.

Er, im Gegensatz zu mir, war gar nicht glücklich über die

kleinen Pelzknäuel, und je inniger mein Verhältnis zu ihnen wurde, desto abweisender behandelte er mich. Ich schwor ihm, daß er immer mein schönster, mein schwärzester, mein größter, klügster Kater bleiben würde, aber er wandte mir den Rücken zu und glaubte mir nicht. Und dann entdeckte ich, daß er ungewöhnlich viel Haar verlor.

»Die Hitze«, tröstete ich mich, aber es war ja nicht der erste Sommer, den er erlebte, und außerdem zogen die Katzen schon im Frühjahr ihre Pelzmäntel aus. Ich begann, ihn aufmerksam zu beobachten, und stellte mit Entsetzen fest, daß sich an seinen Lenden bereits kahle Flecken bildeten, die mit jedem Tag größer wurden. Es mußte sofort etwas unternommen werden.

Jacqueline, die ich anrief, erschien in einem gelben Lederrock, der am Saum in Fransen ausartete und so wie beim Kater die nackte Haut ihrer Schenkel sehen ließ. Sie war eine junge, dralle Tierärztin, die aus Argentinien eingewandert war und den Vorteil hatte, Hausbesuche zu machen.

»Wir müssen als erstes einen Bluttest machen«, erklärte sie, »wo ist denn der Kater?«

Der Kater, der Jacqueline wie den Teufel fürchtete und sie schon an der Haustür gewittert haben mußte, war verschwunden. Nach langem Suchen entdeckte ich ihn auf der Plattform des geländerlosen Balkons, die zu demontieren man wohl für überflüssige Arbeit gehalten hatte. Dort lag er in der hintersten Ecke unter den Zweigen eines Bougainvillea-Strauches.

Ich rief Jacqueline, die schon die Betäubungsspritze aufgezogen hatte, und bat sie, ihm die an Ort und Stelle zu geben, da es unmöglich sei, ihn bei vollem Bewußtsein aus seinem Versteck hervorzuzerren. Es sei ganz leicht, von der Terrasse aus dorthin zu kommen.

Jacqueline, die Spritze in der Hand, Schweißtropfen auf der Stirn, sah mich flehend an und flüsterte, daß sie an Höhenangst leide und, von Schwindel gepackt, hinunterfallen würde.

Der Sturz wäre zwar nicht allzu tief gewesen, aber ich wollte es nicht darauf ankommen lassen, zwei Notfälle im Haus zu haben, und griff selber ein.

Die Wut auf den feigen Kater und die an Höhenangst leidende Tierärztin verliehen mir ungeahnte Kräfte. Ich zerrte den zum Tiger gewordenen Dino aus seinem Versteck, klemmte ihn mir unter den Arm und marschierte grimmig am Rande des Abgrundes zurück. Von da an ging alles unheimlich schnell. Der Kater war auf der Stelle betäubt und wurde von der drallen Jacqueline mit flatternden Rockfransen davongetragen.

Der Bluttest ergab, daß er organisch gesund war.

»Das kann doch nicht sein!« schrie ich. »Der Kater ist schon fast nackt, und Sie behaupten, er sei gesund!«

»Organisch ja«, beharrte Jacqueline, »es muß also an der Psyche liegen. Hat er in letzter Zeit ein traumatisches Erlebnis gehabt?«

»Wer weiß! Vielleicht ist ihm auf dem Dach ein palästinensischer Terrorkater begegnet. An denen fehlt's ja nicht auf der Grünen Grenze.«

»Wir müssen das ernst nehmen«, erklärte sie humorlos. »Katzen sind überaus sensibel, und ich könnte mir zum Beispiel vorstellen, daß die vier Kleinen, die Sie da aufgenommen haben, einen Liebes- und Territoriumsentzug für ihn bedeuten.«

»Ich habe ihm weder meine Liebe noch sein Territorium entzogen. Die Kleinen sind seinetwegen ausschließlich in den Patio verbannt.«

»Der war und ist auch sein Territorium.«

»Halten Sie Dino für einen Palästinenser?«

Sie sah mich, den Zusammenhang offenbar nicht kapierend, verwirrt an.

»Macht nichts«, sagte ich in beschwichtigendem Ton, »das Hauptproblem ist jetzt, wie ich dem Kater verständlich mache, daß es harmlose kleine Aggressoren sind, mit denen er sich das Territorium teilen kann.«

»Katzen«, bemerkte sie sachkundig, »teilen nicht.«
»Nicht nur Katzen«, betonte ich, »aber nun gut. Was kann ich tun, damit Dino wieder den Pelz anzieht?«
»Entweder die Kleinen abschaffen ...«
Das ist ein typisch israelischer Vorschlag, dachte ich und schrie: »Kommt nicht in Frage! Glauben Sie etwa, ich setzte kleine, hilflose Menschen aus?«
»Wieso Menschen?« fragte sie und starrte mich mit blöder Fassungslosigkeit an.
»Habe ich Menschen gesagt? War dann wohl eine Fehlleistung. Ich meine natürlich die Katzen. Sie bleiben im Patio, und Dino wird sich wohl oder übel daran gewöhnen müssen. Es gibt überhaupt keine andere Alternative.«
Jacqueline, die sich in meinem Haus immer mit Unzumutbarkeiten konfrontiert sah wie etwa ihrer Höhenangst und zwei psychisch gestörten Kreaturen, einem nackten Kater und einer wirr redenden Frau, war bereits an der Tür, als sie sagte: »Geben Sie dem Kater sehr viel Zuwendung und Liebe und entspannen Sie sich. Ihre Nervosität überträgt sich auf die Katzen. Sie müssen ihnen das Gefühl von Ruhe und Sicherheit geben.«
»Und wer gibt mir das?« fragte ich in den leeren Raum – sie war schon geflohen.
Kurz darauf hielt eine der wilden Katzen das neue, von Mohammed gebaute Kinderzimmer für eine Entbindungsstation und gebar dort drei Junge, von denen sie zwei wegschleppte und mir das dritte, freundlicherweise, hinterließ. Gleichzeitig stürzten zwei verfeindete Kater bei einer Balgerei auf dem Dach in den vier Meter tiefen Schacht, der dem Gästezimmer meiner Nachbarn Shwarz als Lichtquelle diente.
Ich setzte mich, wie ich das bei meinen altersschwachen Freunden tat, etwas steif und töricht lächelnd, auf einen Stuhl, zündete eine Zigarette an und sagte liebenswürdig: »Ich bin nicht nervös, meine Katzen, keine Spur. Ich bin entspannt und übertrage Ruhe und Sicherheit auf euch.«

Im Lichtschacht polterten die zwei Kater, und im Kinderzimmer piepste das Neugeborene. Bei der Hitze würden sie alle drei sehr schnell dehydrieren.

»Ruhe«, sagte ich mir, sprang auf, lief zu dem winzigen Geschöpf, das hilflos zappelnd auf der roten Couch lag, nahm es vorsichtig hoch und steckte es in den Ausschnitt meiner Bluse. Mir war eingefallen, daß Grimmelkind, die Katze der Shwarz', gerade drei Junge geworfen hatte und ihr ein viertes vielleicht nicht weiter auffallen würde.

Also lief ich hinunter und klingelte Sturm. Brian Shwarz öffnete mir die Tür, lächelte abwesend und entdeckte dann das Katzenköpfchen, das aus meinem Ausschnitt hervorlugte.

»Oh, wie niedlich«, sagte er, »wo haben Sie denn das gefunden?«

»In meinem Patio«, erwiderte ich, »und seine Mutter ist verschwunden. Ich wollte versuchen, es bei Grimmelkind anzulegen. Und außerdem, es tut mir wahnsinnig leid, sind zwei Kater in Ihren Lichtschacht gefallen und die schmoren da jetzt in der Sonne.«

»Oh«, rief er und schien noch ratloser zu sein als ich, »zwei Kater... im Lichtschacht... ich habe mich schon gewundert, was das für merkwürdige Geräusche im Gästezimmer sind.«

Vermutlich hatte er geglaubt, es seien Gäste, deren Anwesenheit er in seiner Zerstreutheit vergessen hätte. »Also zwei Kater«, wiederholte er, »Judith, komm doch mal schnell.«

Seine Frau, die genauso abwesend wirkte wie er, es aber nicht war, verstand sogleich, worum es ging, und führte mich zu der Wöchnerin, einer schönen, schwarzen Katze, die auf der Bettwäsche im Kleiderschrank drei Junge geboren hatte. Judith nahm mir das Kleine aus dem Ausschnitt, und während ihr Mann in einem Anfall konfuser Angst aus dem Zimmer rannte, legte sie es zu der Mutterkatze in den Schrank. Die setzte sich steil auf, starrte verblüfft auf den

Neuankömmling, der vor ihr lag, dachte eine Weile nach und packte das Tierchen plötzlich im Genick. Judith und ich hielten den Atem an, der Winzling fiepte, Grimmelkind ließ ihn los, drehte ihn geschickt vom Bauch auf den Rücken und beschnupperte ihn von oben bis unten. Der Geruch schien sie zu befriedigen, denn jetzt legte sie das Kätzchen wieder auf den Bauch und sich, zum Trinken auffordernd, dicht daneben. Ihre eigenen Kinder kamen angekrochen, um am Mahl teilzuhaben, und die Mutter streckte sich lang aus und begann zu gurren und zu schnurren.

»Grimmelkind ist eine herrliche Katze«, sagte ich zu Brian Shwarz, der, mit einer endlos langen Eisenstange bewaffnet, in der Eingangshalle stand und uns ängstlich entgegenblickte, »sie hat es akzeptiert.«

»Brian«, fragte Judith, »was hast du denn mit der Stange vor?«

»Damit hole ich die Kater, die in unseren Lichtschacht gefallen sind, heraus.«

»Mit der Stange?« fragten Judith und ich wie aus einem Munde.

»Ja, sie können doch daran hochklettern.«

Judith, an die Einfälle ihres Mannes wohl schon gewöhnt, schüttelte resigniert den Kopf, verschwand in der Küche und überließ es mir, ihrem Mann zu erklären, daß keine Katze der Welt an einer glatten Eisenstange vier Meter hinaufklettern könne.

»Oh«, sagte er, »oh, ja ich verstehe, aber was machen wir dann?«

»Ich würde vorschlagen, ein Fenster im Gästezimmer hochzuklappen, damit die Kater ins Zimmer springen und von da durch die geöffnete Tür ins Freie gelangen können.«

»Das ist eine gute Idee«, rief er erfreut, »vorausgesetzt, die Katzen können unserem Gedankengang folgen und finden den Weg in die Freiheit.«

»Die Katzen finden ihn bestimmt, die Frage ist, ob wir ihn finden.«

Brian Shwarz, dem metaphorische Fragen näher lagen als praktische, nickte, entschloß sich dann, mir voll ins Gesicht zu blicken – ein Entschluß, der nicht immer gelang –, und sagte: »Eine Zeitlang sah es so aus, als ob sich die Köpfe hier öffneten, aber jetzt ...! Ich habe den Eindruck, daß es immer enger wird und immer auswegloser.«

Ja, dachte ich, immer enger und aussichtsloser auf jedem Gebiet.

Swing, swing, swing, swing, everybody's got to swing

Es war in der Aerobic-Stunde – wo auch sonst –, in der mir einfiel, daß ich immer noch nicht der Organisation »In Würde sterben« beigetreten war.

Eine Kassette spielte ein flottes ›Chatanuga chu chu‹, und die kleine, sehnige Lehrerin, die graue Locken hatte, eine Brille und trotz ihres fortgeschrittenen Alters unerhörte Energien, erging sich in einer Kombination varietéreifer Sprünge.

»Eine unverzeihliche Schlamperei«, sagte ich mir, »noch heute werde ich alles in Ordnung bringen.«

Um mich herum hampelte es, dick und dünn, lang und kurz, alt und jung, in unbekömmlichen Leggings und unkoordinierten Schritten.

»Ich muß eigentlich nur noch das Formular ausfüllen und von zwei Zeugen bestätigen lassen, daß ich zum Zeitpunkt der Unterschrift bei klarem Verstand war.«

Die kleine, sehnige Lehrerin klatschte in die Hände und verkündete, sie würde uns jetzt als Huhn vorauslaufen und wir sollten ihr als Hühner folgen. Sie ging ein wenig in die Knie, streckte den Hintern raus und den Kopf vor, winkelte die Arme wie Flügel an und lief mit langen Schritten und irrem Gegacker durch den Saal. Die Dicken und Dünnen, Langen und Kurzen, Alten und Jungen folgten in derselben Haltung.

»Bin ich bei klarem Verstand?« fragte ich mich, ließ die Hühner an mir vorbeilaufen und setzte mich in einiger Entfernung auf den Boden. Es war, trotz zahlreicher Ventilatoren, sehr heiß in dem Raum und ich schweißgebadet. Eine Übelkeit, die merkwürdigerweise vom Kopf auszugehen schien, machte mich schwindelig. Ich legte mich lang auf den Rücken und schloß die Augen. Die Hühner liefen hin und her, und in das flotte ›Chatanuga chu chu‹ mischte sich Gegacker und Gelächter.

»Ich werd doch nicht schlappmachen«, rief ich mich zur Ordnung, »ich bin doch absolut fähig, wie ein Huhn zu laufen!« Ich kicherte. »Wenn ich nach Hause komme, werde ich es meinen Katzen vormachen. Du lieber Himmel, werden die erschrecken, wenn ich als Henne durch den Patio renne.« Jetzt mußte ich laut lachen, und da erst merkte ich, daß die Musik und das Gegacker verstummt waren.

»Angélique«, rief die Lehrerin, der die französische Form meines Namens besser gefiel als die deutsche, »ist alles in Ordnung?«

»Alles in Ordnung«, rief ich zurück, »mir war nur etwas schwummerig ... die Hitze vermutlich.«

»Du trinkst viel zuwenig, Angélique! Nie hast du eine Flasche Wasser bei dir. Geh jetzt bitte in den Waschraum und trink ein paar Gläser.«

Ich stand gehorsam wie ein Schulmädchen auf und ging in den Waschraum. Im Spiegel über dem Becken sah ich aber leider kein Schulmädchen, sondern das erschöpfte Gesicht einer Frau, die in diesem Moment ihr Alter nicht verleugnen konnte.

»Schön ist anders«, sagte ich, »hast schon mal besser ausgesehen!« Ich drehte den Hahn auf und hielt meinen Kopf mit fest verschlossenen Lippen unter den Strahl. Seit Jahren schon trank ich kein Wasser mehr aus der Leitung, denn ich war überzeugt, daß Israel lieber seine Bürger vergiften würde, als seinen Ruf als zivilisierter, funktionierender Staat unter lauter primitiven Völkern aufs Spiel zu setzen.

Als ich tropfend wieder auftauchte und einen zweiten Blick in den Spiegel wagte, beschloß ich, nicht nur in Würde zu sterben, sondern auch in Würde zu leben, nicht mehr Hampelmann oder Huhn zu spielen, sondern als gereifte Frau in den Ruhestand zu treten. Zu diesem Zweck würde ich mir eine Hilfe zulegen, irgendein junges männliches oder weibliches Wesen, das keine Scheu vor Hühnerköpfen und Katzenklos hatte und mir bei der gröbsten Arbeit zur Hand gehen könnte. Es war höchste Zeit, mir einzugestehen, daß meine Jerusalemer Existenz über meine Kräfte ging.

Aus dem Saal klang ein amerikanischer Schlager zu mir herüber, nach dem ich früher oft getanzt hatte.

»Swing, swing, swing, swing, everybody's got to swing...«, und ich hüpfte ein paarmal vor dem Spiegel auf und nieder und dann in närrischen Posen durch den Raum.

Als ich das Haus, in dem die grotesken Aerobic-Kurse stattfanden, auf Nimmerwiedersehen verließ, war ich bester Laune. Das Leben kam mir so urkomisch vor, daß ich mich alle paar Schritte vor Lachen krümmte. Die Passanten, die auf Würde bedacht waren, warfen mir scheele Blicke zu, die, die Humor hatten, grinsten mich an.

Ich lache für mein Leben gern, und vielleicht lache ich auch »um« mein Leben, so wie andere um ihr Leben rennen.

»Swing, swing, swing, swing«, summte ich vor mich hin, »everybody's got to swing...«

Zu Hause verfaßte ich sofort eine Annonce: »Schriftstellerin sucht dringendst Katzen liebende Hilfskraft mit Humor.«

Da mir die Formulierung etwas sonderbar vorkam, rief ich eine Bekannte an, die aus Schwaben stammte und seit einiger Zeit in Jerusalem im Baeck-Institut arbeitete. Ich las ihr den Satz vor.

»Die glauben, du knuschperscht net richtig«, sagte sie, »wozu muß ein Mensch, der Hühnerköpfe durch die Gegend schmeischt, auch noch Humor habe?«

»Gerade dazu braucht man Humor!«

»Dazu braucht man eine robuschte Natur. Wo willscht du die Zettel denn anschlage?«

»An christlichen Einrichtungen und Kirchen.«

»Na, die sind ja bekannt für ihre Humor«, wieherte sie.

Ich ließ mir die Laune nicht verderben. Die meisten Ausländer, die für längere Zeit nach Jerusalem kamen, knuschperten auch nicht richtig und würden sich deshalb von der Anzeige angesprochen fühlen.

Damit mußte ich mich wohl geirrt haben, denn wochenlang passierte gar nichts. Ich war erstaunt und verletzt. Nicht einmal die »Schriftstellerin« schien die Leute zu beeindrucken, und dabei versprachen sich die Menschen doch immer sehr viel von Schriftstellern und dichteten ihnen Musen an, die sie in strengster Klausur mit Geistesblitzen und Erleuchtungen überraschten.

Was also war hier los? Entweder sie kannten mich und meine Bücher überhaupt nicht, oder sie hatten sich davon überzeugt, daß mir die Muse ferngeblieben war und ich anstatt erleuchtet ganz profan schrieb. Und bei dem dubiosen Wort »Humor« nahmen sie in diesem Fall wohl an, die Verfasserin der Anzeige habe einen so gefährlichen Tick und der angebotene Job einen so gravierenden Haken, daß ein seriöser Mensch dem nicht gewachsen sein würde. Außerdem könnte es natürlich auch sein, daß keiner dieser Christen Humor hatte oder ihn im Zusammenhang mit Arbeit für abwegig hielt. Ganz zu schweigen von der Liebe zu Katzen, die ja im Mittelalter als Hexen verbrannt worden waren und heutzutage ihre bösen Kräfte in Form von Allergien auf die Menschen losließen. Hätte ich nicht schreiben können: »Suche ernsten christlichen Menschen, der mir hilft, in Würde zu leben?« Wahrscheinlich hätten sich Dutzende gemeldet.

Katrin und der Wüstengott

Als ich schon aufgegeben hatte und mich mit meinem Schicksal zu arrangieren versuchte, trat Katrin in mein Leben. Sie hatte die Figur eines Knaben und das Gesicht einer Meerjungfrau, was vielleicht an ihren silbrigen, grüngesprenkelten Augen und dem lockigen, braunen Haar, das sich um ihr Gesicht bauschte, lag.

»Aha«, sagte ich, »sehr hübsch. Kommen Sie herein.«

Sie war begeistert von dem großen Wohnraum, dem Patio, der Terrasse, dem Blick, den Katzen, den Pflanzen.

»Ich hab Ihren Zettel gelesen«, erklärte sie, »und mir gedacht ...«

»Na, was haben Sie sich denn gedacht?«

»Daß ich Sie gerne mal kennenlernen würde.«

»Sie wollten wissen, wer solche Zettel schreibt.«

Sie nickte.

»Und?«

»Ja, ich würde gerne bei Ihnen arbeiten ... jetzt, nachdem ich hier alles gesehen habe.«

»Bis jetzt haben Sie nur die schöne Seite gesehen. Die andere ist weniger erfreulich und erfordert Kraft und Entschlossenheit.«

»Ich komme aus Halle«, sagte sie, so, als beweise das ein Maximum an Kraft und Entschlossenheit.

Mein letzter Liebhaber, ein etwa vierzigjähriger Journalist, war auch aus Halle gekommen und hatte keine Spur von Kraft, Entschlossenheit oder gar Humor gehabt. Dafür waren seine Unterarme, auf die ich bei einem Mann großen Wert lege, so reizvoll gewesen wie die der David-Skulptur von Michelangelo, und die Liebesbriefe, die er mir schrieb, so vollendet wie die von Catullus an Clodia in Thornton Wilders ›Die Iden des März‹. Also verliebte ich mich kurzfristig sowohl in das eine wie das andere, mußte dann aber leider feststellen, daß die schönsten Unterarme und Liebesbriefe langfristig kein Ersatz für Vitalität und Humor sind.

»Also Sie kommen aus Halle«, sagte ich, »und können sich darum zumuten, hier auch mal fest und entschlossen zuzupacken.«

»Auf jeden Fall«, beteuerte sie, »ich sehe vielleicht nicht so aus, aber ich bin sehr kräftig. Ich könnte ja sonst auch gar nicht die alten Leutchen hochheben.«

»Was meinen Sie? Welche alten Leutchen?«

»Ich arbeite als Volontärin in dem Seniorenheim für deutsche Juden, und da muß ich natürlich die alten Leutchen vom Bett in den Rollstuhl und vom Rollstuhl auf die Toilette und so ...«

»Ach du lieber Himmel! Warum tun Sie sich denn so was an?«

»Weil ich Freude daran habe und es mir wichtig ist. Ich werde Medizin studieren und möchte mich in der Geriatrie spezialisieren.«

»Da sind Sie bei mir ja richtig.«

»Bei Ihnen dauert es noch ein Weilchen.«

»Sie meinen der Rollstuhl?«

»Alles.«

»Gut zu wissen. Hätten Sie denn überhaupt Zeit, bei mir zu arbeiten, wenn Sie immer die alten Leutchen herumschleppen müssen?«

»Ich habe eine Woche Vormittags- und eine Woche Nachmittagsschicht. Die übrige Zeit könnte ich zu Ihnen kommen.«

»Gut. Abgemacht. Waren Sie schon mal in Jericho?«

»Nein, leider nicht.«

»Wenn Sie Zeit haben, könnten wir jetzt hinunterfahren, es ist ein so herrlicher Tag!«

»Oh, das würde ich gerne«, sagte sie, und in ihren Meerjungfrauenaugen kräuselten sich kleine glitzernde Wellen.

»Auf der Fahrt könnten Sie mir dann von Ihrer Arbeit im Seniorenheim und von den alten Leutchen erzählen.«

»Interessiert Sie denn das?«

»Eigentlich interessieren mich alle Menschen, die Alten wegen des Zerfalls, die Jungen wegen ihrer Unversehrtheit, nur die in der Grauzone ihres Lebens, so zwischen fünfzig und fünfundsechzig, mit denen weiß ich oft nicht so viel anzufangen.«

Sie sah mich mit angehobenen Brauen an, mit Brauen, wie ich sie mir immer vergeblich gewünscht hatte. Keine dünn gezupften Bögen, keine dick behaarten Raupen, sondern Flügel, die sich zu ihren Schläfen emporschwangen.

»Schauen Sie mich nicht so tadelnd an«, sagte ich und lachte, »ich bin keine Bewunderin der Menschheit. Also gehen wir!«

Während wir aus der Stadt hinausfuhren, erzählte sie mir von Dora, einer vierundneunzigjährigen Dame aus Frankfurt, für die sie, wie sie sagte, tiefe Verehrung und töchterliche Liebe empfand. Dora war mit ihrem Mann und der vierjährigen Tochter nach Auschwitz deportiert worden. Ihr Mann, ein Asthmatiker, und das Kind wurden sofort liquidiert, sie überlebte. Nach dem Krieg war sie nach Palästina ausgewandert, hatte dort noch einmal geheiratet, ihren Mann vor zwanzig Jahren an Krebs, ihren Sohn im Libanonkrieg verloren.

»Ist sie fromm?« fragte ich, denn das schien mir eine gute Erklärung für die Durchhaltekraft der alten Dame zu sein.

»Nein, sie ist ein Freigeist. Hat in Musikwissenschaft und Mathematik promoviert und in Israel erst an Gymnasien, dann an der Universität gelehrt.«

»Hat sie Freunde, Verwandte?«

»Ein paar ehemalige Schülerinnen kommen sie manchmal besuchen, aber die braucht sie gar nicht. Sie hört Musik und liest, und ich glaube, das ersetzt ihr alles. Sie hat noch gute Augen, Gott sei Dank, und gute Ohren und einen scharfen Verstand und Witz. Es ist eine Freude, sich mit ihr zu unterhalten.«

»So was gibt es nur ganz selten, nicht wahr?«

»Das stimmt. Aber so was gibt es nicht nur unter den Alten, sondern überhaupt ganz selten.«

Diese Dora, dachte ich gehässig, dieser perfekte, weise Freigeist muß einen ganz schlimmen Haken haben. Oder Katrin, die Lichtgestalt aus Halle, hat der jüdische Virus erwischt, und jetzt sieht sie in jedem Juden, er kann so mies und dumm sein, wie er will, etwas Besonderes. Es laufen hier ja ganze Schwärme junger Deutscher herum, die über die Verbrechen ihres Volkes nicht hinwegkommen und inzwischen mehr unter der Vergangenheit leiden als ihre israelischen Zeitgenossen. Für sie ist der gemeinste jüdische Schurke immer noch ein Opfer, dem man mit Nachsicht begegnen und bei dem man sich fragen muß: Wie viele seiner Angehörigen sind von uns Deutschen wohl ermordet worden, und was hat er selber alles durch uns erlitten?

Und Erinnerungen steigen in ihnen auf, an alte Fotos, auf denen der Großvater in HJ-Uniform und die Großmutter, ein Baby noch, in den Armen eines SS-Mannes zu sehen sind: »Das war dein Großonkel Horst, mein Kind, war ein toller Hecht ... und das« – die unscharfe Momentaufnahme eines Mannes in Uniform vor einem zerschossenen Panzer posierend – »dein Großvater in Polen.« Und die bange, ihnen nie beantwortete Frage: Was hat er da wohl wirklich getan? Was hat er gewußt, gesehen, mitverschuldet? Hat er vielleicht Menschen wie diese wunderbare Dora oder den reizenden Dr. Schimmelfleck auf dem Gewissen?

»Fühlen Sie sich in Israel wohl?« fragte ich Katrin.

Sie schwieg.

Wir hatten die Stadt hinter uns gelassen und fuhren jetzt auf einen neu gebauten Autobahnknotenpunkt zu, der sich in seiner prahlerischen Größe inmitten der Wüstenlandschaft grotesk ausnahm.

»Ich weiß nicht«, sagte Katrin, als ich schon gar keine Antwort mehr erwartete, »ich weiß nicht, wie ich mich hier fühle ... oje, so viele Autostraßen! Wo sind wir denn hier?«

»In der ehemaligen Wüste«, sagte ich, »eine Autobahn

führt nach Maale Adumim, dieser riesigen Festungssiedlung da oben, eine nach Ostjerusalem, eine, Ostjerusalem umgehend, in die nach 1967 annektierten palästinensischen Gebiete, heute Westjerusalem genannt, eine ans Tote Meer und nach Jericho und die, die sie da gerade wieder bauen, in irgendeine der vielen anderen Siedlungen, nehme ich an.«

»Das verstehe ich nicht«, sagte sie und schaute sich verwirrt nach allen Seiten um.

»Ist auch nicht nötig! Wenn wir von dieser Straße abbiegen und quer durch die Judäische Wüste fahren, ist es immer noch sehr schön. Diese Straße hier war auch mal sehr schön, ringsum nichts als Wüstenhügel und in der Nacht diese riesigen Sterne am Himmel, ganz nah.«

»Ja«, sagte sie abwesend, und dann: »Ich habe viel über Israel gelesen, bevor ich herkam, und bin in jeden einschlägigen Film gelaufen. Es gab bei uns ja nicht soviel Literatur darüber wie im Westen, aber dann, im Laufe der Zeit, wurde es doch mehr und mehr: über die Nazizeit und den Holocaust und die Gründung Israels und die Kibbuzim und alles. Sie haben mich sehr aufgewühlt, diese Bücher und Dokumentationen, und ich wollte immer nur nach Israel. Doch als ich dann hierherkam, war alles ganz anders.«

»Vielleicht hätten Sie auch etwas neuere Literatur über Israel lesen sollen.«

»Ich mußte ja erst mal die damalige Zeit verarbeiten, und das war schon schwer genug. Natürlich habe ich im Fernsehen auch die Nachrichten und aktuelle Berichte über Israel gesehen, aber ich stand immer unter dem Eindruck des Gelesenen und habe mir gedacht: Nach all dem Unmenschlichen, das den Juden widerfahren ist, sind sie immer im Recht.«

»So denken viele Deutsche, die sich mit dem Holocaust beschäftigt haben. Selbst mir ging es viele Jahre so.«

»Ja, und darum bin ich jetzt etwas enttäuscht. Die Israelis sind so überheblich und materialistisch, auch in dem Heim, in dem ich arbeite. Dora sagt, das ist nichts Neues, so waren sie schon, als sie ums Goldene Kalb tanzten, und was man ihnen in den letzten sechzig Jahren an moralischen Qualitäten angedichtet hat, beruht ausschließlich auf dem schlechten Gewissen der westlichen Welt. Wenn das nicht aufrechterhalten wird, sagt sie, bricht der ganze Staat zusammen. Glauben Sie das auch?«

»Keine Ahnung mehr, was ich glaube. Das Thema Israel ödet mich inzwischen an. Es ist schrecklich monoton und neurotisch. Wenn ein Mensch oder ein Volk nichts anderes mehr produzieren kann als immer wieder dieselben sturen Verhaltensmuster, dann ist das eben fade... So, hier biegen wir jetzt ab, und gleich werden Sie staunen.«

Als wir dann durch die Urlandschaft der Judäischen Wüste fuhren, versank sie in Andacht, reckte den Kopf nach rechts und links und faltete die Hände wie ein Kind zum Abendgebet.

»Glauben Sie an Gott?« fragte sie flüsternd.

»Nein. Aber es gibt Momente, in denen man dazu verführt wird.«

Sie nickte eifrig: »Für mich hat Religion, welche auch immer, keine Bedeutung. Sie kann mir mitsamt ihren Ritualen, ihren Heucheleien, Zwängen und Vorurteilen gestohlen bleiben. Ich bin ein freier Mensch und wähle mir unter all den ›einzigen‹ Göttern meinen eigenen. Also werde ich mir jetzt in dieser göttlichen Landschaft und Stille, als erwachsener Mensch, etwas Sand auf den Kopf streuen und mit dem Gott der Judäischen Wüste ein Bündnis schließen.«

»Ist das Ihr Ernst?«

»Selbstverständlich ist das mein Ernst! Wie oft wird man schon zum Glauben verführt? Ich zum ersten Mal, und das muß zelebriert werden. Machen Sie mit?«

»Nein danke. Ich hab das schon zweimal hinter mir: einmal als Christenkindchen in einem entzückenden Taufkleid von meiner arischen Großmutter, das zweite Mal als ›Bat Israel‹ in einem scheußlichen Kittel, mit dem ich vor drei Rabbinern ins rituelle Bad steigen und untertauchen mußte.«

»Und was sind Sie jetzt?«

»Was erwarten Sie denn noch?« fragte ich und lachte. »Der Religion nach bin ich eine ›Tochter Israels‹ geblieben, dem Gefühl nach bin ich ein antireligiöser Mischling.«

Wir fuhren auf eine Anhöhe, von der man bis in endlose Ferne über die Wogen der Wüstenhügel blicken konnte. Eine kleine Plattform, von einem Lattenzaun umgeben, hing über einer tiefen Schlucht.

Katrin und ich stiegen aus, gingen bis zur Brüstung und schauten auf die grandiosen Formen der Judäischen Wüste hinab. Die Stille war nicht mehr von dieser Welt, und als ich sprach, erschrak ich vor dem profanen Geräusch meiner Stimme: »Als ich die Judäische Wüste zum ersten Mal sah – das war auf dem Herodion, einer der Festungen des Herodes, die in der Nähe von Bethlehem liegt –, da habe ich plötzlich gesagt: ›Lieber Gott, was für ein Glück, daß ich leben und das sehen darf.‹ Es war ein ganz irrsinniges Glücksgefühl, so als flöge ich in die Unendlichkeit und Ewigkeit.«

»Könnten wir dort auch einmal hinfahren?« fragte Katrin erwartungsvoll.

»Nein, ich fahre nicht mehr dort hin. Ich will nie wieder da oben stehen.«

»Aber warum denn nicht?«

»Als ich das erste Mal auf dem Herodion war, führte ein steiler, halsbrecherischer Pfad auf den Kegelberg hinauf, und oben war man ganz alleine. Man konnte rundherum gehen, sah im Westen palästinensische Dörfer, Felder und Olivenhaine und im Südosten die Wüste bis hinab zum Toten Meer. Das war 1967, ziemlich bald nach dem Sechs-Tage-Krieg. Von da an bin ich jedes Jahr, wenn ich nach Jerusalem kam, ein paarmal dort hinauf geklettert. Ja, und dann, etwa zwei Jahre später, habe ich die ersten Wohnwagen da unten stehen sehen, graue, widerliche Dinger, die ersten Vorboten einer Siedlung. Und da bin ich durchgedreht und wie ein Rumpelstilzchen herumgestampft und habe geflucht und geschrien und geschworen, nie, nie wieder nach Israel zu kommen.

Denn mir war klar, daß ein Volk, das es wagt, eine derart erhabene Landschaft zu besudeln, vor nichts haltmachen wird. Ich hatte recht, und manchmal tut es mir leid, meinen Schwur gebrochen zu haben.«

»Wirklich?«

»Ja, wirklich, und das sage ich bestimmt nicht leichten Herzens. Aber inzwischen ist vom ästhetischen, politischen und moralischen Standpunkt schon so viel versaut worden, daß ein von Siedlungen umzingeltes Herodion gar nicht mehr auffällt. So, ich gehe jetzt zum Auto, damit Sie Ihre Wüstensandtaufe ungestört zelebrieren können.«

Es war rührend, sie da stehen zu sehen, so schmal in ihrem hellen, durchgeknöpften Baumwollkleid und so ernst auf diese bizarre Handlung konzentriert. Sie bückte sich, nahm eine Prise Sand zwischen die Finger und streute sie sich feierlich auf den Kopf. Ihre Lippen bewegten sich, und dann machte sie eine leichte Verbeugung, schaute zu mir herüber und lächelte verlegen. Ein entzückendes Kind, dachte ich, zu lieb für diese Welt. Es soll ihr bloß nichts Böses hier passieren.

Kurz darauf wäre das Böse um ein Haar passiert. Wir fuhren die schmale, sich in holprigen Kurven windende Straße in die Ebene hinab, als die Bremsen des Autos blockierten. An meiner Seite gähnte der Abgrund, auf Katrins Seite drohte eine gezackte Felswand. Ich wußte, wenn ich den Wagen nicht zum Stehen bringen könnte, hätten wir die Wahl zwischen Abgrund und Felswand. Während ich den ersten Gang reinhaute, die Handbremse anzog und das schlitternde Vehikel zu bändigen versuchte, jagten sich krause Gedanken in meinem Kopf: schöne Kleine, weiß vielleicht noch nicht mal, was Liebe ist ... ich Idiot hätte mir längst ein anderes Auto kaufen müssen ... liegt alles nur an dem Wüstengott ... ein Gott ist so bösartig wie der andere ... und keiner kann in meine Wohnung, um die armen Katzen zu füttern ... Dreckskarren, nicht in den Abgrund! ...

Und dann stand der Wagen, ein paar Zentimeter von dem gezackten Felsen entfernt. Meine Hände zitterten und mein Herz donnerte.

»Zigarette«, sagte ich zu Katrin, »da, in meiner Tasche.«

Sie schob mir eine zwischen die Lippen und zündete sie an. Nach zwei Zügen wagte ich, in ihr Gesicht zu sehen. Es war blaß, und sie versuchte zu lächeln. Während des ganzen lebensgefährlichen Manövers hatte sie keinen Laut von sich gegeben, jetzt sagte sie: »Haben Sie wirklich toll gemacht.«

»Sie auch«, gab ich zurück, »müssen doch schreckliche Angst gehabt haben.«

»Ich hab eine Wut auf den Wüstengott gehabt und mir gedacht, das hast du jetzt von deinem Bündnis: die Judäische Wüste sehen und dann sterben.«

Wir brachen in hektisches Gelächter aus. Katrin warf den Kopf in den Nacken, und beim Anblick ihres anmutigen Profils fragte ich: »Haben Sie schon mal richtig geliebt?«

Sie setzte sich auf, schaute von mir weg auf die Felswand und fragte zurück: »Wie kommen Sie denn jetzt darauf?«

»Es ging mir vorhin, als ich nicht wußte, ob wir hier lebend und unverletzt rauskommen, durch den Kopf.«

»Ach so«, sagte sie und sah mich mit einem verschmitzten Lächeln an: »Ich weiß nicht, ob ich schon mal ... also, ich glaube, nein. Wahrscheinlich hätte ich ohne die große Liebe gehen müssen. Aber vielleicht werde ich auch ohne die große Liebe bleiben müssen. Verliebt sein zählt nicht, oder?«

»Grundsätzlich nicht. Aber manchmal ist es damit so wie mit dem Glauben. Es gibt Momente, in denen man Verliebtheit für die große Liebe hält und zu spät feststellt, daß man sich geirrt hat. Bei mir war es leider immer so, aber schön war es trotzdem.«

»Wunderschön«, sagte sie schwärmerisch, »wußten Sie, daß es in Israel Juden aus Libyen gibt?«

»Natürlich wußte ich das. Es gibt hier Juden aus der ganzen Welt.«

»Kennen Sie Juden aus Libyen?«
»Nein, aber Sie.«
Sie sah mich erschrocken an: »Woher wissen Sie das?«
»Weil Sie nicht die erste deutsche Touristin oder Studentin oder Volontärin wären, die auf glutäugige orientalische Juden fliegt.«
»Ach«, sagte sie.
Ich ließ den Motor an, fuhr ein paar Meter und trat auf die Bremse. Sie funktionierte.
»Muß Überhitzung oder so was gewesen sein«, sagte ich. »Wie bei den deutschen Touristinnen.«
Sie lachte und fragte: »Glauben Sie, daß bei mir auch die Bremse aussetzt?«
»Hat sie wahrscheinlich schon.«
»Er ist schön und männlich und so herzlich. Bei uns sind die Männer irgendwie verklemmt.«
»Wem sagen Sie das«, nickte ich und dachte an den Journalisten aus Halle, der sich auf jeden Hund gestürzt und behauptet hatte, nur diese Lebewesen könne er lieben. Vielleicht hatte er mich, dünn und nervös wie ich war, mit einer Windhündin verwechselt.
»Er heißt Rafi«, sagte Katrin leise, »und ist verheiratet.«
»Das sind fast alle Männer in Israel ab Mitte Zwanzig, besonders die orientalischen Glutaugen. Wie viele Kinder hat er denn?«
»Keins. Er sagt, seine Frau könne keine Kinder bekommen.«
»Glauben Sie ihm bitte nicht jedes Wort und sich nicht, daß er die große Liebe ist.«
»Ich bin aber sehr verliebt.«
»Das ist schön ... schauen Sie, da unten liegt die Oase Jericho.«
»Herrlich, ich habe noch nie eine Oase gesehen.«
Ich hielt an, schaute auf Jericho hinab und sehnte mich nach der Zeit seiner Unschuld; und den Stunden des Glücks, die ich dort erlebt hatte.

»Ist groß geworden«, sagte ich, »und möchte gern Las Vegas werden.«
»Las Vegas?«
»Ja, man baut jetzt ein Spielkasino und ein großes Hotel und sogar eine Drahtseilbahn zu meinem ehemaligen Refugium, dem Kloster auf dem ›Berg der Versuchung‹.«
»Das ist doch schlimm.«
»Finde ich auch. Aber welches arme ›unterentwickelte‹ Land möchte nicht gerne ein Amerika werden. Wären Sie sehr enttäuscht, wenn wir umkehren würden? Es ist doch viel schöner in der Judäischen Wüste.«
»Ja«, sagte Katrin, »fahren wir zurück. Und wissen Sie, da aus dem Felsen, an dem wir fast gelandet wären, wächst ein bißchen Grün mit einer gelben Blüte. Die würde ich gern noch einmal sehen.«

Ein verbauter Blick

Katrin kam dreimal die Woche und bewies mir, daß sie fest und entschlossen zupacken konnte. Außerdem wurde sie immer hübscher, und daraus schloß ich, daß die Liebe blühte wie mein Hibiskusstrauch, der in diesem Jahr eine phantastische Menge großer, roter Blüten aus sich hervorzauberte. Es gab Tage, an denen sie übermütig war und mit den Katzen im Patio wilde Spiele erfand, und Tage, an denen sie mit verinnerlichtem Lächeln auf der Terrasse stand und zu den Bergen Moabs hinüberschaute.

»Eine Gemeinheit, was man hier mit einem macht«, sagte ich, mich neben sie stellend.

»Was?« fragte sie, ohne den Blick aus der Ferne und das Lächeln aus den Tiefen ihrer Erinnerung zurückzuholen.

»Siehst du diesen obszönen Bau vor deiner Nase nicht? Wächst und wächst und wächst! Noch ein Stockwerk, und er hat die Höhe unseres Gartens überholt. Der herrliche Blick ins Tal ist bereits zugekleistert. Fällt dir das wirklich nicht auf?«

»Ach, weißt du, der Blick ist immer noch so schön, daß man einfach darüber hinwegsehen kann.«

»Du vielleicht, ich nicht! Als ich 1987 einzog, war das hier alles noch ländlich und ursprünglich. Die ganze Owed-Straße war auf der rechten Seite unbebaut, und in meiner Straße standen nur drei zweistöckige Häuschen, ziemlich verkommen, aber eben echt, mit ihrem patinierten Stein und den verblichenen blau-grünen Fensterläden, die nur noch in einer Angel hingen. Ich habe diese Fensterläden geliebt und den Feldweg vor unserem Haus auch. Da sind die Ziegen- und Schafherden entlanggetrottet, vorneweg ein altes, kleines Männlein auf einem Esel. Die Ziegen haben in unserem Garten das Laub von den Sträuchern gefrühstückt, und in dem arabischen Dorf krähten die Hähne bei Tag und Nacht und die Esel ... stell dir vor, eines Nachts stand einer mitten auf der Straße vor meinem Haus, mit einem zerrissenen Strick um den Hals. Ich habe ihn in den Nachbargarten geführt, der bestand damals nur aus kniehohem, verdorrtem Gras. Da hat er gerne gestanden und gefressen, kiloweise Mohrrüben und Äpfel, die ich ihm brachte. Ein paar Tage war er ein glücklicher Esel, dann war er plötzlich weg.«

Katrin war mit Blick und Lächeln zu mir zurückgekehrt. Sie hatte sich mir zugewandt, und in ihrem gebräunten Gesicht flirrten die silbrigen, grüngefleckten Augen wie Libellen.

»Bedeutet dir die Gegenwart gar nichts?« fragte sie.

»Wenn sie Vergangenheit geworden ist, wird sie mir wahrscheinlich was bedeuten.«

»Du bist undankbar«, rief Katrin aus, »schrecklich undankbar! Du hast hier und jetzt so viel! Ich kenne keinen in deinem Alter, der mehr hätte. Du hast ein wunderschönes Zuhause, du hast Freunde in der ganzen Welt, du hast Erfolg beruflich und persönlich, du bist organisch gesund, kannst laufen wie ein Wiesel, lachen wie ein Kind, aussehen wie ...«

»Hör schon auf!«

»Und was siehst du und denkst du, wenn du hier stehst und bis zu den Jordanischen Höhen hinüberschauen kannst? Daß dieses, zugegeben, scheußliche Bauwerk dir das Leben verbaut.«

»Du kennst es eben nicht so, wie es früher war. Der Blick ins Tal und das kleine Haus mit dem Gerümpel auf dem flachen Dach ...«

»Ist es das, was du echt nennst: Gerümpel auf dem Dach und kniehohes verdorrtes Gras ...«

»... in dem ein Esel steht. Ja. Das ist ländlich und schön und mir tausendmal lieber als die adretten, modernen Häuser mit denen man die Owed-Straße zugebaut hat, und das sogenannte Luxusappartementhaus, für das man den idyllischen Garten geopfert hat, und diese idiotische kleine Straße, die früher ein Feldweg im Niemandsland war und jetzt ein schicker Spazierweg mit grauen und rosa Pflastersteinchen ist. Neun Monate haben sie daran gebaut, arabische Arbeiter natürlich, die furchtbar gern und ohne Sinn und Verstand auf diesen gelben Caterpillars hin- und hergedonnert sind! Ich habe damals ein Buch geschrieben, und es war unerträglich heiß in der Wohnung, die Fenster gegen den Höllenlärm und den aufgewirbelten Staub und Dreck geschlossen. Ich hatte Mordgedanken, immerzu nur Mordgedanken!«

»Dann hat die Vergangenheit also auch ihre schwarzen Löcher.«

»Habe nie behauptet, daß sie Jubel, Trubel, Heiterkeit war. War sie zu keiner Zeit meines Lebens. Aber ich war eben widerstandsfähiger und in einem Alter, in dem man sich noch einigermaßen jung fühlt.«

»Und das tust du jetzt nicht mehr?«

»Na, wenn ich dich so ansehe mit deiner Samthaut und deinem jüdischen Libyer und deinem verklärten Blick, bestimmt nicht«, sagte ich und lachte. »Aber tauschen möchte ich trotzdem nicht mit dir. Deine Samthaut hätte ich zwar schrecklich gern, deine schönen, festen Arme und deine Augenbrauen auch, aber diese ganzen Liebesstrapazen, auf die kann ich verzichten.«

»Gibt es was Schöneres als Liebe?«

»Nein.«

»Also!«

»Jedem Alter das Seine, Katrin, und mit dem meinen bin ich der Liebe entwachsen. Ich weiß aus der Erinnerung, daß es nichts Schöneres gibt als die Liebe, aber wenn man nicht mehr fähig ist, sie zu geben oder zu empfangen, muß man damit aufhören. Ich habe das große Glück, nicht darunter zu leiden, und kann mir außerdem einreden, einen recht befriedigenden Ersatz dafür gefunden zu haben.«

»Welchen?«

»Den hast du vorhin selber aufgezählt: mein schönes Zuhause, meine Freunde, meine Katzen, relativ gute Gesundheit.«

»Und warum läßt du dich dann von Kleinigkeiten, wie etwa dem Neubau, so aus der Fassung bringen?«

»Kleinigkeiten«, explodierte ich, »dieser Neubau versaut mir das Leben! Und die zwei roten Ziegeldächer auf den hohen Häusern da unten in dem arabischen Dorf auch. Diese palästinensischen Idioten glauben, ihren Scheißbesatzern alles nachmachen zu müssen, sogar rote Ziegeldächer!«

»Rafi sagt, Ziegeldächer sind viel praktischer, weil an denen das Regenwasser abläuft und nicht durch die Decke kommt.«

»Leider läuft die Dämlichkeit der beiden Völker nicht auch mit ab. Das wäre doch endlich mal eine glorreiche Erfindung. Glorreicher sogar als die Atombombe.«

»Ich glaube«, sagte Katrin nachdenklich, »es war noch zu früh für dich, die Liebe abzustellen.«

»Ich habe nichts abgestellt. Sie hat sich selber abgestellt.«

»Stimmt doch gar nicht! Du wolltest dem zuvorkommen

und hast ihr und dir den Riegel vorgeschoben. Wann hast du beschlossen, das zu tun?«

»Ich sagte dir doch, ich habe nichts beschlossen. Ich weiß nicht mal, ob ich je über eine leidenschaftliche Verliebtheit hinausgekommen bin und geliebt habe.«

»Haben dich die Männer so verletzt?«

»Du, ich bin keine Anhängerin der These, daß die Männer immer die Schweine und Täter sind und die Frauen immer die Opfer. Jedenfalls nicht in der westlichen Welt und im letzten Viertel unseres Jahrhunderts. Ich habe die Männer in den meisten Fällen genauso verletzt wie sie mich.«

»Warst du nie richtig glücklich mit einem Mann?«

»Oh doch, doch, doch. Mit einigen. Und manchmal war es mit ihnen so schön wie das erste Mal auf dem Herodion oder auf meiner Terrasse am frühen Morgen: Danke, lieber Gott, daß ich leben und das erleben darf! Aber irgend etwas kommt ja immer dazwischen; gräßliche Siedlungen am Fuß des Herodions, ein höher und höher wachsendes Monstrum vor meinem Haus, und genau so war es mit den Männern.«

»Also brauchtest du immer ein neues Herodion.«

»Damals ja. Natürlich. Anders konnte ich nicht leben. Wenn man den Schritt von der Leidenschaft in zärtliche Freundschaft und den von einer negativen Veränderung in eine positive Kontinuität nicht schafft, dann muß eben immer ein neues Herodion her. Allerdings kommt der Moment, in dem man feststellen muß, daß dem Ende kein neuer Anfang mehr folgen kann, und dann wird's prekär.«

Kater Dino kam mit schwingendem Hängebauch und gewichtigen Schritten auf die Terrasse und setzte sich zwischen uns.

»Da schau mal«, sagte Katrin, beugte sich zu ihm hinab und streichelte sein Fell, das wie ein frisch bezogenes Plüschkissen aussah, »er ist nicht mehr nackt. Ist das vielleicht kein neuer Anfang? Und die zwei Kirschbäume im Garten der Shwarz', über die du so gelacht hast und die jetzt ganz toll in die Höhe schießen, sind die kein neuer Anfang?

Und das Treffen von Netanjahu, Arafat und Clinton auf der Wye Plantage ...«

»Hör mir bloß mit solchen totgeborenen Neuanfängen auf!«

»Na schön. Aber dein palästinensischer Freund Ibrahim, der jetzt zum ersten Mal mit seiner Familie nach ... wie soll man das eigentlich nennen?«

»Frage ich mich auch immer: Besetzte Gebiete? Arabische Gebiete? Westbank? Palästina?«

»Ist ja auch egal. Auf jeden Fall, er kommt, und du freust dich auf ihn.«

»Sehr!«

»Und das neue Buch, das du schreiben wirst!«

»Ich schreibe kein Buch mehr.«

»Und dein neuer Verehrer!«

»Welchen meinst du? Den dreiundachtzigjährigen Amos mit der galoppierenden Sklerose?«

»Er liebt dich aber.«

»Wenn ich galoppierende Sklerose hätte, würde ich mich auch lieben. Aber mit einer ganz normalen Altersklerose bin ich halt noch zu klar im Kopf.«

Katrin lachte so, daß Dino indigniert davonschritt. Er bezog jetzt jedes Lachen und jeden amüsierten Blick auf seinen einstmals nackten, inzwischen beplüschten Körper.

»Dino«, rief ich ihm nach, »wir lachen nicht über dich. Du bist mein schönster, schwärzester, tapferster Kater! Mein Kaiserkater! Mein neuer Anfang!«

Neuanfänge und Abschiede

War alles richtig, was Katrin sagte, nur sah sie es aus der schwindelerregenden Höhe ihrer zwanzig Jahre, in der die Zeit noch eine sich entfaltende Blüte ist. Für mich war sie ein

Damoklesschwert, und wenn ich zum Beispiel im Osten den Mond aufgehen sah, einen orangefarbenen Märchenmond von unheimlicher Pracht und Größe, dann sagte ich mir: Halt ihn mit deinen Sinnen fest, brenn ihn in dein Gedächtnis ein, du weißt nicht, wie oft du ihn noch sehen kannst.

Es gab kaum einen Tag, an dem ich nicht in irgendeinem Zusammenhang an die Kürze der mir noch verbleibenden Zeit erinnert wurde und diesen oder jenen Fall bedauern mußte: Schade, daß du das islamische Kloster in der Judäischen Wüste dann nie mehr sehen und den sanften Lockruf der wilden Tauben nie mehr hören kannst. Schade, daß du nicht mehr perfekt Tango tanzen oder arabisch sprechen lernen und nach einer Liebesnacht glücklich neben einem Mann aufwachen kannst.

Für Katrin existierte das Phänomen Zeit noch gar nicht, und das ganze Leben war für sie ein Neuanfang. Für mich war alles im Bann des Abschlusses und wurde damit zu einer Art Spießrutenlauf.

»Hör auf, mit der Zeit zu hadern«, sagte ich mir, »und freu dich der Gaben, die nicht mehr selbstverständlich sind: Lauf wie ein Wiesel, lach wie ein Kind, und wenn du dich im Spiegel ansiehst, sag dir: Es könnte, weiß Gott, schlimmer sein. Danke, Dr. Shatz!«

Ich begann, Neuanfänge zu sammeln: ein neues Abflußrohr, ein neues teures Kleid, ein neues Auto, ein neuer Anwalt, mit dem ich die Klage gegen den obszönen Bau vor meiner Terrasse einreichte. Schließlich ein neues Bewußtsein für das, was wesentlich und was nebensächlich war.

Es wurde ein voller Erfolg, denn die Küche stand nun nicht mehr unter schmutzigem Schaum, das neue Kleid trug mir wohlwollende Blicke ein, an dem neuen, wenn auch gebrauchten Auto funktionierten nicht nur die Bremsen, sondern auch die Klimaanlage, und der Anwalt, ein spät eingewanderter deutscher Jude, der noch an guten Manieren festhielt, setzte sofort einen Baustop durch, da das Haus, das mir das Leben versaut hatte, allem anderen als den legalen

Vorschriften entsprach. Durch diesen Sieg ermutigt, begann ich mich in der Kunst zu üben, das Wesentliche vom Nebensächlichen zu trennen und für jede Widerwärtigkeit einen wohlgemuten Trost parat zu haben. So sagte ich mir, wenn bei einem politischen Scharmützel im »Heiligen Land« ein paar Menschen umkamen: Bei den Tutsis und Hutus geht es weitaus schlimmer zu. Oder, wenn in einem Werbespot des deutschen Fernsehens eine strahlend junge Frau erklärte, »die Always Slip-Einlagen haben mein Leben verändert«: Bei mir waren's die Nazis, und wenn die nicht gewesen wären, hätte ich das Glück und Unglück meines Lebens vielleicht auch auf »Always Slip-Einlagen« reduziert.

Natürlich gab es Rückschläge, bei denen meine wohlgemute Methode versagte. So zum Beispiel, als erst mein hübscher, langhaariger Kater Löwi und kurz darauf sein witziger, charmanter Bruder Tiger verschwand und nie mehr auftauchte. Und dann, als sich den beiden Katern meine Freunde Philip und Rick mit der Behauptung anschlossen: In einem derart gewissenlosen, rassistischen Land könne und dürfe man nicht bleiben.

Rick verließ Israel mit unbekanntem Ziel an der Seite seiner reichen Freundin, die der Tiefen menschlicher Existenz überdrüssig geworden zu sein schien; Philip entschwand in einer besonders ausgeprägten manischen Phase mit einem ererbten schwarzen Königspudel und einem chaotischen Manuskript, das er in seiner Heimatstadt London zu einem Buch verarbeiten wollte. »Nicht ich habe Israel verlassen«, verkündete er feierlich, »sondern Israel hat mich verlassen.«

»Im Grunde haben sie recht«, sagte ich zu meiner Journalistenfreundin Ina, »wenn man ein Gewissen hat...«

»Unsinn«, unterbrach sie mich, »wenn Rick nicht eine reiche Freundin und Philip seine manische Phase hätte, würde ihr Gewissen schweigen.«

»So wie bei mir«, sagte ich und versank in Trübsal.

»Du könntest ja auch abhauen, wenn du wolltest, und

brauchtest dazu nicht mal einen reichen Freund oder eine manische Phase.«

»Leicht gesagt!« erwiderte ich. »Ich hab mich immer über die deutschen Juden, die Deutschland nicht verlassen wollten, aufgeregt. Jetzt habe ich angefangen, sie zu verstehen. Nichts ist schwerer, als das Vertraute und Geliebte zu verlassen: den Baum vor deinem Fenster, den Erker im Wohnzimmer, den kleinen Laden an der Ecke, die langjährigen Freunde, das Licht, die Geräusche und Gerüche, die Erinnerungen ...«

»Sprichst du jetzt von Berlin damals oder Jerusalem heute?«

»Von beidem wahrscheinlich. Ich scheine ja immer wieder eingeholt zu werden von den apokalyptischen Reitern der Politik. Und meine Freunde und Katzen, die, an denen ich am meisten hänge, verschwinden.«

»Glaubst du, daß es bei Tiger und Löwi auch eine Gewissensfrage war und sie sich jetzt für die Rechte der Palästinenser einsetzen?« fragte Ina unter Gelächter.

»Ach, Ina«, sagte ich und mußte bei dem Gedanken an meine Helden-Kater auch lachen, »ich bin ja so unglücklich!«

»Think positive!« grinste Ina. »Du bist doch gerade in dieser unbekömmlichen Phase.«

»War«, verbesserte ich.

»Also gut, ob du nun bist oder warst, spielt keine Rolle. Die nächste Garde an neuen Katzen und Freunden kommt bestimmt. Und denk an all die alten, die dir immer noch geblieben sind: Dino, der sich über das Verschwinden seiner Konkurrenten ins Pfötchen lacht und aus Erleichterung den schönsten Pelz anziehen wird, den du jemals gesehen hast, und Evchen und Jane und Rebekka und wie sie alle heißen, für die du kaum noch Zeit gehabt hast.«

»Das war weniger Zeitmangel als Angst vor der Unzulänglichkeit, sie so zu nehmen, wie sie geworden sind. Sie repräsentieren für mich eine Zeit ...«

»Ich weiß, was sie für dich repräsentieren: das Land, das du geliebt, die Menschen, denen du vertraut, die Heimat, die du gefunden zu haben glaubtest.«

»Genau. Ich habe wirklich geglaubt, alles, was ich verloren hatte, in Israel zurückbekommen zu haben. Hat ja auch gestimmt, bis ... na ja, bis das eben alles zu zerfallen begann.«

»Menschen werden nun mal alt und Völker, wenn sie einen eigenen Staat bekommen haben, banal und größenwahnsinnig. Find dich damit ab.«

»Ich denke gar nicht daran, mich mit Dummheit und Schweinereien abzufinden. Und was meine alten Freunde betrifft, da ist die Sehnsucht nach den Menschen, die sie einmal waren, so groß, daß es mit dem Abfinden noch nicht klappt. Es war so schön mit ihnen, weißt du, und jetzt kann man sich nicht mal mehr mit ihnen unterhalten. Da klemmt was in ihren Köpfen oder verheddert sich bis zur Unverständlichkeit. Und wenn keine Kommunikation mehr möglich ist, fühle ich mich so hilflos, und wenn ich mich hilflos fühle, werde ich ungeduldig und bösartig.«

»Dann geh eben mit ihnen essen oder spazieren, dabei braucht man nicht viel zu reden.«

»Laufen können sie aber auch nicht mehr richtig.«

»Dann sei einfach lieb zu ihnen und behandele sie wie Kinder.«

»Soll ich ihnen eine Puppenstube mitbringen oder lieber ein Bilderbuch?«

»Du kannst einem wirklich auf die Nerven gehen! Laß sie doch einfach reden und tu so, als hörtest du ihnen zu.«

»Das ist das Quälendste von allem! Ich kann nämlich nicht nicht-zuhören. Und dann kommen diese ewigen Wiederholungen und triviales oder unzusammenhängendes Geschwätz, und ich denke: Das ist Zeitvergeudung, glatte Zeitvergeudung, denn ich kann ihnen ja nicht helfen. Ich könnte mir jetzt ebensogut eine deutsche Talkshow auf RTL anschauen: ›Anja, hilf mir, man macht mich verrückt!‹ Da könnte ich wenigstens lachen, denn die Teilnehmer sehen aus wie Schießbudenfiguren und sind schon debil geboren und nicht erst geworden. Während ich mit meinen alten Freunden überhaupt nichts zu lachen habe! Manchmal merken sie, daß ich nervös werde, und dann wollen sie mir was Gutes tun und erkundigen sich nach meinen palästinensischen Freunden: Ob es ihnen gutgehe und ob sie jetzt nicht sehr zufrieden seien, ihre autonomen Gebiete zu haben und eine eigene Führung. Es gehe ihnen glänzend, sage ich dann, und sie seien hoch zufrieden, einen Flicken im Flickenteppich des ›Gelobten Landes‹ zu haben und obendrein eine tadellos korrupte Führung. Die hätten sie sich ja nun selber zuzuschreiben, belehren mich die, die mir haben folgen können. Ja, so wie die Israelis sich ihren tadellos korrupten Bibi zuzuschreiben hätten, gebe ich mit verbissener Sanftmut zur Antwort.«

»Mein Gott«, rief Ina, die mich in diesem Moment an einen vorwurfsvoll glotzenden Fisch erinnerte, »was erwartest du von diesen alten, verwirrten Menschen?«

»Gar nichts«, erwiderte ich, »ob alt oder jung, verwirrt oder klar, bis auf wenige Ausnahmen war und ist das ihre politische Einstellung. Sie kennen die Palästinenser einzig und allein aus den Medien und als billige Arbeitskräfte. Ansonsten wissen sie nichts von ihnen, gar nichts! Sagt mir doch neulich mein neunzigjähriger Teenager Evchen, sie habe in den Nachrichten Gaza gesehen und ein paar junge Männer mit einem Handy. Das sei doch toll, daß die jetzt auch schon Handys hätten und sich damit amüsieren würden. Für sie hat die Lebensqualität in Gaza damit den Höhepunkt erreicht.«

»Für die, die Handys haben, wahrscheinlich auch«, erklärte Ina, »oder willst du behaupten, Elend und Armut seien ein Prädikat für ›Höhere Werte‹? Die Palästinenser sind genauso fortschrittshörig und elektronikgeil wie die übrige Welt, und der berühmte Olivenbaum, in dessen Schatten sie vom Paradies träumen können, genügt ihnen schon lange nicht mehr.«

»Nein, Ina, er genügt ihnen nicht mehr, aber das Handy auch nicht. Und wenn sie vom Paradies träumen, dann mit der Bombe in der Tasche und nicht im silbrigen Schatten eines Olivenbaumes.«

Ibrahim

Am nächsten Morgen rief Ibrahim an. Er hatte noch immer seine zerbrechliche Stimme und das mädchenhafte Kichern, das in komischem Gegensatz zu seinem amerikanischen Akzent stand.

»Ibrahim«, rief ich, »ich bin so froh, daß du es endlich geschafft hast, nach ...« Da war sie wieder, die Frage, wie man es nennen sollte: »... nach Hause zu kommen!« entschied ich mich.

»Same here«, sagte er im Ton eines »Hot dog«-Verkäufers.

»Wie geht es deiner Familie, haben sie die Reise gut überstanden?«

»They're fine, thanks.« Und dann mit seiner normalen, scheuen Stimme: »Wann kann ich dich sehen, Angelika?«

Wir verabredeten uns für den nächsten Tag in seinem Dorf.

»Erinnerst du dich noch, wie man dahin fährt?« fragte er.

»Ich glaube ja. Neben der israelischen Tankstelle links ab und dann immer geradeaus. Liegt das Dorf vor oder hinter dem Checkpoint?«

»Leider dahinter, wir gehören nicht mehr zu Jerusalem, aber momentan machen die Israelis keine Schwierigkeiten beim Überqueren. Wir treffen uns am Ortseingang, gegenüber der neugebauten Moschee, vor dem großen Elektrogeschäft.«

»Wozu braucht euer kleines Dorf ein großes Elektrogeschäft?« fragte ich amüsiert, denn als ich vor Jahren dort gewesen war, hatte es nur ein paar Häuser und Schotterwege gegeben.

»Das Dorf ist so groß geworden, daß das Elektrogeschäft schon zu klein ist«, kicherte er.

»Dann habt ihr jetzt also nicht nur Olivenbäume, sondern auch Handys.«

»Olivenbäume sind out, Handys sind in!«

»Großartig«, sagte ich bitter, »also dann morgen um vier vor dem großen Elektrogeschäft.«

»Great! Take care, Angelika, I missed you!«

»Das war Ibrahim«, sagte ich zu Katrin, »hat die amerikanischen Phrasen schon perfekt gelernt.«

Ich zog ein Kleenex aus der Tasche meines Bademantels und begann damit das verstaubte Telefon zu putzen: »Olivenbäume sind out, Handys sind in«, murmelte ich.

»Und warum bist du jetzt traurig?« fragte Katrin. »Wegen der amerikanischen Phrasen?«

»Ich bin nicht traurig.«

»Mir kannst du nichts vormachen.«

Ich sah sie an, die hübsche Kleine. Sie trug Shorts und ein Trägerhemdchen, und zum ersten Mal in meinem Leben dachte ich: Wäre vielleicht besser gewesen, ich hätte eine Tochter geboren. Vorausgesetzt, sie wäre so reizend geworden wie Katrin.

»Also wenn ich dir nichts vormachen kann, weißt du ja, warum ich traurig bin.«

»Nicht so richtig.«

»Weil ich keine Shorts und Trägerhemdchen mehr anziehen kann.«

»Blödsinn!« Sie zog eine ungeduldige Grimasse und wippte ein paarmal von den Fußspitzen auf die Fersen.

»Dann also im Ernst: Weil mir Emigrantenschicksale immer weh tun.«

Ich ging zum Fenster und schaute hinaus. Mein Blick verlor sich in der geschwungenen Weite der Landschaft, und ich sagte: »Als er sich entschlossen hatte, nach Amerika auszuwandern, haben wir hier gestanden, hier an diesem Fenster, und er war so unglücklich, weil er Jerusalem liebte und nicht verlassen wollte. Er hatte die Stirn an die Scheibe gelehnt, damit ich seine unmännlichen Tränen nicht sah, und in seinem Pullover, so ein nachgemachter norwegischer aus rauher Wolle, war ein kleines Loch ... das kleine Loch hat mich noch trauriger gemacht als seine Tränen.«

»Warum mußte er denn Jerusalem verlassen?«

»Weil er hier keine Möglichkeit gehabt hätte, ein normales Leben zu führen. Als ich ihn kennenlernte, war er neunzehn Jahre, wunderhübsch und bettelarm. Er kam aus einem kleinen Dorf, das inzwischen sehr groß geworden sein soll, und arbeitete als Hilfsarbeiter auf einem israelischen Bau. Dort hat ihn Stanley, ein siebzigjähriger amerikanischer Jude und Professor der Literatur, entdeckt und zu sich genommen. Stanley war homosexuell und närrisch in Ibrahim verliebt. Ibrahim war weder das eine noch das andere. Aber er wollte raus aus seinem Dorf, weg von der Schwerarbeit auf dem Bau, er wollte schön angezogen sein, schicke weiße Hosen, moderne Sportschuhe, und dafür hat er sich eben verkauft. Er hatte großen Erfolg bei Frauen und Männern gleichermaßen, und den hat er ausgenutzt.«

»Warum sagst du das mit solcher Genugtuung? Findest du so was richtig?«

»Was heißt hier richtig! Ibrahim ist genauso, wenn nicht mehr, ausgenutzt worden, erstens als hübscher Junge und zweitens als billige Arbeitskraft. Ich halte das für viel verwerflicher, denn er war in der weitaus schwächeren Position. Ein diskriminierter Bürger zweiter Klasse setzt die Waffen ein, die ihm zur Verfügung stehen, und bei ihm waren es nun mal seine physischen Reize. Als wir damals in Bulgarien in der tiefsten Misere steckten und ich den Heiratsantrag eines Engländers mit der Begründung ausschlug, ich sei nicht in ihn verliebt, hat meine Mutter trocken gesagt: ›Angelika, in unserer Situation darf man nicht wählerisch sein.‹«

Ich lachte, und Katrin sagte streng: »Du kannst doch nicht Ibrahims und dein Schicksal in einem Atemzug nennen!«

»In einem Punkt doch: Wir waren beide unerwünschte Bürger, er hier, ich in Deutschland. Und davon abgesehen, liebe Katrin, gibt es zahllose Menschen, die keinerlei Not leiden und sich trotzdem verkaufen – für einen besseren Job zum Beispiel, einen BMW, ein gesichertes Eheleben in einem Reihenhäuschen, für irgendein kleines, miserables Ziel.«

»Und was war Ibrahims Ziel? Die weißen Hosen?«

»Mit gutsitzenden weißen Hosen verkauft man sich leichter und kann sich dementsprechend höhere Ziele setzen, wie etwa ein normales Leben im ›Land der unbegrenzten Möglichkeiten‹. Ibrahim ist, wenn auch widerstrebend, nach Amerika gegangen und Manager eines Supermarktes in einer Kleinstadt geworden. Er hat dort eine zu ihm passende Palästinenserin kennengelernt und geheiratet und ein paar Kinder gezeugt. Er kann sich ein Häuschen mit Garten, ein Auto und hübsche Sachen leisten.«

»Und damit ist er jetzt glücklich?«

»Glücklicher als in einem besetzten Land, mit einem alten Mann in einer Kellerwohnung, bestimmt.«

»Warst du in ihn verliebt?«

»Nicht die Spur! Er war so eine Mischung aus Sohn und Bruder für mich, und diese Rolle hat er schließlich akzeptiert. Stanley, in seiner maßlosen Eifersucht, hat mir das zwar nie geglaubt. Aber mein Ehrgeiz war, ihn als Freund zu gewinnen und damit zu zeigen, daß er mehr wert sein könnte als der Gigolo, den er aus sich gemacht hatte. Es ist mir gelungen.«

»Und was ist aus Stanley geworden?«

»Stanley ist tot. Vor einem Jahr an Pankreaskrebs gestorben.«

Katrin begann zu weinen, ganz leise und ohne sich zu rühren.

»Was ist denn, Kind?«

»Ich weiß nicht. Jedenfalls kann ich's nicht in Worte fassen.«

Sie rückte näher an mich heran, und ich wußte, daß sie Trost bei mir suchte, eine Hand, die ihr über das Haar strich, einen Arm, der sich um ihre Schultern legte. Aber sie war mir plötzlich fremd in ihrer Jugend, und ich empfand fast Widerwillen gegen ihren straffen, glatten Körper und die großen gallertartigen Tränen, die sie, scheinbar so weit von Unglück und Tod entfernt, um uns weinte.

»Ich gehe ein bißchen spazieren«, sagte ich und wandte mich von ihr ab.

Jerusalem, wenn ich vergesse, wie du damals warst!

Als ich das Haus verließ, wußte ich nicht, wohin. In Jerusalem spazierenzugehen war ein Problem, der Verkehr in den engen Straßen eine Katastrophe geworden. Ich wartete ungeduldig auf den Tag, an dem er aus Platzmangel, Stoßstange an Stoßstange zum Stillstand kommen würde. Aber die Katastrophen scheinen ihr Eigenleben zu haben. Sie schweben über einem, drohend, kichernd, vielversprechend, aber sie finden nicht statt. So war es mit dem Millenniums-Weltuntergang, so ist es mit der Überbevölkerung, der Verpestung und Zerstörung der Natur. So ist es mit dem Verkehrsstillstand in Jerusalem. Er findet und findet nicht statt. Er vermiest einem das Leben, aber er gönnt einem nicht die Genugtuung, jubelnd am Straßenrand zu stehen und sich an dem Anblick kochender Motoren und verzweifelter Fahrer zu ergötzen. Immer mehr Fahrzeuge werden zugelassen, immer mehr Autos mit dem Erkennungszeichen »Fahrschule« schlingern um einen herum, immer mehr schwachsinnige Fahrer verunsichern die Straßen und Autobahnen: neunzigjährige Scheintote, fromme Frauen mit schauderhaften Kopfbedeckungen und dem Wagen voller Kinder, rabiate Bus- und Lastwagenfahrer, unflätige Machos mit tosenden Autoradios und Handys am Ohr, junge Mädchen mit flatternder Mähne und auf die Haare geschobener Sonnenbrille. Und dazu die Massen an verwirrten Alltagsfahrern mit Zeitlupenreflexen! Nein, es war wirklich kein Vergnügen, sich den Dreck und Krach um die Ohren hauen zu lassen und an Zeiten zu erinnern, an denen man anstatt durch Straßen durch Hügel ging, anstatt Scharen unappetitlicher Menschen Herden von Schafen und Ziegen begegnete, anstatt dichtgedrängter Häuser biblische Landschaften sah, anstatt Hupen und Brüllen Vogelgezwitscher hörte, anstatt Auspuffgase Jasmin roch, anstatt in geschniegelte Schaufenster in ostjüdische Kramläden guckte, anstatt in einem vollen, lärmenden Straßencafé auf einem Stein oder einer Mauer saß.

Mein Gott, war das lange her!

»Evchen, ich gehe jetzt spazieren.«

»Hast du eine Verabredung, Kleine?«

»Ja, eine Verabredung mit meiner großen Liebe, Jerusalem.«

Und Evchen barfuß, in einem leichten, türkisgrünen Morgenrock, schwarze Locken um das schmale, feine Gesicht, strahlende Augen über ein Lebensglück, das, dank ihres Optimismus, nie gewagt hatte, sie im Stich zu lassen. Und ich, die Kleine, in einem weiten, geblümten Rock mit breitem Gürtel um die schmale Taille, tief gebräunt und berauscht von der Bläue des Himmels, der Kraft des Lichtes, der unbändigen Freude, loslaufen, entdecken, erleben zu können, der Liebe zu einer Stadt, die mir Heimat, einer Frau, die mir Mutterersatz geworden war.

Evchen inzwischen ein alter Kindskopf, Jerusalem ein moderner Festungsgürtel auf enteignetem Land mit zahllosen neuen Vororten, riesigen Wohnkomplexen, Luxusappartementhäusern, Tiefgaragen, Einkaufszentren, Hotels, Restaurants, Geschäften, Garten- und Blumenanlagen, in die das kostbare, bald nicht mehr vorhandene Wasser fließt.

Die palästinensische Altstadt ein scharf bewachter Rummelplatz, saniert, renoviert, herausgeputzt. Touristenhorden und aufdringliche Händler, orthodoxe Juden auf dem Weg zur Klagemauer, bewaffnete Soldaten auf Patrouille, israelische Siedler in besetzten Häusern, die Fenster vergittert, auf dem Dach mehrere jüdische Fahnen, palästinensische Jugendliche auf Jagd nach Frauen mit blonden Haaren und Männern mit Dollars in der Brieftasche, verwilderte kleine Buben, verwilderte magere Katzen. Und auf meiner einstmals stillen, verzauberten Lieblingsgasse, die der alten Stadtmauer folgend durch das armenische Viertel hinab zur Klagemauer führt, eine nicht abreißende Kette hupender und Auspuffgase furzender Autos; an der Stelle, von der man den herrlichsten Blick in die archaische Landschaft und auf den mit Grabsteinen bedeckten Ölberg hatte, ein riesiger, vollgestopfter Parkplatz.

»Jerusalem, wenn ich vergesse, wie du damals warst ...«

Also wohin? Auf die ästhetisch angelegte Promenade, die sich von Abu Tor bis zum »Hügel des bösen Rates« erstreckt, oder durch das idyllische »Höllental« zum Jaffa-Tor? Nein, nicht mehr alleine, nicht so wie früher, als ich arglos und verzückt durch einsame Gegenden gewandert bin und mich in den Schatten fremdartiger Bäume gelegt habe. Die Angst, die mich ein Leben lang begleitet hatte, war in dem Moment, in dem ich auf israelischem Boden stand, von mir abgefallen. Ich wußte, hier war ich sicher, kein Mensch, egal ob arabischer Schafhirte oder israelischer Polizist, würde mir je etwas Böses tun, und diese Gewißheit schien mich unverletzlich zu machen.

Sie war schon lange tot, diese Gewißheit, und wurde jetzt durch meinen Instinkt und meine Erfahrung ersetzt: keine einsamen Gegenden, keine stark belebten Gegenden, keine palästinensischen Dörfer, keine israelischen Busse, keine Altstadt am Freitag, wenn die Muslime in die Al-Aksa-Moschee zum Beten gehen, kein Markt am Donnerstag, wenn die Israelis massenweise zum Schabbat-Einkauf hasten, kein Ostjerusalem um ein Uhr mittags, wenn Kinder und Jugendliche aus der Schule kommen, keine Besuche bei meinen palästinensischen Freunden, wenn ein Anschlag – egal von welcher Seite – verübt worden ist.

»Soll das immer so weitergehen?« fragten mich besorgte ausländische Freunde.

»Nein«, sagte ich, »nicht so, sondern noch viel schlimmer.«

Also wohin?

Vielleicht nach Jericho in mein Gartenrestaurant, nach Beit Jalla zu meinen Freunden? Nach Ramallah zu Ismael? Aber da all diese Ziele hinter diversen Checkpoints lagen, schreckten mich die womöglich langen Wartezeiten ab. Wieder nach Hause gehen und mich Katrins Jugend, ihren forschenden Glitzerblicken, ihren mitleidigen Fragen stellen, wollte ich auch nicht. Also wohin?

Ich stieg ins Auto und fuhr ohne Ziel los. An der Ampel, an der es geradeaus zur Altstadt ging und links ab, an dem kleinen, stillgelegten Jerusalemer Bahnhof vorbei, nach Rechavia, ließ ich das Fenster herunter, schaltete das Radio an und steckte mir eine Zigarette zwischen die Lippen. Mit dem Kuß der ersten kühlen Herbstluft, dem Lied: ›It's still the same old story...‹ und dem lebensgefährlichen Rauch in meiner Mundhöhle schnellte meine Stimmung sekundenlang hoch.

Ich bog, von der unsichtbaren Hand des Unterbewußtseins gelenkt, links nach Rechavia ab und befand mich plötzlich in der Straße, in der Stanley gewohnt hatte.

Ich kannte das Haus noch, bevor es zwei Etagen aufgestockt und zu einem vornehmen Herrenhaus renoviert worden war. Es war ein typisch arabisches Haus gewesen, zweistöckig mit einem flachen Dach, einer Kellerwohnung, in der Stanley gehaust hatte, und einem verwilderten, von einem riesigen Maulbeerbaum verdunkelten Garten. Dort, auf einem Teppich faulender Beeren oder, noch schlimmer, auf dem plüschigen Teppich in seiner Wohnung, auf dem die Katzenflöhe Hochsprung übten, hatte ich oft mit ihm gesessen. Die Möbel waren in demselben maroden Zustand gewesen wie das Klo neben der Küche oder der Eingangsraum, in dem Ameisenarmeen die Reste des Katzenfutters wegschleppten. Doch die Katzen waren, trotz ihrer Flöhe, Prachtexemplare, die Gespräche mit dem klugen, belesenen Professor anregend und die Gedichte, die er mir mit leiser, geschliffener Stimme vorlas, ließen mich sogar den üblen Geruch vergessen, der von faulenden Früchten, reparaturbedürftiger Kanalisation und Katzenpipi ausging. In solchen Stunden, in denen es ihm gelang, Ibrahim aus seinen Gedanken zu verbannen, war er mir mehr wert gewesen als viele meiner Freunde, die mir in ihren gepflegten Wohnungen oder Gärten ein sauber gespültes Glas Wein und ein Themenpotpourri aus Klatsch, israelisch-palästinensischem Konflikt, politischer Lagespekulation und Reiseberichten anboten.

Ich stieg aus, ging zum Zaun und schaute hinüber. Der Maulbeerbaum war verschwunden, der Garten hell und ordentlich bepflanzt, aus Stanleys Wohnung war gewiß ein Abstellkeller geworden.

Als man bei ihm Pankreaskrebs diagnostiziert hatte, rief er mich an. Er hatte seit jeher panische Angst vor dem Tod gehabt und mich gebeten, das Wort niemals, in welchem Zusammenhang auch immer, zu erwähnen. Doch jetzt klang seine Stimme ruhig und entschlossen, und im Laufe des Gesprächs wurde mir klar, daß dieser sechsundachtzigjährige, freigeistige Mann sich weigerte, sein Todesurteil anzunehmen. Man hatte ihm maximal ein halbes Jahr gegeben, doch es gelang ihm, die Spanne um acht Monate qualvollen Sterbens zu verlängern.

Unsere gemeinsame Freundin Jane war am Abend vor seinem Tod bei ihm im Krankenhaus gewesen und hatte ihn bei Bewußtsein vorgefunden. Auf einer Matte vor seinem

Bett hatte sich Shahar, ein junger Palästinenser, zusammengerollt, um ihn wie ein treuer Hund zu bewachen. Er hatte ihn schon lange vor seiner Krankheit betreut und, obgleich verheiratet und Vater zweier Kinder, die von Stanley gefürchteten Nächte auf einem schmalen Sofa im Nebenzimmer verbracht. Als Jane an sein Bett trat, zitierte Stanley mit dem Schimmer eines ironischen Lächelns ein paar Zeilen aus einem seiner Gedichte: »It's difficult enough to die./But to die in Hebrew!/That's asking too much./How can I, when desparate for breath or keeling over,/find words for ›Quick, I'm dying‹ ...«

Ich stieg ins Auto und fuhr jetzt bewußt und in williger Erwartung meiner Trauer zu Janes Haus. Es steht nach wie vor in der Straße »Rav Berlin«, ein vierstöckiges, unbedeutendes Haus mit einem Streifen vertrockneten Gartens drum herum.

»Als wir 1950 hier einzogen«, hatte mir Jane erzählt, »stand das Haus ganz allein auf diesem Hügel, und wir konnten bis weit in die Ebene sehen. Die nächste, asphaltierte Straße war zwei Kilometer entfernt, und im Frühjahr bin ich mit meinen beiden Töchtern in den Hügeln herumgelaufen und habe wilde Blumen gepflückt. Es waren die einzigen Blumen, die es damals gab im Land.«

Ich hatte Jane und ihren Mann Toni, die beide aus Südafrika stammten, 1983 kennen- und liebengelernt. Sie waren ein auffallend gut aussehendes Paar gewesen, das mich mit dem Akzent, Humor und Schliff der britischen »upper class« bestochen und mit einer Synthese aus Geist, Herz und Verstand entzückt hatte. Allein die bürgerliche Vernunft war zu kurz gekommen, ein Mangel, der zu vielen Problemen familiärer und finanzieller Natur führte. Toni war Psychiater, Jane Theaterwissenschaftlerin und Regisseurin einiger sehr komplizierter und darum erfolgloser Avantgarde-Inszenierungen alten Stils. In einer ähnlich paradoxen und exaltierten Welt, die sie oft zu ihrer Bühne gestaltete, lebte sie. Toni hingegen, schon zum Zeitpunkt unserer ersten Begegnung krebs- und herzkrank, war ein introvertierter Grandseigneur, der die erste psychiatrische Abteilung in Israel gegründet und sich wesentlich intensiver mit den Psychosen seiner Patienten beschäftigt hat als mit denen seiner Frau und Töchter.

Jane und Toni, damals schon verheiratet, hatten ihr geliebtes Südafrika wegen seiner Rassenpolitik verlassen, waren während des Zweiten Weltkrieges beide Offiziere in der britischen Armee und hatten sich danach in dem naiven Glauben an einen neuen, gerechten Staat in Israel niedergelassen.

»Es war eine herrliche Zeit«, hatte sie mir vorgeschwärmt, »unsere Wohnung immer voller Menschen: Araber, Christen, Juden, Studenten, Künstler, Journalisten ... und ich habe gekocht, und jeder hat was zum Essen oder Trinken mitgebracht, und wir haben die Nächte durchgetanzt. Toni war ein wunderbarer Tänzer, und die Frauen haben ihm zu Füßen gelegen. Ach, es war herrlich, mit ihm zu tanzen: ›Tea for two and two for tea, me for you and you for me ...‹ Wir haben gesungen und getrunken und geflirtet ... In ganz Jerusalem wurde getanzt, schon zum Five o'clock tea im Café Europa. Einmal habe ich meine Töchter mitgenommen, und das ganze Café hat kopfgestanden. Sie waren so schön, die kleinen Prinzessinnen, die eine blond, die andere schwarz.«

Die Töchter hatten später sowohl an der Ratio der Eltern als an der Gerechtigkeit des Staates Israel gezweifelt und sich, ein Meter neunzig groß und nach wie vor schön, in die entferntesten Winkel der Welt gerettet: die eine in eine Ehe mit einem in Rio lebenden Brasilianer, die andere in eine jahrelange Psychoanalyse in New York.

»Die haben doch alle einen gefährlichen Knall gehabt«, hatte Evchen sich aufgeregt, »das weiß ja jeder in Jerusalem.« Meine Gefühle für dieses exzentrische Paar, meine fast täglichen Besuche in der Rav Berlin und mein Schmerz über den raschen Zerfall der Familie waren ihr gar nicht recht gewesen.

Ich starrte die verglaste Veranda an. Sie war damals voller

Pflanzen gewesen, jetzt hingen dort scheußliche Vorhänge. Den kleinen Olivenbaum und den Hibiskusstrauch hatte ich, als die Wohnung aufgelöst wurde, geerbt. Das war etwa ein Jahr nach Tonis furchtbarem Ende gewesen. Man hatte ihm, obgleich total verkrebst, noch einen Schrittmacher eingesetzt, und als er aus der Narkose erwachte, war er blind gewesen und nicht mehr fähig, ein Wort zu sprechen. Ich höre immer noch Janes verzweifelte Schreie am Telefon: »Diese Kriminellen haben ihn nicht wie einen Menschen sterben lassen, sie haben ihn zu Tode gequält wie ein Versuchskaninchen. Die Augen sind ihm aus den Höhlen gequollen, groß und weiß wie Pingpong-Bälle, und dann wollten sie ihn auch noch an Schläuche hängen. Ich habe mich dazwischengeworfen, und bevor sie mich wegzerren konnten, ist Toni, Gott sei Lob, gestorben.«

Sie hatte die große Wohnung verkauft und, bis auf ein paar schöne alte Gegenstände, auch die gesamte Einrichtung. Sie hatte das Geld ihren Töchtern gegeben und mit dem Rest ein kleines Appartement in einem Altersheim erworben. Als sie ihre geliebten Katzen, die sie nicht hatte mitnehmen dürfen, einschläfern lassen mußte, war sie dem Wahnsinn nahe gewesen.

Ich ging in das Haus, so wie andere zu einem Grab gehen. Gräber bedeuten mir nichts. Aber ein Haus, ein mit Steinen gepflasterter Weg, der durch den Garten führt, ein paar Stufen, ein Treppenhaus, wie reich war das alles an Erinnerungen, wie nah waren mir meine Freunde hier. Ihre Stimmen, Tonis sanfte, einfühlsame, Janes dunkle, vom vielen Rauchen heisere, der Geruch ihrer berühmten Tomatensuppe und Ginas rostrotes Hundefell. Und wie deutlich sah ich sie vor mir: den eleganten Toni in seinem Lehnsessel, Jane in dem schwarzweiß gemusterten Seidenkleid, ein Tablett mit Getränken und Snacks in den Händen: »Gin und Tonic, Darling, oder Whisky mit Soda?«

Die Tür zur Wohnung stand offen. Ich ging näher und schaute ungläubig in einen Salon, in dem vom Spannteppich bis zum Lampenschirm alles rosarot war. Ich warf einen Blick auf das Namenschild. Die Leute, die aus dem behaglichen Wohnzimmer einen Puff gemacht hatten, hießen auch noch »Rosenblüt«.

Das muß ich Jane erzählen, dachte ich, wieder in mein Auto steigend, Gott, wird sie lachen!

Und dann fiel mir ein, daß Jane mich gar nicht mehr verstehen würde, daß sie bereits in einer Welt lebte, in der sie die Komik, das Grauen, die Freude unserer Welt nicht mehr erreichten.

Zuerst hatte sie britische Haltung bewiesen und sich in dem Altersheim, das einem gediegenen Kibbuz-Gästehaus glich und in einem öden Vorort von Jerusalem lag, ein extravagantes Nest gebaut. Doch als das fertig war und sie der Tatsache, daß es sich hier um die Endstation handelte, nicht mehr ausweichen konnte, war es rapide abwärts gegangen mit ihr. Sie begann die Insassen, die so wie ihre Umgebung gediegene Kibbuz-Veteranen zu sein schienen und Jane mit Argwohn betrachteten, der Verleumdungen, Komplotte und Diebstähle zu verdächtigen. Sie phantasierte von vier gutaussehenden Männern aus Bosnien, die für den FBI, den Mossad oder die russische Mafia arbeiteten und jeden Abend aufregende Gelage bei ihr abhielten. Als diese Gestalten aus einem Grund, den sie nicht erklären konnte, ausblieben, wurde es wirklich dramatisch. Man stellte sowohl bei ihr als auch bei ihren beiden Töchtern Brustkrebs fest.

»Verstehst du das?« hatte sie mit einem amüsierten Lächeln gefragt. »Dieselbe Seite zur selben Zeit, aber auf drei Kontinente verteilt. Der alte böse Spaßvogel da oben kann das nur wiedergutmachen, indem er mich die Amputation nicht überleben läßt.«

Sie hatte sie zwar überlebt, konnte danach aber kaum noch laufen, mußte Windelhosen tragen und war in einem Zustand totaler Verwirrung. Sie konnte nicht mehr allein gelassen werden, und eine geduldige Philippinin saß von morgens bis abends mit ihr in dem extravaganten Käfig.

Manchmal wußte ich nicht, wer bemitleidenswerter war, die alte Frau, die ihr Leben bereits geistig hinter sich gelassen hatte, oder die schöne junge Frau, die ihr Leben noch vor sich hatte, es aber nicht leben konnte, da sie ihre Familie auf den Philippinen ernähren mußte.

Jane leide an Alzheimer, erklärte der Arzt, aber sie könne gut und gerne noch etliche Jahre leben.

Ich hielt vor einer roten Ampel. Wäre schön, wenn ich heulen könnte, dachte ich, aber das kann ich ja schon seit Jahren nicht mehr.

Ein Polizist klopfte an mein Fenster. Er sah sympathisch und gutgelaunt aus. Ich ließ die Scheibe herunter, und er deutete auf den Gurt, der neben mir baumelte: »Mamile, warum tust du das? Willst du dein Leben riskieren?«

»Ja«, sagte ich, »genau das will ich. Hast du was dagegen?«

Er sah mir mit einem vorwurfsvollen Blick in die Augen, dann sagte er: »Schau mal, wie schön blau der Himmel ist und wie niedlich das Kind dort im Wagen.«

»Entzückend! Wieviel kostet mein riskiertes Leben?«

»Diesmal noch nichts, Süße, aber wenn ich dich noch einmal erwische, zahlst du doppelt und dreifach.«

Wir grinsten uns an, und ich schnallte mich fest.

»Danke«, sagte ich, »und nicht nur für den Straferlaß. Der Himmel ist wirklich wunderschön blau.«

Eine arabisch-amerikanische Welt

Am nächsten Tag stand ich um vier Uhr vor dem Elektrogeschäft und wartete auf Ibrahim. Es war wirklich groß, und in den zwei Schaufenstern sah ich sämtliche Geräte, die einer fortschrittlichen Familie, egal welcher Nationalität, das Leben lebenswert machen. Neben dem Geschäft lockte ein ebenfalls großer Supermarkt, der es den Dorfbewohnern ermöglichte, konservierte, oft vom Verfallsdatum her abgelaufene Nahrungsmittel zu erwerben. Das Haus, in dem sich die beiden Geschäfte befanden, war hoch und neu und die zwei obersten Stockwerke noch nicht ausgebaut, was bei palästinensischen Häusern keine Seltenheit ist. Auch die Moschee war ein stattlicher, neuer Bau, schlohweiß, mit säulengestützten Arkaden und einer blauen Kuppel. Die Straße allerdings war, wenn auch asphaltiert, in einem erbärmlichen Zustand, und als Mensch, der dem Fortschritt und dem Bau kostspieliger Hoch- und Gotteshäuser skeptisch gegenübersteht, beschloß ich, daß es wichtiger gewesen wäre, eine den Sicherheitsstandards entsprechende Hauptstraße anzulegen. Aber mit solchen praktischen Beschlüssen, die sich auch auf die Entsorgung herumliegenden Mülls erstreckt hätten, stand ich offensichtlich allein.

Viele Männer lungerten herum, rauchend, schwatzend, die Angebote in den Auslagen betrachtend. Einige Frauen in langen, formlosen Mänteln und Tschadors, Kinder im Kinderwagen, auf dem Arm, im Bauch oder alles zugleich, gingen in den Supermarkt, andere kauften Obst und Gemüse bei einem Händler, der an der Ecke des Gebäudes seine Waren auf der Straße ausgebreitet hatte. Er hatte sie malerisch nach Farben und Formen sortiert und zu kleinen Pyramiden aufgeschichtet, und ich überlegte, daß Straßendreck wahrscheinlich immer noch bekömmlicher wäre als Pestizide.

Um zehn Minuten nach vier hatte ich alles genau betrachtet und begann nach Ibrahim Ausschau zu halten. Als ich ihn kommen sah, mit demselben Gang, mit dem ich ihn das letzte Mal von mir hatte gehen sehen: schnell und geschmeidig, das Kreuz ein wenig durchgedrückt, den Kopf zurückgeworfen, war ich erleichtert. Sein nach wie vor glattrasiertes Gesicht, sein Körper in gutgeschnittener, heller Hose und blauem Hemd waren etwas schwerer geworden, und sein lockiges, dunkelblondes Haar ließ ein wenig mehr Stirn frei.

Der Lack der frühen Jugend war abgeblättert, aber die Farbe darunter war immer noch frisch. Er lächelte mir durch die Scheibe zu, dasselbe sanft-melancholische Lächeln, das die Menschen in sein Netz gelockt und aus dem diskriminierten palästinensischen Bauarbeiter einen amerikanischen Supermarkt-Manager gemacht hatte. Aber es war nicht mehr das Lächeln des einstigen kleinen Verführers und schon gar nicht das automatische eines Amerikaners. Es war das wehmütige Lächeln eines Menschen, der seine Identität verloren hat.

Ibrahim öffnete die Tür an meiner Seite, nahm meine Hand in seine beiden und gab mir einen scheuen Kuß auf die Wange.

»Entschuldige, daß ich zu spät gekommen bin«, sagte er, »aber ich mußte laufen. Das Taxi ist auf diesem steilen Schotterweg steckengeblieben, und das wirst du auch. Laß mich bitte ans Steuer.«

Ich rutschte auf den Beifahrersitz, und er fuhr los.

»Wo wohnt ihr denn?« fragte ich. »Bei deiner Mutter? Oder ist sie jetzt endlich auch nach Amerika ausgewandert?«

Seine Mutter war Analphabetin, eine starke, beeindruckende Erscheinung, die sich standhaft geweigert hatte, ihr armseliges Haus, in dem es weder Wasser noch Elektrizität gab, zu verlassen und ihren Kindern und Enkeln nach Amerika zu folgen.

»Ich bleibe auf meiner Erde«, hatte sie erklärt, »hier bin ich geboren, hier werde ich sterben und neben meinen Eltern und meinem Mann liegen.«

»Nein«, sagte Ibrahim, »meine Mutter ist alleine hier in ihrem Haus geblieben. Ein paarmal wollte man es abreißen, um ein großes Wohnhaus hinzubauen. In dem hätte sie eine moderne Wohnung bekommen. Aber sie hat getobt und erklärt, das hier sei ihr Haus, und wenn man es abrisse, müßte man sie mit abreißen. Schließlich hat man aufgegeben, denn einer alten, ehrbaren Frau kann man doch nicht das Haus und damit die Würde nehmen.«

Er fuhr im Slalom um Löcher, Höcker und sperrige Gegenstände herum, und ich betrachtete die Häuser zu beiden Seiten der Straße, die in unregelmäßigen Abständen aus Schutt und Gerümpel emporwuchsen und alle dem neuen Haus mit dem Elektrogeschäft glichen. Im Erdgeschoß befanden sich jeweils Läden und kleine Werkstätten, in den oberen Etagen schienen Menschen zu wohnen. Die flachen Dächer, so das Haus dieses Endstadium erreicht hatte, waren mit Boilern, Sonnenreflektoren, Wassertanks, Antennen und Fernsehschüsseln gespickt.

»Bist du froh, hier zu sein?« fragte ich Ibrahim.

»Manchmal bin ich froh darüber, manchmal traurig. Es ist ja nicht mehr mein Zuhause. Ich habe das Recht, hier zu leben, verloren, ich konnte einfach nicht das Geld aufbringen, um jedes Jahr zu kommen. Und nun ... na, du weißt ja, wie das ist. Sie wollen uns auf jede mögliche und unmögliche Art loswerden.«

Ja, ich wußte es. Ein Palästinenser, der das Land verläßt und sich nicht jedes Jahr zurückmeldet, verliert, laut israelischem Gesetz, das Wohnrecht in seiner Heimat.

»Würdest du denn gerne wieder hier leben?« fragte ich bedrückt.

»Ja«, sagte er, ohne zu zögern, »du weißt doch, dass ich mein Land liebe. Ich mag Amerika nicht, auch wenn ich da gut und ruhig leben kann. Und für meine Frau und meine Kinder wäre es ebenfalls besser, in Palästina zu leben und ihre Verwandten und Freunde um sich zu haben. Meine beiden Brüder haben hier zwei große Häuser gebaut, und ihre Familien wohnen jetzt dort. Ich hab eine schöne Wohnung in dem einen Haus, und meine Kinder fühlen sich hier viel wohler als in Amerika, sie haben viele Vettern und Cousinen, mit denen sie den ganzen Tag spielen. Und meine Frau, die sehr religiös ist, hat in dem kleinen Ort in Amerika keinen Menschen, mit dem sie sprechen kann. Wir leben ja alle in verschiedenen Staaten, und ich bin den ganzen Tag bis spät abends im Supermarkt. Es ist wirklich schwer für sie.«

»Und ganz ohne dich wäre es leichter für sie? Ich erinnere

mich, Ibrahim, wie wütend du auf die Männer warst, die ihre Familien hiergelassen haben und im Ausland geblieben sind, mit irgendwelchen Flittchen, hast du immer gesagt. Und jetzt scheinst du das für eine gute Lösung zu halten.«

»Es gibt keine gute Lösung, Angelika. Die Männer müssen das Geld verdienen, um ihre Familie zu ernähren, und das können sie hier nicht. Erstens, weil sie keine anständige Arbeit finden, und zweitens, weil sie, so wie ich, das Wohnrecht verloren haben. Die Frauen und Kinder übrigens auch. Sie halten sich hier illegal auf und trauen sich nicht, das Dorf zu verlassen aus Angst vor einer israelischen Kontrolle.«

»Auch das noch!« sagte ich. »Also ich verstehe euch nicht mehr! Warum könnt ihr nicht alle zusammen in Amerika bleiben, anstatt euch hier, in diesem unmöglichen Land, sinnlosen Gefahren auszusetzen?«

»Ich verstehe es auch erst, seit ich in Amerika lebe und mich nach Palästina sehne. Wir wollen wenigstens einen Fuß in unserer Heimat haben.«

»Das sind sehr teure Füße«, sagte ich, die Häuser betrachtend, »und sie steuern nichts zum allgemeinen sozialen Wohl bei. Auch dagegen hast du früher protestiert. Ihr Palästinenser zieht nicht an einem Strang, und das wäre unter den gegebenen Umständen die wichtigste Voraussetzung für einen Staat.«

»Du hast recht. Wir sind eine undemokratische und zersplitterte Gesellschaft. Doch auch wenn wir es nicht wären, würde das wenig ändern. Unsere Häuser sind unser Staat, alles andere sind Märchen.«

Er war von der Hauptstraße abgebogen und fuhr jetzt über Schotterwege durch einen Wohnbereich, in dem villenartige Häuser standen, die mit orientalischen Bauelementen und Ornamenten verziert waren. Es wäre ein fremdartig hübsches Viertel, wenn man die Häuser nicht so zusammengeklumpt hätte. Es gab keinen Freiraum, in dem man ein kleines Gärtchen anlegen, einen Baum hätte pflanzen können.

»Deine Kinder haben hier zwar viele Vettern und Cousinen, mit denen sie spielen können, aber keinen Platz. Darf man bei euch eigentlich bauen, wo, wie und was man will?«

»Abgesehen davon, daß wir in unseren Städten sehr beengt sind und über eine gewisse Grenze nicht hinausbauen dürfen, darf man, wenn man Geld hat, alles.«

Wir hatten jetzt den steilen, holprigen Schotterweg erreicht, und ich, um meine Reifen besorgt, fragte: »Sollten wir das kleine Stück nicht lieber zu Fuß gehen?«

»Nein«, sagte Ibrahim, der mir wohl seine Fahrkünste vorführen wollte, »ich schaff das schon. Inschallah.«

Er schaffte es tatsächlich, und als wir oben angekommen waren, zeigte er stolz auf zwei Häuser: »Das sind unsere.«

Es waren ansehnliche, vierstöckige Häuser, die in einem merkwürdigen, vermutlich falsch berechneten Winkel zueinander standen und sich gegenseitig das Licht stahlen. Dem einen Haus fehlte das Obergeschoß, und um hineinzukommen, mußte man mit Hilfe eines Stegs einen breiten, mit allerlei Abfall bekleckerten Graben überqueren.

Ibrahim parkte das Auto auf einer Landzunge zwischen den beiden Häusern. Eine Schar Kinder lief auf uns zu, zwei davon schmiegten sich an seine helle Hose.

»Das ist meine älteste Tochter, Maha«, sagte er und legte seine Hand auf den Kopf eines etwa achtjährigen Mädchens, das mich mit seinem dunkelblonden gelockten Haar und dem grazilen Körperbau an den jungen Ibrahim erinnerte, »und das sind die Zwillinge, Hisham, mein Sohn, und Abla, seine Schwester.«

Die Kinder sahen mich neugierig aus schwarz-glänzenden Olivenaugen an und kicherten ...

»Könnt ihr nicht hallo sagen?« tadelte Ibrahim in strengem Ton.

»Hallo«, flüsterten die Kinder.

»Hast du noch mehr von dieser Sorte?« erkundigte ich mich.

»Noch ein Zwillingspaar, die Jüngsten, beide sind Söhne.«

Er sah mich an und lächelte verlegen: »Ich wollte gar nicht

so viele, aber meine Frau sagt, man darf Allah nicht ins Handwerk pfuschen, und dann hat er aus einem Kind immer gleich zwei gemacht.«

Wir gingen über den Steg in die Wohnung. Sie war sehr groß und feudal. Den Boden bedeckten arabisch ornamentierte Fliesen, die Einrichtung war aus Holz, Marmor und glitzerndem Brokat. In der Ecke standen ein großformatiger nagelneuer Fernseher, ein Stereogerät und ein Computer, der wohl mehr Statussymbol als Arbeitsausrüstung war. Die Küche, die mir Ibrahim stolz zeigte, war vollautomatisiert, und im Badezimmer verblüffte mich der seltene Anblick eines Bidets und der eines Klos, dessen Deckel und Brille aus schwerem, dunklem Holz waren. In meiner Wohnung gab es all diese Extravaganzen nicht, und in meinem Bad mit dem Klositz aus Kunststoff hing lediglich ein Fisch aus blauem Glas.

»Ja, Ibrahim«, sagte ich und setzte mich auf den edlen Klodeckel, »wer hätte das gedacht! Damals hattest du nicht mal einen Wintermantel, und jetzt!«

»Merkwürdig«, nickte er, »manchmal überkommt mich so ein unheimliches Gefühl, daß der, dem das alles gehört, gar nicht ich bin.« Er sah mich bestürzt an. »Meine Frau sagt, ich dürfe das Glück, das uns gegeben wurde, nicht vertreiben, indem ich daran zweifele. Aber wenn es wirklich das Glück ist, dann fehlt ihm was.«

»Was?«

»Daß man es tief, tief in sich fühlt.«

»Es gibt doch bestimmt Momente, Stunden, Tage, in denen du es tief in dir fühlst.«

»Ja, natürlich! Ich bin sehr glücklich mit meiner Frau, ich habe gesunde, kluge Kinder, und wir führen ein gutes Leben. Also warum habe ich dann so oft das Gefühl, daß trotz alledem etwas fehlt?«

»Vielleicht weil du ein differenzierter Mensch bist, für den gewisse bürgerliche und materielle Voraussetzungen nicht unbedingt das Glück bedeuten.«

Er sah mich nachdenklich an und schien in sich hineinzuhorchen. Dann sagte er: »Ich glaube, wenn ich hier leben würde, wäre das anders. Weißt du, als ich ein kleiner Junge war, barfüßig und in so einem knielangen, weißen Hemd, da sind meine Brüder und ich oft durch die Felder zu einem Garten gelaufen, in dem es große Feigenbäume gab. Wir sind in die Äste geklettert und haben die Feigen gepflückt und im Schatten des Baumes gegessen. Damals war ich vollkommen glücklich.«

»Ja, und ich habe mir als Kind ein Haus aus Zweigen und Blättern in unserem Garten gebaut, und da saß ich mit meinem weißen Kaninchen stundenlang drin, habe ihm Geschichten erzählt und war vollkommen glücklich.«

»Glaubst du, wir waren als Kinder so glücklich, weil wir Eltern hatten und Geborgenheit und eine richtige Heimat?«

»Ja gewiß, aber nicht nur darum. Bei Kindern verbinden sich mit Glück keine bewußten Vorstellungen und Ansprüche. Sie erfahren es vielmehr als ein vollendetes, physisches Wohlgefühl. Sie suchen das Glück nicht, wie wir es als Erwachsene tun, das Glück kommt zu ihnen.«

»Ach, Angelika«, seufzte Ibrahim, »warum hat Gott uns so unvollkommen geschaffen? Was hat er sich wohl dabei gedacht?«

»Ich fürchte, er wollte uns das Denken überlassen, und das ist schiefgegangen«, sagte ich und stand auf: »Komm, suchen wir jetzt deine Frau, ich glaube, sie hat sich vor mir versteckt.«

»Nein, sie macht sich schön für dich. Ich habe ihr so viel von dir erzählt, und sie liebt dich. We all love you, Angelika.«

»Sprich lieber arabisch mit mir.«

»Das verstehst du doch gar nicht.«

»Ich meine, du sollst dem Inhalt, nicht der Sprache nach mit mir arabisch sprechen.«

»Wir lieben dich auch auf arabisch«, sagte er und lachte, »also, jalla, gehen wir!«

Liebe ist wichtiger als Geld und Land

Ibrahims Frau, die Arme mit Zwillingen beladen, kam auf uns zu. Sie war groß und üppig und trug ein lockeres Kleid – schwarze Rosen auf weinrotem Hintergrund –, das ihren Körper von den Füßen bis zum Hals bedeckte. Der weiße, in die Stirn gebundene Tschador betonte ihr großflächiges Gesicht, das die Farbe frischer Mandeln hatte und mich mit seinen breiten, scharf konturierten Brauen, Lidern und Lippen an die Madonna auf einer Ikone erinnerte.

Die Zwillinge waren dick und hübsch und nur an den Schnullern, der eine grün, der andere blau, auseinanderzuhalten. Sie reichte den Blauschnulligen an Ibrahim weiter und gab mir die frei gewordene Hand: »How are ye doin'?« sagte die Madonna in einem mir unbekannten amerikanischen Dialekt.

»Schön, Sie endlich kennenzulernen«, sagte ich und überlegte, ob ich den Grünschnulligen küssen müßte. Da er sabberte, entschied ich mich dagegen und bemerkte statt dessen: »Sie haben wunderhübsche Kinder.«

»Thank you«, sagte die Mutter nach amerikanischer Gepflogenheit.

»Meine Frau spricht nicht sehr gut Englisch«, schaltete sich Ibrahim ein und küßte seinen Sohn, der wie ein Klammeräffchen an seinem Hals hing, auf das Haar, »sie mag die Sprache nicht und sagt, sie sei ihr zu primitiv. Afaf hat in Aman Arabistik studiert. Sie ist eine kluge Frau.«

»Und eine schöne! Sag mir noch mal ihren Namen.«

»Afaf, das bedeutet Tugend. Und meine älteste Tochter, die, die du draußen schon gesehen hast, heißt Maha, Gazelle, und der hier...« Er hielt den Kleinen in die Höhe: »Mohammed. Er ist der Jüngste, kam fünfzehn Minuten nach seinem Bruder und hat von allen die hellsten Haare.«

»Nicht heller als die seines Zwillingsbruders.«

»Doch«, beharrte Ibrahim, »viel heller!«, und daraus schloß ich, daß Mohammed sein Lieblingskind war.

Wir setzten uns auf die glitzernde Brokatgarnitur vor den Fernseher. Der lief natürlich und zeigte uns das Begräbnis von König Hassan von Marokko. Dort ging es sehr feierlich und prunkvoll zu, und es waren alle anwesend, die Rang und Namen hatten.

Als die Zwillinge auf den Boden gestellt wurden, fielen sie prompt um. Daraufhin wurde Maha, die Gazelle, gerufen, um auf sie aufzupassen. Dann ging Afaf in die vollautomatisierte Küche, um arabischen Kaffee und Tee zu kochen, und eine Frau nach der anderen trappelte über den Steg in den Salon, sah mich mit freundlicher Neugierde an und sagte: »How are ye doin'?« Sie waren alle noch ziemlich jung, hatten schöne Augen, Haare und Haut, trugen moderne Kleidung und rot lackierte Zehennägel. Es handelte sich offensichtlich um den weiblichen Anhang von Ibrahims Familie, der in den USA den »American way of life« beschritten hatte und dann plötzlich mit Kind und Kegel in das palästinensische Dorf zurückverfrachtet worden war. Darunter war ein auffallend schönes Mädchen, das sich noch nicht zwischen Amerika und Palästina hatte entscheiden können: Sie trug enge Jeans, einen großmaschigen goldgelben Pullover und einen weißen Tschador.

»Sind Sie in Amerika geboren?« fragte ich sie.

»Nein, in Hebron. Ich bin mit vier Jahren nach Amerika mitgenommen worden und jetzt das erste Mal wieder in meiner Heimat.«

»Sie ist die Schwiegertochter von Leila, meiner Schwägerin«, erklärte Ibrahim und deutete auf eine Frau, die mit ihrem lebhaften Gesicht und dem dicken schwarzen Zopf keine vierzig Jahre alt sein konnte.

»Wir haben beide letztes Jahr einen Sohn bekommen«, sagte Leila, »mein sechstes, ihr zweites Kind.«

»Ja«, lachte eine Rundliche, die in ihrem orangefarbenen Kleid wie eine vollerblühte Studentenblume aussah. »Wir fangen früh an und hören spät auf. Da müßt ihr euch in Israel dranhalten.«

Kinder für den Sieg, dachte ich trübe und sagte: »Darum bemühen sich bei uns bereits die orthodoxen Juden und die Siedler, aber ihr habt bei weitem den Vorsprung.«

»Die Israelis werden sich schon was einfallen lassen, um das Gleichgewicht wieder herzustellen«, lächelte die Studentenblume freundlich.

»Ist anzunehmen«, nickte ich und wandte mich dem feierlichen Trauerzug auf dem Fernsehschirm zu. Der bewegte sich jetzt durch eine karge, sandige Landschaft, in der sich eine Kamelkarawane viel besser ausgenommen hätte als die endlose Kolonne verstaubter schwarzer Wagen.

»Scheint ein sehr langer Weg bis zur Beisetzungsstätte zu sein«, seufzte ich.

»Sehr lang«, bestätigte Ibrahim, »möchtest du was anderes sehen?«

»Es gibt nichts anderes«, erklärte Leila, »wir können mit unserer Schüssel außer Israel und CNN nur arabische Sender empfangen, und die zeigen alle das Begräbnis. Sogar Israel zeigt es, und darum kann ich heute nicht meine Lieblingsserie ›The Bold and the Beautiful‹ sehen.«

»Sehr schade«, sagte ich.

»Ich finde es nicht richtig, daß sie ›The Bold and the Beautiful‹ haben ausfallen lassen«, murrte die Schöne mit dem Tschador.

Afaf, die uns gerade arabischen Kaffee, Tee und Baklawa servierte, sagte abfällig: »So einen primitiven Schund schaut man sich nicht an!« Sie hieß nicht umsonst »Tugend«.

Viele Kinder stürzten ins Zimmer, bekamen ein Stück des siruptriefenden Gebäcks und rannten wieder hinaus. Der Mangel an Freiraum und der Überfluß an Schutt schienen sie nicht weiter zu stören. Die Zwillinge wurden auf ein Sofa zwischen die Mutter und die Gazellen-Schwester gesetzt und ebenfalls mit Baklawa gefüttert. Nach jedem Bissen wurde ihnen sorgfältig der beschmierte Mund abgewischt, eine von mir als sehr angenehm empfundene arabische Sitte, die die beiden Jungen jedoch erzürnte. Besonders Mohammed wehrte sich entschlossen, und Ibrahim sagte stolz: »Bald hat er die ganze Familie unter Kontrolle.«

»Mich nicht«, widersprach Afaf und zog sich den etwas nach hinten gerutschten Tschador wieder in die Stirn.

»Hat sie langes Haar«, fragte ich Ibrahim leise.

»Bis zur Hüfte und so dicht wie ein schwarzer Samtvorhang.«

»Ich würde sie so gerne ohne Tuch sehen. Glaubst du, sie nimmt es mal ab?«

»Nein, jetzt bestimmt nicht. Meine Brüder können jeden Moment kommen.«

»Aber vor dir zeigt sie sich doch auch ohne langes Kleid und Tuch, nicht wahr?«

»Vor mir zeigt sie sich auch ohne alles. Sie ist freizügiger als die meisten westlichen Frauen, die halbnackt vor fremden Männern rumlaufen.«

Ich hatte mir nie eine leidenschaftliche Liebe oder erotische Beziehung zwischen arabischen Männern und Frauen vorstellen können. Das lag wohl daran, daß ich nichts gehört oder gesehen hatte, was meine Phantasie in dieser Richtung hätte beflügeln können. Das Thema war tabu oder es wurde überhaupt nur in den arabischen Gedichten und Gesängen, die lang und schmerzvoll waren, behandelt. In der Realität wurde eine Ehe von den Familien arrangiert, wobei der wirtschaftliche Aspekt im Vordergrund stand und Liebe keine Rolle zu spielen schien. Das junge Paar, bis zur Hochzeit vom Familienclan bewacht, hatte gar keine Möglichkeit, ein paar persönliche Worte oder gar Zärtlichkeiten miteinander auszutauschen und so einer womöglichen Liebe näher zu kommen. Sie gingen als Fremde zu Bett und wachten als lebenslänglich aneinander gekettete Ehepartner auf.

Von der Frau erwartete man Söhne, nach genauen, zeitaufwendigen Regeln zubereitetes arabisches Essen, saubere Hemden, gutgebügelte Hosen und äußersten Respekt vor den Schwiegereltern. Vom Mann erwartete man Autorität. Wurden diese Bedingungen erfüllt und war der Mann auch noch ein anständiger Kerl, der weder seine Frau schlug noch das Geld verschleuderte, verlief die Ehe zur allgemeinen Zufriedenheit.

Ich glaube, daß meine Beobachtungen in den Grundzügen stimmten. Daß es, wie in jeder Gesellschaft, kleine oder extreme Abweichungen gab und sich hinter den Kulissen der Großfamilie Dramen und Tragödien abspielten, ist selbstverständlich. Manchmal kamen mir Fragmente davon zu Ohren, doch in den meisten dieser Fälle handelte es sich nicht um Liebesdramen, sondern um die Verletzung der Familienehre, die zu wahren oder wiederherzustellen in der arabischen Gesellschaft das oberste Gesetz ist. Liebe im Sinne abendländischer Überlieferung und westlicher Vorstellungen war ich nie begegnet. Bis zu dem Moment, in dem Ibrahim mit knappen, aber brennenden Worten von dem Haar und der Freizügigkeit seiner schönen verschleierten Frau sprach. Da spürte ich zum ersten Mal die Kraft einer elementaren Liebe und Leidenschaft, die unsere sogenannte freie Liebe mit ihren sexdominierten, auch noch in der Öffentlichkeit diskutierten Praktiken zu einer peinlichen Angelegenheit pervertierte. Was zwischen diesen beiden Menschen stattfand und sich in keinem Wort, keiner Geste verriet, war ein Geheimnis, das allein Mann und Frau miteinander teilten und wie ein Heiligtum vor Vulgarisierung schützten.

Merkwürdig, dachte ich, daß dieses seltene Glück ausgerechnet Ibrahim, einem ehemaligen kleinen Gigolo, zuteil wird. Ein Glück, das sich in jedem Gesichtszug seiner Frau, jeder weichen Bewegung, jedem stillen Lächeln ausdrückte und das er in seiner Zerrissenheit mitunter anzweifelte.

Über den Fernsehschirm rollte noch immer der Sarg des marokkanischen Königs, und mein starker, süßer Tee war immer noch zu heiß, um ihn trinken zu können.

Ibrahims Brüder erschienen, gaben mir schlaffe, rauhe Hände und sagten: »How are ye doin'?«

Sie waren das glatte Gegenteil von Ibrahim, vierschrötige, fröhliche Männer, die sich keine unnötigen Gedanken über das Leben, die Ehe oder die politische Situation machten.

Ob ich schon das andere Haus gesehen habe?, fragten sie, es sei erste Klasse und hätte fast eine Million Dollar gekostet. Und das, in dem wir sitzen, sei auch nicht billiger gewesen. Aber sie hätten nun mal große Familien, und irgendwann, Inschallah, würden sie alle zusammen hier wohnen.

»Inschallah«, wiederholte ich und fühlte plötzlich ein starkes Bedürfnis, dieser unübersichtlichen arabisch-amerikanischen Welt zu entkommen. Ich verstand sie nicht, verstand die Männer nicht, die von dem jahrzehntelang gehorteten Geld pompöse Häuser in einem moribunden Land bauten, das sie »ihre Heimat« nannten; verstand die Frauen nicht, die dort eingesperrt – illegal in ihrer Heimat – um den Fernseher hockten, ›The Bold and the Beautiful‹ bestaunten und Kinder für Allah und den Sieg gebaren. Ich erhob mich und dankte für den schönen Nachmittag. Sie standen alle auf, gaben mir die Hand, versicherten mich ihrer Freundschaft und erklärten, ich müsse unbedingt wiederkommen und länger bleiben, über Nacht vielleicht oder für ein paar Tage.

Da solche Freundschaftsangebote zum Ritual gehörten und man von mir keine ernsthaften Zusagen erwartete, sagte ich nur, ich würde gerne kommen, und im übrigen wäre es doch nett, wenn wir uns alle einmal zum Abendessen träfen. Es gebe ein sehr gutes arabisches Restaurant in Ostjerusalem mit großem Garten und Springbrunnen und erstklassig zubereitetem Lamm.

Sie schienen von meinem Vorschlag entzückt zu sein, doch plötzlich fiel mir ein, daß sie in diesem, ihrem Land ja keine freien Bürger waren, und darum sagte ich etwas verlegen: »Es besteht doch keine Gefahr für euch, nach Ostjerusalem zu kommen, oder?«

»Nein, nein, nein«, riefen Ibrahims Brüder, die sich ihrer Unfreiheit schämten, »no problem!«

Wir verabredeten, uns Anfang der kommenden Woche

anzurufen, und ich warf einen letzten Blick auf den Fernsehschirm, auf dem der Trauerzug endlich zum Stillstand gekommen war und der König zu Grabe getragen wurde.

Ibrahim fuhr mich zu dem großen Elektrogeschäft zurück. Wir stiegen aus, und ich verstieß gegen die arabische Etikette und umarmte ihn.

»Setz dein Glück nicht aufs Spiel«, sagte ich, »und laß deine Frau und die Kinder nicht im Dorf.«

»Nein«, erwiderte er ernst, »ich habe mich schon entschlossen. Ich liebe sie, und wir bleiben zusammen. Liebe ist wichtiger als Geld und Land und ... Liebe ist das Wichtigste, nicht wahr?«

»Ja, Ibrahim, und vergiß das nie!«

»See you«, rief er mir nach, als das Auto anrollte, »and take care!«

Ich fuhr langsam über die kaputte Straße, durch eine kaputte Landschaft, in der ein kaputtes Volk um einen eigenen Staat kämpfte. Einen Staat, der ihm zweifellos zustand, der sich jedoch unter dem immensen Druck der israelischen Besatzung und der eigenen korrupten Führung in dem Chaos aus vehementen Emotionen und Träumen, Widersprüchen und Verdrängungen, krassem sozialem Materialismus und festzementierten Traditionen nicht würde realisieren lassen. Sie hätten in ihrer politischen Unkenntnis und Rückständigkeit, die sie, unter anderem, einer jahrhundertelangen, wechselnden, sie ihrer Eigenständigkeit beraubenden Kolonisation verdankten, nicht nur finanzielle, sondern praktische und moralische Hilfe benötigt, Anerkennung und Gleichberechtigung von seiten ihrer übermächtigen israelischen Nachbarn, Wahrung ihrer von uns belächelten Werte wie Stolz, Würde und Ehre, Verständnis und, vor allem, Aufklärung.

Sie hatten genau das Gegenteil bekommen: Mißachtung auf der ganzen Linie, Ausbeutung statt Unterstützung, Entmündigung statt Aufklärung. Israel hatte, sei es aus blinder Arroganz, sei es aus Überschätzung der eigenen Macht, ein wildes Tier herangezüchtet, das, mit dem Rücken zur

Wand, nicht mehr mit Drohungen einzuschüchtern, nicht mehr mit Lockmitteln einzufangen war.

»Glaubst du vielleicht, sie wären anders und besser geworden, wenn wir sie anders und besser behandelt hätten?« fragte man mich.

»Ja, ich könnte es mir gut vorstellen.«

»Du hast eben keine Ahnung von der Mentalität dieser Menschen. Sie sind primitiv und eine Terroristenbande. Du solltest dich für etwas Lohnenderes einsetzen als für die Palästinenser.«

»Es gibt für mich nichts Lohnenderes als die Gerechtigkeit per se, egal um welches Volk es sich handelt.«

»Und Terroranschläge sind, deiner Meinung nach, gerecht?«

»Ich verurteile sie nicht mehr und nicht weniger, als ich die Terroranschläge der Juden gegen die Engländer damals und die israelischen Anschläge gegen angebliche palästinensische Aktivisten heute verurteile.«

»Das ist wohl nicht miteinander zu vergleichen!«

»Solange man Verbrechen mit zwei verschiedenen Maßstäben mißt, so lange wird es keinen Frieden geben.«

Ich hatte den Checkpoint erreicht und reihte mich in eine lange Autoschlange ein. Israelis und Palästinenser warteten Seite an Seite ergeben auf Einlaß in die »Heilige Stadt«, für die mein Freund Rudi einen nützlichen Verwendungszweck gefunden hat: »Spannt eine Zeltplane über Jerusalem und erklärt es zu einer geschlossenen Anstalt.«

Die Matratzenberaterin

Natürlich rief niemand aus Ibrahims Familie an, und das war keine Überraschung für mich. Die Angst hielt sie vor einer Fahrt nach Jerusalem zurück, ihr Stolz verbot ihnen, mir diese Angst einzugestehen. Um sie nicht in Verlegenheit zu bringen, rief auch ich nicht an, war wütend auf die Urheber ihrer Angst und wütend auf die Barriere ihres Stolzes, die mich mal wieder in meine Schranken verwies: eine nette wohlmeinende Person, ja, aber leider von der anderen Seite. Lebte in einem ihrer schönen arabischen Häuser in Westjerusalem und erklärte, für die Rechte der Palästinenser zu sein.

Solche Gedankengänge waren mir nicht fremd und hatten darüber hinaus ihre Berechtigung. Hatten nicht die Deutschen für mich zur Seite der Täter gehört, die man fürchten und denen man mißtrauen mußte? Hatte ich nicht sogar meinen Vater auf diese Seite verbannt und geglaubt, ihm nicht verzeihen zu können, weil er das Leben führen durfte, das man uns gestohlen, weil er Bekannte, vielleicht sogar Freunde hatte, die in jüdischen Häusern wohnten?

Wieweit hatte ich daraus gelernt? Bis zu der Grenze, hinter der ich auf meine Bequemlichkeit und das Glück einer mir Heimat gewordenen Wohnung hätte verzichten müssen? Unsinn! Sofort kam mir die beliebte Ausrede zu Hilfe, daß die Palästinenser nichts davon gehabt hätten, wenn diese Wohnung nicht von mir gekauft worden wäre. Sie selber hätten ja keinen Gebrauch davon machen können, denn ihnen war es verboten, unter Israelis in Westjerusalem zu leben. Und vielleicht wären, statt meiner, Leute eingezogen, die aus der wunderbaren Wohnung ein schickes Penthouse gemacht hätten oder eine Unterkunft für fromme Juden oder eine Versammlungsstätte für fanatische Siedler. Ist es da nicht viel besser, ein Mensch lebt in ihrem Haus, der die Wohnung so liebt und ihre Schönheit so schätzt, daß er nicht einmal die fünfundzwanzig schlecht schließenden Fenster auswechselt, die in der Sommerhitze die Zimmer in Backöfen und in den Wintermonaten in eine Puszta verwandeln?

Ich winkte mir selber ungeduldig ab: Sag das mal einem Palästinenser, der nicht verzeihen kann, daß du das Leben führen darfst, das ihm gestohlen wurde. Deine Liebe und deine fünfundzwanzig Fenster interessieren ihn genausowenig, wie dich damals der liebste Besitz deines Vaters interessiert hat, seine wertvolle Bibliothek, die während des Krieges in Flammen aufging.

Nach diesen Überlegungen war ich nicht mehr wütend, sondern nur noch traurig. Auch Ibrahim, der nie an mir, seiner Freundin, gezweifelt hatte, schien sich unter dem Einfluß seiner Familie von mir zurückgezogen zu haben. Er, der mich sogar etliche Male aus Amerika angerufen hatte, schwieg.

Als er dann doch noch anrief, saß gerade Verena Schulz bei mir. Sie war unangemeldet erschienen, einen Blumentopf im Arm, strahlend blaue Augen in einem erwartungsfrohen Gesicht. Sie sei ein Fan von mir, erklärte sie, und habe fast alle meine Bücher gelesen. Ich sei eine so positive Gestalt.

Das war ganz neu. Man hatte mir schon viel Schmeichelhaftes zu meinen Büchern gesagt und geschrieben, aber eine positive Erscheinung hatte mich noch niemand zu nennen gewagt.

Die Gläser klirrten und die Saftflasche schwankte auf dem Tablett, das ich gerade ins Zimmer trug.

»Was verstehen Sie unter einer positiven Erscheinung?« frage ich drohend.

»Einen Menschen, der für alles Verständnis hat und die Hoffnung nicht aufgibt.«

»Da muß ein Mißverständnis vorliegen. Ich habe keineswegs für alles Verständnis, und die Hoffnung habe ich schon lange aufgegeben.«

»Aber so liest es sich nicht in Ihren Büchern.«

»Für ihre Interpretation bin ich nicht verantwortlich«, sagte ich schroff.

Sie schwieg erschrocken, zupfte am V-Ausschnitt ihrer Bluse und tat mir leid.

Ein hübsches Frauchen, dem der durchweg positive Ton meiner Bücher gefallen hat. Sei's drum.

Woher sie denn komme, erkundigte ich mich.

Aus Stuttgart, gab sie zur Antwort. Sie sei jetzt öfter in Israel, denn ihre Firma in Deutschland habe mit einer Firma in Tel Aviv fusioniert, und so müsse sie als Beraterin immer hin- und herfliegen.

»Beraterin in was?«

»In Matratzen.«

»Interessant«, sagte ich, »ich wußte gar nicht, daß es den Beruf einer Matratzenberaterin gibt.«

»Man nennt mich auch Schlafberaterin.«

»Eigentlich braucht man in Israel dringender Friedens- als Schlafberater«, bemerkte ich.

In diesem Moment klingelte das Telefon, und Ibrahim war am Apparat. Es war eine schlechte Verbindung, oder von seiner zerbrechlichen Stimme war noch etwas abgebröckelt, ich konnte ihn jedenfalls kaum verstehen.

»Entschuldige, daß ich dich erst heute anrufe«, sagte er, »aber bei uns ging alles drunter und drüber. Ich fliege morgen nach Amerika zurück.«

»Du oder du und deine Familie?«

»Nein, nur ich. Es ist für die Zukunft meiner Frau und Kinder besser, wenn sie hierbleiben.«

»Sie haben hier keine Zukunft, Ibrahim, es sei denn, du willst Helden und Märtyrer aus ihnen machen.«

»Nein, das will ich nicht. Aber ich will auch keine Amerikaner aus ihnen machen. Ach, Angelika, was soll ich denn tun?«

Die Matratzenberaterin streichelte Nachtsche, das Kätzchen, das von der Mutterkatze meiner Nachbarn Shwarz gesäugt worden war und jetzt, als stämmiger kleiner Kater, wieder bei mir lebte. Er war mit seinem verwegen gemusterten Pelz und seinen hellgrauen Augen ein entzückendes Tierchen, das allerdings keine Stimme hatte und diesen Mangel mit exaltierten, Yoga ähnlichen Verrenkungen ausglich.

»Warum sagst du denn nichts?« fragte mich Ibrahim am anderen Ende der Leitung.

»Was soll ich denn noch sagen. Ihr seid merkwürdige Menschen: Ihr beschließt das eine und tut das andere. Und so sieht es auch in euren Städten, eurer Politik und eurem Leben aus.«

»Das liegt nicht nur an uns.«

»Nein, aber auch. Man kann die Verantwortung nicht immer nur auf andere abschieben.«

»Meine Frau weint Tag und Nacht.«

»Das kann ich mir denken. Sie liebt dich nämlich.«

Jetzt küßte die Matratzenberaterin Nachtsche auf den Kopf und gewann damit mein Herz. Vielleicht war ihre Interpretation meiner Bücher besser, als ich dachte, und ich war tatsächlich eine positive Erscheinung.

»Ich liebe meine Frau auch, aber was ...«

»Tut mir leid, Ibrahim«, unterbrach ich ihn, »aber ich habe Besuch und bereits alles gesagt, was zu diesem Thema zu sagen ist. Ich wünsche dir das Beste, was man einem Menschen wünschen kann. Mehr kann ich nicht tun.«

Es kam keine amerikanische Abschiedsfloskel, sondern nur ein geflüstertes »Auf Wiedersehen«.

Ich hing ein und bat Verena, mit mir auf die Terrasse zu gehen: »Der Herbst ist da«, sagte ich, »und in dieser Jahreszeit sind die Farben Jerusalems am schönsten.« Ich goß ihr ein Glas Orangensaft ein und setzte mich in den Schaukelstuhl: »Erklären Sie mir doch bitte, was eine Matratzen- oder Schlafberaterin zu tun hat. Es gibt jetzt so viele Berufe, die ich gar nicht kenne.«

»Also ich vertrete eine Gesundheitsmatratzenfirma«, erklärte sie, »die nur mit Naturstoffen arbeitet. Es gibt ja heutzutage so viele Menschen, die an Schlafstörungen leiden ...«

»Nicht nur daran!«

»Genau, und darum ist ein gesunder Schlaf auch so wichtig! Die Verarbeitung von Kunststoffen in Matratzen und Bettzeug und die elektrischen Geräte sind Gift für den Menschen.«

»Sie haben vollkommen recht. Elektrische Geräte sind Gift, nur wußte ich nicht, daß Menschen die mit ins Bett nehmen.«

»Nicht ins Bett«, sagte sie, »obgleich ...«

Sie unterbrach sich und kicherte, dann fuhr sie fort: »Manche Schlafzimmer sind voll mit elektrischen Geräten, und dann wundern sich die Leute, daß sie nicht schlafen können. Strom erzeugt starke Spannungen im Nervensystem.«

»Wirklich? Ich habe eins, zwei, drei ... Moment mal, fünf elektrische Geräte in meinem Schlafzimmer, aber meistens schlafe ich wie ein Murmeltier. Allerdings beiße ich mir seit neuestem jede Nacht auf die Zunge, und das tut scheußlich weh. Glauben Sie, das kommt vom Strom?«

»Bestimmt! Schmeißen Sie alle Geräte aus Ihrem Schlafzimmer raus und machen Sie Entspannungsübungen. Es gibt heutzutage so viele Methoden, um sich zu entspannen.«

»Ja, es gibt in der Tat unzählige Methoden, um den Menschen entspannt, jung, gesund, glücklich, schön, erfolgreich und schlank zu machen. Seltsamerweise gibt es aber immer mehr Depressive. Woran, meinen Sie, liegt das?«

»An unserer falschen Lebensweise. Nehmen Sie, zum Beispiel, einen schwarzen Afrikaner, der hauptsächlich von Reis lebt, anstatt eines Autos seine Beine benutzt ...«

»... und an Aids krepiert«, schloß ich.

Die arme Schlafberaterin mußte wohl langsam feststellen, daß sie ein falsches Bild von mir und meinen Büchern gehabt hatte. Sie sah verwirrt aus, und so lächelte ich ihr ermutigend zu und bot ihr ein Schälchen mit Keksen an: »Aber bitte ›Schmauken‹«, sagte ich.

Sie legte den Keks vorsichtig, so als könne er explodieren, auf ihren Teller und fragte zaghaft, was »Schmauken« bedeute.

»Auch eine Methode, um die Menschen gesund, zufrieden und schlank zu machen«, erklärte ich. »Es wurde mir neulich im deutschen Fernsehen offenbart. Es gibt Kurse, da sitzen lauter dicke, häßliche, wiederkäuende Weiber um einen Tisch, und ein sehr positiv eingestellter Lehrer bringt ihnen das richtige Kauen bei. Jeden Bissen gute drei Minuten und mit Genuß. Er hat diese Methode ›Schmauken‹ genannt.«

»Das haben Sie sich jetzt ausgedacht«, sagte Verena und lachte.

»Ich brauche mir nie was auszudenken! Unsere Welt und deren Bewohner liefern mir jede Absurdität, jedes Drama, jeden Wahnsinn frei Haus.«

»Dann ist also alles, was Sie schreiben, wahr?«

»Sagen wir, es beruht zu neunzig Prozent auf wahren Begebenheiten, außer natürlich...« Nun hör schon auf, mahnte ich mich, aber irgend etwas an dieser treuherzigen, blauäugigen Matratzenberaterin reizte mich: »Außer natürlich mein grenzenloses Verständnis und die damit verbundene Hoffnung. Die sind erfunden. Alles andere verdanke ich nicht dem Kuß der Muse, sondern dem Fußtritt der Realität.«

Ich habe nie wieder etwas von Verena Schulz gehört, und das war ja auch zu erwarten. Nicht zu erwarten war ein zweiter Anruf Ibrahims, von dem ich mir nichts Gutes versprach und darum sein höfliches Begrüßungsritual unterbrach und rief: »Ibrahim, wo bist du und was ist passiert?«

»Ich bin in Amerika und ich habe sie alle geholt!«

»Du bist zuerst alleine nach Amerika geflogen, dann zurück in dein Dorf und dann mit der ganzen Familie wieder nach Amerika?«

»Ja. Deine Worte sind mir nicht aus dem Kopf gegangen, und Afaf hat nur geweint, und jetzt sind wir alle zusammen und glücklich.«

Eine typisch palästinensische Geschichte, dachte ich und sagte: »Hauptsache, ihr seid glücklich.«

»Das sind wir! Danke, Angelika, auch von meiner Frau und meinen Kindern. We all love you.« Er kicherte: »Auch auf arabisch.«

Der Wüstenfuchs

Es wurde ein unruhiger Herbst und Winter. Nicht, daß es hier jemals ruhig gewesen wäre, aber dank der Korruptionsaffäre Netanjahus und der Sexaffäre Clintons wurde es noch etwas unruhiger. Beiden drohte die Amtsenthebung, und in solchen Fällen gilt es, die Weltöffentlichkeit mit großen ehrenvollen Taten von seinen kleinen unehrenhaften Vergehen abzulenken. Zu den großen, ehrenvollen Taten zählt das Friedenstiften oder das Kriegentfachen. Als also der Präsident der Vereinigten Staaten des Meineides überführt wurde und seinen Fehltritt mit der dicken Monica eingestehen mußte, sah es trotz seiner tränenreichen Zerknirschung, mit der er Gott und die Welt um Vergebung anflehte, böse um ihn aus. Es mußten schwerere Geschütze aufgefahren werden. Zum Glück gab es den Nahost-Konflikt, der ja nun sowieso sein Steckenpferd war, und darum beschloß er, mit seiner Tochter nach Israel zu fliegen und in die erlöschende Glut des »Peace Process« zu pusten. Durch diese Aktion wurden zunächst einmal alle Amtsenthebungen auf Eis gelegt, und ein strahlender Clinton, mit einer strahlenden Chelsey an der Hand, traf auf dem Flugplatz Ben Gurion in Tel Aviv ein. Dort schüttelten sich die beiden Angeklagten, der mächtigste Staatsmann der Welt und der weniger mächtige des Mittleren Ostens, die Hand. Clintons Besuch begann hoffnungsvoll. An der Altstadtmauer, seiner Hotelsuite gegenüber, konnte man auf einem Spruchband mit meterhohen Buchstaben, turtelnden Friedenstauben und Fahnen lesen: »Schlaf gut, Präsident Clinton, deine Träume sind unser Frieden.«

Ob er nun einen erhebenden Friedenstraum oder einen amtsenthebenden Alptraum hatte, bleibt dahingestellt. Auf jeden Fall setzte er alles auf eine Karte und begab sich zu Jassir Arafat nach Gaza. Währenddessen ging sein Töchterlein zur Klagemauer, legte, nach jüdischem Brauch, Stirn und Hand an die scharf gezackte Mauer, vertiefte sich in ein Gebet und steckte ein Wunschzettelchen in eine Ritze zwischen den Steinen.

Ich saß vor dem Fernseher und betrachtete ihren strammen Vater, der an der Seite des morschen Arafat über den roten Teppich schritt. Die palästinensische Ehrengarde salutierte, die palästinensischen und amerikanischen Fahnen baumelten müde, eine Kapelle spielte einen elegisch klingenden Marsch.

Ein Stein drückte auf meinen Magen, ein heißer Stein, der mir die Magensäure in die Speiseröhre und den Schmerz bis in die Zähne preßte. Ich legte mich, die Knie angezogen, auf den Rand des Bettes und starrte weiter auf den Schirm.

Dort fuhren der amerikanische Staatsmann und der palästinensische Vorsitzende in einer schwarzen Limousine durch Gazas verlotterte Straßen, und Kinder in weißen Blusen und dunkelblauen Röcken und Hosen wedelten mit palästinensischen Fähnchen. Sie wirkten verstört, während die hohen PLO-Mitglieder und Honoratioren der Stadt, die in einem überfüllten Saal andächtig Clintons Rede lauschten und ihm anschließend eine stehende Ovation brachten, begeistert zu sein schienen. Das Sodbrennen trieb mir die Tränen in die Augen und den bitteren Geschmack von Galle in den Mund.

Man möge doch an die palästinensischen und israelischen Kinder denken, sagte Präsident Clinton mit der Emphase eines aufrichtigen, mitfühlenden Mannes, »sie sind doch diejenigen, die ihre Väter verlieren und unter den ewigen Feindseligkeiten am meisten leiden«.

Arafats hängende Unterlippe zitterte bei diesen Worten, doch die Netanjahus wird sich zu einem schmalen Strich gestrafft haben, als er, wie die israelischen Zeitungen meldeten, empört äußerte: »Wie wagt es Bill Clinton, unsere Kinder und die der Palästinenser in einem Atemzug zu nennen!«

Trotz Wunschzettels in der Klagemauer, turtelnder Friedenstauben auf dem Spruchband und der pathetischen Rede in Gaza schlug Clintons Besuch in einen glatten Mißerfolg um. Keine zwölf Stunden nach seinem Abflug verkündete Netanjahu in einer Knessetsitzung, daß sich die Israelis keinen Zentimeter aus den palästinensischen Gebieten zurückziehen würden, und Arafat erklärte, er könne für nichts mehr garantieren und man müsse mit Unruhen rechnen.

Es mußten daher noch schwerere Geschütze aufgefahren und noch »ehrenvollere« Taten vollbracht werden, und so kam es zu der Aktion »Wüstenfuchs«.

Bomben fielen auf Bagdad, die Menschen krepierten, und die Kinder ... tja, die konnte man natürlich nicht aussparen. Außerdem waren es irakische Kinder und mit amerikanischen und israelischen nicht in einem Atemzug zu nennen.

Die Palästinenser solidarisierten sich mal wieder mit den Irakern, verbrannten die amerikanischen Fahnen, die sie gerade noch geschwenkt hatten, und wünschten uns viele treffsichere Raketeneinschläge. Dafür standen 75 Prozent der amerikanischen Bürger hinter der Aktion, was für Clinton ausgesprochen günstig gewesen wäre, hätte sich die übrige Welt ihnen angeschlossen. Doch die schien nicht einverstanden und in der Mehrzahl sogar gegen den »Wüstenfuchs« zu sein, was wiederum für Clintons friedliebendes Image ausgesprochen ungünstig war. Daraufhin erklärte er die Aktion für erfolgreich beendet. Worin der Erfolg lag, begriff kein Mensch.

Wenn ich heute jemanden frage, ob er sich noch an den »Wüstenfuchs« erinnere, dann hat fast niemand eine Ahnung und verdächtigt mich, mir wieder etwas Albernes ausgedacht zu haben. Die Ereignisse überstürzen sich hier nämlich, und das hat den Vorteil, daß manche nur noch von denen wahrgenommen werden, die unmittelbar davon betroffen sind. Im Fall des »Wüstenfuchses« hatten wir keine Verluste zu beklagen.

Ein ganz normaler Wahnsinn

Bei mir fiel die Wüstenfuchsperiode in eine denkwürdige Zeit. Als erstes eröffnete mir Katrin, daß sie beschlossen habe, in Israel zu bleiben, und aus diesem Grund zum Judentum übertreten werde.

Ich halte das für keine gute Idee, sagte ich, aber ich sei ja auch nicht blind verliebt. Ob der Mann, für den sie das tue, schon davon wisse.

Nein, sagte sie, es sei allein ihre Entscheidung, und da er sich von ihr möglicherweise unter Druck gesetzt fühlen könnte, solle er es noch nicht erfahren.

Sie war, weiß Gott, nicht die erste, die aus Gründen der Liebe, des Jerusalem-Syndroms, irgendeiner Überzeugung oder auch nur aus Opportunismus übertrat. Wenn man als Nicht-Jude in Israel bleiben, dort arbeiten, heiraten oder auch nur »das ganz andere« Leben finden wollte, mußte man konvertieren. Ich war zwar vom Gefühl her dagegen, aber ein Prinzip daraus zu machen lag mir fern. Ich versuchte also zu scherzen und fragte: »Ist dein Wüstengott, mit dem du das Bündnis geschlossen hast, denn auch damit einverstanden?«

Sie lachte, warf den kleinen Nachtsche in die Luft, fing ihn wieder auf, küßte ihn, dann mich und fragte atemlos: »Du wirst mir dabei helfen, nicht wahr?«

Ich nickte, denn ich sah mich im Spiegel ihrer strahlenden Augen, kindisch verliebt in einen faschistischen Polizeioffizier, der in einer winzigen Kreisstadt Bulgariens residierte und alle umliegenden Dörfer, darunter auch Buchowo, wohin meine Mutter und ich vor den Bombenangriffen auf Sofia geflüchtet waren, unter seiner Gewalt hatte. Er war eine gefürchtete Persönlichkeit unter den Bauern und ein wunderschöner Mann in ihren und in meinen Augen: dunkelblaue, maßgeschneiderte Uniform, hohe, blanke Stiefel und ein elfenbeinfarbenes Gesicht, aus dem schwarze Augen und ein mit Brillantine geglätteter Schnurrbart hervorleuchteten. Bei unserer zweiten Begegnung, die in seinem Dienstzimmer stattfand, machte er mir einen Heiratsantrag, und ich, gerade siebzehn geworden und für kurze Zeit im Besitz eines großen Busens, der mir weibliche Reife verlieh, gab ihm überglücklich mein Jawort.

»Du willst also einen Nazi heiraten und uns alle kurz vor unserer Befreiung ins Unglück stürzen«, hatte meine Mutter ungewöhnlich ruhig bemerkt.

»Er ist kein Nazi«, hatte ich geschrien, »er ist Bulgare! Aber selbst wenn er ...«

»Gut«, hatte mir meine Mutter das böse Ende des Satzes abgeschnitten, »dann heirate ihn, wenn der Krieg vorbei ist. Es dauert höchstens noch vier bis sechs Wochen.«

Ich hatte eingewilligt, denn mit dem Ende des Krieges und unserer Befreiung würde das Himmelreich auf Erden anbrechen: ein gemeinsames Leben mit Vater und Bruder. Mit dieser Hoffnung hatte ich die Jahre unseres Exils durchlebt, und jetzt, da sie Wirklichkeit werden sollte, war es selbstverständlich, wenn auch schwer, auf die Ehe mit einem bulgarischen Polizeioffizier zu verzichten.

Er war unter den ersten, die, als mein Himmelreich anbrach, von den Kommunisten liquidiert wurden.

»Das hättest du nun davon gehabt, du dumme Nuß«, war der Kommentar meiner Mutter gewesen. Ich jedoch wäre nicht ungern eine blutjunge, vollbusige Witwe im schwarzen Kleid geworden.

»Gut, Katrin«, sagte ich dem Beispiel meiner Mutter folgend, »dann tritt eben über. Es dauert sowieso mindestens zwei Jahre, bis du den Status einer frommen Jüdin erreicht hast, und bis dahin können uns schon fünf Kriege beschert worden sein.«

»Davor habe ich keine Angst!«

»Hast ja auch noch nie einen Krieg erlebt!«

»Ich würde lieber mit Rafi sterben, als ohne ihn leben.«

»Klar, an solchen romantischen Flausen haben sich schon viele berauscht. Allerdings dachte ich, die wären den Alten vorbehalten. In Halle ist man da wohl noch etwas rückständig.«

»Hattest du auch mal solche ...«

»Ja, ja, ja«, fiel ich ihr ins Wort, »was hatte ich auf dem Kriegsschauplatz der Liebe nicht! Einmal wollte ich mich sogar auf dem Höhepunkt einer Liebe mit dem Geliebten in der Judäischen Wüste umbringen. Aber der dumme Kerl hat nicht mitgemacht, hat ganz prosaisch an die Aasgeier gedacht und wollte nicht, daß sie seiner Leiche die Augen auspicken. Also haben wir den großen Fehler begangen, anstatt uns umzubringen, zu heiraten und uns im Laufe der Ehe gegenseitig zu zerpicken.«

Katrin sah mich mit schief geneigtem Kopf und zusammengezogenen Brauen forschend an: »Erzählst du mir so was, um mich abzuschrecken?« fragte sie.

»Nein, um dich zu amüsieren ... apropos amüsieren, hast du dir eigentlich schon eine Gasmaske aus der deutschen Botschaft geholt? Ich glaube, die für euch Deutsche sind dicht, und der Wüstenfuchs kommt näher.«

Ich lachte, und sie sagte ungehalten: »Nun hör schon auf mit deinen Gruselgeschichten! Damit ziehst du das Unheil an.«

Kurz nach Katrins Eröffnung, zum Judentum übertreten zu wollen, rief Ismael an und bat mich, nach Ramallah zu kommen.

»Ist bei euch alles in Ordnung?« fragte ich beunruhigt.

In Anbetracht der Umstände eine törichte Frage, auf die ich eine noch törichtere Antwort bekam: »Oh ja, alles ist bestens«, sagte er, »ich bin gerade dabei, mir ein Auto zu kaufen, und brauche dazu deinen Rat.«

»Ich verstehe von Autos noch viel weniger als von ›wahrer‹ Liebe«, sagte ich, eine Bemerkung, die ihn offenbar mit Besorgnis erfüllte.

»Wie geht es dir?« fragte er. »Entschuldige, ich bin so aufgeregt, daß ich vergessen habe, mich danach zu erkundigen.«

»Mir geht's gut, und ich komme morgen, im Laufe des Vormittags, zu dir.«
»Bitte, vergiß nicht, die Autofenster zu schließen.«
»Sie sind aber nicht kugel- oder steinesicher.«

Auf der Fahrt nach Ramallah grübelte ich über den Wahnsinn im »Heiligen Land« nach. Jemand hatte mir gesagt, daß der die Folge giftiger Emissionen sei, die dem Erdreich Judäas von Zeit zu Zeit entweichen und die Bevölkerung unberechenbar machen. Evchen hingegen schrieb sie der Luft zu, die wie Champagner sei und die Menschen, besonders die Ausländer, berausche. »Der blaue Himmel«, schwärmte sie, »die Sonne und dann diese prickelnde, leichte Luft ... was habe ich hier schon für verrückte Geschichten erlebt!«

Eine Ambulanz raste mit gellenden Sirenen an mir vorbei, und ich dachte: wieder ein Opfer der giftigen Emissionen oder der prickelnden Champagnerluft. Man kann es natürlich auch nüchtern sehen und sagen: Es ist der ganz normale Wahnsinn einer schizophrenen Gesellschaft, in der das Individuum jedes Maß verliert und inmitten des allgemeinen Zerfalls eine hemmungslose Eigendynamik entwickelt.

An diesem Punkt angekommen, hatte ich mein Ziel erreicht und stieg eine Art betonierte Rampe, die sich bei Regen in eine Rutschbahn verwandelte, zu Ismaels Haus hinauf. Im Nachbarhof, der kleiner war als mein Wohnzimmer, stand ein schmutziges, hellbraunes Pferd mit traurig hängendem Kopf.

Ismael öffnete mir die Tür, sagte: »Ah, da ist sie ja, die schöne Frau« und küßte mir die Hand.

»Warum steht denn da dieses arme Pferd im Nachbarhof?« fragte ich.

Ismael lachte: »Der Mann ist verrückt geworden und wollte unbedingt ein Pferd haben. Kein Mensch weiß, wozu.«

Ich hatte ihn schon lange nicht mehr so unverkrampft fröhlich lachen gehört und sah ihn aufmerksam an. In sein Gesicht war Farbe, in seine Augen der Glanz zurückgekehrt.

»Es scheint dir ja, Gott sei Dank, wieder gutzugehen«, sagte ich, »wie ist denn das so plötzlich passiert?«

»Ich habe meinen Weg gefunden«, erklärte er feierlich.

Wir gingen in den Salon, der leer und still war. Kein laufender Fernseher, kein Geschrei.

»Wo sind denn alle?« fragte ich.

»Die Kinder sind natürlich in der Schule, und Jamila arbeitet bis vier Uhr nachmittags.«

»Das ist ja ganz neu!«

»Ja, es geht endlich bergauf. Ich habe dir viel zu erzählen.« Er wies mit einer eleganten Handbewegung, die er aus seiner Studienzeit in Deutschland mitgebracht hatte, auf einen Stuhl: »Bitte, nimm Platz.«

Wir setzten uns, und er wiederholte: »Ich habe meinen Weg gefunden.«

»Wunderbar!« sagte ich.

Inmitten des heillosen Schlamassels, in dem unsere beiden Völker steckten, des krepierenden »Friedensprozesses« und der Vorbereitungen zur »Aktion Wüstenfuchs«, hatte Ismael seinen Weg gefunden. Er sprach mit der Lebhaftigkeit, mit der er mir während der Intifada von seinen friedenstiftenden Erfolgen berichtet hatte, nur waren die damals eine schöne Illusion und seine jetzigen Erfolge profane Wirklichkeit. Jamila, die in Aman Soziologie studiert hatte, war mit dem Posten einer Sozialhelferin betraut worden, und Ismael, der zwei Jahre tatenlos in seinem Sessel verharrt hatte, arbeitete plötzlich von morgens bis abends: als Arzt in einer Klinik und Notaufnahme und als Deutschlehrer sowohl im Goethe-Institut in Ramallah als auch in den oberen Klassen einer privaten Schule. Salua hatte einen Preis für ihr bemerkenswert gutes Französisch gewonnen, und die kleine »Aschkenasin« machte dieser zweifelhaften Bezeichnung Ehre und trieb Sport. Und als wäre das alles nicht genug, hatte sich in dem verwahrlosten Gartenstreifen hinter dem Haus eine hübsche, schwangere Katze angesiedelt und das Herz der tierfeindlichen Jamila gewonnen.

»Und jetzt das Auto«, sagte Ismael und lächelte verschmitzt, »ich spreche nur noch über Autos, alles andere interessiert mich nicht mehr.«

»Und was ist mit Frieden?«

»Interessiert mich am wenigsten.« Er nahm eine Zigarre aus einer Schachtel und beschäftigte sich damit: »Wo keine Hoffnung ist, verliert man das Interesse. Weder die Israelis noch die Palästinenser wollen Frieden. Weder Netanjahu noch Arafat sind Männer, denen das Prädikat ›Mensch‹ zusteht. Weder dein Volk noch meins ist es wert, vor dem Untergang bewahrt zu werden. Ein Toter ist tot und gehört unter die Erde. Ich bin kein Totengräber. Ich lebe und versuche Menschen das Leben zu retten. Ich habe eine Frau und zwei heranwachsende Kinder und versuche denen die Möglichkeit zu geben, anständige, aufgeklärte Menschen zu werden. Ich habe auch meiner Geliebten, der Literatur und Philosophie, bis auf weiteres Lebewohl gesagt und arbeite vierzig Stunden pro Woche, die Nachtdienste nicht mitgerechnet.« Er zündete die Zigarre an, stieß den Rauch aus und fuhr fort: »Es gibt nichts Heilsameres als Arbeit. Ich hatte es mir in meiner Depression bequem gemacht, so wie ein gelangweilter, reicher Nichtsnutz im Westen. Und dann ist eines Tages Salua zu mir gekommen und hat geweint und gefragt: ›Papa, wird es für uns nie mehr besser?‹ Am nächsten Morgen bin ich aufgestanden und habe mir geschworen, daß ich versuchen werde, es besser zu machen, daß es so gut wird, wie es in unserem Land nur werden kann. Wir müssen weitermachen, Angelika, die Welt ist ein Meer voller Haie, aber es gibt noch Inseln, auf denen man leben und Mensch sein kann.«

»Das habe ich auch mal geglaubt, aber ich habe die Erfahrung machen müssen, daß einem die Haie überallhin folgen.«

Die Kinder kamen aus der Schule, stürzten ins Zimmer und krümmten sich vor Lachen: »Angelikaaa!« rief Salua. »Angelika, es ist zu komisch! Unsere Englischlehrerin ist auf die Toilette gegangen, hat abgeschlossen und ist nicht mehr rausgekommen. Wir wußten nicht, wo sie steckt, und dann...«

»Halas!« unterbrach ihr Vater sie. »Ich muß mit Angelika über das neue Auto, das ich kaufen will, sprechen. Das ist doch wohl wichtiger!«

Die Kinder waren auf der Stelle still. Natürlich war der Kauf eines Autos wichtiger als eine im Klo eingesperrte Lehrerin. Das Auto war wichtiger als alles, was sie bisher für wichtig gehalten hatten, wichtiger sogar als die Autonomie Ramallahs.

»Was hältst du von einem Toyota Avensis?« fragte mich Ismael.

»Einem was?«

»Das ist ein japanischer Wagen«, erklärte Ismael mit dem ernsten konzentrierten Gesicht, mit dem er seinerzeit über sein Projekt gesprochen hatte: ein Institut, in dem die Israelis und Palästinenser erstmalig Gelegenheit haben würden, die Geschichte des Nachbarvolkes zu studieren, und sich kennen-, verstehen und versöhnen lernen. Ein Projekt, dessen einzige Grundlage Vernunft und guter Wille gewesen war und daher nur von ein paar Träumern, die weder die Autorität noch das Geld hatten, es in die Tat umzusetzen, ernst genommen wurde. War es Ismael zu verdenken, daß er nach einer zwei Jahre anhaltenden Depression seine Träume den Haien vorgeworfen und sich für ein gewöhnliches Leben, das der soliden Arbeit, der Familie, der Autos und Zigarren entschieden hatte? Wurden wir nicht alle müde und verkrochen uns vor der Übermacht der Haie? Selbst Judith Shwarz, die sich während der »Glorious Intifada« unermüdlich für den Frieden und die Rechte der Palästinenser eingesetzt hatte, war nur noch mit ihrem Privatleben beschäftigt, pflegte den Garten und unterhielt sich mit einem Kränzchen gelehrter Damen auf latein und altgriechisch.

»Engagieren Sie sich überhaupt nicht mehr für den Frieden?« hatte ich sie eines Tages gefragt.

Und sie hatte mit ihrer leisen, matten Stimme geantwortet: »Es hat keinen Sinn mehr. Gegen den Haß und die Gewaltbereitschaft auf beiden Seiten ist man machtlos.«

»Wir haben jetzt nämlich eine Vertretung für japanische Autos in Ramallah«, riß mich Ismael aus meinen Gedanken, »und mein Schwiegervater kennt jemand aus der Familie des Managers. Von dem kann ich bestimmt einen günstigen Kredit bekommen.«

Gut, daß es in Ramallah etwas so Notwendiges gab wie die Vertretung japanischer Wagen, und gut, daß es kleine Inseln gab, auf denen man Mensch sein konnte.

»Ich muß gehen, Ismael«, sagte ich.

»Wir haben jetzt auch eine Fernsehschüssel«, verkündete die kleine Aschkenasin.

»Und eine Katze«, fügte Salua hinzu.

»Großartig das alles«, lobte ich und stand auf.

»Also, was meinst du«, fragte Ismael, »soll ich ein japanisches Auto...«

»Unbedingt«, unterbrach ich ihn, »jeder, der eins hat, ist zufrieden damit.«

Ismael begleitete mich zur Tür: »Du bist nervös«, sagte er, »du bist von mir enttäuscht.«

»Nein«, gab ich zur Antwort und küßte ihn auf beide Wangen, »ich bin ausgesprochen froh, daß du die Depression überwunden und deinen Weg gefunden hast. Es bleibt uns ja gar nichts anderes übrig.«

»Wir machen weiter, Angelika«, sagte er mit dem finster entschlossenen Gesicht eines Feldherrn kurz vor der Schlacht, »wir werden es schaffen.«

Auf der Rückfahrt sagte ich mir: Es ist doch ganz egal, womit man zufrieden ist, mit einer utopischen Idee wie Frieden oder der Illusion einer großen Liebe, mit einem

Auto oder fünfunddreißig Fernsehsendern. Hauptsache, man ist zufrieden. Ich, zum Beispiel, bin immer sehr zufrieden, wenn ich einen Kosmetikartikel, eine Flasche mit einem Getränk oder auch nur eine Rolle Klopapier aufgebraucht habe. Es ist ein absolut befriedigendes Gefühl, das Geld, das man in diese Sachen steckt, nutzbringend angewandt zu haben. Aber jetzt steht mir eigentlich auch was Größeres zu. Vielleicht ein junges Kamel oder eine Kalaschnikow oder eine Schönheitsoperation. Irgend etwas Besonderes. Ich lachte, bis ich ein undefinierbares Häuflein Tier am Straßenrand liegen sah und sekundenlang die Augen schloß. Doch nach einer Weile, vielleicht hervorgerufen durch diesen traurigen Anblick, dachte ich wieder an die Schönheitsoperation. Mit der könnte ich mir doch ein Geburtstagsgeschenk machen und die vergehende Zeit, wenigstens optisch, ein bißchen hinauszögern.

Kaum zu Hause, rief ich Dr. Shatz an.
»Was halten Sie von einem Lifting?« fragte ich ihn.
»Glauben Sie wirklich, daß Sie das brauchen?«
»Ich habe in zwei Wochen Geburtstag.«
»Bitte keine Panik! Ein Peeling tut's auch.«
Joel Shatz war ein begeisterter Peeler, aber ich hatte mich noch nie dazu überreden lassen. Es war mir unheimlich, wie eine Kartoffel geschält zu werden. Doch jetzt, auf der verzweifelten Suche nach etwas gleichwertig Zufriedenstellendem wie eine Liebe oder ein japanisches Auto, war ich unschlüssig.
»Ich habe gerade bei einer zweiundachtzigjährigen Dame ein Peeling gemacht«, ermunterte mich der Schönheitschirurg, »und jetzt sieht sie aus wie Anfang Fünfzig und fühlt sich auch so. Eine ganz neue, rosige Haut ...«
»Entsetzlich!« rief ich. »Ich bin noch nicht zweiundachtzig, und mich wie Anfang Fünfzig zu fühlen ... Danke schön, das habe ich hinter mir, und es war alles andere als angenehm. Außerdem möchte ich auf keinen Fall rosig aus-

sehen, sondern den dunklen Teint meiner Großmutter behalten. Ihre Vorfahren kamen aus Spanien.«

»Interessant! Wissen Sie, aus welcher Gegend sie stammte? Meine Großeltern mütterlicherseits waren nämlich auch in Spanien ansässig. Ich glaube sogar, sie waren Marranen.«

Wir unterhielten uns eine Zeitlang angeregt über unsere Vorfahren, bis mich der markerschütternde Schrei Zille-Kinds aufschreckte. Die arme kleine Kätzin bezog von allen ihren Artgenossen grundlos Prügel und kreischte, noch bevor eine Pfote sie berührt hatte. Möglicherweise war es ihre Zimperlichkeit, die die anderen belustigte und dazu herausforderte, sie zu ohrfeigen oder in die adretten Pelzhöschen zu zwicken. Jetzt war es General Schwarzkopf, der in der typischen Drohgebärde auf sie zu schritt und ihr schon damit den Hilfeschrei entlockte.

»Moment«, sagte ich zu Dr. Shatz, scheuchte den indignierten Kater, der sich doch nur einen Spaß hatte erlauben wollen, auf die Terrasse und schloß Tür und Fenster hinter ihm.

»Also, wo waren wir stehengeblieben?« fragte ich, den Hörer wieder aufnehmend.

»In der spanischen Inquisition«, sagte Joel Shatz, »aber wir können auch wieder zum Peeling zurückkehren. Wann wollen Sie es machen lassen?«

»Am 24. Dezember, vorausgesetzt, der ›Wüstenfuchs‹ hat sich bis dahin verzogen. Wäre ja peinlich, wenn wir doch ein paar Raketen abbekommen würden und ich dann mit verbranntem Gesicht in den Bunker meiner Nachbarn müßte. Sie würden mich für ein Kriegsopfer halten.«

Dr. Shatz brach in herzhaftes Gelächter aus, und ich dachte: Eins muß man diesem Land lassen, es sorgt fast täglich für neue Witze.

»Also dann am 24. Dezember, um acht Uhr früh«, sagte Dr. Shatz, der sich von einem »Wüstenfuchs« ebensowenig einschüchtern ließ wie von dem Peelingwunsch einer zweiundachtzigjährigen Frau, »und bitte keine Zigarette die letzten drei Tage.«

»Warum tue ich mir das eigentlich an?« seufzte ich.

»Diese Frage«, antwortete er ungerührt, »können Sie sich nur selber beantworten.«

Galopp, Galopp, Galopp

Es waren zwei Jahre vergangen. Ich erwachte um vier Uhr früh. Ich sagte laut: »Ich muß das Tempo beschleunigen« und fragte mich, was das bedeuten solle. Dann fiel mir ein, daß dieser Satz ein Traumfetzen war, den ich, aus dem Zusammenhang gerissen, in meinen Wachzustand gezerrt haben mußte. Ich sagte: »Galopp, Galopp, Galopp« und horchte in mich hinein, denn auch diese Wörter kamen mir bekannt vor.

Auf meinem angewinkelten Arm lag mein alter Kater Dino, schnarchte und stank. Er hatte schlechte Zähne, und wenn er sich leckte, stank sein ganzes Fell. Ich hätte ihn zum Tierarzt bringen und seine Zähne säubern oder ziehen lassen müssen, aber da ich mich nicht überwinden konnte, das arme Tier, das nicht begreifen würde, was ihm geschah, Angst und Schmerzen auszuliefern, überließ ich es lieber dem normalen Zerfall.

Galopp, Galopp, Galopp! Es gibt Wörter, Sätze, Lieder- oder Gedichtfragmente, die einem nicht mehr aus dem Kopf gehen. Einmal hatte ich stundenlang »Wer wagt es, Rittersmann oder Knapp« vor mich hin sagen müssen und schließlich einen in mich vernarrten Psychomann angerufen und ihn gefragt, was ich gegen diesen »Rittersmann oder Knapp« tun könne.

»Oh«, hatte er erfreut ausgerufen, »Sie leiden also an Wiederholungszwängen. Kommen Sie doch mal bei mir vorbei, damit wir das besprechen können.«

Doch das hatte ich für gefährlicher gehalten als den »Rittersmann«, und irgendwann war es dem dann auch langweilig geworden, und er hatte sich verzogen.

Der Kater begann sich zu lecken, und ich schob ihn vorsichtig ein Stück von mir ab. Dann schaltete ich den Fernseher an. Die Matratzenberaterin mit ihren elektrischen Strömen fiel mir ein, aber lieber elektrische Ströme als Wiederholungszwänge, und vielleicht könnte mich ein interessanter Film davon ablenken.

Auf 3sat, meinem Lieblingssender, fand eine Diskussion statt. Drei Schriftsteller: Ein tschechischer Jude, ein Türke mit zwei dünnen Bartrinnsalen, die an seinem Kinn hinabliefen, und eine Polin mit verschrecktem Gesicht wurden von einem selbstgefälligen Lackaffen zum Thema ›Heimat, Identität und Wurzeln‹ interviewt. Da mir diese Art von Diskussionen zum Hals raushing, sagte ich: »Ach, Scheiße!«, und keine Sekunde später explodierte der jüdische Schriftsteller mit demselben Wort: »Scheiße! Erst reißt ihr sie uns aus und dann stellt ihr uns dämliche Fragen dazu.«

Der Lackaffe lächelte süffisant, und da wohl die Zeit abgelaufen war oder ihm gar nichts mehr darauf einfiel, sagte er erleichtert: »Das ist ein gutes Schlußwort.«

Ich schaltete auf Sat 1 um und geriet in die Wiederholung einer Talkshow, in der gerade eine unheimlich fette Frau in weißen Leggings und einem grellbunten Poncho verkündete: »Ich stehe zu meinem Gewicht und fühle mich wohl damit.«

Beifälliger Applaus.

»Was zählt«, rief ein junger Mann mit Ohr- und Nasenflügelring, bananengelb gefärbtem Haar und dem Gesicht einer schrumpelnden Gurke, »sind die inneren Werte.«

Stürmischer Applaus.

Deutsche »Freakshows« mit Erziehung zum positiven Denken.

»Ich stehe dazu« – Applaus, »Innere Werte« – Applaus, »Alleinerziehende Mutter« – Applaus, »Wichtiger als Modeklamotten ist die Liebe, die man einem Kind gibt« – Applaus,

»Ich bin sechzig und habe noch vier Mal in der Woche Sex« – Applaus, »Ich habe meinen Krebs besiegt« – Applaus, »Ein Mann, der im Stehen pinkelt, ist ein Schwein« – Applaus.

Die Moderatorin, die zwar ein hübsches Gesicht hatte, dafür aber Schwierigkeiten mit der deutschen Sprache und einer zu engen Hose, flirtete kokett mit der Kamera und sagte: »Und gleich werden wir Felix kennenlernen. Er wiegt zweihundertzehn Kilo und ist ein Stripper. Also lassen Sie sich das nicht entgehen und bleiben Sie dran.«

Es folgte die nächtliche Sexwerbung. Obgleich an menschlicher oder völkischer Abartigkeit immer interessiert, fand ich diese Obszönitäten nun doch zu eklig und schaltete mitten in dem geröchelten Satz: »Ich bin die kleine Geile und habe ...« ab.

Um mir nach all dem etwas Gutes zu tun, stand ich auf, um mir ein Schokoladeneis aus dem Gefrierfach zu holen. Mit dem ging ich aufs Dach, denn was gibt es Besseres, als dort im Morgengrauen ein Eis zu essen.

Nachtsche, mein kleiner stummer Kater, saß auf der Brüstung, in sicherer Entfernung neben ihm eine Krähe, die mindestens so groß war wie er selber. Beide Tiere starrten gebannt nach Osten, wo der Himmel – ein breiter Streifen anthrazitgrau, ein schmalerer Streifen orangerot, darüber ein goldgelber Heiligenschein – ein grandioses Bühnenbild für den Auftritt der Sonne bereithielt. Als Kater und Krähe mich kommen sahen, flog der Vogel mit einem empörten Rab, Rab, Raaab davon, und Nachtsche wand, streckte und drehte sich in perfekten Yogaposen auf mich zu.

»Bravo, mein kleiner Guru«, sagte ich und setzte mich, das Kätzchen im Schoß, auf einen Stuhl, der den Spuren nach schon von Dutzenden von Katzen und Krähen benutzt worden war.

»Ich muß das Tempo beschleunigen«, murmelte ich und schaute in die sepiafarbene Landschaft, über der sich der Himmel lichtete und die blaßblauen und gelben Straßenlichter in den arabischen Dörfern erloschen. Und jetzt fiel mir ein, daß ich im Traum vor einer drohenden, immer näher kommenden Gefahr hatte weglaufen wollen, aber nicht fähig gewesen war, die Füße vom Boden zu heben. Ein Soldat in Tarnuniform war an mir vorbeigerannt und hatte geschrien: »Du mußt das Tempo beschleunigen! Galopp, Galopp, Galopp!«

Blödsinn! Alle drohenden Gefahren lagen doch schon seit zwei Jahren hinter mir: die »erfolgreich« beendete Aktion »Wüstenfuchs«, das verjüngende »Peeling« und mein Geburtstag. Natürlich würde die nächste militärische Aktion, der nächste heimtückische Geburtstag, der nächste Verzweiflungsakt in Form irgendeiner Schönheitskorrektur über mich hereinbrechen, es sei denn, ich machte dem Unausweichlichen ein Ende. Vielleicht als Selbstmordattentäterin und damit als Retterin Israels und Palästinas. Denn ich würde mich natürlich auf die fetteste Beute stürzen: Bibi Netanjahu und Jassir Arafat. Nur, wie kriegte ich die unter einen Hut, beziehungsweise unter eine Bombe?

Ich schaute zu dem Streifen Aschgrau und Blutrot hinüber, hinter dem sich die Berge Moabs versteckten. Dort hatte angeblich Moses mit den Kindern Israels gestanden, in das »Gelobte Land« geblickt und Gottes Weissagung: »Denn du sollst das Land vor dir sehen, das ich den Kindern Israel gebe, aber du sollst nicht hineinkommen« wörtlich genommen. Vielleicht hatte er aber auch alles satt gehabt: das ständige Meutern der Kinder Israel, die Last seiner hundertzwanzig Jahre und die ewigen Drohungen und Strafen Gottes.

Inzwischen war ich zu wach, um mich wieder ins Bett zu legen, und so zog ich mich an, trank ein Tasse Tee und fuhr zur Altstadt. Es war kurz nach sechs Uhr, als ich durchs Jaffa-Tor ging, und nur eine Gruppe schwarz gekleideter, armenischer Novizen überquerte eiligen Schrittes den Platz.

»Galopp, Galopp, Galopp!« murmelte ich.

Als ich die israelische Polizeistation hinter mir gelassen

hatte und an dem schönen alten Gebäude des armenischen Patriarchats vorüberging, wußte ich plötzlich wieder, wie man sich fühlt, wenn man jung ist. Wie oft hatte ich versucht, mich in eine Zeit zurückzuversetzen, in der meine Beine leicht, mein Kreuz und Nacken geschmeidig, meine Augen scharf und meine Gelenke schmerzfrei waren. Aber mein Kopf hatte mir nur die theoretische Vorstellung, nicht das Gefühl eines mit Leben pulsierenden Körpers vermitteln können. Jetzt, in der herbstlich frischen, blank polierten Morgenstunde, in meiner Altstadt, die ich endlich wieder für mich alleine hatte, durchdrang mich ein Gefühl schwungvoller Lebensfreude, an die sich kein Schmerz, keine Schwere heranwagten.

Ich lief in der Mitte der Straße, unbehelligt von hupenden, schnaubenden Autokolonnen, jüdisch-orthodoxen Männern und Familien, die von der Klagemauer kamen oder zu ihr gingen, von palästinensischen Straßenverkäufern und Fremdenführern, die sich mir an die Fersen hefteten, und schwitzenden Touristengruppen, die das alles für einen gelungenen »Abenteuerurlaub« hielten.

Mir war, als flöge ich, so wie der schwarz-gelb gefiederte Vogel, der sich plötzlich vor mir emporschwang und in dem himmelblauen Spalt einer in die Mauer eingelassenen Schießscharte niederließ. Ich flog und liebte jeden pockennarbigen Stein der alten Mauer, die scheuen Blumen und grünen Büschel, die aus den Ritzen hervorsprossen, die Kronen der Bäume, die mir aus dem Anwesen der armenischen Kirche über die Mauer hinweg zunickten, den jungen Burschen, der mit einem Blech Pita auf dem Kopf durch das mächtige Zionstor verschwand.

Als der riesige Parkplatz vor mir auftauchte und ich einen Rückfall ins Alter befürchtete, gingen mir die Worte: »Du mußt das Tempo beschleunigen« durch den Kopf, und ich setzte mich in den mir anempfohlenen Galopp. Zahllose bunte Autos, vom Nachttau benetzt, glitzerten in der Sonne, und ein Wächter, der in seinem Schilderhäuschen döste, erwachte von meinem Getrappel und rief: »Halt! Wohin willst du?«

»Zur Klagemauer.«

Er musterte mich kurz, konnte weder einen verdächtigen Gegenstand noch auch nur eine Handtasche an mir entdecken, gähnte und sagte: »Dann lauf, Mamile, Schalom.«

Ich lief die abschüssige Straße hinunter, den Kopf nach rechts gedreht, den Blick von der alttestamentarischen Landschaft gefangen, im Herzen die Worte des »Hohen Liedes«: »Schön bist du, meine Freundin, kein Makel ist an dir.«

Die Straße machte einen Knick, und vor meinen Augen erhob sich der Tempelberg mit dem Felsendom und der Al-Aksa-Moschee. Wie oft war ich früher hier gewesen, oben auf dem Tempelberg und unten an der Klagemauer, bezaubert von der Schönheit des einen, betroffen von der legendären Bedeutung des anderen. Jetzt, mit den Kontrollen, Sicherheitsmaßnahmen und Verboten auf beiden Seiten, war mir die Freude daran restlos verdorben. Ich fand es empörend, von bewaffneten Polizisten und Soldaten beobachtet, wie ein potentieller Attentäter behandelt und durch Checkpoints und elektronische Sicherheitssperren geschleust zu werden; fand es beleidigend, meine Taschen durchsuchen, mich im Fall von kurzen Ärmeln mit einem schmutzigen Umhang bedecken zu lassen, zu gewissen Zeiten nicht in die Moschee und an der Klagemauer nur in den den Frauen zugewiesenen Teil hineingelassen zu werden. Sollten sie aus ihren Heiligtümern, für die sie bereit waren zu töten, einen Hochsicherheitstrakt machen, sich an zufällig zusammenfallenden Feiertagen, an denen die Palästinenser auf dem Platz oben, die Juden an der Klagemauer unten beten, mit Steinen und Geschossen umzubringen versuchen und »Allahu aqbar« oder »Adonei eloheinu« schreien. Was für ein klägliches und monströses Getue im Namen einer Religion!

Der Eingang zu dem riesigen Platz, auf dem sich selbst die wuchtige, hohe Klagemauer bescheiden ausnahm, sah aus wie ein schäbiger Vorstadtbahnhof. Graugrün gestrichene Gitterzäune und Barrieren, ein verglaster Aufenthaltsraum, der einen vor Regen oder Sonne schützen sollte, Bänke, ein Schlagbaum für irgendwelche autorisierten Fahrzeuge, die bis auf den »heiligen« Platz fahren und dort auch parken durften, Kontrollhäuschen, Sicherheitssperren und die dazugehörige militärische Belegschaft, Soldatinnen und Soldaten, die sich meist lautstark miteinander unterhielten und an irgend etwas kauten.

Mir war es ein Rätsel, wie denjenigen, die wirklich den Glauben und die Absicht hatten, zu beten, nicht der Appetit darauf verging.

»Es ist doch auch zu deiner Sicherheit«, warf man mir vor, wenn ich mich über die Reglementierung auf dem Platz entrüstete. Das zum Credo erhobene Wort »Sicherheit«, mit dem die Politiker das israelische Volk schon über ein halbes Jahrhundert irregeführt hatten und alles rechtfertigten, was nicht zu rechtfertigen war, war für mich ein rotes Tuch.

»Es gibt keine Sicherheit«, eiferte ich mich dann, »das muß euch doch endlich einmal auffallen! Die Armee kann noch so stark, die Vergeltungsschläge können noch so hart und die Sicherheitsmaßnahmen noch so streng sein, wir leben auf engstem Raum mit einem von uns unterdrückten und mißhandelten Volk, und das wird immer Wege finden, unsere Sicherheit in die Luft gehen zu lassen.«

Ich ging durch die Sperre und über den mit Steinplatten ausgelegten Platz, auf dem weit und breit kein Hälmchen Grün zu sehen war. Dafür waren zu unserer Sicherheit Scharfschützen auf den Dächern der umliegenden Häuser postiert.

In den Gassen des Basars war der Morgen noch nicht angebrochen. Gegen den riesengroßen, kahlen Platz, auf dem ich mir, allen Sicherheitsmaßnahmen zum Trotz, wie eine Tontaube vorgekommen war, fühlte ich mich in der dämmrigen Kühle des Gassenlabyrinths geborgen. Die Angst, die Israelis der Altstadt fernhielt, war mir fremd geblieben. Die Menschen, die hier lebten, empfand ich als nicht mehr und nicht weniger bedrohlich als die der übrigen Welt, egal ob sie in einer Luxusvilla im Grunewald oder in einem Beduinenzelt im Sinai wohnten. Morden, wenn sie es für richtig hielten, konnten alle.

Die eisernen Rolläden vor den Geschäften waren noch heruntergelassen, die Gassen, bis auf drei Kinder, die einem Ball nachrannten, und zwei alte Männer, die zum Beten gingen, leer. Ohne das Angebot von bunten Kleidungsstücken, die an den Mauern neben den Läden hingen, die Tische mit billigen Andenken und Schmuck, die zudringlichen Händler und hektischen Menschenscharen sah ich die Schönheit der alten Gebäude und Gewölbe, der Tore und Bogengänge, spürte das Mysterium und die Magie einer zweitausend Jahre alten, von drei Religionen als heilig erklärten, immer wieder zerstörten, immer wieder aufgebauten Stadt.

»Eine furchtbare Stadt«, hatte Jane einmal gesagt, »jeder Stein trieft von Blut.«

»Warum wolltest du dann unbedingt hier leben?«

»Das ist eins der Geheimnisse Jerusalems. Man liebt es trotzdem.«

In der Nähe des Löwentors hielt mich die besonders schöne Fassade des St.-Anna-Klosters fest. Ich schaute durch das geöffnete Freitor in einen verwunschenen Innenhof, ging hinein und legte mich dort auf eine der Bänke. Schon immer hatte ich klösterliche Innenhöfe geliebt. Die Stille und Abgeschiedenheit dieser kleinen, mit Bäumen und Blumen bepflanzten Inseln weckten Träume von einer heilen Welt in mir. Ich betrachtete die gravitätische Rückseite des Klosters mit ihren wuchtigen, altersgeschwärzten Steinquadern und hohen, schlanken Bogenfenstern, den tiefblauen Himmel, in dem noch die zarte Sichel des Mondes stand, die gefächerten Blätter, die eine Palme über mir ausbreitete, den Oleanderbusch, dessen weiße Blüten meine Bank umrankten. Ich stellte mir vor, ich wäre hier geboren und aufgewachsen, hätte eine ungebrochene Kindheit, Jugend und schließlich Ehe verlebt und diese heile Welt an meine Kinder und die an ihre weitergegeben. Eine harmonische Kontinuität, eine innere Ruhe im Schutz dieser Mauern, die die Weltgeschichte mit ihrem entgleisenden Fortschritt und den fortwährenden Rückfällen in die Barbarei nicht durchdringen konnte. Ich träumte mich immer tiefer in dieses Leben hinein, als plötzlich eine Touristengruppe, mit Kameras und festen Wanderschuhen, einmarschierte und mich unsanft in die Wirklichkeit zurückriß. Es war kurz nach acht, und die Altstadt erwachte.

Ich sagte der Mondsichel und der Palme, der harmonischen Kontinuität und inneren Ruhe Lebewohl und ging durch das Freitor auf die Gasse, wo ich sofort von einem Händler mit billigem Schmuck bedrängt wurde: »Look, lady, very nice Jesus Christ cross for you!« Ich nickte abwesend und sagte auf deutsch: »Entschuldige, aber ich habe keine Zeit. Ich muß das Tempo beschleunigen.«

»Ah, Sie aus Germany! Habe ich Bruder in Frankfurt und Freundin in ...«

Ein Glück, daß ich die Füße vom Boden heben und davongaloppieren konnte.

»Hey, lady«, rief mir der Händler mit ärgerlicher Stimme nach, »why you run? I good man, have nice Beduin necklace for you, very cheap ...«

Der Zusammenbruch einer Liebe

Als ich zufrieden mit mir und meinem Ausflug nach Hause kam, war Katrin da.

»Es war herrlich«, rief ich ihr zu, »die Altstadt war leer, und ich habe mich so jung gefühlt wie seit Jahren nicht mehr!«

Sie stand mit dem Rücken zu mir im Bad und säuberte die Katzenklos. Etwas an ihrer Haltung, den langsamen Bewegungen und dem Schweigen machte mich stutzig.
»Kennst du den Innenhof des St.-Anna-Klosters?«
Keine Antwort.
»Da habe ich auf einer Bank gelegen und mir vorgestellt, daß ich ein heiles Leben führe und glückliche Kinder und Enkel habe und ...«
Sie gab einen Laut von sich, der wie ein Schluchzen klang. Ich ging zu ihr, nahm ihr den Kasten aus der Hand und fragte: »Also, was ist los?«
Sie setzte sich auf den Wannenrand, griff nach meinem Waschlappen und hielt ihn sich vor das verweinte Gesicht.
»Katrin«, versuchte ich sie zum Lachen zu bringen, »ein starkes, entschlossenes Mädchen aus Halle ...«
»Rafi hat zwei Kinder«, kam es dumpf und undeutlich durch den Lappen.
»Ich hätte auf mehr getippt«, sagte ich, »verdammt noch mal, ich habe dich doch gleich am Anfang vor der Geschichte gewarnt.«
»Und seine Frau erwartet ein drittes und ahnt oder weiß, daß er sie betrügt.«
»Das ist nun nicht mehr komisch«, sagte ich, »nimm endlich den dämlichen Lappen vom Gesicht und komm ins Zimmer.«
Sie legte den Lappen säuberlich auf den Wannenrand und sagte: »Ich putze nur noch schnell das eine Klo, sonst macht Kater Dino wieder auf die Bademate.«
»Laß ihn machen und komm!«
Sie trappelte hinter mir her und setzte sich in einen Sessel: »Er sagt, daß er mich liebt und nicht verlieren will. Darum hat er mich auch so lange beschwindelt.«
»Und darum hat er seiner Frau noch ein Kind gemacht, oder was?«
»Das versteh ich auch nicht. Er hat mir geschworen, daß nichts mehr zwischen ihnen ist.«

Sie begann wieder zu weinen.

Ich kramte in dem reichen Schatz meiner Erfahrungen und hätte auch eine Fülle an Binsenwahrheiten parat gehabt, aber es widerstrebte mir, sie Katrin in ihrer ganzen Abgenutztheit hinzuhalten und zu wissen, daß sie mir zwar zustimmen, aber trotzdem nichts annehmen würde. Es gibt in Dingen der Liebe keinen vermittelbaren Ratschlag.

Ich sah sie an. Sie war noch so jung, daß selbst das Weinen keine häßlichen Spuren in ihrem Gesicht hinterließ. Ich lächelte und sagte: »Wenn ich dir doch nur beibringen könnte, daß diese Geschichte so abgedroschen und unwichtig ist wie Bauchschmerzen nach einem Kilo unreifer Kirschen. Aber so weit bist du noch lange nicht. Du hast noch viele Herz- und Bauchschmerzen vor dir, viele Irrtümer und Stunden der Glückseligkeit.«

»Woher willst du das wissen?«

»Glaubst du vielleicht, der Libyer ist der letzte?«

»Wahrscheinlich.«

»Ach red doch keinen so horrenden Blödsinn, das steht dir schlecht. Ich weiß, daß ich mir jetzt den Mund fusselig reden und dir hundert Erfahrungsbeispiele und Ratschläge geben könnte, ohne zu dir durchzudringen. Du wirst dir denken: laß die alte Ziege ...«

»Alte Ziege würde ich niemals denken!«

»Schon gut, schon gut, dann eben alte Gazelle. Laß die alte Gazelle doch quasseln, sie kann so was eben nicht mehr beurteilen. Und darum werde ich auch nicht quasseln und versuchen, dich zu überzeugen.«

»Ja, aber was soll ich denn jetzt tun?«

»Dich vor seiner Frau und deren Familie vorsehen. Solche Leute können nämlich rabiat werden.«

»Und was soll ich mit ihm tun?«

»Ich habe dir doch eben gesagt, daß ich dir keine nutzlosen Ratschläge geben werde.«

»Was hättest du denn damals, als du so jung warst wie ich, getan?«

»Vermutlich dasselbe wie das, was du tun wirst. Weitergemacht. Mir eingeredet, daß das Leben ohne ihn nicht lebenswert ist und daß er es genauso empfindet und man darum gemeinsam die Hindernisse aus dem Weg räumen müsse. Irgend so was.«

»Nein«, sagte sie, »ich mache nicht weiter!«

Sie stand da wie die Jungfrau von Orleans auf dem Scheiterhaufen, stolz dem Tod ins Auge blickend, oder wie die Lichtgestalt aus Halle, stark und entschlossen ihrer »letzten« Liebe den Rücken kehrend.

»Ich glaube, ich bin schwanger«, sagte sie.

»Das könnte dir jetzt so passen: Deine Vernunft sagt dir, daß du dich von diesem Mann trennen mußt, dein Gefühl versucht, es zu verhindern, und dann kommt die Dea ex Machina in Form einer Schwangerschaft ins Spiel und die verbindet dich, wohl oder übel, auf Lebzeiten mit dem Geliebten, oder sie schenkt dir die wunderbare Lebensaufgabe einer alleinerziehenden Mutter Courage. Eine dritte Möglichkeit käme natürlich nicht in Frage.«

»Natürlich nicht!«

»Bravo! Dafür würdest du jetzt in einer deutschen Talkshow frenetischen Applaus ernten. Ungeborenes Leben ist heilig und mit dem geborenen wird, auf gut oder weniger gut gemeinte Weise, Schindluder getrieben.«

»Das kannst du nun wirklich nicht verallgemeinern!«

»Man kann überhaupt nichts verallgemeinern, das weiß ich selber. Aber es gibt gewisse Gesetzmäßigkeiten, und zu denen gehört der Egoismus einer Frau, die, aus welchen Gründen auch immer, ein Kind haben will und vor keinem Schaden, den sie allen Beteiligten damit zufügen könnte, zurückschreckt. Ich wollte meins als Ersatz für meine verlorene Familie, einige meiner Bekannten, weil die biologische Uhr ablief, eine Freundin, weil sie hoffte, damit den Mann einzufangen, eine andere, um ihre Ehe zu retten, eine dritte, um ihrem Leben einen Inhalt zu geben und so weiter und so fort. Wir gebären Kinder als Mittel zum Zweck oder einem biologischen Trieb folgend oder, um eine Tradition aufrecht zu erhalten, oder als Waffe.«

»So kann man das nur sehen«, entrüstete sich Katrin, »wenn man schon alles hinter sich hat.«

Sie griff nach der Zigarette, die ich mir gerade angezündet hatte, zog daran, hustete und erklärte: »Es gibt nämlich noch ein weiteres, nicht ganz seltenes Motiv, sich ein Kind zu wünschen, und das ist die körperliche und seelische Erfüllung, die man in einer Liebesbeziehung erfahren kann und in einem gemeinsamen Kind fortsetzen will.«

»Gibt es auch, ja. Sag mal, seit wann rauchst du eigentlich?«

»Seit eben. Das Gespräch regt mich auf.«

»Mir behagt es auch nicht. Also hören wir auf und gehen in die ›Emek Refaim‹ ein Eis essen. Deine Hormone sind noch viel zu rege und meine in den Ruhestand getreten.«

Sie stampfte mit dem Fuß auf und rief: »Du machst mich wahnsinnig mit deinem Biologismus und Pragmatismus! Es gibt eine Liebe, die weit, weit darüber hinausgeht.«

»Zweifelsohne, aber ich fürchte, in deinem und in zahllosen anderen Fällen tut sie das nicht.«

»Wie kannst du das mit solcher Sicherheit behaupten? Du kennst Rafi ja gar nicht und steckst auch nicht in mir drin!«

»Nein, weder ich noch ein Kind, und jetzt hören wir wirklich damit auf!«

»Ja, aber ich will, daß du es verstehst.«

»Weil ich es verstehe, will ich aufhören. Es hat keinen Zweck, dich da herauszureißen zu wollen. Du mußt die Erfahrung selbst machen.«

»Du weißt nicht, wie glücklich ich mit ihm bin ... war. Damals am Strand von Nitzanim. Der Mond war fast voll, und wir waren ganz alleine an dem langen, hellen Strand.«

»Sehr unvorsichtig! Nitzanim ist keine zehn Kilometer von Gaza entfernt!«

Sie schenkte meiner pragmatischen Bemerkung keine Beachtung und fuhr fort: »Wir hatten eine Decke mitgenommen und eine Flasche Weißwein, und das Meer war so warm und silbern und er so schön und leidenschaftlich. Ich werde nie wieder so glücklich, so voll Liebe und Hingabe sein. Kein Mensch kann mir sagen, daß das eine belanglose, unwichtige, rein körperliche Affäre ist ... war.«

»Darf ich dir auch eine Geschichte erzählen?«

Sie nickte und setzte sich, ihr Interesse unterstreichend, neben mich aufs Sofa.

»Wir waren nach Venedig gefahren«, begann ich, »und es gab kein verliebteres, glücklicheres, leidenschaftlicheres Paar auf der Welt als uns beide. Genauso kam es uns vor. Wir wohnten in einem wunderschönen Hotel am Canal Grande – und tranken eine Flasche Wein. Er war sehr gut aussehend, und der Blick, mit dem er mich unentwegt ansah, sagte mir, daß es nichts Schöneres und Begehrenswerteres gab als mich. Ich war damals zwölf Jahre älter als du, aber trotz reichhaltiger Erfahrungen nicht einen Deut klüger. ›Das ist es‹, habe ich mir gedacht, ›so etwas gab es noch nie und so etwas kommt niemals wieder.‹«

»Siehst du!« sagte Katrin triumphierend. »Siehst du!«

»Die Geschichte ist noch nicht zu Ende. Ich habe seine Ehe, die zwar angeknackst war, aber vielleicht noch zu retten gewesen wäre, restlos zerstört und seine Frau und die zwei Kinder unglücklich gemacht. Und als er dann bei mir lebte, mich manisch liebte, krankhaft eifersüchtig und leider ziemlich dumm war, konnte ich ihn nicht mehr ausstehen, und schon der Gedanke, das Bett mit ihm teilen zu müssen, hat mir den Magen umgedreht. Eine tolle Liebesgeschichte, nicht wahr?«

»Und was ist daraus geworden?« fragte Katrin zaghaft.

»Ein sechs Jahre anhaltendes Strindbergsches Drama. Aber die Tage in Venedig, Katrin, und die Reise durch Italien waren so unbeschreiblich schön, daß ich unsere Liebe bedenkenlos mit einem Kind fortgesetzt hätte. Zum Glück wurde mir das erspart.«

Katrin strich mir über den Arm, lächelte mütterlich-nachsichtig und sagte: »Ich bin ja aber nun ganz, ganz anders als du.«

»Genau diese Worte habe ich erwartet!« seufzte ich. »Komm, gehen wir Eis essen.«

Wir haben alle nach etwas Sehnsucht

Der Herbst war wunderschön, warm und trocken und für die Wassersituation tödlich. Es goß einige Male ein paar Stunden, aber um uns vor der Dürre zu retten, hätte es wochenlang durchregnen müssen. Der Pegel des Tiberiassees, der den größten Teil des Landes mit Wasser versorgte, sank unter den roten Alarmstrich, woraufhin der Strich ein Stück tiefer eingezeichnet wurde. Das erfuhren wir aus Zeitungsberichten, die allein Verblüffung und Gelächter zur Folge hatten. Jetzt stand der Wasserpegel also wieder über dem roten Strich, und alles war in Ordnung. Das Wasser lief, die Bürger konnten bedenkenlos damit umgehen, und im Frühling würde der Blumenflor, der das »Heilige Land« so üppig schmückte, wieder stundenlang bewässert, die Swimmingpools der Siedlungen und Kibbuzim gefüllt und die Autowaschanlagen in Betrieb gesetzt werden. Die Palästinenser würden, wie alljährlich, monatelang unter Wassermangel zu leiden haben und die Israelis erklären, daß die ihre Rechnungen nicht bezahlt hätten und, darüber hinaus, heimlich die israelischen Wasserleitungen anzapften. Das stimmte sogar, rechtfertigte aber keineswegs die Wassernot der Palästinenser, die auch bezahlte Rechnungen nicht beseitigt hätten. Das Land war einfach zu klein für die Wasserbedürfnisse einer sprunghaft wachsenden Bevölkerung, und wenn die Palästinenser dabei zu kurz kamen, mußten sie trotzdem noch danke schön sagen. Ohne die Israelis, die für ein funktionierendes Wasserversorgungssystem gesorgt hatten, würden sie noch wie früher auf Regen und Brunnen angewiesen sein.

Die israelischen Zitrus-Plantagen und Baumwollfelder verschwanden allmählich, denn auf Landwirtschaft war unser Land, das ganz oben auf der internationalen Hightech-Liste stand, nicht mehr angewiesen. Auch in Waffenproduktion und -handel war es weltweit anerkannte Spitze, und was wollten wir eigentlich mehr! Wenn man durch die Straßen ging und die neuen Geschäfte, Einkaufszentren und Restaurants sah, die schicken importierten Waren und die reichhaltigen Speise- und Getränkekarten, die teuren Autos und modischen Geländewagen, die Fitneßzentren und Schönheitssalons, die Sportplätze und Diskos, die Scharen an asiatischen und osteuropäischen Gastarbeitern und die Pulks amerikanischer Juden, die als Kongreßteilnehmer, Mitglieder von Wohltätigkeitsorganisationen und Jugendgruppen ins Land strömten, um in klimatisierten Räumen und Bussen, in koscheren Restaurants und kitschigen Andenkenläden, in einem Synagogengottesdienst, bei einem Besuch in Yad Vashem oder auf einer Militärbasis ihre Identität zu finden – wenn man all das sah, dann war man davon überzeugt, daß weder eine Klima- noch Umweltkatastrophe, weder Revolten noch Kriege dieses Land ernsthaft erschüttern oder gar zerstören könnten. Und das Licht war so schön, die Sonne so heiß, die Luft so prickelnd, daß man den besten Champagner zurückweisen und sich allein an deren Leichtigkeit und Verheißung hätte berauschen können. So himmlisch irreführend war diese Komposition aus Licht, Sonne, Luft und Verheißung! Doch für Katrin war das alles andere als himmlisch, es war brennende Säure auf offener Wunde. Ihre Liebe, aus Licht, Sonne und Verheißung geboren, der Mann, eine Inkarnation dieser Komposition oder, nüchtern gesehen, ein Produkt aufgewühlter Emotionen, waren nichts anderes als eine Fata Morgana gewesen. Was blieb, war grelles Licht, beißende Sonne, trokkene, in Augen, Nase und Kehle kratzende Luft und ein

Mann, der in wertlose Einzelteile zerfallen war und den sie in ihrer Erinnerung immer wieder zu dem schönen Trugbild zusammensetzte, das sie mit Schmerz und Sehnsucht erfüllte.

»Ist scheußlich, ich weiß«, sagte ich zu ihr, »aber es gehört nun mal zum Jungsein.«

»Da würde ich lieber auf das Jungsein verzichten.«

»Denk mal an diese dummen Worte, wenn du so alt bist wie ich und auf dein Leben und Lieben zurückschaust. Du wirst kichern und sagen: Gott, war ich damals töricht! Also mir ist es oft richtig peinlich, mich an mein jugendliches Getue zu erinnern. Man nimmt sich so verdammt ernst, und wenn man dann auch noch hübsch ist und die Männer einem hinterherlaufen ...«

Sie fiel mir ins Wort: »Ich hab dir schon mal gesagt, daß ich ganz anders bin als du.«

Und sie war es wirklich. Was für mich zu einem Teil Spiel, Selbstbestätigung und Zerstörungswut gewesen war, war für sie das schlichte, ernsthafte Bestreben, in einer Liebe aufzugehen und sie mit ihrer ganzen Willenskraft zu gestalten und zu bewahren. Darum ging auch der Schmerz bei ihr viel tiefer, als er bei mir je gegangen war, und das als monströs empfundene Verhalten des Mannes, bei dem sie denselben Ernst, dieselbe Ehrlichkeit vorausgesetzt hatte wie bei sich selber, war für sie ebenso unverständlich wie unverzeihbar. Sie blieb konsequent, machte keinen Versuch, ihn wiederzusehen, und wehrte die seinen mit Entschiedenheit ab.

»Er wollte sich nur eine hübsche Zeit mit mir machen«, sagte sie mit der Verwirrung eines Kindes, von dem man verlangt, es solle sein Stückchen Schokolade mit einem anderen teilen, »er hat mich nie wirklich geliebt.«

Ich widersprach nicht, denn genauso war es gewesen. Ich kannte viele Männer und Geschichten dieser Art, fand sie banal und konnte mich weder mit dem Kopf noch dem Unterleib und schon gar nicht mit dem Herzen hineindenken. Mir tat nur weh, daß es Katrin so weh tat, aber es ärgerte mich auch, daß sie, ein schönes, gescheites Geschöpf, sich so davon erschüttern ließ.

»Vielleicht solltest du früher als geplant nach Deutschland zurückgehen und mit dem Medizinstudium anfangen«, schlug ich vor.

»Ich kann meine gute alte Dora jetzt nicht einfach im Stich lassen. Sie ist in letzter Zeit sehr schwach geworden und braucht mich.«

»Weiß sie über deine unglückselige Geschichte Bescheid?«

»Ja, ich habe ihr alles erzählt, und sie sieht die Geschichte ähnlich wie du, nur ist sie nicht so ... nicht so sarkastisch und kann sich darum besser in mich einfühlen.«

»Ein vierundneunzigjähriger weiser Freigeist sollte so was auch können. Gegen sie bin ich ja fast noch in der Pubertät.«

Im Garten meiner russischen Nachbarin Elena, in dem ein Kindergeburtstag stattfand, erscholl Musik, eine Kassette mit alten Schlagern, die ich das letzte Mal vor fünfzig Jahren in Bulgarien gehört haben mochte.

Ich stand auf, ging zum Rand der Terrasse und schaute auf eine Anzahl niedlich herausgeputzter Kinder und vergnügter junger Frauen hinab. »Entzückend«, sagte ich, »ein richtiger altertümlicher Geburtstag. Die Kinder benehmen sich nicht wie wild gewordene Affen, sondern wie richtige kleine Menschen, die zivilisiert miteinander spielen, und die Frauen sind gepflegt und herrlich gewachsen. Weiß nicht, wo Elena all diese schönen slawischen Frauen hernimmt. Jetzt spielt sie mit den Kindern Eisenbahn ... entzückend!«

»Seit wann hast du so viel für Kinder und deren Mütter übrig?« fragte Katrin und trat neben mich.

»Seit immer. Vorausgesetzt, die Kinder sind Kinder und keine verzogenen Tyrannen und die Frauen sind schön und keine kreischenden Matzeklöße. Schau mal, wie anmutig sich Elena bewegt!«

Ich freute mich wirklich an ihrem Anblick. Sie tänzelte in einem weißen, leichten Kleid, die Füße in flachen Sandalen, das Haar zu einem dicken Zopf geflochten, einem Zug festlich gekleideter Kinder voran, durch den Garten. Der Zug schloß mit Maschka, ihrer Jüngsten, die sich in einem Unterhemdchen, mit nacktem Po und einer roten Schleife im Haar an das Hosenbein ihres Vordermannes klammerte. Die jungen Mütter saßen zwischen bunten Luftballons, Spielzeug, Essensresten und Getränkeflaschen im Gras, und als eine von ihnen zu der Kassettenmusik eines russischen Volksliedes zu singen begann, fielen die anderen ein.

»Wunderschön!« sagte Katrin. »Aber irgendwie traurig. Man hört, daß sie Sehnsucht nach ihrer Heimat haben.«

»Wir haben alle nach etwas Sehnsucht.«

»Ja«, murmelte sie, schluckte tapfer ein paar Tränen hinunter und fragte: »Und nach was hast du Sehnsucht?«

»Nach Samarkand«

»Warst du mal dort?«

»Nein.«

»Wieso dann nach Samarkand?«

»Frage ich dich, warum du ausgerechnet nach einem libyschen Juden Sehnsucht hast? Auf etwas Bestimmtes muß sich die Sehnsucht eben konzentrieren, und Samarkand klingt schön und so, als könnte man da finden, was man ein Leben lang sucht.«

»Ja, ich verstehe.«

Judith und Brian Shwarz saßen, wie jeden Schabbat nachmittag, an dem befleckten Plastiktisch vor einem Becher Kaffee und lasen. Zoe, die Hündin, hatte ihren Kopf auf Brians Knie gelegt und schnappte ihm die trockenen Kekse, die er geistesabwesend aus einem Schälchen nahm und zum Mund führte, auf halbem Weg aus der Hand.

»Bad dog«, murmelte er und tätschelte ihren Kopf.

Zoe, ein großes, schwarzes, zottiges Tier von freundlichstem Naturell, war die Nachfolgerin der drei edlen Salukis, die in schneller Folge entweder einer Seuche oder einem Giftmord zum Opfer gefallen und, von uns allen betrauert, im Garten begraben worden waren. Auch Twinkle, der kleine, honigfarbene Hund, der das Haus zur selben Zeit wie ich bezogen hatte, war plötzlich, ohne ersichtlichen Grund, gestorben. Und kaum hatte ich mich von diesem Verlust erholt, verließen die Kinder das Haus.

Die älteste Tochter hatte einen zierlichen Jemeniten, der sich sehr hübsch als Sofapuppe gemacht hätte, geheiratet, und der älteste Sohn war, sofort nach dem Militärdienst, in die Vereinigten Staaten geflohen und seither nicht mehr zurückgekommen. Der jüngere Sohn war zu einem Suppenkaspar im letzten Stadium abgemagert, hatte sich die Haare mal buttergelb, mal pflaumenblau gefärbt und im Morgengrauen, eine Buschtrommel schlagend, im Garten gesessen. Er wurde, wie von ihm beabsichtigt, vom Militärdienst freigestellt, ging für ein Jahr nach London und kehrte mit normalem Gewicht und Haar zurück. Als er ein eigenes Appartement bezog, blieben die Eltern und Dina, die jüngste, jetzt fünfzehnjährige Tochter, in den zehn Zimmern der Erdgeschoßwohnung zurück.

Meine Beklemmung hatte sich mit jedem Verschwinden, egal ob es sich um zwei- oder vierbeinige Familienmitglieder handelte, vertieft. Ich hatte die kleinen Kinder, die jungen Hunde und Katzen heranwachsen sehen, hatte mich an ihren Spielen erfreut und mit Interesse verfolgt, wie die beiden Söhne die frommen Käppchen gegen einen zeitgemäßen Ohrring und die beiden Töchter die Spiele mit den Tieren gegen den Flirt mit schlaksigen Jünglingen vertauscht hatten. Ich hatte in Judiths Haar immer mehr graue Strähnen und in Brians Saxophonspiel neue Töne entdeckt.

Wenn die ganze Familie auf der ebenerdigen Terrasse um den runden Plastiktisch beim obligatorischen Spaghettiessen gesessen oder wenn ich morgens die Hintertür zum Garten geöffnet, abends Licht hinter den Fenstern gesehen hatte, dann hatte ich mich dazugehörig und geborgen gefühlt. Verreisten sie in den Ferien und hinterließen Freunde, die für die Tiere sorgten, fehlten sie mir, und ich wartete ängstlich auf ihre Rückkehr.

Es hatte lange gedauert, bis ich mich mit dem Flüggewerden der Kinder, dem Tod der Hunde abgefunden und an die bange Frage herangewagt hatte: »Geht ihr auch, wenn Dina nach der Schule das Haus verlassen sollte?«

»Aber nein«, hatten sie mich beruhigt, »wir bleiben natürlich. Wo sollten wir denn auch hingehen?«

»Zurück nach Amerika.«

»Wenn man in den Bann Jerusalems geraten ist«, sagte Brian, »gibt es kein Zurück.«

Und sie hatten Kirschbäume gepflanzt, einen großen, gestreiften Sonnenschirm aufgestellt, Zoe von der Straße aufgelesen und ihr ein glückliches Hundeleben beschert, mit ihren Freunden kleine Jazzabende veranstaltet und einen Teil der Wohnung für potentielle Mieter hergerichtet. Euphemia, die ich vor Jahren an die Shwarz' vermittelt hatte, schüttete weiter eimerweise Wasser auf die Terrasse, schrubbte die Steinfliesen, jedoch nie den fleckigen Tisch, Dina begann ausgesprochen unbegabt Klavier zu spielen, und Judith legte einen Kräutergarten an, der, da er weder der Hitze noch den drei verbliebenen Katzen gewachsen war, gar nicht erst das Erdreich verließ.

»Ich liebe meine Familie«, sagte ich jetzt zu Katrin, »sie sind genau der Menschenschlag, mit dem ich mich rundherum wohl fühle.«

»Aber du kennst sie ja gar nicht aus der Nähe«, wandte Katrin erstaunt ein.

»Deshalb liebe ich sie ja auch«, sagte ich und lachte.

»Im Grunde wünschst du dir nichts anderes als eine dir ganz, ganz nahestehende Familie.«

»Aber nur für gewisse Stunden.«

»Weißt du, was mir am meisten fehlen wird, wenn ich Jerusalem verlasse?« fragte sie.

»Nein.«

»Du! Aber das glaubst du mir natürlich nicht.«

»Nein.«

Zu meiner Überraschung kam Katrin schneller über den Verlust ihres Geliebten hinweg, als zu erwarten gewesen war. Oder sie ließ sich den Kummer nicht anmerken. Sie gehörte nicht zu der unerträglichen Kategorie Frau, die einem über Wochen und Monate die Ohren volljammert, und sie stocherte nicht in ihrer Psyche herum, um schließlich triumphierend ein frühkindliches Trauma, das angeblich in direktem Zusammenhang mit dem Scheitern ihres Liebesglücks stand, auszugraben. Sie sah sich auch weder in der weiblichen Opferrolle, noch suchte sie bei Rafi immer neue, immer dunklere Schattenseiten. Sie sah in ihm einen Verräter, und ein Verräter konnte jeder sein, egal welchem Geschlecht, welcher Kultur, welcher sozialen Schicht er angehörte. So radikal, wie sie sich hineingestürzt hatte, so radikal beendete sie die Liebe.

»War trotzdem herrlich«, sagte sie entschlossen, »ein Glück, daß ich das erleben durfte!«

»Es wird nicht das letzte Mal sein.«

»In dieser Intensität doch. Das allererste Mal ist nicht wiederholbar.«

Ich stutzte. Es war mir nie in den Sinn gekommen, daß es bei diesem reizvollen, lebhaften Mädchen das allererste Mal hätte sein können. Außer in der arabischen Gesellschaft gab es für mich keine zwanzigjährige Jungfrau mehr, jedenfalls war ich keiner begegnet oder hatte von einer gehört. Soviel ich wußte, wurden die Mädchen heutzutage im frühesten Alter aufgeklärt, bekamen mit zwölf die Pille in die Hand gedrückt und begannen ab vierzehn munter durch die Gegend zu vögeln. Mich hatte das zwar befremdet, aber nicht sonderlich interessiert, und so fragte ich jetzt: »Entschuldige, Katrin, aber willst du vielleicht behaupten, Rafi habe dich entjungfert?«

Sie nickte und fragte zurück: »Kommt dir das merkwürdig vor?«

»Ehrlich gesagt, ja. Nach allem, was man so hört, ist es wohl nicht mehr die Regel.«

»Ist es auch nicht. Wie alt warst du, als du entjungfert wurdest?«

»Achtzehn, und es war eine Katastrophe.«

»Weil du eben nicht auf den Richtigen gewartet hast.«

»Ich hatte keine Zeit zu warten.«

»Wieso?«

»Weil ich staatenlos war und in einem kommunistischen Land. Und weil der Eiserne Vorhang nur noch einen Spalt weit offen und ich davon überzeugt war, nicht mehr lebend herauszukommen. Darum wollte ich noch schnell das große, erschütternde, geheimnisvolle Ereignis, für das man es damals hielt, mit einem dafür geeigneten Mann erleben. Leider habe ich mir den Ungeeignetsten ausgesucht, einen toll aussehenden amerikanischen Air Force Colonel, der, als er feststellen mußte, daß ich noch Jungfrau war, darüber hinaus unaufgeklärt und verstört, also ein äußerst schwieriger Fall, sehr verärgert und brutal darauf reagierte.«

»Jetzt verstehe ich alles«, sagte Katrin und legte tröstend den Arm um meine Schultern.

»Ach Quatsch! Wenn das der entscheidende und mich prägende Vorfall in meinem Leben gewesen wäre, dann hätte ich von Glück sagen können. Tatsache ist, daß er mir weder die Männer noch den Sex verleidet hat.«

»Nicht verleidet vielleicht, aber es hat sowohl aus dem einen als dem anderen eine Bagatelle gemacht. Und weil ich davor Angst hatte, hab ich gewartet. Ich bin zwar zweimal verliebt gewesen, aber doch nicht genug, um den ganzen Weg zu gehen. Ich habe gefühlt, daß es eine halbe Sache wird, und gefürchtet, an Substanz zu verlieren und mich dann immer wieder auf halbe Sachen einzulassen. Man rutscht ja da so rein, und schließlich wird es zur Gewohnheit. Aber dazu ist es doch viel zu schön, wenn man den Richtigen gefunden hat.«

»Ich hatte trotz allem auch ein paar potentielle Richtige. Die Mehrzahl allerdings hätte ich ruhig weglassen können, das ist wahr. Aber was tut man nicht alles, um seinen

Frieden zu haben und einen dankbaren und entspannten Mann an seiner Seite. Das ist doch auch sehr nett! Man geht danach essen oder spazieren oder tanzen, und alles ist eitel Freude und Harmonie. Ich könnte mir vorstellen, daß die zwei Männer, denen du dich verweigert hast, gar nicht entspannt und dankbar waren und du darunter hast leiden müssen.«

Katrin lachte zum ersten Mal so herzlich wie in der hohen Zeit ihrer Liebe: »Ich hab dich sehr lieb«, sagte sie, »wirklich! Und vielleicht sehe ich die Dinge eines Tages so wie du und nehme alles nicht mehr so ernst.«

»Das kommt mit dem Älterwerden von ganz allein, aber ich weiß nicht, ob es empfehlenswert ist. Versuch ›ganz‹ zu bleiben. An dir sehe ich, wie schön das sein kann. Ich war ein Leben lang halb, auf allen Gebieten, und wünschte mir, so gewesen zu sein wie du – klar, geradlinig, so fest und richtig zusammengefügt.«

»Aber nur für gewisse Stunden«, sagte Katrin mit einem kleinen ironischen Lächeln.

»Richtig«, bestätigte ich.

Im Nachbargarten räumten sie die Relikte des Festes zusammen. Dazu spielten sie den alten französischen Schlager: »J'attendrai, le jour et la nuit, j'attendrai toujours ...«

Es war während der Zeit unseres Exils das Lieblingslied meiner Mutter gewesen. Sie hatte gewartet, Tage und Nächte, und als es dann endlich soweit war, war das, worauf sie gewartet hatte, nicht mehr da.

Katrin saß auf der niederen Einfassung der Terrasse und schaute in die rosa aufleuchtende Landschaft.

Oh Gott, oh Gott, wenn das mal gutgeht, dachte ich: das Lied, die untergehende Sonne, die rosa Landschaft!

»Wollen wir ein Glas Weißwein trinken?« versuchte ich sie abzulenken.

»Ja, gerne«, sagte sie mit ungetrübter Stimme, »ich hol ihn gleich. Aber schau erst mal, man kann von diesem Anblick nie genug bekommen!«

Ich war beruhigt. Sie fing an, die Welt wieder von ihrer schönen Seite zu sehen.

Sie stand auf, ging in die Wohnung und kehrte mit einer Flasche, zwei Gläsern und einem postkartengroßen Foto zurück.

Sie gab es mir und sagte: »Das ist Rafi. Damit du endlich mal weißt, wie der Mann aussieht, der mich so glücklich und unglücklich gemacht hat.«

Er hatte die Schönheit eines jungen, gesunden Sepharden, mit dunklen dichtbewimperten Augen, schwarzem eng gelocktem Haar und zimtfarbener Haut. Ein orientalischer Märchenprinz, mit dem man auf einem weißen Hengst unter Dattelpalmen reitet.

»Hab ihn mir so vorgestellt«, sagte ich, »schöner Mann. Hattest recht, dich von ihm entjungfern zu lassen, aber das genügt ja dann auch. Männer dieser Art altern schnell und schlecht.«

Sie warf einen Blick auf das Foto und erklärte: »Das habe ich selber geknipst, ist gut, nicht wahr?« und goß uns beiden ein Glas Wein ein.

»Ja«, sagte ich, »sehr gutes Foto. Man könnte es glatt als Reklame für Israel anbieten. Die einsamen Herzen würden in Scharen anreisen. Auf dein Wohl, Glitzerauge, und auf deine unangetastete Substanz.«

»Ich laß dir das Bild«, sagte sie.

»Wegen der einsamen Herzen oder was?«

Sie lachte so, daß sie sich mit dem Oberkörper auf den Tisch fallen ließ und dabei die Flasche umwarf. Rafi, der Libyer, lag mit dem Gesicht nach unten in einer Weinlache.

»Das schöne Bild!« rief Katrin. »Und ich habe kein anderes.«

»Dann gehen wir morgen auf den Markt und du knipst Jossi. Jossi verkauft das beste Gemüse und Obst und ist auch sehr schön.«

Rien ne va plus

In diesem Winter und Frühjahr 1999 gab es nichts Neues, jedenfalls nichts hoffnungsvoll oder hoffnungslos Neues. Der »Friedensprozeß« wurde ein paarmal wachgerüttelt, war aber schon so ermattet, daß er prompt wieder einschlief. Es gab auch etliche Anschläge, von dieser oder jener Seite, ein paar Tote und Verletzte, aber eben nichts Besonderes. Die Hightech-Industrie blühte und die Blumen in Gärten, Parkanlagen und auf den Verkehrsinseln auch. Von Wassermangel war nicht mehr die Rede. Evchen war über die Blumen und die Hightech-Errungenschaften ihres Landes begeistert. Alle ihre Enkel saßen jetzt am Computer und waren unheimlich begabt auf diesem Gebiet. Die zwei, die nur privat vor dem Computer saßen und für den Hausgebrauch schnörkelreiche Glückwunschkarten und kecke Teddybärchen kreierten, waren auch sehr begabt. Die Dinger schmückten Evchens Wohnung und wurden mir unweigerlich unter die Nase gehalten: »Man nennt das ›graphic design‹«, belehrte sie mich, »hübsch, nicht wahr?«

»Entzückend«, zischte ich, wütend auf die Hersteller dieser Geschmacklosigkeiten, wütend auf Evchen, die jeden Furz in ihrer Familie für genial hielt, und wütend auf mich, die ich mich einer unmißverständlichen Kritik enthielt. Ich hatte immer noch nicht den erlösenden Knackpunkt erreicht, an dem ich mich in das Unausweichliche fügte und Evchen mit derselben Duldsamkeit behandelte, wie Stella es tat, die junge Philippinin, die seit einiger Zeit bei ihr wohnte und sie betreute.

Die ständige Anwesenheit dieses exotischen Fremdkörpers in der gutbürgerlich-jeckischen Wohnung hatte Evchen zunächst verstört und sie nach Ausflüchten suchen lassen, um die nicht minder verstörte kleine Asiatin wieder loszuwerden.

»Sie macht sauber und dann tut sie die Sachen nicht an

ihren alten Platz zurück«, beschwerte sie sich, »ich kann nichts mehr finden und glaube, sie schmeißt einfach alles weg.«

Es war ein Segen, daß in der alten Wohnung endlich einmal saubergemacht und weggeschmissen wurde, aber für einen bis dahin unabhängigen Menschen, der seit sechzig Jahren in schludrigen Verhältnissen und der Gesellschaft jüdischer Patrioten gelebt hatte, war es natürlich eine krasse Umstellung. Evchen wäre jedoch kein so positiver Mensch, wenn sie das Unvermeidliche nicht schließlich akzeptiert und das Beste daraus gemacht hätte.

Die Philippinin wurde zu einem einwandfrei behandelten Objekt, etwa so wie die große japanische Schale, die Evchen aus Tokio mitgebracht hatte, und hatte sich bald dem Frohsinn ihres Pflegefalls angepaßt. Von da an war kein Halten mehr, und der Tod näherte sich heiter.

»Sie ist ein so vergnügtes Mädchen«, teilte mir Evchen mit und bemerkte gar nicht, daß Stellas Gesicht bei all dem Blödsinn, den mitzumachen sie sich für verpflichtet hielt, todernst blieb.

»Ich glaube, sie ist gescheit«, sagte ich, »hat sie Sehnsucht nach den Philippinen? Wo und wie hat sie denn dort gelebt? Hat sie noch Eltern, Geschwister ...?«

»Woher soll ich das wissen?« fiel mir Evchen ungeduldig ins Wort. »Das ist doch nun wirklich nicht wichtig! Aber sie fühlt sich sehr wohl in Israel, trifft sich oft mit Freunden, geht in die Kirche und singt da im Chor. Und einmal hat sie mich einen alten Teenager genannt, ist das nicht ein hübsches Kompliment!«

»Sehr hübsch«, nickte ich resigniert.

Meine anderen Freunde und Bekannten waren nicht so vergnügt. Sie warteten auf den endgültigen Zusammenbruch der Regierung, auf vorgezogene Wahlen und deren zweifelhaften Ausgang. Außerdem warteten sie auf das Millennium und dessen zweifelhaften Ausgang. Auf Regen warteten sie auch und dann natürlich auf Madeleine Albright, die, wie fast jeden Monat, nach Israel kommen und hier irgend etwas am Friedensprozeß flicken sollte. Da trotz ihrer häufigen Flickerei bis jetzt nichts Brauchbares herausgekommen war, nannte man sie inzwischen »Madeleine not-so-bright« und bezichtigte sie darüber hinaus, jahrzehntelang ihr Judentum verleugnet zu haben. Kein Wunder, daß aus dem Friedensprozeß nichts wurde.

Ich jedenfalls wartete auf gar nichts mehr. Ob die Regierung zusammenkrachte und ein neuer Ignorant den Karren weiter in den Dreck zog, war mir ebenso egal wie das Millennium, der schüttere Regen oder gar der Besuch von Madeleine Albright, die, so wie sie aussah, ihr Judentum nicht hätte verleugnen noch Miniröcke hätte tragen dürfen.

Es ist eine absolut unangenehme Erfahrung, auf nichts mehr zu warten und morgens überhaupt nur aufzustehen, weil die Katzen ihr Frühstück fordern. In meinem Kopf sah es aus wie in einem Eileiter, in dem die Gedanken als Millionen von Spermien hektisch durcheinanderwirbeln, um ein zu befruchtendes Ei zu ergattern. Aber offenbar gab es in meinem Kopf kein solches, und ich fühlte mich geistig so steril wie Lisa, eine verzweifelte Bekannte, physisch. Sie wurde und wurde nicht schwanger, und ihr Mann saß, zwecks künstlicher Befruchtung, in einem gekachelten Labor und sah sich Pornohefte an. Ich hielt das für eine böse Zumutung, aber mein Freund Rudi schrie: »Mensch, der hat's gut! Braucht nicht mehr seine Olle zu vögeln und kann sich ungestört Pornohefte ansehen.«

Also versuchte ich, meinen Zustand genauso sachlich zu betrachten: »Mensch, hab ich's gut, ich brauch nicht mehr nachzudenken.«

Aber das war eben doch kein Vergleich, denn ich konnte auch nicht mehr lesen, geschweige denn schreiben. Als ich Katrin eines Tages eine Nachricht hinterlassen wollte und die trivialsten Worte nicht fand, wurde ich panisch. »Es ist aus«, sagte ich zu ihr, »rien ne va plus – nichts geht mehr.«

»Du solltest dich wirklich mal gründlich durchchecken lassen«, sagte sie besorgt, »du bist doch hier versichert und kannst das kostenlos machen lassen.«

»Wenn ich mich hier gründlich durchchecken lasse, werd ich bei diesen barschen Methoden wirklich todkrank.«

»Dann fahr nach Berlin. Thomas' Vater ist ein erstklassiger Gastroenterologe im Caritas-Krankenhaus. Er könnte dort eine Generaluntersuchung in die Wege leiten.«

»Noch was!«

»Thomas meint ...«

»Ich bin überzeugt, daß er das Richtige meint, aber ich will es nicht hören.«

Thomas war Katrins neuer Freund, ein junger angehender Arzt, der im Hadassah-Krankenhaus ein Assistenzjahr absolvierte und nebenbei, oder vor allem, Katrins verwundete Seele heilte.

»Ich bin zwar nicht toll in ihn verliebt«, hatte sie mir anvertraut, »aber in allem anderen verstehen wir uns großartig.«

»Das ›alles andere‹ ist, à la longue gesehen, wichtiger als das ›toll verliebt‹«, hatte ich erklärt und war mir dabei vorgekommen wie meine eigene Mutter, die auf die Klage ihrer älteren Tochter, daß ihr die körperliche Liebe überhaupt nicht gefalle, geantwortet hatte: »Macht nichts, Tinchen, das kommt vielleicht noch.«

»Ich würde deinen Thomas gerne mal kennenlernen«, sagte ich.

»Oh ja«, sagte Katrin, »ich glaube, er wird dir gefallen.«

Sie waren ein schönes, perfekt aufeinander abgestimmtes Paar, und ich dachte: Eine kleine Unregelmäßigkeit könnte nicht schaden. Ich hatte das unbehagliche Gefühl, daß Katrin mir diesen Gedanken vom Gesicht ablas, und darum stürzte ich mich in die nächstbeste abgedroschene Frage: »Gefällt es Ihnen in Israel, Thomas?«

»Es ist das interessanteste Land, das ich bisher kennengelernt habe«, erwiderte er, »man kann nur nicht hier leben.«

»Richtig«, sagte ich, »aber in welchem Land kann man, Ihrer Meinung nach, leben?«

»Von dieser Frage bin ich noch weit entfernt! Ich werde da leben, wo man mich als Arzt am meisten braucht.« Er zündete sich eine Zigarette an.

»Ein Arzt, der ungeniert raucht«, rief ich, »das ist aber eine freudige Überraschung!«

»Wovon wir verseucht werden, ist doch schließlich egal«, sagte er, und ich nickte ihm eifrig zu: »Meine Worte!«

»Er liebt auch Katzen«, erklärte Katrin mit Stolz, »komm, Thomas, ich zeig dir mal das Dach. Da füttere ich sie nämlich.«

Ich sah sie durch den Patio gehen. Er hatte den Arm um ihre Taille gelegt, und sie sah lachend zu ihm auf.

»Na, Gott sei Dank«, sagte ich zu mir, »ein fabelhafter junger Mann, ein rauchender, Katzen liebender Idealist mit wunderschönen Händen und Unterarmen. Mehr kann man überhaupt nicht verlangen.«

»Es ist herrlich da oben«, rief Thomas, als sie nach längerer Zeit zurückkamen, »wenn man das sieht, überrascht einen der Gedanke, daß man vielleicht doch hier leben kann.«

»Ja«, sagte ich, »das ist es eben. Hätte ich nicht diese Wohnung und diesen Blick...«

Er sah mich gespannt an und wartete. Aber ich sprach nicht weiter, und nach einer Weile sagte er: »Wissen Sie, diese armen Teufel, die Palästinenser, können eigentlich gar nichts dafür. Sie waren es doch nun wahrhaftig nicht, die die Juden verfolgt und umgebracht haben. Damals. Wir waren es doch, wir Deutschen, die die ganze Welt ins Unglück gestürzt haben und damit, unter so vielem anderen, auch für den Konflikt hier mitverantwortlich sind. Also sind die Palästinenser im Grunde auch Opfer Hitlers und Nazideutschlands. Oder sehe ich das falsch?«

»Nein«, sagte ich, »ich persönlich glaube nicht, daß Sie das falsch sehen. Aber jeder Zionist würde behaupten, daß die Juden plötzlich zu Hunderttausenden nach Palästina geströmt sind, hätte nicht nur mit dem Holocaust zu tun. Sie wären so oder so gekommen, denn Palästina war seit 2500 Jahren ihre Sehnsucht und ihre Heimat und kein anderes Volk hätte ein Anrecht darauf gehabt.«

»Also ich halte diese Behauptung für unglaubwürdig.«

»Es ist doch unsinnig, Thomas«, bemerkte Katrin, »sich jetzt noch den Kopf darüber zu zerbrechen, was gewesen wäre, wenn oder wenn nicht. Es war auf jeden Fall für zahllose Menschen die Rettung, hierher kommen zu können.«

»Darüber spreche ich ja gar nicht«, protestierte Thomas, »natürlich war es für Zahllose die Rettung. Aber hätte es Hitler und Nazideutschland nicht gegeben, wären sie doch in ihren ehemaligen Heimatländern geblieben, an denen sie, glaube ich, sehr hingen, oder?«

»Ja«, sagte ich, »sie hingen sehr daran.«

»Und Palästina war ja nun damals wirklich kein Land, in dem Milch und Honig flossen, und außerdem gehörte es inzwischen schon einem anderen Volk. Also habe ich doch nicht ganz unrecht, wenn ich erkläre, daß wir Deutschen mitschuldig sind.«

»Nein«, sagte ich, »Sie haben nicht ganz unrecht.«

»Soll ich uns eine Flasche Wein bringen?« fragte Katrin.

»Eine sehr gute Idee«, sagte ich.

Sie ging in die Küche, und Thomas fragte: »Warum verdrängen die Menschen immer alles?«

»Aus Feigheit.«

Katrin kam mit der Flasche zurück und gab sie Thomas, damit er sie öffne.

»Dora ist gestorben«, sagte sie.

»Dora«, rief ich aus, »deine Dora?«

»Ja, sie ist vor zwei Tagen gestorben, und es war sehr schön.«

»Schön? Wie meinst du das?« fragte ich scharf.

»Ich konnte bei ihr sein«, sagte Katrin, »und ihre Hand halten. Sie hat mir von ihrer Kindheit erzählt, ganz leise und lyrisch. Und dann ist sie ruhig eingedämmert und war in Gedanken wahrscheinlich in der glücklichen Zeit, bei Eltern und Geschwistern, in Frankfurt. Es gibt eben auch schöne Tode.«

»Beneidenswert«, sagte ich, »könntest ruhig auch auf meinen warten und ihn mir schön machen. Aber Doras Tod bedeutet jetzt wohl, daß du bald wegfährst.«

»Wir fahren zusammen«, sagte Thomas und goß uns Wein ein, »mein Assistenzjahr ist gerade abgelaufen, und in einem Monat fangen Katrins Studium und meine Facharztausbildung in Berlin an. Aber vorher wollen wir noch eine kleine Reise durch Italien machen.«

»Italien«, sagte ich, »ja, das ist schön.« Ich hob mein Glas: »Auf euer Glück, ihr beiden, und geht vorsichtig damit um.«

Sie sahen mich an, etwas beklommen, schien mir, fast bittend.

»Ich weiß, was ihr denkt«, lächelte ich, »und es stimmt.« Ich würde jetzt gerne jung sein und das erleben, was ihr erlebt. Aber nur für eine gewisse Zeit ... le chaim, Katrin. Ich hob mein Glas.

Wer die Heimat liebt ...

Am 10. Mai fanden die vorgezogenen Wahlen statt. Daß mir das Datum im Gedächtnis geblieben ist, hat nichts mit der Wahl, sondern der Todesnachricht eines mir sehr nahestehenden Mannes zu tun, die mich am selben Tag erreichte. Ich versuchte, zu weinen, was nicht gelang, auch nicht mit Hilfe seines Fotos, das ich zwischen all die anderen Fotos mir nahestehender Verstorbener auf das rote Metallschränkchen neben meinem Bett stellte. Es war dort bereits sehr eng geworden, und ich nahm mir vor, ein größeres, vielleicht schwarzes Schränkchen zu kaufen. Es standen noch einige Tode aus, die dem meinen, aller Wahrscheinlichkeit nach, zuvorkommen würden.

Am Abend kamen einige Gäste zu mir, die, wie ich, pessimistisch waren und die Hiobsbotschaft einer Wiederwahl Netanjahus im Kreis gleichgesinnter Freunde leichter zu verdauen hofften.

Die Nacht war sehr warm und still. Wir saßen auf der Terrasse und kippten alkoholische Getränke in uns hinein. Bald wurde es heiter, und wir beschlossen, das »Heilige Land« und den »Friedensprozeß« in einem Musical zu verarbeiten. Zu diesem Thema fiel uns so viel ein, daß wir es singend, tanzend und schauspielernd sofort in Szene setzten. Ina, die von ihrer Zeitung nach Israel geschickt worden war, um über die Wahlen zu berichten, und Philip, der, gerade aus einer depressiven Phase aufgetaucht, von London nach Israel geflogen war, um das dramatische Ereignis an Ort und Stelle zu erleben, taten sich besonders hervor. Sie erfanden neue Texte zu alten amerikanischen Schlagern, während Amanda, die Kurse in rhythmischer Gymnastik und südamerikanischen Tänzen gab, die Choreographie übernahm.

So mimte mein Freund Rudi Arafat, der, von seinem weinenden Volk umwogt, zu der Melodie aus dem Film ›Evita‹: »Don't cry for me, Palestina« sang, und Philip, als Shimon Peres, zu dem Lied aus der ›Rocky Horror Picture Show‹: »Take a step to the left, take a step to the right« tanzte. Es folgten der Tanz der Chassidim, das Klagelied der Linken, der Marsch der Siedler und schließlich der »Resolution song«, der vorzüglich auf die Melodie des Schlagers: »Tea for two and two for tea« paßte.

»Eins, zwei, drei und los!« rief Ina, und wir hüpften und sangen: »Three-three-eight and two four two/a state for me and a state for you ...«

»Und jetzt«, rief Harry, der damals noch in Berlin lebte, aber zu der Verlobung seiner Freunde Amos und Viktor nach Tel Aviv und zu meiner Wahlparty nach Jerusalem gekommen war, »hört ihr die deutsche Schlagerparade aus dem Jahr 1942. Aus der könnt ihr lernen, wie man fatale Krisenzeiten mit Jubel, Trubel, Heiterkeit bewältigt.«

Er legte die Kassette ein, und es erscholl Zara Leanders dröhnende Stimme: »Davon geht die Welt nicht unter, sieht man sie manchmal auch grau ...«

»Hör auf, hör auf!« schrie Katrin. »Das sind die schrecklichen Lieder, die meine Großmutter immer gespielt hat.«

»Nicht nur deine, Schätzchen«, bemerkte ihr Freund Thomas trocken.

»Seid ruhig«, befahl Harry, »und hört zu! Jetzt kommt was ganz Tolles!«

Wir verstummten, und eine gefühlvolle Stimme sang: »Wer die Heimat liebt, so wie du und ich, kann im fremden Land nicht glücklich sein ...«

»Hübsche Stimme«, sagte Philip, der kein Deutsch verstand, »und was singt er da?«

»Das erklär ich dir später«, versuchte ich ihn zu vertrösten, und der Tenor sang: »Ich singe und lache, kein Mensch sieht mein Leid, mein Heimweh zur Heimat so weit ...«

»What's ›Heimweh zur Heimat‹?« wollte Philip wissen.

»Homesickness for the homeland«, donnerte Michael, ein Freund, mit der Stimme eines Feldwebels.

»A lot of home«, meinte Philip.

»Es ist gleich zehn«, rief Ina und sprang auf, »wir versäumen noch die Hochrechnung!«

»Wir ersparen sie uns«, sagte ich, »oder glaubt ihr wirklich, Barak (das hebräische Wort bedeutet: Blitz) macht seinem Namen Ehre und schlägt ein wie ein Blitz?«

Sie verließen lärmend die Terrasse, und gleich darauf ging der Fernseher in meinem Schlafzimmer an. Auch aus dem lärmte es, und in den allgemeinen Radau mischte sich Harrys Stimme, der, die Arme ausgebreitet, den Kopf zurückgeworfen, vor dem Stereogerät stand und ebenso laut wie falsch grölte: »... ich singe und lache, kein Mensch sieht mein Leid, mein Heimweh zur Heimat so weit...«

»Harry«, schrie ich, »mach endlich das Ding aus!«

Im selben Moment brach ein vielstimmiger Aufschrei aus meinem Schlafzimmer und ließ ihn und mich mit offenem Mund erstarren. Schließlich sagte ich: »Ich hab's ja gewußt! Netanjahu ist wieder gewählt worden. Der Wahnsinn geht weiter.«

»Das Karussell geht immer, immer rundherum...«, trällerte die einstmals von mir verehrte Schlagersängerin Ilse Werner, und ich warf Harry einen drohenden Blick zu.

Er grinste und jodelte in den falschesten Tönen: »... und die Welt scheint sich im Tanz zu drehen...«

Michael, gefolgt von den anderen Gästen, polterte ins Zimmer und brüllte: »Barak hat haushoch gewonnen! Kommt, Freunde, laßt uns darauf anstoßen. Wir sind noch mal davongekommen.«

Er füllte die Gläser, und Philip fragte versonnen: »Merkwürdig, man hat nie was von diesem Barak gehört. Wer ist das eigentlich?«

»Spielt doch keine Rolle«, schrie Rudi, »Hauptsache, Bibi ist weg vom Fenster. Was Schlimmeres als der kann uns gar nicht mehr passieren.«

»Ach nein?« fragte Philip mit seinem bösen, süßen Lächeln, aber seine Frage ging in unserem Übermut und der deutschen Schlagerparade des Jahres 1942 unter.

»Das Karussell geht immer, immer rundherum...«, sangen wir mit Ilse Werner und tanzten uns in eine neue, fadenscheinige Hoffnung hinein.

Wie Phönix aus der Asche

Merkwürdigerweise ist mir von der Regierungszeit Baraks noch weniger im Gedächtnis geblieben als von der seiner Vorgänger. Vielleicht hängt das damit zusammen, daß er nur so kurz an der Macht war, vielleicht damit, daß er sich während seiner Amtszeit weder im Guten noch im Bösen besonders hervortat und seine Megalomanie eine stille war und keine Zeit hatte, sich zu entfalten. Er war ein schlechter Rhetoriker und ein unbeholfener Mensch und Politiker, der es nicht verstand, sich in Szene zu setzen. Ein sympathischer Zug, aber für einen Staatsmann, noch dazu in einer Region und einem Spiel, in dem bombastische Worte und Gesten üblich sind, nicht gerade förderlich. Da er unerwartet in die politische Zirkusarena geschleudert worden war und auch seine Biographie keine Sensationen bot, beschlossen viele, daß er zumindest ein kluger Mann sein müsse. Außerdem war er der höchst dekorierte General in der israelischen Militärgeschichte, der sich als Kommandeur einer Anti-Terror-Elite-Einheit einen Namen gemacht hatte und schließlich zum Oberbefehlshaber der Armee ernannt worden war.

Rabin war sein Freund und Vorbild gewesen, und beide ähnelten sich in ihrer Verschlossenheit, Wortkargheit und in ihren seltenen glanzlosen Auftritten. Nur hatte es an Rabin noch eine andere Seite gegeben, und mit der hatte er die Korsettnähte des israelischen Soldaten und zionistischen Politikers gesprengt. Der Mann hatte die Zweifel, Ängste und Gewissensbisse eines denkenden Menschen gehabt, und ich nehme an, daß die es waren, die ihn nach neuen Wegen und weiteren Horizonten hatten suchen lassen und ihm, allerdings erst nach seiner Ermordung, den Ruf eines charismatischen Visionärs eingetragen haben.

Diese Eigenschaften, ob nun reell oder imaginär, schien Barak nicht zu besitzen, oder er hatte, wie schon gesagt, keine Zeit, sie zu entwickeln. So blieb es bei seinem angeblich hohen IQ und einem beharrlichen Grinsen, hinter dem er vielleicht eine Unsicherheit verbarg oder aber seinen grimmigen Hufeisenmund, der mich an die Wasserspeierfratzen von »Notre Dame« in Paris erinnerte.

Er ist der typische israelische Durchschnittsmann, sagte man stolz. Geradlinig, unauffällig und eben klug. Keine Korruptions- und Sexaffären, intaktes Familienleben, untadelige Karriere. Er hatte auch keine Vorliebe für Alkohol und Nikotin, ganz im Gegensatz zu Rabin, der mir deshalb sympathisch gewesen war, denn für mich war Trinken und Rauchen eine Stütze denkender Menschen. Auf jeden Fall hielt sich Barak fest an die politischen Verhandlungsvorlagen, Fehleinschätzungen und Unterlassungssünden seines Vorbildes, vermutlich auch an dessen Visionen. Anstatt also als erstes das Palästinenser-Problem in Angriff zu nehmen, wollte er mit Syrien in Verhandlung treten. Anstatt den endgültigen Siedlungsstop zu verhängen, wurde eifriger denn je weiter gebaut. Solche Unerheblichkeiten konnten warten, bis man mit seinen weitaus wichtigeren Nachbarn eine Art Frieden geschlossen und sie vielleicht sogar als Verbündete gegen die allgemein lästigen Palästinenser gewonnen hatte. Baraks Politik war die listiger Taktik und Verzögerung.

Ich erhielt zahlreiche Anrufe und Briefe von meinen ausländischen Freunden, Bekannten und Lesern.

»Das ist doch wunderbar!« sagten oder schrieben sie, »das israelische Volk hat damit bewiesen, daß ihm der Frieden wichtiger ist als die Herrschaft über die palästinensischen Gebiete. Herzlichen Glückwunsch!«

»Man soll den Tag nicht vor dem Abend loben«, erwiderte ich.

»Immer diese miserable Skepsis!« warf man mir vor. »Netanjahu ist, Gott sei Lob, weg, und ein integrer Mann, der Rabins Politik fortsetzen möchte, ist dran. Das ist doch ein ganz neuer, vielversprechender Anfang!«

Ich ließ ihnen den neuen, vielversprechenden Anfang,

den sie von den Medien vorgekaut bekamen, die Integrität und den hohen IQ Baraks und den baldigen Frieden mit Syrien.

Selbst mein Freund Ismael Abu Bashir, ein Fachmann, was den israelisch-palästinensischen Konflikt und die Denkvorgänge der Araber betraf, erklärte nicht ohne Bitterkeit, daß Israelis und Syrer in kurzer Zeit zu einer Einigung kommen würden. Während ein französischer, dem Weine zugetaner Freund klagte: »Das ist ja furchtbar! Wenn Israel den Golan an die Syrer zurückgibt, dann ist es aus mit diesen vorzüglichen Weinen!«

So, wenn auch nicht wegen der Weine, dachten zahllose Menschen in Israel, und eine Flut von Aufklebern und Spruchbändern schmückte die Rückfenster der Autos und die Fassaden der Häuser: »Das Volk mit dem Golan.«

»Das israelische Volk beweist wieder einmal, daß ihm der Frieden wichtiger ist als die besetzten Gebiete«, sagte ich.

Den Anrufen und Briefen folgten die Besuche. Jetzt konnte man ja wieder guten Gewissens nach Israel fahren, positive Eindrücke sammeln und den aus der Asche steigenden Phönix namens Frieden begrüßen.

Es kamen wirklich viele, denn vom Frieden abgesehen, fanden internationale Festspiele statt, und darüber hinaus lockten nach einem dunklen europäischen Winter und verregneten Frühjahr die Sonne, das Mittel-, Tote und Rote Meer und die Champagnerluft Jerusalems.

»Ich komme auch«, erklärte Klaus am Telefon, »hab Sehnsucht nach Jerusalem, Jericho, der Judäischen Wüste und dir. Ich will im Wadi Kelt eine Flasche Wein mit dir trinken. Das war damals so schön!«

Klaus kam aus dem hohen Norden Deutschlands und sah aus wie ein erstklassig gealterter Siegfried aus der Nibelungensage. Die hatte ich als Kind in einem reich illustrierten Buch gelesen und um das Leben des schönen, wenn auch langweiligen Siegfried gebangt.

Langweilig war Klaus nicht. Er hatte einen guten Instinkt

und Humor und einen spröden, norddeutschen Charme. Eines Tages hatte er mich angerufen und ohne Einleitung gesagt: »Leider habe ich erst jetzt Ihr Buch gelesen. Darf ich auch mal auf einen Drink zu Ihnen auf die Terrasse kommen?«

»Gerne.«

»Sind die Katzen noch da? Adele liebt nämlich Katzen.«

»Wer ist Adele?«

»Das werden Sie sehen.«

Er war mit weißen Rosen und einer zarten, wüstenfarbenen Hündin gekommen: »Ich schwöre Ihnen, Adele ist eine kleine Heilige. Ich habe sie als Winzling aus den Fäusten palästinensischer Jugendlicher gerettet, und seither kann sie keine Minute ohne mich sein. Schauen Sie mal diese hingebungsvollen schwarzen Kirschaugen!«

Sie hatten mir beide sehr gut gefallen, Adele, die Wüstenhündin, und Klaus, der damals als Korrespondent einer großen deutschen Zeitung in Jerusalem lebte und sich über den monotonen Wahnsinn israelischer und palästinensischer Politik beschwerte.

Um dem Stumpfsinn politischer Berichterstattung zu entkommen, hatte er mit Anna, seiner Frau, die sich von einem Fotomodell zu einer Fotografin gemausert hatte, einen hervorragenden Bildband über Jerusalem und die Judäische Wüste zusammengestellt und veröffentlicht. Das Paar auf seinen Gängen und Fahrten zu begleiten war für mich immer ein aufregendes Erlebnis gewesen, denn niemand kannte die Stadt, ihre großartigen, ihre geheimnisvollen, ihre grotesken Seiten besser, niemand betrachtete die Wüste mit ehrfürchtigerem Staunen als Klaus und Anna.

Als sie das Land verlassen hatten und damit eine schöne, in dieser Form nie wiederkehrende Beziehung unterbrochen worden war, hatte mich ihr Verlust schwer getroffen.

Sie hatten mir zum Abschied ihr Buch geschenkt und als Widmung hineingeschrieben: »Wünschet Jerusalem Glück! Es möge wohl gehen denen, die es lieben!« (Zacharia 4,7)

Abschied von »meinem« Jericho

Klaus kam. Er war unverändert und voller Vorfreude. Wir tranken im Wadi Kelt eine Flasche Wein und fuhren dann auf der Hauptstraße, die ans Tote Meer und nach Jericho führte, weiter. Es herrschte dichter Verkehr: Privatautos, palästinensische und israelische Sammeltaxis, Touristenbusse, Motorräder.

»Himmel«, sagte Klaus verblüfft, »was ist denn hier los; was wollen die denn alle zu dieser Stunde am Toten Meer?«

»Die wollen nicht ans Tote Meer, sondern ins Casino.«

»Machst du Witze?«

»Jeder Witz wird in unserem Ländchen Ernst. Wir haben in Jericho jetzt ein Spielcasino, und das ist vierundzwanzig Stunden geöffnet, weil der Andrang so groß ist. Der Gewinn beträgt täglich eine Million Dollar, sagt man.«

»Sind das alles Palästinenser, die dort spielen?« fragte er.

»Nein, die dürfen gar nicht. Es sind nur Israelis, mieses Gesocks, hat man mir erzählt, die sich wie der letzte Dreck benähmen.«

»Aber die Israelis haben doch Angst, in die palästinensischen Gebiete zu gehen.«

»Das habe ich, nach den allgemeinen Erklärungen, die lauteten: Wir wollen uns doch nicht von diesen Terroristen abschlachten lassen, oder ein wenig vornehmer: Wir gehen nicht hin, wo wir nicht erwünscht sind, auch geglaubt. Aber in diesem Fall scheinen sie plötzlich keine Angst und keine verletzten Ehrgefühle mehr zu haben. Und auch die Tatsache, daß sie den Terroristen ihr Geld in den Rachen werfen, stört sie überhaupt nicht.«

»Und wer profitiert von dem Geld?«

»Das müßtest du schon Arafat fragen. Das Volk sieht bestimmt nichts davon, außer denen, die als Personal, manche sogar als Croupiers, in diesem Etablissement arbeiten dürfen.«

Wir näherten uns dem Casino, einem grotesken Bau, der aus einer scheinbar unbegrenzten Sand- und Geröllfläche herauswuchs und seinen romantischen Namen »Oasis« mit blauen Neonröhrchen in die Nacht blinkte. Gleich daneben erhob sich der vielstöckige Kasten eines Hotels, und rundherum erstreckten sich Parkplätze für Hunderte von Fahrzeugen.

Klaus hielt und betrachtete das merkwürdige Ensemble, während ich zur anderen Seite hinüberblickte und mir das Bild des ehemaligen palästinensischen Flüchtlingslagers ins Gedächtnis rief.

»Wollen wir weiterfahren oder ins Casino gehen?« fragte Klaus.

»Nie und nimmer! Vor dem habe ich wirklich Angst. Es ist geradezu prädestiniert dafür, in die Luft zu gehen.«

»Wer sollte daran Interesse haben? Die Palästinenser werden sich hüten, einen Millionen scheißenden Goldesel, und die Israelis, Hunderte ihrer eigenen Leute in die Luft zu jagen.«

»Ach, Klaus! Wenn man es hier allein mit rational und human denkenden und handelnden Menschen zu tun hätte, dann gäbe es keine Flüchtlingslager, keine Siedlungen, keine Checkpoints, keine Selbstmordattentäter, keine Unterdrückung, keine Revolten und keinen monotonen Wahnsinn, sondern ein interessantes, schönes, offenes Land.«

»Und wo würdest du dann hingehen?«

»Warum sollte ich ausgerechnet dann weggehen?«

»Weil du gar nicht mehr unter normalen Umständen leben könntest.«

Dieser ominöse Satz entlockte mir ein erschrockenes »Wirklich?« und Klaus ein wieherndes Gelächter.

In Jericho waren alle Läden geöffnet und alle Einwohner auf den Straßen, um die etwas kühlere, abendliche Luft zu genießen, etwas einzukaufen und die Geschehnisse des Tages laut und temperamentvoll zu erörtern. Auch eine Menge Polizisten – es sollen vierhundert in Jericho stationiert sein –

beteiligten sich an diesem Zeitvertreib und ließen den Autofahrern, die hupend und regelwidrig durcheinanderfuhren, ihren Spaß.

»Hier ist es ja auch sehr lebhaft geworden«, stellte Klaus fest, »und so viele neue Läden! Gibt es eigentlich noch deine militanten Hamashühner?«

»Ja, gleich hier an dem runden Platz. Park mal, ich möchte mir eins kaufen, und du kannst dir inzwischen den von Nordrhein-Westfalen gestifteten Park ansehen.«

»Wo ist denn hier ein Park?«

»Na da«, sagte ich, mir das Lachen verbeißend, und deutete auf einen kleinen, ebenfalls runden Flecken in der Mitte des Platzes, auf dem viel Abfall herumlag und ein ausgetrockneter Springbrunnen stand.

»Den Platz gab's doch schon immer!«

»Ja, aber nicht so schön! Vor einem Jahr spie der Brunnen noch Wasser, und es gab etwas Gras und sogar ein Blumenbeet und Bänke. Die Leute haben da sehr gerne gesessen, gepicknickt und die Reste liegenlassen. Und die Kinder haben gespielt, die Blumen abgerissen und die Bänke demontiert.«

»Und was soll das Knusperhäuschen hier?«

»Das war in dem Stiftungsgeld inbegriffen. Sollte vielleicht ein kleiner Getränkeausschank werden, aber der Zerfall des Gärtchens kam seiner Fertigstellung zuvor.«

Klaus schüttelte lachend den Kopf und folgte mir zu den Hamashühnchen. Ich hatte dem unschuldigen Federvieh diesen Namen gegeben, weil die Besitzer des Lokals ihrer Hamasverbundenheit trotzig Ausdruck verliehen. An der Wand hing groß das Bild ihres geistigen Führers, Scheich Achmed Jassin, der, obgleich winzig, verkrüppelt und in weiße Tücher gewickelt, gar nicht liebenswürdig aussah. Später, als kurz vor Jericho ein israelischer Bus in die Luft gesprengt wurde, waren noch ein paar Märtyrerfotos hinzugekommen, schöne junge Männer mit glühenden Augen.

Ich hatte es auf das braunste der Hamashühnchen abgesehen, und der Bursche, der es vom Grill nahm, lächelte.

»Er hat wieder gelächelt«, sagte ich zu Klaus, der vor der Tür auf mich wartete, »er lächelt jetzt immer.«

»Warum auch nicht?«

»Er hat jahrelang, obgleich ich mir größte Mühe gegeben habe, nicht gelächelt. Und jetzt lächelt er plötzlich. Ich möchte wissen, was in ihm vorgegangen ist.«

»Ist ja auch hochinteressant, was in einem Hamashuhn-Mann vor sich geht«, nickte Klaus, »vielleicht freut er sich über das Casino oder den israelischen Bus, der damals in die Luft gegangen ist.«

Er bog in die Straße mit den Gartenrestaurants ein und wollte vor meinem Stammlokal, der »Rose«, halten.

»Bitte, fahr weiter«, sagte ich, »ich möchte dir vorher noch die Drahtseilbahn, die auf den ›Berg der Versuchung‹ schwebt, und das große, neue ›Palast-Hotel‹ zeigen.«

»Nein«, erklärte Klaus mit Bestimmtheit, »hier gefällt's mir am besten. Das ist mein altes Jericho. Alle Restaurants wie eh und je leer. Hunderte von Leuten im Casino und keine Menschenseele in den schönen Gärten.«

»Wegen der Plastikstühle und dem Mangel an Kultur, sagte mein Freund Gerhard Schulz.«

»Wer ist denn das?«

»Der deutsche Manager des ›Palast-Hotels‹, das dem ›Deutschen Orden‹ gehört. Er bemüht sich, jetzt westliche Kultur und Holzstühle in Jericho einzuführen.«

»Warum, zum Teufel, macht man hier alles kaputt?« fragte Klaus zornig, »Jerichos Charme war doch ...«

»Du brauchst mir nicht zu erklären, was Jerichos Charme war! Zum Glück habe ich es gekannt, bevor es besudelt wurde, so wie viele andere paradiesische Orte, in die ich heute keinen Fuß mehr setzen würde. Ich habe noch leere Strände gekannt, kristallklares Meer, unverseuchte Fische, unverbaute Landschaften und ursprüngliche Dörfer und Städtchen, in die sich kein Tourist in Freizeitkleidung und

-laune verirrte. Ich habe Israel noch gekannt, bevor es sich zu einem Ungeheuer auswuchs.«

Klaus legte den Arm um meine Schulter: »Also gehen wir jetzt in deine ›Rose‹«, sagte er, »die liebst du doch noch, nicht wahr?«

Seine Stimme war eindringlich, und seine Hand, die auf meiner Schulter lag, griff zu. Es war, als hinge von meiner Antwort sein, mein und Jerichos Heil ab.

»Ich liebe die Erinnerung daran.«

Klaus seufzte und ließ mich los.

Wir setzten uns unter meinen Orangenbaum, unter dem ich das erste Mal 1967 gesessen hatte. Damals hatte ich noch einen Blick auf den Blätterschopf einer riesenhohen Palme und auf das »Kloster der Versuchung«, das in die ockerfarbene Felswand eingemeißelt war. Wenn ich jetzt in diese Richtung schaute, sah ich einen vierschrötigen Zementblock, die dicken, schwarzen Stricke der Drahtseilbahn in der sternenüberfluteten Nacht und auf dem obersten Punkt des Berges einen Glühbirnchenkranz, der mir lasterhaft zuzwinkerte.

»Schön ist das hier«, sagte Klaus, der, den Kopf zurückgebogen, in die Krone des Orangenbaums blickte.

»Ja«, sagte ich, »gib mir bitte noch einen kleinen Arrak.«

Der Tisch, an dem wir saßen, war dunkelgrün und die Stühle lila. Nadr, der jüngste Sohn des Besitzers, der seit einiger Zeit das Management des seit dreißig Jahren in Agonie liegenden Restaurants übernommen hatte, war stolz darauf. Die Anschaffung der Plastikmöbel hatte ihn einen langen erbitterten Kampf mit seinem geizigen Vater gekostet, der, da er wohlhabend war und in Ramallah Land und Haus besaß, das Gartenrestaurant als seinen privaten Feriensitz betrachtete, den er nur widerwillig mit fremden Leuten teilte. Als dann auch noch Gerhard Schulz, mit dem ich für Nadr eine Geschäftsverbindung hatte anknüpfen wollen, lauthals erklärte, als allererstes müßten die gräßlichen Plastikdinger durch Holzmöbel ersetzt werden, war der junge

Mann sehr blaß geworden. Ich fürchtete, daß diese taktlose Bemerkung ein ärgerer Schock für ihn gewesen war als der Verlust seines Sohnes, den er nach der Scheidung von seiner drallen, englischen Frau in Manchester hatte lassen müssen.

Inzwischen hatte Nadr den Garten mit weiteren bunten Plastikkostbarkeiten gefüllt und ein zweites Mal geheiratet.

Seine Frau, hatte er mir anvertraut, sei sehr jung, sehr schön und sehr reich, denn ihr Vater besitze in Jericho einen Fahrradvertrieb und -verleih. Er hatte mir auch nicht, wie während der Schwangerschaft seiner englischen Frau, einen unsittlichen Antrag gemacht, was ich wohl darauf zurückführen mußte, daß ich dreißig Jahre älter geworden und seine jetzige Frau sehr jung und sehr schön war.

»Würdest du gerne wieder jung sein?« fragte ich Klaus.

»Natürlich«, erwiderte er, »du vielleicht nicht?«

»Manchmal ja und manchmal, wenn ich mir diese verhunzte Welt betrachte, nicht.«

»War die Welt, als du jung warst, nicht verhunzt?«

»Oh doch, aber noch nicht so endgültig. Es gab noch Hoffnung.«

»Weil du jung warst.«

»In anderen Worten: Wäre ich heute jung, würde mir die Welt nicht verhunzt vorkommen?«

»Sagen wir, die Verhunzung würde dir nicht so auffallen, sie würde eine nebensächliche Rolle spielen.«

»Eigentlich ist Jugend eine Zeitvergeudung. Bis man erkennt, worum es geht, ist man zu alt, um etwas aus dieser Erkenntnis machen zu können. So war es jedenfalls bei mir.«

»Glaubst du, du weißt jetzt, worum es geht?«

»Nein, und genau das ist die Erkenntnis. Es gibt nichts zu erkennen. Wir werden in dieses Leben geworfen, und da suchen wir, bis es Zeit ist, wieder abzuhauen, nach einer sinnvollen Antwort auf die Frage, warum wir ins Leben geworfen wurden.«

Klaus lachte so laut, daß Nadr angelaufen kam, um sich zu vergewissern, daß alles in Ordnung wäre. Er hatte sich, nachdem er uns zu meinem Orangenbaum geführt, den Tisch abgeputzt, einige Male »welcome, how are you« gesagt und die Drinks serviert hatte, diskret zurückgezogen und zu unserer besonderen Erbauung auch noch den dünnstrahligen Springbrunnen und die Kette bunter Glühbirnchen eingeschaltet.

Danach hatte er sich in der Hoffnung, vielleicht doch noch einen späten Gast zu ködern, an das Gartentor gestellt.

»Setz dich doch ein bißchen zu uns«, lud ich ihn jetzt ein, »und erzähl uns ein Märchen aus Jericho.«

Er setzte sich und sagte: »Man will einen zweiten Spielsaal gegenüber dem Casino bauen.«

»Ein fabelhaftes Märchen«, knurrte Klaus.

Nadr lächelte verlegen, und ich fragte: »Und wie findest du die Idee mit dem Spielsaal?«

»Ich finde Spielen sehr schlecht, aber uns bringt es viele Arbeitsplätze. Man hat mir auch einen angeboten, und du weißt ja, mit dem Restaurant hier kann man kein Geld verdienen. Mein Vater will die Fahrer der Touristenbusse nicht bestechen, weil er ein alter, unmoderner Mann ist, und meine Frau erwartet ein Baby, und da kann ich nicht noch mal dreißig Jahre auf Gäste warten.«

Nadr war ein sehr nervöser Typ, immer atemlos, mit kalten, feuchten Händen und verstört zuckendem Gesicht.

»Kommen gar keine Leute aus dem Casino in die Gartenrestaurants, um etwas zu essen und zu trinken?« wollte Klaus wissen.

»Nein, die kommen nur zum Spielen, und das wird nicht gutgehen. Das sind doch kranke Menschen, die ihre Seele für ein Spiel verkaufen. Neulich kommt ein Israeli zu mir, mit Frau und einem kleinen Kind, und fragt, ob er die bei mir absetzen könne. Er würde nur schnell ins Casino fahren und in einer Stunde wieder zurück sein. Er ist um vier Uhr früh gekommen und hatte keinen Cent mehr in der Tasche. Alles verspielt, und die Frau hat ihn ins Gesicht geschlagen, und das Kind hat geschrien.«

Nadr schnappte nach Luft, trank ein Glas Wasser und fuhr fort: »Die Israelis haben schreckliche Angst, daß diese Spielsüchtigen, um an Geld zu kommen, uns militärische ›top secrets‹ verkaufen. Einer, ein Siedler mit Käppchen und Maschinenpistole, hat mal bei mir eine Flasche Coca-Cola gekauft und geschrien, sie würden das Casino in die Luft sprengen, erst dann könne man wieder in Sicherheit leben. Ich hab gesagt: Aber da sind doch eure eigenen Leute drin!, und er, ich glaube, er war verrückt, hat geantwortet, das sei ihnen ganz egal. Dieser Dreck müsse weg!«

Nadr sprang auf, entschuldigte sich und lief zum Gartentor, vor dem ein Auto gehalten hatte.

»Glaubst du das alles?« fragte mich Klaus. »Oder wollte er uns nur ein Märchen aus Jericho erzählen?«

»Nein, ich hab dir doch gesagt, daß wir hier auf beiden Seiten genug Fanatiker haben, um nicht nur das Casino, sondern das ganze Land in die Luft zu sprengen.«

»Und du willst hierbleiben?«

»Wo soll ich denn hin?«

»Es gibt immer noch viele schöne Länder auf der Welt.«

»Die heb ich mir fürs nächste Leben auf.«

Er nahm meine Hand und küßte sie.

»Ich wollte mal ein Häuschen in Jericho haben«, sagte ich, »ein kleines Häuschen mit einem großen, wild wuchernden Garten und vielen Tieren. Gut, daß nichts daraus geworden ist. Man soll sich nie einen Besitz, wo auch immer, zulegen, nie. Irgend etwas geht immer schief und man muß weg.«

»Wieso denkst du so was«, unterbrach mich Klaus, »jetzt, wo ihr gerade eine anständige neue Regierung habt!«

Ich sah Nadr an, der gerade an unseren Tisch zurückkam.

»Was hältst denn du von unserer anständigen neuen Regierung?«

Er machte ein paar sinnlose Bewegungen, zwinkerte heftig mit den Augen und haspelte: »Bei diesen Leuten von der Arbeiterpartei weiß man nie, woran man ist. Beim Likud weiß man es wenigstens und kann sich aufs Schlimmste vorbereiten.«

»Denkst du so oder denkt ihr alle so?«

»Wir denken fast alle so.«

»Könnte ich bitte die Rechnung haben«, sagte Klaus, und als sich Nadr entfernt hatte: »Das ist doch alles totaler Schwachsinn!«

»Ich glaube, sie haben es satt zu warten. Lieber ein Ende mit Schrecken als ein Schrecken ohne Ende.«

»Und wie wird, deiner Meinung nach, das Ende mit Schrecken aussehen?«

»Frag mich was Leichteres!«

»Gut: Wirst du im nächsten Leben eine Nacht mit mir im alten ›Winter Palace Hotel‹ verbringen?«

»Selbstverständlich! Und wir werden unter Juden, Arabern und Engländern an der Bar sitzen und zu dem Lied: ›We'll meet again, don't know where, don't know when‹ tanzen.«

Abschied vom 20. Jahrhundert

In dem halben Jahr, nach Baraks Wahlsieg und vor dem Millennium, passierte gar nichts. Ich glaube sogar, daß weder eine Bombe explodierte noch ein Mensch umkam. Aber Einzelfälle erregten auch kein Interesse mehr, sie wurden kaum noch wahrgenommen. Der Siedlungs- und »Bypass«-Straßenbau ging auf jeden Fall weiter, die Checkpoints blieben, und die Palästinenser waren denselben Schikanen und existenzbedrohenden Maßnahmen unterworfen wie eh und je.

Baraks Image, das eines klugen Mannes, hatte sich gefestigt, sein Regierungskabinett nicht. Doch das war im Staate Israel nichts Neues. Die zahlreichen Parteien und Parteichen waren noch nie unter einen Hut zu bringen gewesen, was bei der breitgefächerten, heterogenen Palette eines uneinigen Volkes kein Wunder war. Nur was die Palästinenser betraf, schienen alle die Spielregeln einzuhalten, und ich hatte das ungute Gefühl, daß wir zügig auf den »point of no return« zutrieben. In meinem Privatleben fand ein Wechsel der Garde statt. Katrin verließ unter Tränen und mit dem Gelöbnis »nächstes Jahr in Jerusalem« das Land, und einige Wochen später traf Harry mit verhaltener Freude, vielen Koffern und den Worten: »Na, wenn das mal gutgeht!« ein.

Der Abschied von meiner Halleschen Lichtgestalt, die mir mit ihrer Jugend, Schönheit und Geradlinigkeit so viel Vergnügen bereitet hatte, fiel mir schwer, der Einzug Harrys, den ich zwar seit zwölf Jahren kannte, aber in dieser Zeit selten gesehen hatte, war mir unheimlich, und seine knappen Worte: »Na, wenn das mal gutgeht!« waren mir aus der Seele gesprochen.

»Du brauchst keine Angst zu haben«, sprach ich ihm und mir Mut zu, »ich bin ja ein absolut verträglicher und ruhiger Mensch.«

»Ja«, grinste er und warf Dutzende von bunten Unterhosen in den Schrank, »als solcher bist du ja auch bekannt.«

»Den Schrank habe ich extra für dich von einem Tischler aus Bethlehem machen lassen«, erklärte ich, »kannst du die Unterhosen nicht ordentlich aufeinanderlegen? Wozu brauchst du eigentlich so viele?«

»Frag ich dich, wozu du so viele Katzen brauchst? Ich hab vorhin im Patio mindestens so viele Viecher gesehen wie du Unterhosen im Bethlehemer Schrank.«

»Ich gebe zu, dieses Jahr ist es besonders schlimm. Katrin war zu weichherzig, aber Ina meint, du, mit deiner stoischen Ruhe, wirst das schon schaffen.«

Ina, die Journalistin, und Amanda, die kubanisch-jüdisch-deutsche Rhythmik- und Tanzlehrerin, hatten ihr unbefriedigendes Singleleben gerade in eine harmonische Zweisamkeit und eine Mansardenwohnung in ein behagliches, feminines Nest verwandelt, in dem einem der Duft von Nelkenöl und die Wellen leiser südamerikanischer Musik entgegenschlugen. Ich freute mich über diese Verbindung, denn im Laufe der Zeit und in Anbetracht einer Unzahl vereinsamter Menschen war mir bewußt geworden, daß die alttestamentarische Weisung: »Der Mensch soll nicht alleine leben!« eine gewisse Berechtigung hatte. Wenn meine Freundinnen nach einem Besuch bei mir Hand in Hand und übermütig lachend davonhüpften, war ich so gerührt wie in den seltenen Momenten, in denen zwei meiner Katzen ihr Konkurrenzverhalten ablegten und zärtlich die Köpfchen aneinanderschmiegten.

»Wie niedlich«, sagte ich, den beiden jungen Frauen nachlächelnd, »nicht wahr, Harry, das ist doch hübsch!«

»Du wirst noch dein blaues Wunder erleben!« gab er zurück.

Meine gleichaltrigen Freundinnen waren inzwischen alle pensioniert und merkwürdig unförmig geworden. Statt eines Mannes hatten sie jetzt Enkelkinder, statt Liebhaber einen Computer, auf dem sie chatteten, surften und e-mailten. Sie hatten aufgehört zu rauchen und angefangen, sich auf einem oder mehreren Gebieten fortzubilden und an Akademiker-Gruppenreisen teilzunehmen.

Die etwa zwanzig Jahre jüngere Generation von Freundinnen war ausnahmslos im Klimakterium und dementsprechend unzurechnungsfähig. Die, die aus diversen Gründen keinen Ehemann mehr hatten, suchten händeringend einen neuen, die, die noch einen hatten, versuchten ihn loszuwerden und sich selbst zu verwirklichen. Gelang ihnen weder das eine noch das andere, besuchten sie Kurse, in denen man in kurzer Zeit die absonderlichsten Fertigkeiten lernen und damit sich und seine Mitmenschen in Gefahr bringen konnte. Zusätzlich wurde gehopst, geschwommen und gejoggt, gestrafft, gesalbt und massiert, die Haare unnatürlich gefärbt, gebleicht und gesträhnt.

Wie froh war ich, diese Phase hinter mir zu haben, die

ähnlich verlaufen war wie bei meinen Geschlechtsgenossinnen, nur daß ich keinen Ehemann mehr gesucht, keine absonderlichen Kurse belegt und meinen Haaren ihren Allerweltston gelassen hatte.

»Du und ich«, sagte Finni, eine menopausierende holländische Bekannte, die das Gesicht einer zu lange gekochten Winterkartoffel hatte und einen nicht mehr frischen, großen Busen und ihren Hintern in die Minikleider ihrer achtzehnjährigen Tochter quetschte, »wir beide brauchen uns trotz unseres Alters keine Sorgen zu machen. Wir müssen nur einmal die Jaffa-Straße rauf und runter gehen und schon haben wir an jedem Finger einen Mann.«

»Die Kerle, die sich auf der Jaffa-Straße, besonders in der Nähe des Marktes, tummeln, schrecken ja auch vor nichts zurück«, sagte ich grinsend.

Sie warf ihre langen, roten Haarsträhnen in den Nacken und erklärte: »Auf dem Boulevard St. Germain in Paris würde dasselbe passieren.«

»Du verwechselst den Boulevard St. Germain mit der rue St. Denis. Das ist der Strich in Paris, und die Alten stehen ganz am Ende der Straße.«

»Sag mal«, fragte Finni mit ungläubigem Winterkartoffelgesicht, »sind dir Männer, Sex und Liebe wirklich ganz egal geworden?«

»Männer in Verbindung mit Sex ja, und Liebe ...«, ich hob die Schultern, »wohl etwas spät am Abend.«

Ich begann Ordnung in meiner »Truhe der Vergangenheit« zu machen und Berge von Notizen, Briefen und unfertigen oder unbrauchbaren Manuskripten zum Wegwerfen auszusortieren, damit sie nicht unbefugten Lesern in die Hände fallen und deren Zweifel an mir bestätigen könnten. Hin und wieder las ich mich in einem der Briefe oder Texte fest, war erschrocken, erstaunt oder peinlich berührt und versuchte mich in die Situation und Stimmung, in der ich das Zeug damals geschrieben oder als Brief empfangen hatte, hineinzuversetzen. Doch das gelang mir nicht. Die Frau, die in diesen Seiten lebte, der Männer, Sex und sogenannte Liebe nicht nur nicht egal, sondern von lebenswichtiger Bedeutung gewesen waren, rührte sich nicht mehr in mir, und darüber empfand ich kein Bedauern. Im großen und ganzen war sie mir unsympathisch, diese Person, die jahrzehntelang am Leben vorbeigelebt und an der Liebe vorbeigeliebt hatte.

Ich trug den großen, grauen Plastiksack zur Mülltonne, auf der zwei verwahrloste Katzen hockten und mir erwartungsvoll entgegenstarrten. Ich brachte es nicht über mich, sie mit einem Sack Papier zu enttäuschen, lief ins Haus zurück, füllte einen Napf mit »Thuna-Cat-Star« und stellte ihn neben der Mülltonne auf eine Mauer. Die Katzen waren begeistert und ich zufrieden, die ungenießbaren Texte und Briefe in etwas so Genießbares wie »Thuna-Cat-Star« umgesetzt zu haben.

Ich ging die kurze Strecke weiter zur »Promenade«, die ich lange, den Warnungen meiner Freunde folgend, gemieden hatte. Unter der Woche gingen dort wenig Leute spazieren, und manchmal begegnete man einer Schar palästinensischer Jugendlicher, die sich, ihrem Alter und ihrer Frustration entsprechend, sehr aggressiv verhalten konnten. Doch da ich mir mit meiner anhaltenden Schreibunfähigkeit selber ein hohes Maß an Frustration und Aggressivität angeeignet hatte, war ich nicht mehr bereit, den Warnungen meiner Freunde und meiner eigenen Ängstlichkeit zu gehorchen. Wozu hatten wir schließlich einen neuen klugen und sogar Klavier spielenden Ministerpräsidenten, einen aus der Betäubung gezerrten Friedensprozeß und ein »ungeteiltes« Jerusalem? Und was war überhaupt schlimmer, als nicht schreiben zu können, sich morgens schwerfällig und lustlos aus dem Bett zu ziehen und den Tag mit nichtsnutzigem Kleinkram zu füllen? Nichts war schlimmer als diese jämmerliche Leere, die mir jegliche Illusion einer Daseinsberechtigung raubte und unvermeidbar die sinnlose Frage nach dem Sinn menschlicher Existenz aufwarf. Vielleicht wäre es sogar begrüßenswert, einer Bande aggressiver palästinensischer Jugendlicher zu begegnen und, so sie sich an mich heranmachen sollten, freundlich zu sagen: »Nur zu, Jungs, mir steht die Scheiße auch bis zum Kinn.« Aber trotz häufiger Spaziergänge auf der Promenade blieb so ein begrüßenswertes Ereignis aus. Einmal kamen mir sogar ein paar Halbstarke entgegen, und ich rüstete mich zu meinem Spruch. Doch das einzige, was sie von mir wollten, war Feuer für eine Zigarette.

Die Promenade war wunderschön, in drei Stufen angelegt, führte sie etwa zwei Kilometer durch die Hügel, vorbei an großen, gepflegten Rasenflächen und Rabatten mit Pflanzen des Nahen Ostens, an kräftigen Olivenbäumen und hohen, schlanken Zypressen, Oleander und Hibiskusbüschen, Thymiansträuchern und Feigenkakteenhecken. Im Schatten einer Pinie setzte ich mich auf eine Bank, schaute zur alten, von der goldenen Kuppel des Felsendomes gekrönten Stadt hinüber, zu spitzen Kirchtürmen und flachen Grabsteinen, zu schlanken Minaretten und den blinkenden Zwiebeltürmen der russischen Kirche, zu den würfelförmigen, wüstenfarbenen Häusern arabischer Dörfer, den graugrünen Flecken verstaubter Bäume und den hellen, sich die Hügel hinaufwindenden Pfaden. Und wie immer empfand ich einen wütenden Schmerz um diese einmalige Stadt, in die sich zwei fanatisierte Völker verbissen hatten, so daß sie uns, anstatt zum Segen, zum Fluch zu werden drohte. Ich schloß die Augen gegen die Sehnsucht, die die herbe, von mir geliebte Landschaft der »anderen Seite« hervorrief. Sie war für die meisten Israelis Feindesland, und die Feindschaft hatte sich mit jedem Jahr vertieft. Der sogenannte Friedensprozeß hatte die Ungerechtigkeit israelischer Politik und die Machtlosigkeit der Palästinenser erst richtig sichtbar gemacht, und die Hybris der einen hatte die Verbitterung der anderen gestärkt.

»Barak wird einen Weg finden«, sagte man und wiegte sich in neuer Hoffnung.

»Es gibt nur noch einen Weg«, sagte ich, »entweder die Palästinenser verschwinden oder wir verschwinden. So viel Verbohrtheit und Verbitterung – von der Dämlichkeit ganz zu schweigen – hält nicht mal das ›Gelobte Land‹ aus.«

Der September bestand aus einer Kette hoher Feiertage: Neujahr, Jom Kippur und das Laubhüttenfest.

Den Neujahrsabend verbrachte ich mit Ina und Amanda in ihrem hübschen, nach Nelkenöl duftenden Nest. Wir aßen und tranken zu südamerikanischer Musik, und wenn Amanda aufstand, um etwas zu holen oder in die Küche zu tragen, tanzte sie ein paar anmutige Schritte.

»Wollen wir nicht alle drei nach Samarkand gehen?« fragte ich.

»Wieso Samarkand?«

»Weil ich hier nicht mehr glücklich bin.«

Amanda sah mich erschrocken an, und Ina lachte.

»Ich möchte noch einmal ein bißchen glücklich sein«, sagte ich, »und dafür ist Samarkand wie geschaffen.«

»Wie willst du das wissen?« fragte Amanda.

»Erstens ist es wunderschön ... ich habe neulich eine Dokumentation darüber gesehen – und zweitens ist es so weit weg und anders als alles, was ich liebgehabt habe, daß es mir nicht weh tun kann.«

»Gut«, sagten meine Freundinnen, »dann fahren wir eben nach Samarkand.«

An Jom Kippur, auf dessen vierundzwanzigstündige absolute Stille ich mich so gefreut hatte, brach auf der kleinen Straße vor meinem Haus ein wüster Streit unter den palästinensischen Nachbarn aus. Männer brüllten, Frauen kreischten, und Steinbrocken, die die Bauruine reichlich hergab, flogen. Sie trafen zwei der wild gewordenen Kerle, die verletzt zu Boden gingen. Ein israelischer Zivilist feuerte vom Dach eines nahe gelegenen Hauses drei Schüsse ab, und ich rannte zum Telefon und alarmierte die Polizei. Die kam mit vier Polizeiautos, zwei Armeejeeps, einer Ambulanz und gellenden Sirenen.

»Reizende Völker«, sagte ich zu mir selbst, »nicht mal am Tag der Vergebung kann man seine Ruhe haben. Wenn die Palästinenser jetzt auch noch die Gelegenheit wahrnehmen und auf die israelische Polizei losgehen, haben wir einen Jom-Kippur-Krieg.«

Doch die Polizei benahm sich überraschend bedacht und behutsam und brachte die Meute zur Vernunft. Die Verletzten wurden weggetragen, die Leute in ihre jeweiligen Häuser gescheucht, die Ambulanz, gefolgt von Polizei und Militär, verließ den Schauplatz, und die Gläubigen in meiner Nachbarschaft kehrten zu ihren Gebetbüchern zurück: »Er, der Frieden stiftet in seinen Höhen, er stifte Frieden bei uns und bei ganz Israel. Darauf sprecht: Amen.«

Zum Laubhüttenfest wurde auf der ebenerdigen Terrasse der Shwarz' die traditionelle Hütte gebaut. Obgleich ich mich an keinem religiösen Fest auch nur andeutungsweise beteiligte, verfolgte ich das Geschehen mit einem ähnlichen Interesse, mit dem ich als Kind die Vorbereitungen für Weihnachten beobachtet hatte.

Ich stand auf meiner Terrasse und sah Brian zu, der mit der ihm angeborenen Ungeschicklichkeit die Bretterwände zusammennagelte. Als er damit fertig war, begann Judith die Flächen mit vielen Postern, die Landschaften, Schriften und ehrwürdige Gestalten aus der Thora darstellten, zu schmücken, sie hängte eine hübsche Gardine vor das kleine Fenster, eine Schnur mit bunten Glühbirnchen quer durch den Raum und befestigte einen braun gestreiften Beduinenteppich vor dem Eingang. Schließlich, am Tag vor dem Fest, wurde die Hütte, in der ein frommer Jude eine Woche lang seine Mahlzeiten einnimmt, mit Palmenzweigen bedeckt, und am Abend mit dem Aufblinken der ersten drei Sterne versammelten sich die Familie, Freunde, sowie Zoe, die schwarze Hündin, und Jimmy, der neue Mitbewohner, ein

Halbschäferhund, in der Hütte, um, wie es in der Thora heißt, »sich des Festes zu freuen«.

Ich, oben auf meiner Terrasse sitzend, freute mich mit ihnen, und die Katzen, von den Düften des Mahles angezogen, starrten Pläne schmiedend auf die Palmenzweige, die mit einem Sprung leicht zu erreichen gewesen und unter ihrem beachtlichen Gewicht zusammengebrochen wären.

Es kommt doch nur auf die Seele an

Die Uhr war während der Feiertage eine Stunde zurückgestellt worden, und ganz Israel schimpfte auf die Orthodoxen, die dafür verantwortlich sein sollten. Es war jedes Jahr dasselbe, und ich verstand nicht, was für ein Interesse ausgerechnet die frommen Juden an der Verkürzung des Tages haben sollten. Aber ich verstand so vieles nicht mehr in dieser Welt. Den »Computerbug«, der uns zur nahe bevorstehenden Jahrhundertwende ins Verderben stürzen sollte, verstand ich nicht, und das Taubenpärchen Ina und Amanda, bei dem jetzt oft und öfter die Federn flogen, verstand ich nicht, und daß ich nie Appetit, dafür aber jeden Abend starke Kopfschmerzen hatte, verstand ich nicht, und daß Barak weiter Siedlungen bauen oder ausbauen ließ und das Land immer mehr zu einem natur- und menschenrechtswidrigen Flickenteppich wurde, verstand ich nicht, und daß die Hühnerköpfe immer teurer wurden, verstand ich nicht, und daß man das neu anbrechende Jahrhundert, das alles andere als Gutes versprach, feiern wollte, verstand ich nun überhaupt nicht mehr.

»Du solltest mal einen Neurologen aufsuchen«, riet Harry mit einem Gesicht, das ebenso ernst und unheilschwanger war wie die Situation, »du wirst immer unberechenbarer.«

Aber anstatt zu einem Neurologen zu gehen, rief ich

Hilde Herzgut an, eine achtzigjährige, liebenswerte Bekannte, die eine der besten Astrologinnen des Landes sein soll. Ich fragte: »Hilde, bin ich verrückt, oder sind es die anderen?«

»Wir sind inzwischen alle verrückt, liebes Kind«, gab sie zur Antwort, »aber Sie sollten endlich etwas positiver werden und glücklich über Ihre große, wunderbare Seele sein.«

Wenigstens eine, die wußte, daß ich eine große, wunderbare Seele hatte!

»Es kommt doch nur auf die Seele an«, fuhr sie mit ihrer tiefen, mütterlichen Stimme fort, »die Seele, die keinen Anfang kennt und kein Ende, die nicht an unseren armen kleinen Planeten gebunden ist, sondern unvergänglich, seit Billionen von Jahren, im Universum kreist und immer wieder zu Ihnen, in welcher Gestalt auch immer, zurückkehren und sich wieder von Ihnen lösen wird.«

Die Vorstellung, daß meine große, wunderbare Seele seit Billionen von Jahren im Universum kreist und bei mir und bereits in zahllose, zweifellos unerfreuliche Gestalten eingekehrt war und weiter einkehren würde, ging mir zu weit.

»Und wie sieht es im kommenden Jahr in Israel aus?« lenkte ich sie ab.

»Schwarz!« sagte sie.

Schwarz war auch die Wolkenwand, die sich, von Westen kommend, auf Jerusalem zuschob. Gerade als ich auf einem meiner Gewaltmärsche im Zentrum der Stadt und dort in der berüchtigten, von Bombenattentätern bevorzugten Fußgängerzone angekommen war, ging ein Wolkenbruch nieder. Die Leute liefen aus Geschäften und Cafés und begrüßten den ersten Regen seit sieben Monaten mit Begeisterung.

»Baruch Hashem«, riefen sie, »gesegnet sei Sein Name!«

Die Autofahrer riefen das nicht. Sie fluchten, denn Staub und Wüstensand hatten sich auf dem Pflaster in eine Art Schmierseife verwandelt, und es schepperte und krachte.

Das Taxi, mit dem ich nach Hause fuhr, schlingerte um

eine Ecke, und der Fahrer, ein älterer Mann, der schon die wollene Wintermütze über die Ohren gezogen hatte, zeterte: »Das ist ja schlimmer als Krieg!«

»Na ja«, sagte ich, »Krieg hat's auch in sich.«

Die Funkanlage, die der kleine Mann auf volle Lautstärke gestellt hatte, knatterte und brüllte irgendwelche Ansagen, und das Radio, auch auf voller Lautstärke, spielte einen dieser sentimentalen, israelischen Songs, die von Sonne, Regen, Wind, Mutter, Vater, Kindern, Krieg, Frieden und Liebe handelten.

»Ich hab alle Kriege mitgemacht«, schrie der ältliche Fahrer, »und die Militärausbildung und die Reservedienste, und jetzt sind, hasve halila, meine Enkel dran. Warum können uns diese verfluchten Araber nicht endlich in Ruhe lassen!«

»Weil ihr ihnen das Land wegnehmt und sie nicht unter eurer Knute leben wollen.«

»Das Land hat ihnen nie gehört, und sie haben immer unter irgendeiner Knute gelebt. Sie sind viel zu primitiv, um ohne Knute leben zu können.«

»Wegen dieser Einstellung«, sagte ich, »werden auch noch deine Ururenkel in den Krieg gehen müssen.«

Der Monat vor dem Millennium

Es kam der Herbst, und ich pflückte welke Blätter von meinen Blumen und Grünpflanzen. Ich pflückte und pflückte, doch jeden Tag waren neue da, und die nackten Stiele und Äste, die aussahen, als würden sie nie wieder ein Blättchen gebären, stimmten mich traurig.

Ich richtete das Katzenzimmer im Patio für den Winter ein, nahm meine warmen Kleider aus dem Koffer und legte die leichten Sachen hinein.

»Das macht man doch gar nicht mehr«, belehrte mich eine

deutsche Journalistin, die, auf ein Interview hoffend, unangemeldet bei mir aufgetaucht war.

»Wenn man mal Emigrantin war«, sagte ich, »macht man das immer noch.«

Ich fegte auf dem Dach die Schnäbel der von den wilden Katzen verzehrten Hühnerköpfe zusammen und drückte meinen Hauskatzen eine Tube »Front-Line« gegen Flöhe in den Nacken, denn in den kühlen Nächten schliefen sie am liebsten bei mir im Bett. Ich ließ meine beiden eisernen Kanonenöfen putzen und bestellte tausend Liter Heizöl.

Die Feigen und Granatäpfel im Garten der Shwarz' waren bereits abgeerntet, die Orangen und Zitronen begannen sich zu färben, die Kronen der Laubbäume lichteten sich, die verhaßte Bauruine trat wieder in mein Leben.

Ich rief meinen höflichen, jeckischen Anwalt an und erklärte, der Baustop genüge mir nicht mehr, das oberste Stockwerk müsse weggesprengt werden.

»Lassen wir das lieber«, sagte er, »man soll schlafende Wölfe nicht wecken.«

»Wenn das Stockwerk nicht weggesprengt wird«, schrie ich, »verlasse ich das Land.«

»Warten Sie bitte auf einen dringenderen Anlaß«, riet er mir.

Der November war wunderschön. Das Licht so tief und klar und von Regen keine Spur. Jeden Morgen frühstückten Harry und ich auf der Terrasse. Er trank Milchkaffee und aß dazu mit Nutella bestrichene Brote. Das fand ich unpassend. Nutella erinnerte mich unweigerlich an München, graue Tage und Frau Waldhorns Kinder, die im selben Haus wie ich wohnten und, wann und wo immer ich sie sah, Nutella-Brote aßen. Aber Harry schwor auf Nutella, die beste Nuß-Nougat-Creme der Welt, der selbst der Blick von meiner Terrasse nichts anhaben konnte. So wie ich der besten Nuß-Nougat-Creme nichts abgewinnen konnte, konnte er am schönsten Blick der Welt nichts Erhebendes finden. »Sand und Steine«, sagte er, »und jedes Mal dasselbe.«

Er vermißte die Abwechslung, die ihm eine verkehrsreiche Straße bot, und die brüllenden Kinder meiner russischen Nachbarin Elena, die bellenden Hunde meiner Hausmitbewohner Shwarz und das sinnlose Hupen der palästinensischen Anwohner konnten ihm die auch nicht ersetzen. Unsere Geschmäcker gingen in einigen Punkten weit auseinander, doch das akzeptierten wir.

»Schau mal, Harry, wie elegant Kater Puschkin da wieder liegt! Er ist doch wirklich ein schönes Tier.«

»Er ist eine alte Tunte und tritt jede Nacht in einer Transvestitenshow auf. Du hast mir selber erzählt, daß selbst die Veterinärin nicht wußte, ob er eine Katze oder ein Kater ist, und darum hat sie ihn erst aufgeschnitten und dann kastriert.«

»Dafür konnte Puschkin nichts, sondern die dumme Kuh. Hat ihm damit völlig das Selbstvertrauen genommen!«

Harry bevorzugte natürlich Hunde, so wie er Nutella zum Frühstück einem weichgekochten Ei und eine verkehrsreiche Straße dem Blick in die Wüste vorzog.

»Komm mal her, mein herrlicher Puschkin«, rief ich, und als er kam, wurde er von Harry abgefangen und »gestreichelt«. Harry streichelte Katzen mit derselben Kernigkeit, mit der man einen Hund streichelt, und der Kater trippelte, verrenkte die Glieder, halb in Entzücken, halb in Entsetzen, und piepste mit seiner höchsten Stimme.

»Harry«, mahnte ich, »das ist ein Kater.«

»Das ist eine Tunte«, beharrte er, »und eine Tunte will kräftig gestreichelt werden, nicht wahr, Puschi, hi-hi-hi, hi-hi-hi, hi-hi-hi!«

Wir kamen gut miteinander aus, denn wir kannten beide unsere verschiedenen Geschmäcker und Lebenseinstellungen und wußten, wo das Gelächter in Verstimmung umschlagen würde. Es war ein beruhigendes Gefühl, ein stoisches männliches Wesen in der Wohnung zu haben, mit dem man die Mißgeschicke des täglichen Lebens und die des unvorhersehbaren Schicksals teilen konnte. Eine hinkende Katze, ein Schaden in der Wohnung, ein heftiger Bauchschmerz, eine unauffindbare Brille versetzten mich nicht mehr wie früher in Panik, denn Harry, das wußte ich, würde die passenden Worte finden, um mir die Belanglosigkeit solcher Dinge vor Augen zu führen.

»Die hinkt nur, weil sie Aufmerksamkeit haben will«, sagte er, oder »das Rohr tropft bereits seit Tagen«, »eine versetzte Blähung tut nun mal weh«, und: »du hast ja noch 'ne zweite Brille.«

Wunderbar, einen Mann um sich zu haben, der aus einem Elefanten eine Mücke macht und in fast jeder potentiellen Gefahr eine versetzte Blähung sieht. Auch im Millennium, das in knappen fünf Wochen über uns kommen würde. Das einzige, was ihn brennend interessierte, waren menschliche Beziehungsdramen und -sensationen.

»Deine zwei Täubchen, Ina und Amanda«, sagte er frohlockend, »sollte man in der Millenniumsnacht vielleicht auch über Bethlehem in den Himmel schicken. In ihrem Nest zerpicken sie sich sonst.«

»Ach Quatsch«, sagte ich, »du hast den westlichen Konsum- und Sensationszwang, das ist alles.«

Ein ermutigendes Geburtstagsgespräch

Am 24. Dezember rief mich meine Schwester an, die seit dreißig Jahren in München lebte.

»Herzlichen Glückwunsch zum Geburtstag«, sagte sie mit einer Stimme, die nach Beileid klang, »wer hätte das gedacht!«

»Was?« fragte ich unvorsichtigerweise.

»Daß auch du nun so alt geworden bist und wir beide noch das Jahr 2000 erleben.«

»Merkwürdig, ja.«

»Führen beide ein Scheißleben, ich hier mutterseelenallein, krank und noch älter als du, und du auf diesem anderen Planeten, auf dem dauernd was explodiert. Meine zwei Besserwisser-Kinder in Bulgarien, dein verkorkster Sohn in Deutschland, unser Bruder auf dem Soldatenfriedhof in Straßburg, und Mutti schon fünfzig Jahre tot und in Gauting begraben. Ich kann ihr Grab einfach nicht mehr pflegen. Dich hat es ja nie interessiert, aber ich bin jeden zweiten Sonntag hingefahren und habe gejätet, gepflanzt und den Stein geputzt. Jetzt bin ich zu alt und zu schwach dazu. Um zum Friedhof zu kommen, muß ich erst den Bus Nummer 19 oder die Tram 34 nehmen, zum Bahnhof fahren, dann in die Vorstadtbahn ...«

»Ich weiß, ich weiß, kein Mensch verlangt das von dir, am wenigsten unsere Mutter.«

»Aber das Grab ist schon ganz verkommen. Der Gärtner, den du da angestellt hast, tut überhaupt nichts und dein reizender Sohn auch nicht. Der Gärtner ist bestimmt ein Antisemit, der Mutti los sein will. Es ist doch das einzige jüdische Grab auf dem gepflegten Friedhof, aber das von deinem Vater, mit diesem häßlichen, riesigen Kreuz, sieht auch nicht besser aus. Da kümmert sich auch kein Aas drum. Eine schöne Familie sind wir!«

»Und ein schöner Geburtstagsglückwunsch ist das!«

»Na, ist doch wahr! Weder im Leben noch im Tod waren und sind wir zusammen. Ich schwöre dir, Angeli, ich würde lieber heut als morgen krepieren.«

»Du hast zwei wunderbare Kinder, die froh wären, wenn du bei ihnen lebtest.«

»Quatsch, ich wäre nur eine Belastung für sie, und außerdem gehe ich nicht nach Bulgarien, ich hasse dieses Land! Warum gehst du nicht zu deinem Sohn nach Deutschland? Warum geht dein Sohn nicht zu dir nach Israel? Warum sind meine Kinder, als sie endlich aus dem Drecksland raus durften, nicht zu mir nach Deutschland gekommen?«

»Weil alles zu spät war. Weil alles kaputt war. Weil auch unsere Kinder zu der verlorenen Generation zählen, die unter die Räder der Politik gekommen ist. Und wir sind gewiß nicht die letzten. Das geht so weiter bis in alle Ewigkeit. Amen.«

»Können wir nicht beide zusammen Schluß machen? Wir sind doch auch beide zusammen aufgewachsen. Du warst ein schreckliches Kind, und unser Bruder war damals nicht viel besser. Hat deinen Vater mit seinen Verrücktheiten zur Verzweiflung getrieben. Und Mutti mit ihren cholerischen Anfällen und ihrer Vergnügungssucht ... ach, du lieber Gott! Aber es war doch schön, nicht wahr?«

»Ja«, sagte ich leise und beklommen, »es war doch schön, und genau das hat unsere Mutter am Hiobsende ihres Lebens auch behauptet.«

Der Prediger Salomo

Ich sah an alles Tun, das unter der Sonne geschieht,
und siehe, es war alles eitel und Haschen nach Wind.
Krumm kann nicht gerade werden,
noch, was fehlt, gezählt werden.
Ich sprach in meinem Herzen:
Siehe, ich bin herrlich geworden
und habe mehr Weisheit als alle,
die vor mir gewesen sind zu Jerusalem,
und mein Herz hat viel gelernt und erfahren.
Und ich richtete mein Herz darauf, daß ich lernte
Weisheit und erkennte Tollheit und Torheit.
Ich ward aber gewahr,
daß auch dies ein Haschen nach Wind ist.
Denn wo viel Weisheit ist, da ist viel Grämen,
und wer viel lernt, der muß viel leiden.

Kohelet, Kapitel 1. 14–Schluß

Krumm kann nicht gerade werden

Das Millennium liegt hinter uns, und Jerusalem 2000 strahlt. Der Regen hat die Blätter der Bäume, das Pflaster der Straßen, die Mauern der Häuser gewaschen. Er hat die Stärke und Unstetigkeit eines tropischen Regens, der sich aus dikken dunklen Wolken entlädt, während durch blaue Risse bereits die heißen Strahlen der Sonne fallen und die Berge Moabs wie ein Abziehbild am Horizont hervortreten.

Meine Katzen, von den Sonnenstrahlen irregeführt und von Wolkenbrüchen überrascht, schießen mit empörten Schreien und durchnäßten Pelzen in die Wohnung, nehmen Polster, Kissen und Betten in Besitz und beginnen, ihre in Unordnung geratene Haarpracht zu frisieren.

Mein Auto sieht, bis auf ein paar schwarze Schrammen, wieder wie neu aus, und ich kann unbehindert durch alle sechs Fenster gucken, was beim Fahren im allgemeinen und auf Israels Straßen im besonderen ein großer Vorteil ist.

Im Nachbargarten toben Elenas Kinder und wälzen sich mit offensichtlichem Wohlgefühl im kühlen, feuchten Gras. Sie tragen Badehöschen, denn für die Russen, insbesondere für Elena, die in Sibirien aufgewachsen ist, hat der Winter noch nicht begonnen.

Im Garten meiner Hausmitbewohner Shwarz haben zwei Palästinenser einen geräumigen Hühnerstall gebaut, und in den sind vor einem Monat vier ungewöhnlich große, hübsche Hennen mit auftoupierten Federhosen eingezogen.

»Ich wollte schon immer Hühner haben«, hat mir Judith Shwarz mit verlegenem Lächeln anvertraut, »ich liebe Hühner.«

»Verrückt«, murrt ihr Mann, der diese Liebe nicht zu teilen scheint, »wozu brauchen wir jetzt auch noch Hühner?«

»Ökologische Eier«, sagt Judith.

»Und man weiß ja nie, was noch kommt«, sage ich, die ich der sauber gewaschenen und energieweckenden Winteridylle nicht traue.

Die moslemischen Palästinenser feiern Id Al-Fitr, ein dreitägiges, den Fastenmonat Ramadan abschließendes Fest, zu dem Zigtausende von Schafen geschlachtet und verschlungen werden. Die Israelis ergehen sich zur Feier der Tage in einer großzügigen Geste und entlassen sieben des Terrors Verdächtige aus dem Gefängnis. Es sollen die ersten seit 1994 sein.

»Maybe«, kreischt Euphemia, die gerade aus Bethlehem gekommen ist und anfängt zu putzen, »maybe now better.«

»Maybe«, sage ich.

»Denk an die zweitausend toten Friedenstauben, die in der Millenniumsnacht auf Bethlehem gehagelt sind«, sagt Harry.

»Die Abgründe zwischen den palästinensischen und israelischen Positionen sind immer noch unüberbrückbar«, sagt Arafat, der sich am Gaza Checkpoint »Erez« mit Barak getroffen hat.

»Ganz neu!« sagt Ina, die das hübsche, wohlriechende Nest, das sie mit Amanda teilte, verlassen hat und wieder in Berlin lebt.

»Ihr seid alle kalt und zynisch«, sagt Amanda, die sich nach wie vor mit den sephardischen Juden identifiziert und von deren Warmherzigkeit überzeugt ist.

»Jerusalem ist so groß und schön geworden«, sagt Evchen, die seit 1936 das jeckische Ghetto, Rechavia, nur verlassen hat, um zu irgendwelchen gesellschaftlichen Treffpunkten zu fahren.

»Das Leben ist so fade geworden«, sagt Jane, die an die zwanzig Quadratmeter ihrer Altersheimwohnung gefesselt und zu keiner Beschäftigung mehr fähig ist.

»Wir haben überhaupt nichts dazugelernt, und das wird sich bitter rächen«, sagt mein palästinensischer Freund Ismael in Ramallah.

»Der Friedensprozeß wird mit neuem Schwung aufgenommen und zu einem den beiden Völkern gerechten Ende geführt werden«, sagt US-Präsident Clinton, der kurz vor dem Ende seiner Amtsperiode steht und noch einen Ehrenplatz in der Weltgeschichte ergattern will.

Im März kommt der Papst, und »The Holy Land welcomes His Holyness«. Er geht wie ein aufgezogenes Spielzeugmännchen, und da er nicht mehr niederknien und die »Heilige Erde« küssen kann, kommt die Heilige Erde auf einem Schäufelchen zu ihm und läßt sich ungerührt küssen. Seine Heiligkeit sagt und tut genau das, was die drei Seiten von ihm erwarten. Seine Stimme ist kraftlos, aber sein Wille fest. Er besucht ein palästinensisches Flüchtlingslager, die jüdische Gedenkstätte und viele christliche Einrichtungen und Kirchen. Er gedenkt der Toten, segnet die Lebenden, meistert die Gratwanderung über die Schluchten religiöser und politischer Verbrechen, der sich Christen, Juden und Moslems im Namen Gottes und des Vaterlandes schuldig gemacht haben. Es gelingt ihm sogar, die Israelis zu begeistern, die er in der Gedenkstätte Yad Vashem als Vertreter und Oberhaupt der katholischen Kirche für die Millionen im Holocaust ermordeten Juden um Verzeihung bittet.

Es ist, wider Erwarten, ein rundum gelungener Besuch, und als der Papst, von keinem israelischen oder palästinensischen Fanatiker tot- oder auch nur angeschossen, das »Heige Land« verlassen hat, folgt ihm ein Seufzer allgemeiner Erleichterung und Befriedigung.

Eine Woche später enteignen die Israelis vierzig Hektar palästinensischen Landes, um der Siedlung »Efrat«, in der Nähe Bethlehems, weitere dreihundertfünfzig Wohneinheiten hinzuzufügen. Sie behaupten, was sie immer behaupten, nämlich, daß die Erweiterung der Siedlung nötig sei wegen des natürlichen Wachstums seiner Bewohner, also legal stattfinde.

Arafat ruft die Europäische Union um Beistand an und trifft sich mit der amerikanischen Außenministerin Madeleine Albright, die verdrossen erklärt: »We have no new ideas.«

Und Salomo, der Weise, spricht: »Was geschehen ist, eben das wird hernach sein. Was man getan hat, eben das tut man hernach wieder, und es geschieht nichts Neues unter der Sonne.«

Es ist alles im grünen Bereich

Ich frühstücke mit Harry auf der Terrasse. Er ißt seine mit Nutella bestrichene Brotschnitte, zieht plötzlich sein Hosenbein hoch und sagt zu mir: »Da, schau mal!«

Ich sehe das wohlgeformte, blond behaarte Bein an und sage: »Sehr niedlich!«

»Bist du blind?«

»Nur auf einem Auge, wie du weißt«, entgegne ich, stehe auf, beuge mich über das Bein und folge seinem wegweisenden Finger: »Hier«, sagt er, »hier und hier. Und auf dem anderen Bein und dem linken Oberarm auch.«

Es sind harmlos aussehende, bräunliche Flecken, nicht größer als meine Aspirintabletten. Doch leider weiß ich, was er mir da zeigt, und der Schock ist so groß, daß ich die Kontrolle verliere und sage: »Soviel mir bekannt ist, kriegt man die Flecken erst im Endstadium.«

»Nicht unbedingt. Ich sehe ja wohl nicht aus wie im Endstadium, oder?«

»Nein, du siehst gesund aus. Hast du einen Arzt in Deutschland?«

»Ja, und ich habe auch schon einen Flug gebucht. Ich fliege übermorgen, und da mein israelisches Visum sowieso in ein paar Tagen abläuft und ich hier raus muß, trifft sich das gut.«

»Ja, das hast du ausgezeichnet arrangiert.«

»Bitte, reg dich nicht auf!«

»Ich reg mich nicht auf«, sage ich und schreie: »Für einen idiotischen Fick setzt ein junger, gesunder, aufgeklärter Mann sein Leben aufs Spiel. Bravo!«

Sein Gesicht erstarrt, und er verläßt die Terrasse. Das angebissene Nutella-Brot auf seinem Teller bringt mir sein Elend mehr zu Bewußtsein als die braunen Flecken auf seinem Bein. Ich nehme es, werfe es in den Garten der Shwarz' und gehe ihm nach.

Er sitzt auf seinem Bett und sieht so fragil und hilflos aus, daß jedes Wort, jede Geste bei seinem Anblick in mir zerbricht.

»Ich habe zwei meiner besten Freunde an diese verfluchte Krankheit verloren«, murmele ich schließlich, »verzeih, daß ich vorhin so laut und taktlos war.«

»Da gibt es nichts zu verzeihen, du hast ja hundertprozentig recht.«

»Hast du denn wirklich nichts gewußt?«

»Gewußt nicht, aber bis an die Grenze des Wissens geahnt. War ja auch mehr als wahrscheinlich.«

»Ich habe dich ein paarmal gebeten, den Test machen zu lassen.«

»Hätte ich den gemacht«, sagt er, ohne mich anzuschauen, »säße ich heute nicht hier. Und ich wollte hier sitzen.«

Amanda zieht zu mir, um mir zu helfen und mich moralisch zu unterstützen. Harrys Zimmer riecht nicht mehr nach Mann, sondern duftet nach Nelkenöl, und sein Kopfkissen bedeckt eine Flut schwarzer Locken.

»Ich verstehe dich nicht«, sage ich zu der jungen Frau, »jeder Mann würde sich die Finger nach dir lecken.«

»Ich will aber nicht jedermann. Ich will den, der seelisch, körperlich und geistig zu mir paßt.«

»Und den willst du ausgerechnet hier und dann auch noch unter den orientalischen Juden finden? Viel Glück, liebes Kind, und gute Nacht.«

Harry ruft aus Deutschland an: »Es ist alles in Ordnung«, sagt er munter, »in zehn Tagen bin ich zurück.«

»Was meint er bloß mit ›alles in Ordnung‹?« frage ich Amanda.

»Es gibt inzwischen Therapien, mit denen man die Krankheit in den Griff bekommt«, sagt Amanda, die sich die Plastikhandschuhe überstreift und den Behälter mit Hühnerköpfen aus dem Kühlschrank nimmt.

»Ich habe dir schon tausendmal gesagt, daß du mir die Hühnerköpfe überlassen sollst. Ich ekle mich schon seit Jahrzehnten nicht mehr davor, und du tust es.«

»Ich ekle mich nicht«, sagt sie und verschwindet.

»Fünfzehn Katzen«, erklärt sie, als sie vom Dach zurückkommt, »und laß Harry, um Gottes willen, das Gefühl, daß alles in Ordnung ist.«

»Natürlich laß ich ihm das! Hast du dich nicht verzählt? Es sind eigentlich achtzehn Katzen.«

»Es sind fünfzehn«, schreit sie mich an und kämpft vergeblich mit den Tränen, »und das letzte, was Harry braucht, ist dein Pessimismus. Man kann jede Krankheit in den Griff bekommen, wenn man fest an eine Heilung glaubt.«

»Glauben ist eine Gabe«, entgegne ich, »und kein Willensakt. Und mein einziger Glaube in diesem fatalen Fall ist der, daß Harry mit seiner Intelligenz und Willenskraft und der Arzt mit medizinischem Wissen die Krankheit im Griff behalten. Den spirituellen Glauben überlaß ich dir, und wenn wir alle an einem Strang ziehen, werden wir das Kind schon schaukeln.«

Harry sieht gut und gesund aus, als er nach Jerusalem zurückkehrt.

»Es ist schön, wieder hierzusein«, sagt er, »in Deutschland ist es kalt und grau, und meistens regnet's.«

»Wie geht es dir?« frage ich. »Was sagt der Arzt?«

»Mach dir keine Sorgen«, erwidert er fröhlich, »es ist alles im grünen Bereich.«

»Hier auch«, sage ich, denn der Konflikt zwischen den Palästinensern und den Israelis spitzt sich gerade wieder zu.

Er packt seine prall gefüllte Reisetasche aus, und als ich mir später etwas aus dem Kühlschrank holen will, ist der mit voluminösen weißen Plastikdosen vollgestopft.

»Was hat er uns bloß alles mitgebracht?« frage ich mich und schraube erwartungsvoll den roten Deckel von einer der Dosen. Sie ist randvoll mit großen lachsfarbenen Tabletten gefüllt. Alle anderen sind es auch, und in dem kleinen Fach in der Kühlschranktür, in dem man im allgemeinen Butter aufbewahrt, stehen wie Zinnsoldaten viele kleine Schachteln, in denen sich Ampullen befinden.

Eine Weile verharre ich grübelnd vor dem Kühlschrank, dann, als sich die Katzen, einen guten Bissen erhoffend, um mich scharen, mache ich die Tür wieder zu und gehe zu Harry, der auf seinem Bett vor dem Fernseher liegt und schallend über irgendeinen amerikanischen Komiker lacht.

»Ich hab gerade die Tabletten gesehen«, sage ich, »mußt du die alle einnehmen?«

»Na ja, als Kühlschrankdekoration habe ich sie nicht mitgebracht. Ich muß täglich insgesamt achtzehn Tabletten schlucken und alle drei Wochen zur Chemotherapie, und da habe ich mir gleich einen Vorrat für drei Monate mitgenommen. Danach muß ich ja sowieso das Land verlassen, und das kombiniere ich dann mit den Kontrolluntersuchungen bei meinem Arzt in Deutschland.«

Der Komiker auf dem Fernsehschirm scheint gerade etwas wahnsinnig Komisches zu tun, denn Harry schüttelt sich vor Lachen.

Ich unterdrücke jede Frage und wende mich der Tür zu.

»Ich habe wesentlich mehr Viren im Blut als deine zweiundzwanzig Katzen Flöhe im Pelz«, ruft er mir nach, »und wenn ich keine Chemo kriege, sehe ich bald aus wie eine Giraffe.«

Ich gehe zu ihm zurück und schaue ihn schweigend an.

»Mit der Therapie kann ich siebzig Jahre alt werden und mit der Chemo hoffentlich bald aufhören.«

»Und wie lange mußt du die Tabletten nehmen?«

»Bis ich mit siebzig sterbe. Aber vorher findet man vielleicht was, man macht ja große Fortschritte.«

»Das stimmt«, sage ich und schaue in der Hoffnung, auch etwas Komisches an dem Komiker zu finden, auf den Fernsehschirm. Aber dem scheint nichts mehr einzufallen, oder mein Humor hat mich verlassen.

Ich rufe meine Freundin Sarah in Tel Aviv an, bei der ich, so wie bei Amanda und Ina, Diskretion voraussetzen kann, beschreibe ihr Harrys Zustand und frage, ob es in ihrem großen Bekanntenkreis nicht auch einen guten, zuverlässigen Arzt gebe, an den Harry sich in dringendem Fall wenden könne.

Oh ja, den gebe es, sagt sie, Dudi, ein Jude aus Tunesien, der in Paris Medizin studiert habe und sich in Tel Aviv sowohl in einem der besten Krankenhäuser als auch in einer von ihm selbst gegründeten und auf Spenden angewiesenen Klinik für Gastarbeiter zu Tode schufte. Da diese Sklaven aus den ärmsten der armen Länder weder eine Krankenversicherung hätten, noch eine wie auch immer geartete Unterstützung bekämen, behandele er sie mit Hilfe einer Gruppe idealistischer Mediziner kostenlos. Albert Schweitzer sei nichts gegen Dudi.

»Jetzt kann uns gar nichts mehr passieren«, sage ich zu Harry, »wir haben Dudi.«

Er sieht mich kopfschüttelnd an und seufzt: »Schon wieder was Neues! Also ich finde, wir sollten bei ›Cat-Star‹ bleiben. Das essen die Katzen doch auch sehr gerne.«

Es wird ein verhängnisvolles Frühjahr mit vielen jungen Kätzchen, die alle vom Dach in den Patio kommen und da ihr Unwesen treiben. Harry ist zutiefst erbost: »Komm her«, ruft er, »und sieh dir das an! Die Töpfe vollgeschissen, der Sand rausgescharrt, die Blüten geköpft und der Brei, mit dem du sie unbedingt aufpäppeln mußt, über den ganzen Patio verteilt.«

»Ja«, sage ich, mir mit beiden Händen in den Rücken greifend, »sehr unappetitliche Katzen.«

Ich habe mir, zu allem Glück, auch noch einen Hexenschuß geholt und bewege mich wie seinerzeit mein achtzigjähriger Gentlemanfriend, der, um sein schmerzhaftes Alter zu verbergen, mit steifen Schrittchen, durchgedrücktem Kreuz und angezogenem Kinn neben mir hermarschiert ist.

»Ist bestimmt auch schon tot«, sage ich aus meinen Gedanken heraus, und Harry, nach einem Besen greifend, sagt verbittert: »Keine einzige ist tot.«

»Ich meine nicht die Katzen, sondern meinen Gentlemanfriend, den du gar nicht mehr kennengelernt hast. Ist mit seiner Frau, einer gefährlich eifersüchtigen Xanthippe, zu dem gemeinsamen Sohn nach Australien abgewandert und ward nie mehr gesehen.«

»Ist mir wenigstens einer erspart geblieben.«

»Er war ein sehr gescheiter Zyniker, nur als der Golfkrieg ausbrach, ist ihm der Zynismus vergangen«, sage ich und kichere: »Er hat mich unentwegt angerufen, grauenhafte Prognosen, Szenarien und Phantasien entwickelt und mir Verhaltensmaßregeln gegeben: Du mußt dir sofort einen Feuerlöscher, Marke soundso, kaufen, hab immer die Atropinspritze bereit, und gegen Milzbrandbakterien kann man sich impfen lassen ...«

»Milzbrandbakterien«, murmelt Harry kopfschüttelnd und fegt weiter.

Das Verhängnis scheint seinen Lauf zu nehmen. Harry ißt weniger und schläft mehr. Auf meine vorsichtigen Fragen gibt er mir unbefriedigende Antworten. Mein Hexenschuß artet in einen entzündeten Ischiasnerv aus, und Nachtsche, mein stummer, liebenswürdiger Yogakater, kommt mit einer riesigen Geschwulst an der Stelle, wo einstmals ein Auge war, von einer Orgie zurück.

»Oh, Himmel, Harry, glaubst du, das Auge ist noch da?«

Er betrachtet den Kater lange, ernst und schweigend.

»Sag doch was!«

»Ich weiß nicht, ob das Auge noch da ist. Wir müssen abwarten.«

»Das schöne graue Auge! Sie haben es ihm vielleicht ausgekratzt, weil er stumm ist und sich mit den anderen Katern nicht verständigen konnte. Bestimmt ging es um eine Katze, und er hat nicht sagen können ...«

»Was?« fragt Harry gespannt.

»Daß er auch mal kurz ... ach, Nachtsche, Nachtsche, Nachtsche!«

Zwei Tage später sickert Eiter aus der Beule, und Harry steckt den Kater in einen Korbkasten und fährt zum Tierarzt. Er kommt ohne Nachtsche zurück und erklärt, das Auge habe sofort entfernt werden müssen und sei im übrigen gar kein Auge mehr gewesen. Da Harry zwei Semester Tiermedizin studiert hat, will er mir einen fachlichen Bericht vom Zustand des ausgelaufenen Auges geben, aber ich unterbreche ihn mit jämmerlichem Geschrei, woraufhin er mir die Mitteilung macht, daß er es, in Anbetracht von Nachtsches Dumm- und Stummheit, für unerläßlich gehalten habe, auch gleich die Hoden entfernen zu lassen.

»Die Pelzbällchen«, schreie ich, »seine schönen Pelzbällchen?«

»Besser die als auch noch das zweite Auge«, sagt er, »und viele verfaulte Zähne müssen außerdem raus.«

»Ein Kater ohne Stimme, ohne ein Auge, ohne Pelzbällchen und ohne Zähne«, sage ich leise, »das kann einem nur hier passieren!«

Ina ruft aus Berlin an, und ich erzähle ihr von unserem Katzendesaster.

»Schrecklich«, sagt sie, »wirklich schrecklich, aber wenn du dich mal auf etwas anderes konzentrieren und schreiben würdest ...«

»Ja, und wenn Harry und Nachtsche nicht kopflos rumgepoppt hätten und wenn Gott nicht das ›Gelobte Land‹ seinem auserwählten Volk gegeben hätte und wenn Hitler nicht gewesen wäre ...«

Ina spinnt den Faden weiter: »Und wenn die Palästinenser endlich mal die Anständigkeit besäßen, das Land zu verlassen oder es sich zumindest Stück für Stück von den Juden besiedeln zu lassen, dann hätten wir einen gerechten Frieden.«

Nachdem wir den »Jerusalem-Tag« und alle sich ihm anschließenden Mahn- und Gedenktage hinter uns gebracht haben (von israelischer Seite: »Holocaust-Gedenktag« und der für die in den Kriegen gefallenen Soldaten; von palästinensischer Seite: »Landtag« und »nakba«, wörtlich übersetzt »Katastrophe«, womit der Gründungstag des Staates Israel gemeint ist) und es, zum Glück, nur am »Tag der Katastrophe« in der palästinensischen Stadt Tulkarem zu Tumulten und damit zu sechs Toten und vielen Verwundeten kommt, können wir einer unproblematischeren Zeit entgegensehen.

Nachtsche, der wieder zu Hause ist, läßt sich mit einem großen strahlenden Auge von mir verwöhnen. Das andere ist mit einem vergißmeinnichtblauen Faden zusammengenäht worden und sowohl für ihn als für mich gewöhnungsbedürftig. Auch die verschorfte Stelle, an der einstmals seine schönen Pelzbällchen geprangt haben, und das fast zahnlose Schnäuzchen erfüllen mich mit Trauer. Harry nennt ihn »mein Babykater«, und wenn er ihn als solchen in den Armen herumträgt und zu innig an sich preßt, stößt Nachtsche einen krächzenden Laut aus, den man mit viel Phantasie für ein Miauen halten kann.

»Ich glaube, er fängt jetzt doch noch an zu sprechen«, sage ich, »ein Schock kann nämlich heilsam sein.«

»Na dann besteht für mich ja die beste Hoffnung«, spöttelt Harry, und ich mustere ihn eindringlich, wage jedoch nichts zu sagen oder zu fragen.

Barak trifft sich mit Clinton in Lissabon. Ein Foto zeigt die beiden Staatsmänner Seite an Seite vor einem einladenden Palais. Barak, der Wasserspeier, grinst mit aufgeblasenen Backen, Clinton, das Honigpferd, lächelt und strömt die Grundwerte seines Landes aus: Freiheit, Menschlichkeit und Gerechtigkeit.

Madeleine Albright fliegt in Israel ein und trifft sich irgendwo mit Arafat. Ein Foto zeigt die beiden in zwei üppigen Brokatsesseln, über deren vergoldeten Armlehnen sie sich die Hände schütteln. Madeleine Albright sieht aus wie ein verärgerter Vogel, dem ein anderer gerade den Wurm wegpickt, Arafat hat Ähnlichkeit mit einem Walroß, dem man das Wasser abgegraben hat.

Ein Palästinenser aus einem Flüchtlingslager trifft an der südlibanesischen Grenze eine Verwandte, die es auf die israelische Seite verschlagen hat. Ein Foto zeigt zwei Menschen, einen Mann und eine Frau, die sich durch den Maschendraht bei der Hand halten und glücklich in die Kamera lachen.

»Bald kommen unsere Soldaten aus dem Libanon zurück«, klärt Evchen und steckt sich eine Praline in den Mund, »Barak hält, was er verspricht.«

»Wie geht es Lily«, lenke ich ab.

Lily, ihre fünfundachtzigjährige Busenfreundin, ist die Treppe heruntergefallen und hat sich die Hüfte gebrochen. Die Operation ist mißglückt, und nun liegt Lily in einem Pflegeheim, das viel zu wünschen übrigläßt.

»Sie weint die ganze Zeit und möchte sterben«, berichtet Evchen empört und triumphierend zugleich, »sie hat Alzheimer.«

»Sie hat sich die Hüfte gebrochen und wird das elende Pflegeheim nie mehr verlassen können«, widerspreche ich, »und wenn sie jetzt weint und sich den Tod wünscht, ist das gewiß kein Alzheimersymptom, sondern gesunder Menschenverstand.«

»Ach, du hast doch keine Ahnung!« fährt mich Evchen böse an.

»Warum werden Männer im Alter meist milde und Frauen unangenehm aggressiv?« frage ich Harry.

»Weil die Geschlechter im Alter endlich die ihnen zugewiesene Rolle ablegen und ihre wahre Natur ausleben dürfen«, erwidert er.

Ein Glück, daß du Viktor hast

Jerusalem 2000 hört nicht auf zu strahlen, und Touristenströme aus aller Welt begeistern sich an seinem trügerischen Licht. Dutzende von neuen bombastischen Hotelburgen, Jeshiwas, Luxus-Wohnanlagen, Friedens-Kultur-Dialog und Spenden fördernde Begegnungszentren befinden sich sowohl auf der westlich-israelischen als der östlich-palästinensischen Seite im Bau, immer attraktivere Geschäfte, Restaurants, Cafés und Bars öffnen in Jerusalem ihre frisch gestrichenen Türen, sogar von dem Bau eines Straßenbahnnetzes ist die Rede.

»Fabelhaft«, sagt mein vierundachtzigjähriger Freund Rudi, »dann kann ich vielleicht noch Trambahnfahrer werden. 1937, als ich bei sechsundfünfzig Grad Hitze am Toten Meer arbeitete, habe ich dort die uralte Einspurbahn gefahren. Mit der wurden die Pottasche und anderes Zeug aus dem Toten Meer befördert, und ich hatte immer irgendein hübsches Mädchen neben mir auf dem Fahrersitz und hab angegeben wie 'ne Tüte Mücken.«

Er setzt sich auf den Tisch, zieht an einer imaginären Schnur und macht das Tuten der uralten Einspurbahn nach.

»War schön damals, nicht wahr?«

»War herrlich! Wir waren eine verrückte, idealistische Clique und glaubten, jedes Körnchen Pottasche und jeder Tropfen Schweiß bedeute einen grandiosen Beitrag zum Aufbau unserer neuen Heimat.«

»Wäre ich damals als Kind zu euch gekommen, wäre ich bestimmt so wie ihr geworden – eine gute, patriotische Israelin, für die Volk und Staat an erster Stelle stehen.«

»Quatsch! Bei dir hätten immer dein Ego und irgendein Kerl an erster Stelle gestanden.«

»Ich hätte einen davon geheiratet, und meine Kinder wären in die Armee gegangen, und ich wäre stolz auf sie gewesen.«

»Glaubst du das wirklich?«

»Ich könnte es mir vorstellen.«

»In dem Fall ist es ja ein Glück, daß du zu spät hier eingewandert bist.«

»Ja, so muß man es wohl sehen.«

Ich besuche meine Freunde in den palästinensischen Gebieten. Sie scheinen ein normales Leben zu führen: arbeiten, kaufen ein, kochen, gehen zur Schule, feiern Feste, quatschen in ihre Handys, sehen fern.

»Ist das die Ruhe vor dem Sturm?« frage ich Ismael.

»Ja«, sagt er, »das ist sie. Es wird bald losgehen.«

»Ist das eine Inspiration?«

»Nein, eine nüchterne Bestandsaufnahme.«

Mohammed kommt, um die grüne Plastikplane über meiner Terrasse, die die Katzen als Trampolin benutzen, zu reparieren. Anschließend trinken wir Tee, und er hält mir einen bemerkenswerten Vortrag.

»Wir Palästinenser«, sagt er, »sind dumm und krank im Kopf. Wir wollen unbedingt einen Staat und können nicht mal Ordnung in einem Dorf machen. Es gibt fünfzehn arabische Staaten, und keiner taugt was. Wozu müssen wir einen sechzehnten gründen, der noch viel weniger taugen wird. Wir können ohne die Israelis nicht mal ein Kilo Oliven exportieren oder eine Dusche nehmen, denn sie haben alles fest in der Faust. Wenn wir so fleißig wären wie die Deutschen, so schlau wie die Juden, so reich wie die Amerikaner, ließe sich vielleicht was machen, aber wir sind nichts von alldem, und das einzige, was wir haben«, er macht eine verächtliche Gebärde, »ist Allah und sein himmlisches Bordell.«

»Also möchtest du lieber unter israelischer Herrschaft leben?«

»Ich möchte mit meiner Frau und meinen zwei Kindern in Frieden leben, das ist alles. Israelische oder arabische Herrschaft läuft für das einfache arme Volk fast auf dasselbe hinaus. Wir werden von den Mächtigen hier und da tyrannisiert.«

»Wenn du nicht die Privilegien eines Jerusalemer Arabers besitzen würdest: Kennkarte, Arbeitserlaubnis, Kranken- und Sozialversicherung, sondern in den verstümmelten palästinensischen Gebieten leben müßtest, würdest du anders sprechen.«

»Selbst wenn wir einen eigenen Staat hätten, hätten wir keine Arbeit und keine funktionierende Kranken- und Sozialversicherung. Wir hätten nicht mal moderne, saubere Krankenhäuser, in denen man eine Herzoperation durchführen kann, und das Wort ›sozial‹ haben wir noch nie gehört. Die Israelis sind, entschuldige bitte, schlechte Menschen, aber sie sorgen wenigstens für ihr eigenes Volk, die palästinensische Autonomiebehörde ist selbst dem eigenen Volk gegenüber schlecht. Fast jeder Palästinenser würde sein letztes Geld für eine israelische Kennkarte hergeben, aber gleichzeitig will er einen eigenen Staat. Das ist doch unwürdig.«

»Mohammed«, sage ich eindringlich, »die Völker, die man kolonisiert, die man unterdrückt und ausgebeutet, deren Kultur und Einheit man zerstört hat, verlieren ihre Orientierung und die Fähigkeit, eigenständig und praktisch zu handeln. Die Verantwortung dafür tragen jedoch nicht die Okkupierten, sondern die Okkupatoren.«

»Glaub mir, Angelika«, sagt Mohammed mit derselben verächtlichen Gebärde, mit der er Allah und sein himmlisches Bordell verworfen hat, »aus solchen Völkern ist so oder so nichts zu machen. Wenn sie das fremde Volk endlich los sind, machen sie alles kaputt, was von denen aufgebaut worden ist, und schlachten sich gegenseitig ab.«

Ende Mai beenden Israelis und Hisbollah ihr tödliches Ping-Pong-Spiel – Katjuschas vom Südlibanon nach Nordisrael, Bomben von Israel auf Südlibanon –, und die Truppen, die vor zwanzig Jahren unter dem Kommando General Scharons im Libanon einmarschiert waren, werden in einer Nacht- und Nebelaktion hastig abgezogen. Der Libanonkrieg, mitsamt seiner zwei Jahrzehnte anhaltenden israelischen Besatzung, hat viele Opfer gekostet, sowohl auf seiten der Israelis als auf der der Hisbollah – Terroristen natürlich! –, die nicht aufgeben wollten, sich in Guerillaaktionen gegen die Besatzer zu wehren. Die Zahl der libanesischen Zivilisten, die dabei ihr Leben lassen mußten, bleibt unbekannt, die der palästinensischen Flüchtlinge, die unter der Oberaufsicht General Scharons in den Lagern Sabra und Schatila niedergemetzelt wurden, wird auf tausend geschätzt.

Wie auch immer, der hastige Abzug der Israelis aus dem Libanon wurde als bedeutender Schritt in Richtung Frieden gewertet, und selbst Arafat gibt ein paar lobende Worte von sich.

»Ich weiß nicht, warum ich dauernd so müde bin«, sage ich zu Harry, »so müde darf man doch gar nicht sein.«

»Ich bin auch sehr müde«, sagt er, »vielleicht liegt's am Wetter.«

»Es kann doch nicht alles am Wetter oder den hiesigen politischen Zuständen liegen«, widerspreche ich, »früher gab es doch auch Wetter und unmögliche politische Zustände.«

»Früher«, sagt Harry mit der Grimasse eines Lächelns, »warst du noch jung und ich nicht todkrank.«

Es ist das erste Mal, daß er ohne mildernde Umschweife seinen Zustand beim Namen nennt, und ich versuche, gegen einen Widerstand in meiner Brust zu atmen, was sichtbar mißlingt.

»Du atmest falsch«, sagt Harry streng, »du mußt mit dem Zwerchfell atmen!«

»Also geht es dir schlecht«, sage ich.

»Nicht so schlecht, daß wir uns darüber unterhalten müssen.«

»Aha. Und wann hältst du den Zeitpunkt für gekommen, an dem wir uns darüber unterhalten müßten?«

»Ich bin nicht bei dir, um dich zu belasten, sondern um dir zu helfen.«

»Und du glaubst, indem du schweigst und mich hinters Licht zu führen versuchst, hilfst du mir? Wofür hältst du mich eigentlich?«

»Für einen Menschen, dem es auch nicht gerade gutgeht.« Ich schaue durch die Glastür in den Patio, in dem ein winziges Kätzchen sitzt und schreit.

»Ich hole es jetzt herein«, sage ich, »gleich fängt es an zu regnen, und das Tierchen ist keinen Monat alt.«

»Eben deshalb darfst du es nicht reinholen. Es wird noch von der Mutter gesäugt, und die wird gleich kommen und sich um ihr Kleines kümmern.«

»Darauf warten es und ich schon seit einer Stunde, und keine Mutter kommt. Ich werde nicht mit ansehen, wie es immer schwächer wird und stirbt, ich werde nicht mit ansehen, wie irgend jemand immer schwächer wird und stirbt! Schreib dir das hinter die Ohren!«

»Es ist ein starkes Kätzchen, das sieht man doch.«

»Ja, und du bist ein starker Mann, das sieht man auch! Glaubst du, ich habe nicht bemerkt, daß du immer weniger ißt und immer dünner wirst und immer blasser und immer müder? Aber man spricht ja nicht darüber! Man tut so, als sei alles in Ordnung, und wartet, bis es zu spät ist.«

»Du wolltest doch ein paar Tage ins Galil fahren, um dich auszuruhen und nachzudenken ...«

»Ich wüßte nicht, wovon ich mich ausruhen und über was

ich nachdenken sollte. Glaubst du, in ein paar Tagen im Galil kann ich ein ganzes verwurschteltes Leben aufarbeiten und ein neues Buch konzipieren?«

»Es war deine Idee, und ich halte sie für gut. Du bist doch nur noch ein Nervenbündel!«

»Das wäre jeder normale Mensch an meiner Stelle ... ha, da ist sie, da ist die Mutter. Natürlich die Schöne mit dem Kirgisengesicht. Bestimmt war Puschkin, den sie mir damals vor die Tür gesetzt hat, auch ihr Kind.«

»Schöne Mütter sind immer mit Vorsicht zu genießen«, sagt Harry und tritt neben mich. »Ach, die meinst du, die ist doch ganz mies!«

»Schwule Männer haben nie einen richtigen Blick für Frauen.«

Die Katze mit dem Kirgisengesicht geht auf das Kleine zu, streicht ihm ein paarmal mit der Zunge vom Köpfchen bis zum Schwanzansatz, stößt es beiseite, als es an ihr saugen will, und rennt die Wendeltreppe hinauf. Das winzige Pelzknäuel versucht ihr zu folgen, indem es Klimmzüge an der ersten Stufe macht, erkennt die Vergeblichkeit, setzt sich hin und maunzt verzweifelt.

Ich laufe hinaus, hebe es hoch, überschütte es mit sanften Zärtlichkeiten und säuselnden Worten und trage es im Ausschnitt meines Pullovers in die Wohnung zurück.

»Und nun?« fragt Harry. »Was gedenkst du nun damit zu tun?«

Plötzlich geht es rasend schnell. Harry ißt nicht mehr, trinkt nur noch verschiedene Milchgetränke, von denen er behauptet, daß sie den Magen beruhigen, und schluckt dazu ein Anti-Brechmittel. Über seiner Blässe liegt ein grünlicher Schimmer, sein Gesicht und sein Körper magern zusehends ab, und jeder Schritt scheint ihn Überwindung zu kosten. Meist liegt er in seinem Bett, in Embryohaltung, die Decke bis zu den Augen hochgezogen, doch wenn er mich im Patio mit dem Besen, im Bad mit den Katzenklos oder auf dem

Dach mit den Hühnerköpfen herumhantieren hört, taucht er auf und fährt mich an: »Bitte, überlaß mir das!«

»Du kannst das nicht mehr!«

»Natürlich kann ich das, und wehe, wenn du hinter meinem Rücken zum Markt fährst und Hühnerköpfe holst!«

»Harry, du kannst unmöglich diese schweren Plastiksäcke heben und schleppen.«

»Hast du mich bereits aufgegeben?«

»Unsinn! Aber laß mich Dudi anrufen und einen Termin für dich ausmachen.«

»Mein Arzt ist in Deutschland und meine Versicherung auch.«

»Dann flieg nach Deutschland!«

»Ich fliege in sechs Wochen, und bis dahin halte ich durch.«

Ich schweige. Ich darf ihm ja nicht die »Kraft des Glaubens« nehmen.

Offensichtlich bin ich zäh wie eine Jerusalemer Mülltonnenkatze. Und auch so mager. Aber die Ärzte, denen ich immer wieder in die unguten Hände falle, scheinen sich nur über die Dicken zu beunruhigen. Dünn sein ist gut für den Cholesterinspiegel, den Blutdruck, die Gelenke, sagen sie, und mit all diesen Pluspunkten kann man hundertzwanzig Jahre alt werden. Ein zerrüttetes Nervensystem ist nicht lebensgefährlich, Kopfschmerz, der durch Spannungszustände erzeugt wird, auch nicht, all die Wehwehchen, die in einem abgenutzten Körper ihr Unwesen treiben, sind normal.

»Der Tod setzt sich zuerst in den Knochen fest«, hat mein letzter Ehemann mit düsterer Genugtuung behauptet und ist zu seinem Masseur gegangen, von dem er sich Wunder versprochen hat.

Damals saß mir der Tod noch nicht in den Knochen, und darum habe ich mit der dumm-dreisten Überheblichkeit derer, die am Morgen noch schmerzfrei aus dem Bett springen und sich vor dem Spiegel über eine zu kurz geschnittene

Frisur aufregen können, gesagt: »Man muß sich rechtzeitig mit ihm befreunden.«

Jetzt sitzt der Tod in meinen Knochen und mir gegenüber ein junger, verfallender Mann.

Harry trägt schon seit Tagen immer denselben ausgeleierten, lose an ihm herabhängenden Jogginganzug und nimmt seine Tabletten ein. Sie widerstehen ihm, und er braucht Minuten, um eines dieser lachsfarbenen Ungeheuer mit einem Schluck Wasser hinunterzuspülen. Dazwischen knabbert er an einem Stück Matze, die den Magen beruhigen soll. Sie widersteht ihm genauso wie die Tabletten und das zusätzliche Antibiotikum, das ihn vor Infektionen schützen soll.

Es ist quälend, ihm bei dieser Prozedur zuzusehen, und ich konzentriere mich auf Viktor, dem ich mit einer Pipette Säuglingsmilch ins Schnäuzchen spritze. Er ist sehr gierig, umklammert das Plastikröhrchen mit beiden Pfoten, beißt ungeduldig darauf herum und, wenn der nächste Schluck nicht schnell genug folgt, mich in die Finger.

»Er hat schon Zähnchen«, sage ich verzückt, »ich glaube, er wird ein ganz wilder kleiner Tiger.«

»Ein Glück, daß du Viktor hast«, sagt Harry, und aus seiner Stimme, seinen Worten spricht Kapitulation.

Ich stehe auf und gehe ins Bad, würge an einem tränenlosen Weinen, das wie ein zu großer Brocken in meiner Kehle steckengeblieben ist und Erstickungsängste hervorruft. Viktor ist mir nachgelaufen und versucht, an meinem Hosenbein hochzuklettern. Er ist das personifizierte Leben und in seiner Unschuld die perfekte Kreatur. Ich hebe ihn hoch, drücke ihn an meine Wangen und flüstere ihm zu: »Ich liebe dich, mein türkisäugiges, beigepelziges Stück Leben.« Endlich kommen die Tränen.

Mein Gefühlsausbruch behagt ihm nicht. Er piepst und schlägt mir mit nadelfeinen Krallen auf die Nase.

»Wilder kleiner Tiger«, sage ich und muß lachen.

Als ich ins Wohnzimmer zurückkehre, hat Harry alle

Tabletten bewältigt und steht vor der Glastür, die in den Patio führt.

»Morgen bringe ich die armen Viecher weg«, erklärt er, »sie sind alle todkrank.«

»Und wie willst du die Tierchen alle fangen? Sie sind doch wild und lassen sich nicht anfassen.«

»Sie sind schon sehr schwach, und es ist höchste Zeit, sie zu erlösen.«

Der Gedanke, daß er, ein todkranker, schwacher Mann, die todkranken Kätzchen einfängt, um sie vom Veterinär einschläfern zu lassen, ist mehr, als ich mit Fassung ertragen kann. Ich schreie: »Diese verdammte Fickerei ohne Sinn und Verstand geht mir derart auf die Nerven, daß ich jetzt nicht mehr mitspiele! Es gibt, weiß Gott, Wichtigeres in dieser schönen, freien Welt, in der sich jeder jeglicher Verantwortung entzieht und damit rund um sich herum das größte Unheil anrichtet. Hunderttausende von Kindern sterben täglich an Hunger, Krankheit und sonstigem Elend, ein ganzer Kontinent krepiert, und da faseln diese Verbrecher von der Heiligkeit des Lebens, sogar die Tierärzte – diese Idioten! Sehen, daß das Tier nicht mehr zu retten ist, und erklären dir, daß sie da sind, um zu heilen – bringt ja auch eine Menge Geld! Und dann kommt die Stadtverwaltung und vergiftet sie zu Tausenden mit Strychnin. Und die Gottesgläubigen, die mit dem verklärten Lächeln und den verlogenen Phrasen, verbieten den Menschen die Abtreibung oder auch nur Verhütung und verlangen von diesen armen Schweinen, die keines selbständigen Gedankens fähig sind, immer weiter heiliges, gottgewolltes Leben in die mörderische Welt zu setzen. Auf daß sie sich dann gegenseitig töten – auf noch bestialischere Weise, als die Stadtverwaltung die Tiere tötet. Oh, diese erbärmliche Heuchelei bringt mich um, verstehst du, sie bringt mich um! Es ist weniger die Brutalität dieser entarteten Menschheit, die mich umbringt, als ihre grenzenlose Heuchelei und Dämlichkeit!«

Harry steht wie angewurzelt da und starrt mich an. Dann

kriecht ein Grinsen über sein Gesicht, und er fragt: »Hast du deinen Kummer jetzt abreagiert? Geht's dir besser?«

Ich greife mir Viktor und halte ihm das Kätzchen vor die Nase: »Hier«, rufe ich, »schau ihn dir an: ein vollendetes Geschöpf! Jedes Tier und jedes Kind, bevor es eine bestimmte Bewußtseinsstufe erreicht, ist ein vollendetes Geschöpf und uns, den Eltern, Erziehern, Psychologen, Politikern, der ganzen lebensbedrohenden Bagage, hilflos ausgeliefert.«

»Richtig«, nickt Harry, »und so geht es seit Jahrhunderten, von Generation zu Generation.«

Ich fühle mich plötzlich so leer, daß es mich Mühe kostet, zu sprechen: »Es gibt nichts Neues unter der Sonne«, murmele ich, »ein ewiger gleichbleibender Kreislauf ohne Sinn und Verstand.«

»Ja, aber manchmal macht er Spaß«, sagt Harry.

Am nächsten Morgen, als ich mir Tee mache, sehe ich Harry im Patio. Er geht bedächtig, den Kopf, wie es seine Art ist, zur linken Seite geneigt, den Blick zu Boden gerichtet. Es sieht aus, als lustwandele er. Doch auf einmal beginnt ein gespenstischer Tanz: Harry rennt im Zick-Zack durch den Patio, taucht ab, schnellt hoch, kriecht auf allen vieren. Sein Gesicht ist vor Anstrengung verzerrt und weiß wie ein Blatt Papier, und ich kann seinen keuchenden Atem durch das geschlossene Fenster hören. Zwei Kätzchen fliehen vor ihm her. Ich hämmere gegen die Scheibe und schreie: »Harry, bitte hör auf!«

Er schenkt mir keine Beachtung, verschwindet hinter einer hohen Topfpflanze und fliegt plötzlich mit dem Sprung eines Tänzers ganz nahe an der Fensterscheibe vorbei. Ich sehe seinen gestreckten, mageren Körper, sein gequält-verbissenes Gesicht und denke: Das ist sein letzter Sprung, das ist der Totentanz.

Ich renne in den Patio und flehe: »Harry, du bringst dich noch vor den Tierchen um! Bitte, bitte, laß es!«

Er hat das Kätzchen eingefangen und tut es in den bereitstehenden Korbkasten. Dann zischt er mich an: »Geh sofort in dein Schlafzimmer und mach die Tür hinter dir zu.«

»Es ist nicht mit anzusehen!«

»Genau darum sollst du ja auch ins Schlafzimmer gehen. Drei Kätzchen hab ich schon gefangen, bleiben nur noch zwei.«

»Du mußt der Mutter eins lassen, sonst wird sie verrückt.«

»Die Bache ist sowieso schon eine verrückte Katze, und außerdem hat sie nichts von einem dreivierteltoten Jungen. Geh jetzt bitte, du siehst auch mehr tot als lebendig aus, und wenn wir hier alle als Leichen rumliegen, wird man deine palästinensischen Freunde verdächtigen.«

»Oder die Stadtverwaltung, die sich denkt: ›Auf die beiden kommt's auch nicht mehr an.‹«

Ich gehe ins Schlafzimmer, lege mich aufs Bett und zünde mir eine Zigarette an. Der Himmel ist erbarmungslos blau, und an dem Gitter vor meinem Fenster ranken sich die Zweige einer Pflanze empor. Sie tragen weiße, wie aus Wachs geformte, nach Vanille duftende Blüten. Auf dem Fensterbrett steht ein Kinderbild meiner Mutter und eins meines Sohnes. Ich betrachte das Ensemble aus Himmel, Blüten und bezaubernden Kinderporträts, versuche den Moskitobissen der Gedanken zu entkommen und drehe mich auf die andere Seite. Aber das ist auch nicht besser, denn nun sehe ich Harrys Totentanz und die fliehenden Kätzchen, und unter all den traumatischen Bildern, die sich in meiner Gedächtniskammer angesammelt haben, scheint mir dieses am furchtbarsten. Ich schalte den Fernseher an, und jetzt endlich habe ich die »heile Welt« in Form eines Werbefilms vor Augen: Vater, Mutter, Kind, hübsche, gepflegte, strahlende Menschen, bei einem appetitanregenden Mahl aus Schnitzel, Kartoffelpüree und Dr. Oetkers Jägersoße. Dazu bläst ein munteres Jagdhorn.

»Was ist denn hier los?« fragt Harry, das Zimmer betretend.

»Dr. Oetkers Jägerschnitzel«, sage ich dumpf.

Er hält Viktor in der Hand, setzt ihn auf meinen Bauch,

schaltet das Fernsehen ab und verkündet: »Alles erledigt. Ich fahre jetzt mit den Kätzchen zum Veterinär.«

»Schaffst du denn das noch?« frage ich und richte mich auf.

»Ja«, sagt er, und es gelingt ihm sogar, seiner Stimme energischen Nachdruck zu verleihen, »es ist alles im grünen Bereich.«

Viktor gedeiht, und Harry zerfällt. Der kleine Kater rollt als Pelzknäuel durch die Wohnung und auf die Terrasse hinaus, Harry liegt die meiste Zeit im Bett, und wenn er aufsteht, um sich und mir zu beweisen, daß er noch am Leben teilnimmt, sind seine Schritte schleppend, und in seinem stoischen Gesicht mit dem arroganten Zug um Mund und Brauen flackert die Angst. Viktor frißt bereits große Mengen von »Cat-Star« oder Thunfisch, Harry ernährt sich von einem Schluck probiotischer Milch und ein paar Bissen Matze.

Ich laufe zwischen den beiden hin und her, aus Furcht, daß das hyperaktive Tierchen von der Terrasse fallen und der schwerkranke Mann das Bewußtsein verlieren könnte.

Ich stehe in Harrys Zimmer und halte den Atem an, um seinen Atem zu hören. Aber ich höre nur das eigene Herz, dessen harte Schläge mich daran erinnern, daß ich von ihm abhängig bin. Unter der Decke, die Harry trotz dreißig Grad Hitze bis zu den Augen hochgezogen hat, rührt sich nichts. Ich rufe leise seinen Namen, und er hebt den Kopf. Auf seinem Kissen sehe ich einen großen nassen Fleck. Vielleicht ist es Schweiß, wahrscheinlich sind es Tränen. Er blickt mich an, und ohne die Brille sind seine Augen hilflos wie zwei nackte, gerade aus dem Ei geschlüpfte Vögel.

»Schlaf weiter«, sage ich, »schlaf«, und laufe auf die Terrasse, um bei Viktor Trost zu suchen.

Er liegt mit General Schwarzkopf im Schaukelstuhl. Der große Kater, der es sich seit geraumer Zeit zur Aufgabe gemacht hat, den kleinen zu betreuen und zu erziehen, hat die Vorderpfoten um ihn geschlungen und leckt ihm mit energischen Strichen das Köpfchen. Viktor, die Augen geschlossen, die fadenschmalen Lippen in einem Lächeln bis zu den Bakkenknochen hochgezogen, schnurrt im Ton einer Zikade.

Ich setzte mich neben sie auf ein Sofa und vergesse über der Faszination, die ich beim Anblick dieser Geschöpfe empfinde, alles Elend der Welt. Nicht umsonst wurden Katzen im alten Ägypten für heilig gehalten, in Europa als Hexen verfolgt und in China und Japan als Zaubertiere verehrt. Man kann sich dem Zauber, der von ihren kühlen Edelsteinaugen ausgeht, von ihren unbeschreiblich anmutigen Bewegungen und Posen und den ins Fell gemalten geometrischen Mustern, nicht entziehen, es sei denn, man ist der Schönheit gegenüber blind. Ich beuge mich zu ihnen hinüber, um den Löwenkragen des Kleinen und die Polster der Pfötchen des Großen aus nächster Nähe zu betrachten. Der helle Löwenkragen ist dunkelbraun gestreift, und von den Pfotenpolstern sind zwei schwarz und zwei rosa. General Schwarzkopf unterbricht die Kopfwäsche seines Zöglings und schaut mich aus asymmetrischen Augen – das linke ist viel größer als das rechte – sanft an. Er weiß mit dem unversehrten Instinkt des Zaubertieres, daß ich ihm im Babyalter das Augenlicht gerettet habe, und seither ist er telepathisch mit mir verbunden. So spürt er jetzt auch, daß ich bedrückt und überfordert bin, und zeigt mir, indem er meinen Liebling pflegt, daß ich mich auf seine Hilfe verlassen kann.

Viktor hingegen ist ein kleines egomanisches Ungeheuer und davon überzeugt, daß jeder, egal ob vier- oder zweibeinig, behaart oder unbehaart, nur dazu da ist, ihm Freude zu bereiten. Mein neugieriger Blick bereitet ihm keine, und so hebt er blitzschnell die Pfote und schlägt mir damit ins Gesicht. Ich muß über den Krümel, der sich wie eine ausgewachsene Raubkatze gebärdet, lachen, und für diese Geringschätzung seiner Person beißt er mich in die zum Kraulen ausgestreckte Hand. Jetzt pruste ich vor Lachen, und das wird sogar dem General zu bunt. Er springt vom Schaukelstuhl, der Kleine kullert ihm nach, nimmt, auf dem Boden gelandet, eine Drohgebärde an und hüpft mit gekrümmtem

Rücken und gesenktem Kopf seitwärts auf mich zu. Sein Ziehvater, von dem er Droh- und Schmeichelgebärde, Angriff und Verteidigung gelernt hat, beobachtet ihn mit scharfem Kennerblick, und ich hocke mich neben Viktor auf den Boden, spreize Zeigefinger und Daumen auseinander und rufe: »Attacke, Attacke, Attacke!«

Er läßt es sich nicht zweimal sagen, hüpft, immer noch seitwärts, auf mich zu und verbeißt sich in die ihm hingehaltene weiche Stelle zwischen den gespreizten Fingern, die als Bauch eines feindlichen Artgenossen herhalten muß.

»Ihr«, hatte Harry gesagt und mit dem »ihr« General Schwarzkopf und mich gemeint, »ihr erzieht das kleine Kerlchen zu einem Kampfkater, und ich bin mir nicht einmal sicher, daß er ein Kater ist.«

»Natürlich ist er einer! So große Pfoten und breite Nasenrücken haben nur Kater!«

»Große Pfoten und breite Nasenrücken sind ja nun nicht die einzigen Merkmale eines Katers! Also wo sind seine Pelzbällchen?«

Ehrlich gesagt, hatte ich mir bei meinen gelegentlichen Inspektionen auch schon Gedanken darüber gemacht, aber da ich unbedingt einen imposanten Kater und keine kleine, zänkische Katze haben wollte, ließ ich die Unauffindbarkeit des einzig authentischen Merkmals nicht gelten.

»Sie entwickeln sich immer erst sehr spät«, erklärte ich, »und außerdem ist Viktors Naturell das eines männlichen Wesens. Ich brauche nur ›Attacke, Attacke, Attacke‹ zu rufen, und schon greift er an.«

»In diesem Land und mit der Ausbildung durch einen General greift jeder an«, hatte Harry gelacht, und ich war über sein Lachen so froh gewesen, daß ich mich in eine immer groteskere Kater-Beweisführung verstrickt hatte.

Inzwischen ist Viktor so groß wie eine wohlgenährte Ratte, aber außer seinem Kampfgeist hat sich nichts entwickelt.

»Wenn du eine Kätzin bist«, drohe ich und schüttele ihn

von meinem Bein ab, auf das er sich gerade gestürzt hat, »kommst du zu den wilden Katzen aufs Dach. Da gehörst du sowieso hin!«

Ich gehe ins Wohnzimmer, um mir ein Buch und eine Zigarette zu holen, und als ich auf die Terrasse zurückkehre, ist Viktor verschwunden, und der General glotzt fassungslos in Richtung einer der Holzstreben, an denen das Sonnendach befestigt ist. Ich folge seinem Blick und sehe zu meinem Entsetzen die Katze, die Harry ihrer kranken Jungen beraubt hat, Viktor entführen. Sie hält ihn, der keinen Widerstand leistet, im Nacken und erklimmt mit der Geschwindigkeit einer Spinne die Strebe.

»Hilfe!« schreie ich, stürze hinterher und versuche, sie am Schwanz zu packen. Aber sie hat fast schon das Dach erreicht, und ich stehe hilflos winselnd da und raufe mir nach jüdischem Verzweiflungsbrauch die Haare.

Mein Schrei hat sogar Harry geweckt und zu dem beschwerlichen Gang auf die Terrasse bewogen.

»Was ist denn hier los?« fragt er und bemüht sich um autoritären Blick und Ton.

»Die Bache«, schreie ich, »hat Viktor entführt!«

»Die Bache hat ... hat ... was?« Er läßt sich auf einen Stuhl fallen und lacht wie in seinen besten Tagen.

»Ich habe dir gleich gesagt, du sollst ihr ein Kätzchen lassen! Seit Tagen geistert das arme Tier hier durch die Gegend und sucht ihre Jungen. Es hat mir das Herz zerrissen! Und jetzt glaubt sie eben, Viktor sei ihr Junges, oder sie rächt sich an mir... Sag mir, was soll ich bloß tun?«

»Auf dem Teppich bleiben und nicht so viel in die Katzen hineingeheimnissen«, entgegnet Harry, »bald wirst du auch noch behaupten, Puschkin, die alte Tunte, sei schwul geworden, um dir zu gefallen ... also wohin hat die Bache Viktor verschleppt?«

»Wie soll ich das wissen? Sie ist, mit ihm im Maul, aufs Dach und von da ... keine Ahnung!«

Harry läuft in Richtung Patio und ich hinterher: »Bitte,

fang jetzt nicht wieder an zu rennen«, zetere ich, »das hat doch gar keinen Sinn! Wir finden sie nie!«

Viktor sitzt vor der Tür, die vom Patio in die Wohnung führt, sieht verwirrt aus und maunzt vorwurfsvoll. In einiger Entfernung hockt die Kindsentführerin und starrt ihn an.

»Hat 'ne totale Mattscheibe«, sagt Harry, und ich reiße die Tür auf, greife mir Viktor und berge ihn an meinem Hals, in den er sofort hineinbeißt.

»Ich verstehe nicht, was das alles soll«, sage ich, »warum hat sie ihn erst entführt und bringt ihn dann gleich wieder zurück?«

»Hat möglicherweise am Geruch erkannt, daß es nicht ihr Kleines ist. Gib's mir mal.«

»Hast ihn auch lieb, nicht wahr«, triumphiere ich, »hast dich auch erschreckt.«

»Das kann man wohl sagen! Viktoria ist immerhin dein Rettungsring.«

»Viktoria! Er heißt Viktor und ist ein Kampfkater!«

Harry hält mir das Hinterteil des empörten Tierchens hin und zieht den Schwanz hoch: »Also, was siehst du da?«

»Na, wenn schon!« sage ich leichthin. »Der herzförmige schwarze Fleck in der karottengelben Pluderhose ist genauso gut wie irgendwelche Pelzbällchen.«

Und so wurde aus Viktor Viktoria, die Kampfkatze.

Die Lachsforelle

Eine Hitzewelle folgt der nächsten, aber im Friedensprozeß tritt man auf der Stelle. Das Treffen zwischen Clinton, Barak und Arafat wird immer wieder verschoben, weil bereits in den Vorbedingungen der feindlichen Nachbarn die Pleite zu erkennen ist.

Ich muß an eine Reportage im Fernsehen denken, in der

sich zwei Familien in nebeneinanderliegenden Reihenhäusern unaufhörlich Scheiße vor die Tür und zotige Drohungen an die Hausmauer geschmiert haben, weil eine Familie nicht von der Idee abzubringen war, der Nachbar hätte sich einen halben Meter ihres Vorgärtchens angeeignet und damit auch noch das Heckenröschen, das sie mit Liebe dort angepflanzt hatten.

Das Niveau der zwei Familien und das der beiden Völker ist vergleichbar.

Viktoria, die Kampfkatze, wurde noch dreimal von der unzurechnungsfähigen Bache entführt und jedesmal wieder im Patio abgeliefert. Beim vierten Mal riß dem General die Geduld, und er verprügelte die Irre. Von jetzt an herrscht Ruhe, und mein wunderbarer General wird, trotz Harrys Protest, von mir zum Hauskater erhoben.

»Du kannst einen unkastrierten Kater nicht zu drei anderen in die Wohnung nehmen«, sagt Harry, der auf der Bettkante sitzt und seine Tabletten hinunterwürgt, »der General wird sein Revier markieren, und den Gestank kriegst du nie wieder raus!«

»Ich weiß«, stimme ich zu, »meine arme Mutter!«

Er sieht mich kopfschüttelnd an und fragt: »Wie, bitte schön, kommt Spinat aufs Dach?«

»Ich mußte an Kater Paul in Bulgarien denken«, erkläre ich, »der war unkastriert und hatte, so wie Vicky heute, die Funktion eines Rettungsrings. Aus dem Grund hat meine Mutter alles ertragen. Er hat dauernd sein Revier markiert, obgleich da gar kein anderer Kater war, der es ihm hätte streitig machen können. Es hat in der Wohnung so nach Raubtierkäfig gestunken, daß keiner von den wenigen Bekannten, die Mutti noch hatte, zu uns gekommen ist. Aber Paul war genauso klug wie General Schwarzkopf, und er hat gewußt, daß er mein Retter ist.«

»Und was ist aus ihm geworden?« fragt Harry, legt sich ins Bett und zieht die Decke bis zum Kinn hoch.

»Er hat den Krieg nicht überlebt«, sage ich, »mir hat er

geholfen, ihn zu überleben, und er selber ist draufgegangen. Wenn hier Krieg kommt, bringe ich als erstes die Katzen in Sicherheit. Du fliegst mit ihnen nach Deutschland.«

»Da muß der Krieg aber bald kommen«, sagt Harry und grinst.

Krieg, Alter, Krankheit, Tod, das alles paßt so gar nicht zu dem ewig blauen Himmel, meinem in der Sonne leuchtenden Wohnraum voller Pflanzen, Katzen und buntem Hebronglas, dem grandiosen Bougainvillea-Teppich, der die Mauer unseres Hauses bedeckt und sich bis auf meine Terrasse ausbreitet. Es paßt nicht zu den Straßen und Cafés, in denen es von Menschen wimmelt, von jungen Mädchen mit nackten Bäuchen, Matronen mit Sonnenhüten, Pärchen mit ineinander geflochtenen Händen, Müttern mit schokoladenverschmierten Kindern, älteren Herren mit verstohlen suchenden Blicken. Es paßt nicht zu der wilden Musik, die aus den Autos selbstherrlicher Jugendlicher donnert und mich mitunter dazu animiert, rhythmisch zu zucken und zu hüpfen.

Ich kann mich nicht mehr erinnern, wann und mit wem ich das letzte Mal getanzt habe. Es gibt eben für alles ein letztes Mal.

»Mensch«, sagt mein Freund Rudi, »nimm dir doch einen Liebhaber ins Bett. Was meinst du, wie dich das wieder auffrischt!«

Ich versuche mich zu erinnern, wann und mit wem ich das letzte Mal geschlafen habe, doch es fällt mir nicht ein. Dafür erinnere ich mich, daß es, wann und mit wem auch immer, eine stümperhafte Angelegenheit gewesen war, nach der ich, erleichtert, es hinter mich gebracht zu haben, Forellen gebraten und eine Flasche Weißwein geöffnet habe.

Ich erzähle es Rudi, und der starrt mich entgeistert an und fragt: »Du erinnerst dich an die Forelle und nicht an den Schmock?«

»Nun ja, offenbar war es eine sehr gute Forelle, ich glaube, eine Lachsforelle, du weißt, die rosa ...«

»Du hast doch 'n Knall«, schreit er mich an, »seit wann sind dir Lachsforellen wichtiger als Männer?«

»Seit langem. Lachsforellen auf dem Teller sind in den meisten Fällen befriedigender als Männer im Bett.«

Rudi, der leidenschaftlich gerne ißt und kocht, wird plötzlich nachdenklich und sagt: »Eigentlich hast du recht. Ich seh mir inzwischen auch lieber Kochsendungen als Pornofilme an. Neulich habe ich eine fabelhafte gesehen! Der Koch war so ein kleiner, schmächtiger Italiener, aber eine Fischsuppe hat der gemacht! Du, ich sage dir, für die hätte ich sogar eine bildschöne russische Hure stehenlassen. Apropos, es gibt hier ein sehr gutes Fischrestaurant im Zentrum der Stadt, in der Fußgängerzone. Ich glaube, es heißt ›Riviera‹. Warst du schon mal da? Nein? Also da mußt du hin!«

Ich gehe in das Fischrestaurant »Riviera« und esse mein Lieblingsgericht Crevetten in einer Butter-Knoblauch-Soße. Es ist zweifellos besser als verpfuschter Sex.

Die Glocke hat geschlagen

Als ich Harry husten höre, ein hohles Bellen wie das eines müden, alten Kettenhundes, gerate ich in Panik und stürme in sein Zimmer: »Harry, du hustest!«

»Ja, ich weiß.«

»Und du weißt natürlich auch, was das bedeutet.«

»Ja, ich weiß.«

Er liegt nicht, wie gewöhnlich, im Bett, sondern ist dabei, Papiere zu ordnen. Sein lakonisches »Ja, ich weiß« verstört mich vollends.

»Jetzt ist aber Schluß«, rufe ich, »du fliegst noch heute, spätestens morgen, nach Deutschland!«

Es ist Freitagmittag, und in wenigen Stunden fängt der Schabbat an. Wie soll ich in letzter Minute noch einen Platz auf einer der nach Deutschland fliegenden Maschinen besorgen?

»Ich werde es schon hinkriegen«, sage ich mehr zu mir als zu ihm.

»Du kriegst es vielleicht noch hin«, bemerkt er, »die Frage ist, ob ich es noch hinkriege.«

Er sieht erbärmlich aus, doch in sein Gesicht, das die Farbe und Schlaffheit eines welkenden Blattes hat, ist mit der Gewißheit, daß die Krankheit jetzt stärker ist als er, der stoische Ausdruck zurückgekehrt.

»Ich rufe sofort Gilad an«, beschließe ich, »er arbeitet auf dem Flugplatz und kann mir vielleicht helfen.«

»Warte bitte!« sagt Harry. »Ich weiß, was die Glocke geschlagen hat, und hab darum auch schon mit Dudi telefoniert. Er will, daß ich um neun Uhr abends im Krankenhaus in Tel Aviv bin.«

»Wäre es nicht besser, du würdest direkt zu deinem Arzt nach Deutschland fliegen?«

»In dem Zustand, in dem ich jetzt bin, schaffe ich das nicht mehr.«

Ich stehe da, gefangen von einer Hilflosigkeit, die, wie vom Sturm gejagte Wolken, immer neue Formen annimmt: Zorn, Mitleid, Angst, Resignation, Rebellion: Ein junger Mensch stirbt mir unter den Händen weg, und ich, die ich mein Leben gelebt habe und offenbar zu nichts mehr nutze bin, habe vielleicht noch Jahre vor mir.

»Leg dich hin«, sage ich schließlich, »und schlaf noch ein paar Stunden. Soll ich deine Eltern benachrichtigen?«

»Auf keinen Fall. Sie wissen nichts von meiner Krankheit.«

»Dann ist es höchste Zeit, daß sie es erfahren.«

»Nein, das kann ich meiner Mutter nicht antun.«

Ich wende mich der Tür zu.

»Angelika«, sagt er mit tonloser Stimme, »ich hätte es dir auch nicht antun dürfen. Das weiß ich genau, und es tut mir verdammt leid.«

Jetzt hätte ich ihn umarmen, den Eisblock in seiner Brust mit Wärme zum Schmelzen bringen und ihm mit überzeugenden Worten suggerieren müssen, daß er es schafft.

Doch große Worte und Gesten sind mir verdächtig und hätten ihn peinlich berühren können: Himmel, jetzt bricht sie auch noch mit ihren Prinzipien und hält sich für verpflichtet, mir Mütterlichkeit entgegenzubringen!

Also bleibe ich in meinem schweren, engen Panzer, in den ich mich, siebzehnjährig und von Gott und der Welt betrogen fühlend, gezwängt hatte. Er war mir ein Leben lang erhalten geblieben, dieser scheinbar undurchdringliche Panzer, und hatte mich sowohl gestützt als behindert.

»Ich helfe dir nachher beim Packen«, sage ich, »und fahre dich dann nach Tel Aviv.«

»Das brauchst du nicht, ich nehme nur das Notwendigste mit und fahre mit einem Taxi.«

»Warum nicht gleich mit dem Bus?« sage ich barsch und verlasse mit klirrendem Panzer sein Zimmer.

Am Nachmittag kommt Joe, Harrys koptischer Freund, steht hilflos herum und macht den Eindruck eines Schlafwandlers, der, durch einen Ruf geweckt, im Begriff ist, vom Fenstersims zu kippen. Dann kommt Amanda und verbreitet die Mütterlichkeit, die ich nicht aufbringen kann. Sie besteht darauf, mit Harry und mir nach Tel Aviv zu fahren, und ihre Präsenz auf dem Beifahrersitz wirkt sich beruhigend auf mich aus.

Harry sitzt, in die Ecke des Wagens geklemmt, hinter uns. Er sieht aus wie eine aus Stein gehauene Skulptur und ist nicht zu überreden, sich auf den Sitzen auszustrecken.

»Fahr nicht wie eine Feuerwehr im Einsatz«, mahnt er einmal, und ich antworte: »Deine Sorgen und Rothschilds Geld möchte ich haben.«

Den Rest der Fahrt schweigen wir, und manchmal drehe ich mich kurz um, um mich zu vergewissern, daß er noch lebt. Er hat das Fenster an seiner Seite etwas geöffnet und sein Gesicht dem Spalt, durch den der Fahrtwind weht, zugewandt.

Als wir in Tel Aviv ankommen, frage ich Amanda, ob sie den Weg zum Krankenhaus kenne.

»Ich zeig ihn dir«, sagt Harry, in den mit dem Näherrücken der lebenserhaltenden Institution etwas Kraft zurückzukehren scheint.

»Fahr jetzt links ab«, dirigiert er mich, »und dann ... paß auf, die Ampel ist rot.«

»Scheinst wirklich Angst um dein Leben zu haben«, sage ich bitter, und Amanda legt ihre Hand auf meinen Arm.

Vor dem Krankenhaus warten bereits zwei von Harrys Freunden, die in Tel Aviv leben. Sie eilen auf uns zu, umarmen uns stumm, nehmen Harry in ihre Mitte und führen ihn in die große Halle, wo wir sofort in die allgemeine Stimmung aus Hoffnung, Dringlichkeit, Ergebenheit und Schmerz einbezogen werden.

»Setzt euch da auf die Bank«, sagt Joel, einer der beiden Freunde, »ich gehe nur schnell zur Rezeption und bring den Papierkram in Ordnung.«

Keiner von uns setzt sich, wahrscheinlich aus Angst, einmal sitzend, nie wieder hier herauszukommen.

»Harry, setz du dich wenigstens«, drängt Amanda.

»Nein«, sagt er und lehnt sich an einen Pfeiler, »ich kann sehr gut stehen.«

»Immer noch störrisch wie ein Esel!« lacht Schmulik, den Harrys unverändertes Verhalten zu erleichtern scheint.

Auch ich bin erleichtert, erleichtert, Harry in professionellen Händen zu wissen, in freundschaftlicher Obhut und mütterlicher Wärme. Jetzt, da mir die Verantwortung abgenommen wird, fühle ich sie wie einen Phantomschmerz, der mir den Atem abschneidet.

»Du atmest mal wieder falsch«, rügt Harry, »du mußt mit dem Zwerchfell atmen, nicht mit der Brust.«

»Danke, Harry, aber kümmere dich bitte um deinen eigenen Atem, der ist momentan wichtiger.«

Um Punkt neun erscheint der Arzt, Dudi, in der Halle. Er

ist ein langer, magerer Mann mit einer enorm großen Nase, die Vertrauen weckt.

»Komm gleich mit«, sagt er zu Harry, »es ist schon alles vorbereitet.«

»Was?« frage ich.

Er wirft mir einen ungehaltenen Blick zu. »Die Bluttransfusion! Man hätte nie so lange damit warten dürfen!«

»Sie kann nichts dafür«, verteidigt mich Harry, »sie hat ...«

Er verschwindet in den Umarmungen von Joel, Schmulik und Amanda. Als er wieder auftaucht, so fahl und zerbrechlich, so verzweifelt und tapfer, gehe ich zu ihm und sage das, was meine Mutter damals immer zu mir gesagt hatte: »Sei stark und halte dich gut.«

Er umarmt mich schweigend, und ich lege mein Kinn auf seine Schulter, damit er mir nicht ins Gesicht schauen kann: »Wir sehen uns bald wieder«, sage ich ein ums andere Mal.

Er nickt, und Dudi nimmt ihn am Arm und führt ihn weg.

Oh, wie schwer ...

Man bricht immer erst zusammen, wenn es vorbei ist und die Anspannung nachläßt. Mein Vater und meine Mutter starben bald nach dem Ende des Krieges, beide keine sechzig, und sie schrieb in ihrem letzten Brief: »Ich hab es halt nicht ausgehalten.« Andere, die ich kannte, begingen Selbstmord, soffen sich zu Tode oder waren an Leib und Seele so geschädigt, daß sie zu einer angepaßten Lebensform nicht mehr fähig waren. Ein normaler, ein angepaßter Bürger hielt sie deshalb für verrückt.

Es gibt viele Arten von Zusammenbrüchen: laute etwa, oder stille, leicht diagnostizierbare oder latente, heilbare oder finale. Ich glaube, daß hauptsächlich Menschen zusammenbrechen, die zu der Kategorie der bereits Angeschlagenen, also zu denjenigen gehören, die gewisse Gegebenheiten nicht dumpf hinnehmen, sondern sich viele unbequeme Fragen dazu stellen. Bei mir taucht mit der Entspannung eine Frage auf, die scheinbar nichts mit dem Harry-Drama zu tun hat. Ich frage mich schlicht, ob ich die letzten Jahre nicht in einem Land verbringen sollte, in dem es zivilisiert zugeht, in dem ich mich in den Schoß eines besinnlichen Lebensabends fallen lassen kann. Ich ahne nicht, daß ich mit dieser eigentlich harmlosen Frage schlafende Wölfe wecke, die mich in eine Sackgasse moralischer und praktischer Fragen hetzen. Die Jagd beginnt schon mit der Frage nach dem Land, das für mich in Betracht käme. England?, überlege ich, Frankreich oder Italien? Ein skandinavisches Land? Spanien, Portugal?

Du lieber Himmel, was soll ich denn in diesen Ländern? Alleine! Ich kann mir doch in meinem Alter kein neues Leben aufbauen, kann keine neuen Freundschaften mehr schließen! Ich kann doch keine Sprache so sprechen, daß man mich bereits mit dem ersten Satz, über die Wörter hinaus, versteht. Die Sprache, die Freunde, die Vergangenheit sind doch mein Zuhause. Vielleicht die Schweiz ... was gibt es noch für ein deutschsprachiges Land? Na ja, das naheliegendste: Deutschland. Deutschland?

Mein zielloser Blick streift das Kinderporträt über dem antiken Schränkchen, das mich von München nach Paris, von Paris nach Jerusalem begleitet hat. Wandert weiter über die Landschaft vor meinen Fenstern, kehrt zum Bild zurück. Es ist ein hübsches Bild in einem patinierten goldenen Rahmen, das kurz vor meiner Emigration gemalt worden ist. Mein Gesicht hat den lebensfremden Ausdruck eines kleinen verwöhnten Einsiedlermädchens, und ich trage ein geblümtes Dirndlkleid mit rundem Ausschnitt und Puffärmeln. In der Hand halte ich ein struppiges Teddybärchen, aus dem, daran erinnere ich mich noch heute, ein Floh gehüpft war. Der Maler, der zu dem Freundeskreis meiner Mutter zählte, war klein und albern. Er erzählte uns unentwegt infantile Anekdoten und Witze, über die ich sehr lachen mußte. Ich fühlte mich wohl in seinem großen, exotischen Atelier in Berlin, in der Nähe des Rosenecks. Meine Mutter, die immer dabei war, rauchte Zigaretten und vertrieb sich die Stunde mit Lesen. Es war im Sommer gewesen, vermutlich im Sommer 1938, und nach den Sitzungen waren Mutti und ich den Kurfürstendamm entlangspaziert. Den fand ich mit den Autos und Cafés, den Geschäften und all der Reklame unerhört aufregend. Ich schüttele die Bilder, die so erschreckend klar und peinvoll sind, von mir ab, und ein Gedicht, das ich vor undenklich langer Zeit abgeschrieben, in der roten Briefmappe, die noch aus Bulgarien stammt, aufbewahrt und vor kurzem gefunden habe, geht mir durch den Sinn:

Oh, wie schwer
Liegt das Gestern auf dem Heute,
Jede Nacht auf jedem Tag.
Unser Wachen wird zur Beute
Unser Träumen, ach wer mag
Noch in solchem Schicksal leben,
So umklammert sich erheben!
Jede Träne, jedes Beben
Zittert ewig in uns nach,
Jede Stunde will sich rächen.
Ewig, ewig muß zerbrechen
Wer einmal zerbrach.

Mit mir ist kein Staat zu machen

So fing es an und nimmt nun seinen unguten, immer mehr an Schwungkraft zunehmenden Lauf.

»Mich interessiert Israel schon lange nicht mehr«, sage ich zornig, »es ist in jeder Beziehung so häßlich und eng geworden, daß man sich wie in einer Mausefalle vorkommt. Und wenn ich an die zwei Völker denke, die über Jahrzehnte bereit sind, lieber ihre Kinder zu opfern, anstatt für den Frieden die erforderlichen Kompromisse einzugehen, dann wird mir speiübel.«

»Du kommst mir vor wie ein beleidigtes Kind, das entdeckt, daß der Weihnachtsmann, an den es so fest geglaubt hat, eine Täuschung ist und sich hinter dem weißen Bart von Onkel Fritz versteckt«, lacht Ina, die mir Harry ersetzen muß.

»Ich hab mir selber den Weihnachtsmann vorgespielt und mich hinter einem weißen Bart versteckt«, murre ich, »und das ist noch viel schlimmer.«

»Na ja, aber der Bart ist doch schon lange ab, oder?«

»Ja, der Bart ist schon lange ab, aber der Sack mit den Geschenken war noch nicht ganz leer.«

»Ein Staat schuldet dir keine Geschenke.«

»Und ich schulde dem Staat keine Selbstverleugnung und beuge mich nicht einer Politik, die ich für idiotisch und infam halte.«

»Es gibt keinen Staat, mit dessen Politik du ganz konform gehen könntest.«

»Nein, aber vielleicht gibt es einen Staat, dessen Politik sich in den Grenzen des Erträglichen hält.«

»Und glaubst du, die könnte dir ersetzen, was du hier aufgeben würdest?«

»Dafür gibt es so oder so keinen Ersatz.«

»Weißt du«, sagt Evchen, »mein Vater hatte einen Bruder, der auch nach Palästina ausgewandert war. Dann wurde der israelische Staat gegründet, und es hat ihm hier alles nicht mehr gefallen. Er ist nach Amerika gegangen, und mein Vater hat ihm das nie verziehen und gesagt: ›Mit Onkel Walter kann man keinen Staat machen.‹« Sie fixiert mich mit einem lauernden Blick: »Staat im doppelten Sinn des Wortes, du verstehst, nicht wahr?«

»Oh ja, ich verstehe und lege, so wie der gescheite Onkel Walter, wenig Wert darauf, Staat im doppelten Sinne des Wortes zu machen.«

Ich wußte, daß viele mir mißtrauten und mich im besten Fall für einen Sonderling hielten, den sie, solange er seine verqueren Gedanken, Eindrücke und Ansichten nicht ausposaunte, als eine schillernde Person mit einer ergreifenden Holocaustgeschichte betrachten konnten. Die rechnete man mir als Pluspunkt an und später als Entschuldigung für gewisse Ungereimtheiten, die in meinem Verhalten auftraten. Ich war eben trotz allem, was mir auf Grund meiner Abstammung widerfahren war, nicht das geworden, was man eine gute, die Judenheit bereichernde, dem Staat Israel nützliche Jüdin hätte nennen können. Aber das war schon meine Mutter nicht gewesen. Sie hatte sich bereits in jungen Jahren über ihre jüdische Erziehung hinweggesetzt, hatte nur christliche Männer geliebt, mit denen drei Mischlinge in die Welt gesetzt, sich allzulange geweigert, Nazideutschland zu verlassen, und war dann auch noch, kurz vor ihrer Emigration, zum christlichen Glauben, der sie von jeher angezogen hatte, übergetreten. Was also konnte man von einem zerrissenen Geschöpf mit so einer Mutter, mit einem deutschen protestantischen Vater und einer das Judentum leugnenden Erziehung erwarten? Eine durchaus berechtigte Betrachtungsweise, die mich zwangsläufig zum Außenseiter machte.

Ich erinnere mich an einen Vorfall, der sich bei meinem ersten Besuch in Israel, 1961, ereignete. Evchens Bruder, der seit 1936 in London lebte, war nach Jerusalem gekommen, und wir waren uns dort, bei seiner Schwester, begegnet. Da er attraktiv und ganz offensichtlich von mir eingenommen war, darüber hinaus Arzt und mit besten englischen Manieren ausgestattet, ließ ich Scheu und Vorbehalte fallen und gab ihm auf einem Spaziergang einen ausführlichen Lebensbericht. Er hörte konzentriert zu und erklärte anschließend seiner Schwester: »Wenn jemandem eine seelische Wiedergutmachung zusteht, dann ist es Angelika.«

Als mir Evchen, berstend vor Stolz, seine Worte übermittelte, hatte ich das Gefühl, mit dem höchsten Orden der Welt ausgezeichnet und endlich bedingungslos von einem Volk und dort in der Schicksalsgemeinschaft der Opfer aufgenommen worden zu sein. Damit begann die Zeit meiner kritiklosen Israelliebe.

Wenn ich heute auf diese Zeit zurückblicke, dann gerate ich in Verlegenheit, denn sie kommt mir vor wie eine sehr späte Pubertät. Doch für mich und für die Aufarbeitung meiner Vergangenheit war sie durchaus notwendig. Sie hat meinem Leben eine Hoffnung gegeben, die ich brauchte, um mich aus meiner Lethargie herauszureißen. Die allgegenwärtige Einsamkeit und Angst, der grenzenlose Groll und Schmerz, den ich, damals in München lebend, gegen alles und jeden empfand, wurde schon bei dem Gedanken an Israel besänftigt, und die Opferrolle, in die ich hineingeschlüpft war wie in einen Kokon, bot mir Sicherheit. Wann ich aus dem Reigen meiner Schwestern und Brüder ausbrach, weiß ich nicht mehr, warum ich ausbrach, weiß ich genau. Es wurde mir alles zu eng: das Judentum, so wie einst meiner Mutter, die Schicksalsgemeinschaft und, vor allem, der Kokon. Angesichts der bestialisch zum Schweigen gebrachten Holocaustopfer empfand ich meine, von Evchens Bruder geadelte Rolle als anmaßend und peinlich und zog es vor, mich schreibend damit auseinanderzusetzen.

Kaum stand ich wieder auf eigenen Beinen, traten die ersten »Ungereimtheiten« bei mir zutage. Ich nahm von den landesüblichen Sitten und Erfordernissen Abstand, entzog mich dem Zugriff nationalistischer und religiöser Indoktrination und beschloß, daß mir das Schreiben wichtiger wäre als das konsequente Lernen der hebräischen Sprache. Das war natürlich nicht das, was man sich von mir versprochen hatte, aber im Hinblick auf das unjüdische Naturell meiner Mutter noch zu tolerieren. Erst als ich 1983 in Israel einwanderte und mich in Jerusalem niederließ, wurde es brenzlig. Ich begann das »Falsche« zu beachten, zu mögen, zu verteidigen und das »Richtige« zu kritisieren.

Man lächelte verkniffen und sagte: »Hat eben keine Ahnung! Ist dazu viel zu spät ins Land gekommen.«

Zu der Zeit schwieg ich noch auf solche Vorwürfe, denn ich war selber im Zweifel, ob das »zu spät ins Land kommen« nicht tatsächlich mein Blickfeld beeinträchtigt hatte. Doch 1987, mit dem Einzug in mein »Haus im Niemandsland« und dem gleich darauf folgenden Ausbruch der ersten Intifada, katapultierte ich mich endgültig wieder ins Abseits oder, besser gesagt, zwischen die Schußlinien. Ich war nicht mehr bereit, das Unrecht des eigenen Volkes zu entschuldigen und die Rechte der Palästinenser zu negieren. Also schwieg ich nicht mehr und ging sogar noch einen entscheidenden Schritt weiter: Ich erleichterte mein Gewissen, indem ich über das, was ich als Recht und Unrecht empfand, schrieb. Für die meisten, die nicht zu spät ins Land gekommen und auch nicht mehr geneigt waren, mich mit meinem Schicksal zu entschuldigen, kam dieser Schritt einem Verrat an Israel gleich. Ich verstieß damit gegen das xenophobische Gebot: »Don't let the Goyim know!« Eine Regel, die mir widerstrebte, denn sie beinhaltete, daß man unter sich Schweinereien begehen darf, in den Augen der gojischen Welt aber den Anspruch erheben mußte, »besser zu sein als die«.

»Warum exponierst du dich so?« fragte mich ein jüdischer, in Berlin lebender Bekannter.

»Weil ich in Israel lebe und dort weiterhin leben möchte.«
»Was sollte dich daran hindern?«
»Die israelische Politik.«
»Sollen die Israelis, deiner Meinung nach, die Greueltaten der palästinensischen Terroristen einfach so hinnehmen?«
»Und sollen die Palästinenser, deiner Meinung nach, die Besatzung und Besiedlung ihres Landes einfach so hinnehmen?«

»Sie haben sich immer quer gestellt, denn sie wollen ja gar nicht in Frieden mit Israel leben.«

»Ich würde auch nicht unter solchen perfiden Bedingungen mit Israel in Frieden leben wollen.«

»Warum lebst du dann überhaupt dort?«

»Weil ich mich, im Gegensatz zu dir und zahllosen unserer Glaubensgenossen, die weit vom Schuß in gemütlicher Sicherheit leben, mit dem Land verbunden fühle.«

»Das merkt man!« sagte er mit einem sarkastischen Lächeln.

»Ihr seid doch alle gleich!« schrie ich ihn an.

»Wen meinst du mit ›ihr‹?«

»Ihr, die ihr, ob in Israel oder in der Diaspora lebend, glaubt, daß sich die Juden als Opfer des Holocaust alles erlauben dürfen. Ich halte das für ein Verbrechen, sowohl denen gegenüber, die umgekommen sind und jetzt zu Propagandazwecken benutzt werden, als denen gegenüber, die für diese furchtbare Tragödie ja nun gar nicht verantwortlich und im Grunde genommen auch Opfer des Holocaust geworden sind. Ich übe an Israel längst fällige Kritik, und ihr, mit der juckenden Schuppenflechte des schlechten Gewissens, weil ihr nicht im ›Gelobten Land‹ lebt, ihr helft ihm, ja? Habt keine Ahnung oder wollt gar nicht wissen, auf was für ein Desaster diese zwei Völker zusteuern, und habt nichts Besseres zu tun, als Israel in seinen Untaten zu bestärken. Es macht mir gewiß keinen Spaß, in diesem israelisch-palästinensischen Dreck rumzuwühlen und mich dafür auch noch schwachsinnigen Angriffen auszusetzen. Aber ich halte es für meine Pflicht, denn ich habe meine Liebsten direkt oder indirekt durch den Holocaust verloren und will nicht, daß sie durch die israelische Politik besudelt werden.«

»Diese Politik ist das Resultat ...«

»Danke! Habe ich schon zehntausendmal gehört.«

»Aber du mußt doch verstehen«, sagte er jetzt mit bittender Eindringlichkeit, »wir leben in Ländern, in denen der Antisemitismus offen oder latent blüht.«

»Und ich lebe in einem Land, in dem auch viel Widerliches blüht, und das, mein Lieber, wird den immer vorhandenen Antisemitismus noch schüren. Und wenn ihr euch dann besinnt und nach Israel kommen wollt, in ein Land, das jahrzehntelang umsonst auf euch gewartet hat und außerdem schon überfüllt ist, könnte es zu spät sein. Laß dir gesagt sein, wenn mir etwas an dieser ganzen Geschichte weh tut, dann ist es weder der Antisemitismus in Deutschland, oder wo auch immer, noch der Terrorismus der Palästinenser, sondern es sind einzig und allein die Verbrechen der Israelis. Denn an die Juden habe ich geglaubt, von denen habe ich mir Erkenntnis versprochen. Aber macht nur weiter, unterstützt die israelische Politik mit allen Kräften und merkt nicht, daß ihr damit nur die Antisemiten und den Islam unterstützt. Wie kurzsichtig kann man sein! Adieu.«

Hat keinen Zweck, sagte ich mir, die Sache ist gelaufen, und wer bin ich, das Steuer rumreißen zu wollen. Bin zu spät ins Land gekommen und hatte andere Vorbilder, einen anderen Lebenslauf als sie.

»Mensch, sieh das doch endlich mal ganz nüchtern«, sagte mein Freund Rudi, der sich mit Pottasche und Schweiß am Aufbau des israelischen Staates beteiligt hatte, »man kann sich mit den Juden nur dann solidarisch fühlen und sie sympathisch und interessant finden, wenn man in einem Land lebt, in dem sie die Minderheit sind. Aber in einem Staat, in dem man nichts anderes um sich hat als Juden, wird man zwangsläufig zum Antisemiten.«

»Kommt wohl darauf an, was für einen Staat man aufbaut.«

»Quatsch! Erstens ist jeder Staat eine Zumutung, und zweitens entspricht unser Staat der jüdischen Mentalität. Einen anderen hätten wir gar nicht aufbauen können, selbst wenn es die anderen verkackten Semiten, die Araber, nicht gegeben hätte.«

»Das glaube ich nun wirklich nicht!«

»Weil du 'ne halbe Schickse bist und die Dinge trotz allem immer noch verquast siehst.«

»Jemand hat mir gesagt, ich sehe sie zu kraß.«

»Das ist nun wieder deine zersetzende jüdische Seite.«

»Glaubst du, die Mischung wirkt sich schädlich auf mich und andere aus?«

»Das kann man wohl sagen, du verrücktes Suppenstück«, schrie er, »kenn dich ja nun seit 1962. Warst schon damals unerträglich mit deinem Israelfimmel und deiner miesen Perserkatze und den ganzen Kerlen, die du total meschugge gemacht hast, wenn sie's nicht schon waren.«

Er lächelte sein traurig-ironisches Galutjuden-Lächeln: »Mußte ja schiefgehen, mein Gold«, sagte er, »willst du einen Teller von meiner fabelhaften Fischsuppe? Ist alles drin, was Rang und Namen hat. Nein? Solltest du aber. Beruhigt die Nerven.«

Fakten

9. Juni: Die festgelegte Dreierkonferenz (Clinton, Barak, Arafat) in Washington wird verschoben. Der amerikanische Präsident erklärt, daß die Verhandlungsbasis noch nicht ausgereift sei.

23. Juni: Dritter Rückzug der israelischen Besatzungstruppen um zwei Wochen verschoben.

6. Juli: Dreierkonferenz in Camp David auf den 11. Juli angesetzt.

14. Juli: Camp-David-Dreierkonferenz beginnt ...

21. Juli: Keine Einigung. Die Konferenz wird abgebrochen. Barak und Arafat folgen Clintons ausdrücklichem Wunsch, Camp David noch nicht zu verlassen und weitere Gespräche zu führen.

28. Juli: Camp-David-Gespräche scheitern endgültig. Barak und Arafat reisen ab.

Wie immer schubsen sich Israelis und Palästinenser die Schuld am Scheitern der Gespräche gegenseitig zu. Angeblich sei Barak weiter gegangen als alle seine Vorgänger und habe sich bereit erklärt, drei- oder sogar sechsundneunzig Prozent des immer noch besetzten Landes an die Palästinenser zurückzugeben. Angeblich habe Arafat das nicht genügt. Er soll auf der Rückkehr der palästinensischen Flüchtlinge und den Hoheitsrechten der »Heiligen Stadt« bestanden haben. Seine Worte: »Jerusalem ist der Schlüssel zu Frieden oder Krieg.«

Wie immer es gewesen sein mag, Baraks großzügiges Angebot, Land herzugeben, hätte die Siedlungsfrage offen gelassen, und spätestens bei der Durchführung seines Planes wäre es zu gewaltsamen Auseinandersetzungen gekommen. Weder die militanten Siedler hätten auf ihre adretten Niederlassungen in den palästinensischen Gebieten verzichtet, noch hätten die Palästinenser diese adretten Niederlassungen auf ihrem Land geduldet.

Und die Rückkehr unvoraussehbarer Flüchtlingsmassen wie die palästinensische Oberherrschaft über Jerusalem wären beim israelischen Volk auf einen ebenso massiven Widerstand gestoßen wie im palästinensischen Volk das Rückkehrverbot und die Vereinnahmung ganz Jerusalems durch die Israelis.

»Das geht so schief, wie es nur schiefgehen kann«, sage ich auf einer Geburtstagsfeier bei netten, liberalen Leuten.

»Diesmal kann man nun aber wirklich nicht die Israelis für den Schlamassel in Camp David verantwortlich machen«, betont eine gutaussehende Dozentin der Literatur, »Barak hat sich hochanständig benommen, und die Palästinenser haben sich grundlos quer gestellt.«

»Sie sind hoffnungslos ungeschickt«, sagt ein Herr mit einem eleganten Halstüchlein unter dem blau-weiß gestreiften Hemd, »und stellen sich immer im falschesten Moment quer.«

»Ich fürchte«, bemerke ich, »das liegt nicht nur daran, daß sie so ungeschickt sind, sondern auch daran, daß man ihnen immer nur falsche Momente angeboten hat.«

»Nein, nein, nein, liebes Kind«, sagt der Herr mit dem eleganten Halstüchlein, »in diesem Fall wäre es wirklich ein akzeptabler Ausgangspunkt für weitere Gespräche und Verhandlungen gewesen.«

»Sie sind zu lange von uns vertröstet und an der Nase herumgeführt worden«, sagt die Gastgeberin, eine zarte, scheue Frau unbestimmbaren Alters, »sie wollen keine vagen Worte mehr hören, sie wollen Fakten sehen.«

Ein dicker jovialer Mann beginnt zu lachen und steigert sich unter den verwirrten Blicken der anderen Gäste immer weiter in seine Heiterkeit hinein.

»Aber Herr Zucker«, ruft schließlich die Literaturdozentin, »was gibt's denn da so zu lachen?«

»Die Fakten«, prustet der Dicke, »die Fakten, die die Palästinenser sehen wollen! Seit 1967 setzen wir Fakten in ihre Gebiete, die ehrenwerte linke Arbeiterpartei hat damit begonnen, der rechte Likud hat es begeistert fortgesetzt. Schließlich wollen ja Links und Rechts mehr oder weniger dasselbe. – Oder?«

Nach einer betretenen Pause hat sich der Halstüchlein-Herr gefangen und ruft aus: »So leicht läßt sich das nicht sagen, Herr Zucker, so leicht nicht!«

»Nein, natürlich nicht!« nickt Herr Zucker. »Wenn hier etwas leicht zu durchschauen und dementsprechend unangenehm ist, wird es flugs zu etwas Kompliziertem verdreht. Macht nichts, bleiben wir bei den Fakten. 145 Stück haben wir in die Westbank und 17 in Gaza gepflanzt, überall da, wo es ganz in der Nähe Ortschaften gibt, und immer oberhalb derselben, damit die Palästinenser uns gut sehen und verfluchen und wir sie im Visier behalten können. Rote Ziegeldächer, weiß gekalkte Wände, viele grüne Bäume, bunte Blumen und Stacheldraht. Fromme Leute mit Maschinengewehren und Mengen an Kindern, viel Wasser und große Autos, damit die ganze Familie reinpaßt. Ich frage mich, wie unser Ministerpräsident bei der Landrückgabe dieses kleine Problem gelöst hätte.« Er fängt wieder an zu lachen.

»Ganz einfach«, sagt der Gastgeber irritiert, »man hätte die kleinen Siedlungen aufgelöst und ihre Bewohner in drei, vier großen konzentriert.«

»Und die Siedler wären ihm widerstandslos gefolgt?« fragt seine Frau mit ängstlichem Blick und leiser Stimme.

»Klar«, sage ich und stehe auf, »Barak mit Flöte vornweg als Rattenfänger und 200 000 Ratten singend hinterher. Entschuldigen Sie, ich muß jetzt gehen.«

Der Bauch des Dicken hüpft vor Lachen, und die Gastgeberin bittet: »Warten Sie doch noch einen Moment, jetzt gibt es gleich einen sehr guten Obstsalat.«

»Nein danke, es tut mir leid, aber ich erwarte noch Besuch.«

Als ich zur Tür gehe, höre ich Herrn Zucker sagen: »Also dieses Problem hätten wir jetzt gelöst, bleibt nur noch das mit den heimkehrenden palästinensischen Flüchtlingen und das mit Jerusalem.«

Ich drehe mich noch einmal um und frage: »Und was geschieht mit den heldenhaften Siedlern, die man seit zwei Jahrzehnten aus Hebron herauszuprügeln vergessen hat? Zählt diese unentbehrliche Niederlassung im Herzen der palästinensischen Stadt auch zu den auflösbaren Siedlungen?«

»Nein«, ruft Herr Zucker, »Hebron und der Siedlungsgürtel um Jerusalem und die von jüdischen Fanatikern besetzten Häuser in der Altstadt und die vorbildlichen Autostraßen, Wohnhäuser, Hotels, Jeschivot, Ministerien, etc., die man auf enteignetem Land in Ostjerusalem gebaut hat, haben natürlich einen Sonderstatus.«

Die zarte, scheue Gastgeberin begleitet mich zu Tür: »Oh weh«, seufzt sie, »hätte ich bloß nicht ›Fakten‹ gesagt.«

Die Welt mußte doch erfahren ...

Ina fährt beruflich nach Ägypten.

»Komm doch mit«, fordert sie mich auf, »es würde dir guttun, mal rauszukommen. Ganz offensichtlich hältst du die Zustände und den Druck hier nicht mehr aus.«

»Ich möchte nach Samarkand.«

»Hör endlich mit deinen Träumen auf. Es gibt keinen Ort, an dem du der Wirklichkeit entkommen könntest. In Samarkand mißhandelt man Tiere.«

»Woher weißt du das?«

»In allen islamischen Ländern mißhandelt man Tiere.«

»In westlichen Ländern auch. Ich habe so viele haarsträubende Geschichten darüber gehört...«

»Erspar sie mir bitte.«

Harry, der nach den ersten Blutkonserven von den Toten auferstanden und vom Krankenhaus in Tel Aviv gleich in ein Krankenhaus nach Deutschland geflogen war, ruft an: »Ich habe gerade gefrühstückt«, erzählt er munter, »ein Drei-Minuten-Ei und Toast mit Butter... ich habe einen solchen Appetit!«

»Großartig! Weiß man inzwischen, wodurch du diese tödliche Anämie bekommen hast?«

»Ja, durch den Tablettencocktail. Ich habe eines der Medikamente nicht vertragen. Das passiert in Tausenden von Fällen einmal. Sie haben den Cocktail umgestellt, und den neuen vertrage ich glänzend. Die Befunde sind in Ordnung. Morgen werde ich aus dem Krankenhaus entlassen.«

Ich schweige, und er wartet. Ich spüre über viertausend Kilometer hinweg, wie er mit seinem Frühstückstablett auf den Knien wartet. Ich schaue in den Garten der Shwarz', in dem die vier großen, schönen, glücklichen Hühner promenieren. Eins scharrt jetzt energisch eine Kuhle in die Erde und beginnt ein Sandbad zu nehmen. Sofort sind die anderen drei zur Stelle, um daran teilzunehmen.

»Die Hühner nehmen ein Sandbad«, sage ich.

»Hier könnten sie höchstens ein Wasserbad nehmen. Es regnet die ganze Zeit.«

Ich spüre, wie er durchs Fenster in den Regen schaut.

»Während des ersten Tablettencocktails hast du dich auch ein paar Wochen lang glänzend gefühlt«, sage ich, »und ein zweites Mal könnte ich es nicht ertragen. Ich bin ziemlich am Ende.«

»Das weiß ich genau, und ich bitte dich um nichts. Ich will und wollte dir immer nur eine Hilfe sein und habe total versagt.«

»Von Versagen kann hier wohl nicht die Rede sein. Du bist mir unter den Händen weggestorben! Und anstatt mir bei den ersten Anzeichen zu sagen, daß da was schiefgeht ...«

»Ich weiß, ich weiß es ja. Aber du wolltest doch verreisen, und ich sollte die Katzen versorgen, und ich dachte, das schaffe ich schon noch.«

»Ja«, sage ich, »das denke ich bei mir auch immer. Aber dann kommt eben ein Moment, in dem man es nicht mehr schafft.«

»Ich ... erschrick bitte nicht ... ich komme in zehn Tagen nach Jerusalem. Hab ja noch alle meine Sachen bei dir.«

»Du wirst dich wundern, wie schön ich deinen Schrank aufgeräumt habe. Sah ja furchtbar darin aus!«

»Wenn du willst, hole ich nur meine Sachen ab und wohne dann bei meinen Freunden in Tel Aviv.«

»Du wolltest doch bei mir bleiben, bis ich ins Jenseits abwandere«, sage ich und kriege das Lachen, das ich bereitgehalten habe, nicht heraus.

»Eigentlich will ich das noch immer.«

Ich kann nicht!, schreie ich, nachdem ich eingehängt und mich auf die Couch geworfen habe. Neben mir liegt Vicky, die Kampfkatze, und glaubt, ich will »Attacke, Attacke, Attacke« mit ihr spielen. Ich überlasse ihr meine zum Feind auserkorene Hand, die sie mit schnellen, rhythmischen Tritten ihrer Hinterpfoten bearbeitet.

Aber was soll ich denn tun?, frage ich mich, ich kann doch hier überhaupt nicht weg! Ich kann und werde die Katzen nicht verlassen. Sie sind unschuldig und hilflos, vollkommen hilflos.

Jetzt hat sich Vicky in die weiche Stelle zwischen meinem Zeigefinger und Daumen verbissen und sieht weder unschuldig noch hilflos aus. »Natürlich ist sie Hooligans Tochter«, glaube ich Harrys Stimme zu hören, »der benimmt sich genauso! Spielt den großen Macho auf dem Dach, nimmt allen anderen Katzen, um sie zu ärgern, die Hühnerköpfe weg und rührt sie dann nicht an.«

Ich könnte meine sechs Hauskatzen ja mitnehmen, denke ich weiter. Mitnehmen, wohin? Wohin auch immer. Hauptsache, es geht ihnen gut. Ich werde sehen, daß sie ein behagliches neues Haus mit großem Garten bekommen, so wie wir es damals hatten, in Berlin oder Wannsee. Dann kann ich Harry auch ohne Angst wieder zu mir nehmen, denn in Deutschland hat er ja alles, was er braucht: Ärzte, Medikamente, Versicherung, das ist viel praktischer für ihn. Kann doch sehr gemütlich sein. Im Winter gleichmäßig beheizte, schön eingerichtete Räume, mit Erkern und Stuck an den Decken und Parkett auf dem Boden. Und im Sommer der Garten, mit einer Grotte vielleicht, und einem großen, weißgetupften roten Sonnenschirm, ein Fliegenpilz, so wie wir ihn damals ...

Ich schüttele Vicky von meiner Hand ab und rufe meine Hallesche Seejungfrau Katrin in Berlin an.

»Na, Gott sei Dank«, sagt sie, »hab mir schon große Sorgen gemacht. Du hast auf keinen meiner Briefe mehr geantwortet, und wenn ich angerufen habe, hat sich niemand gemeldet. Was ist denn mit dir los?«

»Nichts Besonderes. Du weißt doch, ich kann nicht mehr schreiben – auch keine Briefe –, und das Sprechen fällt mir inzwischen auch schwer.«

»Also so schlimm!«

»Ich will jetzt nicht über meine Verfassung reden, ich will

dich nur etwas fragen.« Ich schildere ihr das eben erträumte Haus in Berlin und erkundige mich, ob es so etwas überhaupt noch gibt.

»Natürlich gibt's so was noch, vorausgesetzt, man hat das nötige Geld dafür.«

»Ich hätte es, wenn ich meine Wohnung hier verkaufen würde.«

»Wie bitte?« schreit sie auf. »Das kann doch nicht dein Ernst sein! Du willst deine einmalige Wohnung in einer einmaligen Stadt verkaufen, um irgendwelche konfusen, nostalgischen Spinnereien zu verwirklichen?«

»Ich brauche keine Einmaligkeit mehr, ich brauche Ruhe!«

»Hör zu, ich kenne dich ja nun und weiß, wie sehr du deine Wohnung und Jerusalem liebst. Du würdest todunglücklich werden, wenn du da weggingest.«

»Todunglücklich bin ich schon!«

»Was meinst du, wie du es erst in Berlin sein würdest! Stuck an den Decken und Parkett auf dem Boden und Sonnenschirm im Garten und du wieder Kind und Berlin wieder Heimat. Seit wann belügst du dich selbst?«

»Ich belüge mich nicht. Ich weiß, daß es für mich kein Zurück mehr gibt und kein Vorwärts. Aber es ist doch schließlich egal, wo man stirbt, und Deutschland ist ein besseres Land zum Sterben als Israel. Hier ist der Himmel immer so blau und das Licht so grell, und man kann sich nicht einmal einäschern lassen. Das ist doch ein riesiges Unternehmen, meine Leiche nach Deutschland zu bringen, dann meine Urne wieder zurück nach Jerusalem, um schließlich die Asche in der Judäischen Wüste auszukippen. Mein armer Sohn, nach allem, was ich ihm schon zugemutet habe, jetzt auch noch so was!« Ich muß lachen.

»Ich komme«, sagt Katrin, die ja schon immer fest zupakken konnte, »auf ein verlängertes Wochenende kann ich hier weg.«

»Nein, Katrin, ich komme irgendwann. Siehst du, wie gut das alles wäre! In Berlin hätte ich dich und viele andere liebe

Menschen, die glauben, mir wegen des Holocaust zum Abschluß noch etwas Gutes tun zu müssen.«

»Glaubst du wirklich, das wäre der Grund, warum man dir Gutes tun möchte?«

»Weißt du vielleicht einen besseren?«

»Angelika, das ist doch absurd! Du bist nicht mehr bei klarem Verstand. Alles, was man dir sagt und schreibt und an Gefühlen und Interesse entgegenbringt, führst du auf Schuldgefühle wegen des Holocaust zurück?«

»Du unterschätzt die Durchschlagskraft des Holocaust! Nicht umsonst ist er zu einem so lukrativen Erwerbszweig geworden, zu einem unschlagbaren politischen Propaganda- und Druckmittel, zu einem Freibrief, einer Drohung, einem Bonus. Man beschreibt die Greueltaten, die an Millionen begangen wurden, mit schamloser Akribie – je schlechter die Texte, desto akribischer die Beschreibung –, man dreht Filme, in denen das sensationslüsterne Publikum auf seine vollen Kosten kommt – KZ-, Folter-, Mord-, Vergewaltigungsszenen, Herden nackter Frauen, die in die Gaskammern getrieben werden, nichts kann brutal genug sein! Man zeigt sie wieder und wieder, die Berge verrenkter Leichengerippe, und all das unter dem Motto: ›Die Welt soll wissen!‹ Du lieber Himmel, jede dieser grauenhaft anzusehenden Leichen war einmal ein Mensch – ein schöner oder häßlicher, ein guter oder böser ... egal! Er war ein Mensch und hat das Recht, als solcher wenigstens soweit gewürdigt zu werden, daß man ihn nicht als dieses unfaßbare Schreckgespenst dem Blick der Welt preisgibt.«

»Angelika, wie falsch kann man das sehen! Die Welt mußte doch erfahren ...«

»Ach, laß mich mit solchen Phrasen in Ruhe«, unterbreche ich sie, »es war richtig, daß man die Deutschen am Ende des Krieges in die Dokumentarfilme gezwungen und ihnen ihre unvorstellbaren Verbrechen vor Augen geführt hat. Es war auch richtig, den Erdenbürgern, die es angeblich noch nicht wußten, zu zeigen, wozu der sogenannte Mensch fähig ist. Aber wenn daraus eine jahrzehntelange, zu Propaganda- und Unterhaltungszwecken ausgeschlachtete Dakapo-Vorstellung wird, dann habe ich nichts mehr damit zu tun! Vielleicht sollte man inzwischen sämtliche Politiker in ähnliche Veranstaltungen hineinprügeln und ihnen in die Augen brennen, welcher Verbrechen sie sich schuldig machen. Oder findest du, daß der Holocaust, der zu einer Massenproduktion verballhornt wurde, zur Moral und Aufklärung der Menschheit beigetragen hat?«

»Nein, aber gerade deshalb muß man in Wort und Bild immer wieder darauf hinweisen.«

»Tja, ich wußte ja schon immer, daß du zu den integersten, bemühtesten und treugläubigsten Büßerinnen deines Volkes zählst. Du hältst meine Worte, denen – laß es dir sagen – eine maßlose Scheu den Opfern des Holocaust gegenüber zugrunde liegt, für Blasphemie. Ich wiederum halte die gigantische Betriebsamkeit, mit der man sich ihrer ›erinnert‹, für Blasphemie. Laßt sie um Himmels-Herrgotts willen ruhen, zerrt sie nicht immer wieder hoch und beutet sie aus! Sie können sich jetzt ebensowenig wehren, wie sie sich damals haben wehren können, man tötet sie wieder und wieder und wieder!«

Katrin schweigt lange, so lange, daß ich glaube, die Verbindung wäre unterbrochen worden.

»Katrin«, rufe ich.

»Ja, ich bin noch da, ich überlege nur, als was du dich in all das einreihst.«

»Ich reihe mich nicht, ich werde gereiht. Wie schon gesagt, der Holocaust zieht weite Kreise, viel zu weite! Er hat auch mich getroffen, ja, aber ich habe ihn in passablen Verhältnissen heil überstanden.«

»Ich kenne keinen Menschen, der weniger heil ist als du.«

»Das kann man nicht allein auf den Holocaust zurückführen. Es gibt noch viele andere Gründe.«

»Die alle aus derselben Wurzel stammen.«

»Ja, ja, Katrin«, seufze ich, »so ist es: ›Alles, was ich bin und habe, verdank ich dir, mein Holocaust!‹«

Bulgarische Elegien

Am nächsten Tag erhalte ich eine Karte von meiner Nichte Evelina aus Bulgarien. Darauf ist ein Dorf abgebildet – kleine weißverputzte Häuser am Fuß eines bewaldeten Berghangs. Im Vordergrund ein alter Brunnen mit einem Abflußbecken, aus dem eine Herde Schafe trinkt. Ich hebe die Karte, um besser sehen zu können, dicht vor die Augen, betrachte Häuschen für Häuschen, Baum für Baum, Schaf für Schaf, und plötzlich verschwimmt alles unter meinem Blick und ich stoße einen Laut aus, der dem krächzenden Miauen meines stummen Katers Nachtsche gleicht.

Ich hätte in den letzten Jahren Anlaß genug zum Weinen gehabt, aber es war mir fast nie gelungen. Ich hatte geschrien, gejammert oder an einem allergischen Hustenanfall, wie ich es nannte, gewürgt. Tränen, wie sie mir jetzt an den Nasenrinnen hinunterlaufen, waren mir nicht vergönnt gewesen. Es bedurfte der belanglosen Karte eines scheinbar idyllischen bulgarischen Dorfes, das mit seinen weißverputzten, sich an einen Berghang kuschelnden Häuschen nicht einmal Ähnlichkeit mit meinem geliebten, häßlichen Dorf Buchowo hatte. Dort waren Häuser und Wege aus Lehm gewesen, so wie in den frühen palästinensischen Flüchtlingslagern, und um die Idylle zu entdecken, hatte man viel Phantasie aufbringen müssen.

Ich drehe die Karte um und lese: »Erinnert dich das nicht an Buchowo? Ich sehe dich in einem alten vergammelten ›Kodjuchtsche‹ und einer Tragstange, mit zwei Krügen Wasser über der Schulter, am Brunnen stehen. Ich habe so große Sehnsucht nach dir!«

Und ich erst! Evelina, Bulgarien, Buchowo, wo ich neun Monate gelebt habe und restlos glücklich gewesen war. – Das wäre Heimat! Der Geruch von feuchter Erde, brennendem Holz und dünstendem Knoblauch. Die wilden, urwüchsigen Töne des Dudelsacks, das schrille Ijuuu der

Choro tanzenden Bauern ... Ja, natürlich! Und ich sechzehnjährig, zum ersten Mal verliebt und voll unbändiger Lebensfreude!

Ich stecke die Karte in einen der Fensterrahmen und schnaube mir die Tränen aus der Nase.

Dörfer wie Buchowo gibt es gar nicht mehr, dafür hatte der kommunistische Staat gesorgt und recht daran getan. Die Armut und Rückständigkeit der bulgarischen Bauern war ebenso verheerend gewesen, wie ihre menschliche Wärme und Großzügigkeit überwältigend. Die Dörfer, bis auf ein paar für Postkarten herausgeputzte, haben sich zu scheußlichen Orten ausgewachsen, in denen mehrstöckige, aus Ziegelsteinen zusammengekleisterte, meist im Bau stekkengebliebene Häuser anstelle von Wärme und Lebenslust Elektrizität, fließendes Wasser und die spärlichsten Anfänge eines westlichen Lebensstils bieten. Choro tanzen professionelle Folkloregruppen vor den paar Touristen, die sich auf einer Balkanreise auch nach Bulgarien verirrt haben, Dudelsäcke sind durch Fideln und der Geruch nach feuchter Erde und brennendem Holz durch den Gestank einer maroden Industrie ersetzt worden. In Buchowo geht der Tod um, denn dort hat man Uran entdeckt und die Bewohner der radioaktiven Verseuchung überlassen. Im übrigen Land gehen plündernd die Mafia und schlagkräftig das Elend um und bescheren den einen reiche Beute und den anderen, wenn sie Glück haben, einen Napf Suppe aus der Armenküche. Meine Nichte und deren Mann gehören zu der Generation, die unter dem Kommunismus gelitten hat und unter dem Kapitalismus leidet. Sie sind Opfer der sogenannten Privatisierung geworden, durch die sie den alten Arbeitsplatz verloren haben und für weitere Verwendungszwecke insofern untauglich sind, als sie weder das jugendliche Alter noch die zweckmäßige Ausbildung und schon gar nicht die krasse materialistische Einstellung haben, die man braucht, um in der freien Marktwirtschaft Erfolg zu haben.

Vielleicht, überlege ich und nehme die Karte wieder aus dem Fensterrahmen, um sie zärtlich zu betrachten, sollte ich nach Bulgarien zurückkehren, zu meiner Nichte, der einzigen, für die ich ein Gefühl verwandtschaftlicher Liebe empfinde, zu meinem Neffen, der mir charakterlich ähnelt, zu einer Landschaft, die jahrelang mein Zuhause war, zu einer Sprache, die mir wieder vertraut werden wird, zu Menschen, die mir vertraut geblieben sind. Und dann, mit einem harten Schnitt, der meine wirklichkeitsfremden Gedanken durchtrennt: in einen Staat, der seit Jahren auf der Kippe steht, zu einem Volk, das am Rande des Abgrunds durch einen Sumpf aus Korruption und Verelendung watet! Während ich dort mit sechs Katzen und stolzer westlicher Währung, für die ich mir mit Leichtigkeit all das leisten kann, was ein gewöhnlicher Bulgare nur mit einem scheuen, sehnsüchtigen Blick streifen darf, wie eine Made im Speck lebe. Dann kann ich ja auch gleich hier in meinem schönen arabischen Haus auf der israelischen Seite bleiben und in edler Abgeschiedenheit unter meinem schlechten Gewissen leiden. Auf welches Volk sich das bezieht, ist ja schließlich egal. Es gibt Hunderte davon. Ich kann nichts dafür, daß ich am Ende meines Lebens zufälligerweise auf die Seite derer gefallen bin, die sich von Opfern zu Tätern gemausert haben. Es gibt kein Volk, das sich eine solche Chance entgehen lassen, und kaum einen Menschen, der, alt und zermürbt, freiwillig ins Elend zurückkehren würde. Ich zerreiße die Karte aus Bulgarien in kleine Stücke und werfe sie Vicky, der Kampfkatze, hin. Die beschnuppert sie enttäuscht, und ich sage: »Wenigstens du weißt, wo du hingehörst, ich weiß es endgültig nicht mehr. Dreimal ›Heimat‹-Phantasien, dreimal Scheiße! Komm, Vick-Vick, ich geb dir was Interessanteres zum Spielen!«

Ich verkaufe meine Seele

Der Immobilienmakler Joschua Lecker schreitet die Wohnung ab. Die Fliesen messen 20 Zentimeter im Quadrat, und wenn er den Raum, zwei Fliesen auf einmal, von einem Ende zum anderen durchquert hat, schreibt er die Endsumme in ein Heft. Ich sitze auf dem Sofa, rauche Zigaretten und bin damit beschäftigt, das kleine Einmaleins zu repetieren. Da ich es längst vergessen, wenn überhaupt jemals gelernt habe, ist es eine schier unmögliche Aufgabe, die meine Gedanken voll in Anspruch nimmt und damit von dem Geschehen um mich herum ablenkt. Ich bin gerade bei 7 mal 5, als mir der Immobilienmakler, ein älterer, freundlicher Herr mit guten Manieren und geschliffenem britischem Akzent, die Quadratmeterzahl bekanntgibt und sich in wohlwollenden Worten über die Schönheit des Raums äußert. Ich bemühe mich, zu seiner ganzen beachtlichen Höhe aufzublicken und zu lächeln. Auf seinem kahlen Kopf sitzt ein kleines rot-grün-braun gehäkeltes Käppchen, und ich frage mich mal wieder, wie es auf einer Glatze Halt finden kann. Die, die Haare haben, befestigen es mit einer Klammer, aber hinter das Geheimnis derer, die keine mehr haben, komme ich einfach nicht. Unter normalen Umständen hätte ich jetzt womöglich die Gelegenheit wahrgenommen und mich danach erkundigt, aber die Apathie ist größer als die Neugier, und also sage ich zu dem mir wiedergeschenkten Harry: »Bitte sei so gut und zeig Herrn Lecker den Rest der Wohnung.«

Ich versuche mich noch mal in das kleine Einmaleins zu retten, doch die Schritte und gedämpften Stimmen der beiden Männer vereiteln meine Flucht. Ich folge ihnen mit den Ohren in mein Schlafzimmer, ins Bad, in Harrys Zimmer, in dem sie sich längere Zeit aufhalten und ein paarmal lachen. Dann höre ich sie im Patio, auf der Wendeltreppe und schließlich über mir auf dem Dach. Ich lausche ihren Schritten, den Pausen dazwischen, dem Ausruf des Immobilienmaklers: »My goodness, this is marvellous!«

Ich denke: Ich bin dabei, meine Seele zu verkaufen. Jerusalem ist die Heimat meiner Seele.

Schwere Schuhe trampeln über meinen Kopf. Warum die Menschen jetzt alle so klobige Schuhe tragen müssen! Ich höre sie die Wendeltreppe hinabstapfen. Die hat Mohammed vor kurzem mit Antirostfarbe gestrichen, und es hat ihr Aussehen sehr gehoben. Jetzt zeigt Harry Herrn Lecker den Duschraum. Den hat seinerzeit noch Ali gebaut. Als ich vor vierzehn Jahren hier einzog, habe ich ein paar kleine bauliche Verbesserungen vorgenommen, und einmal, das war ganz am Anfang und die Möbel noch verpackt, hatten Rick und ich den Einfall, alle Wände rauszureißen und die Wohnung in einen Riesenraum zu verwandeln. Wir hatten schon sehr viel Wodka getrunken, und Rick ... ach, Rick, verlorener Sohn mit dem pfiffigen, kleinen Mephistogesicht! Das war doch noch eine schöne Zeit!

Der große, freundliche Immobilienmakler kommt ins Zimmer, hinter ihm her, mit schief geneigtem Kopf, Harry. Er setzt sich mir gegenüber aufs Sofa, eine steile Furche zwischen den Brauen, hypnotisch auf mich gerichtete Augen hinter Brillengläsern. Herr Lecker nimmt furchtlos in dem selten benutzten Sessel der neuen Ledergarnitur Platz. Die meisten meiner Gäste schrecken vor ihm zurück, wahrscheinlich, weil er so groß und uneingesessen aussieht.

»Eine ungewöhnlich attraktive Wohnung«, sagt der Immobilienmakler, »ein Liebhaberobjekt. Für eine normale Familie mit Kindern ungeeignet und darum schwer verkäuflich. Aber ich hätte da eine reiche Dame in Neuseeland ... ich stamme nämlich aus Neuseeland ...«

Ich nicke und starre sein Käppchen an, das sich, obgleich auf dem Dach immer ein leichter Wind geht, keinen Millimeter verschoben hat. Vielleicht ist es mit Klebestreifen befestigt.

»Haben Sie sich schon über den Preis Gedanken gemacht?« fragt mich Herr Lecker.

»800 000 Dollar«, sage ich, und die Augen fallen mir vor Müdigkeit fast zu. Vermutlich ist Harrys hypnotischer Blick daran schuld.

»Liebe Dame«, lächelt der freundliche Makler nach einer längeren Pause, »das ist ein Phantasiepreis.«

»Ob für Käse oder Häuser, in Israel sind alle Preise Phantasiepreise. Wobei der für meine Wohnung, die ich vor etwa sieben Jahren spaßeshalber habe schätzen lassen, ein ganz realer ist.«

»Das war während der Rabin-Regierung, ja. Aber seither sind die Immobilienpreise gefallen und werden jetzt, mit dem Fiasko in Camp David, noch mehr fallen. Ich kann für Ihre Wohnung nicht mehr verlangen als 550 000, im äußersten Fall 600 000 Dollar.«

»Gut«, sage ich teilnahmslos, »dann lassen wir's eben.«

Der Makler scheint meine Reaktion für einen durchtriebenen Trick zu halten und fühlt sich zum Handeln aufgerufen. Er erwähnt noch einmal die fallenden Preise, das gescheiterte Camp David, die Ungewöhnlichkeit und damit schwere Verkäuflichkeit des Objekts; versichert mir dann, daß 600 000 Dollar ein stolzer Preis und das absolute Höchstmaß seien und ich mir dafür, so ich das beabsichtige, in fast jedem anderen Land eine erstklassige neue Wohnung kaufen könne. Sein Neffe hätte sich für 500 000 Dollar sogar ein ganzes wunderschönes Landhaus im Süden Englands gekauft.

Ich schaue von Harrys steiler Furche auf des Maklers unverrückbares Käppchen und dann auf meinen alten Kater Dino, der, um auf meinen Schoß zu gelangen, Klimmzüge an der Couch macht. Ich murmle: »Der würde den Abschied von Jerusalem ebensowenig überleben wie ich« und helfe ihm auf die Couch.

Herr Lecker hat ein Formular aus seinen Unterlagen genommen und schiebt es mir zu: »Also wenn Sie bereit sind, die Wohnung durch meine Vermittlung zu verkaufen, unterzeichnen Sie bitte hier, neben dem Kreuzchen.«

Er reicht mir einen Stift.

Ich verkaufe meine Seele, denke ich, Jerusalem ist die Heimat meiner Seele, und sage: »Aber ich weiß doch gar nicht, wohin!«

Ich schaue zu Harry hinüber, der langsam und behutsam die Hand in meine Richtung streckt und mir dann blitzschnell, so als handele es sich um ein Messer, mit dem ich mich gerade erstechen will, den Stift entreißt.

»Sir«, sagt er zu dem verdutzt dreinschauenden Joschua Lecker, »für so etwas braucht man Bedenkzeit. Es handelt sich hier ja nicht um ein Kilo Äpfel.«

»Richtig, richtig«, bestätigt der Makler und steht hastig auf, »ich sehe ja, daß hier schwerwiegende Emotionen mit im Spiel sind. Hier ist meine Visitenkarte, und wenn Sie es sich überlegt haben, stehe ich Ihnen immer sehr gerne zur Verfügung.«

»Entschuldigen Sie«, sage ich, und als er, von Harry zur Tür begleitet, die Wohnung verlassen hat, presse ich mein Gesicht in die Sofalehne der neuen Ledergarnitur und heule.

Harry setzt sich neben mich, legt seine Hand auf meine und schweigt.

»Harry«, schluchze ich, »das ist doch alles nicht normal.«

»Nein«, stimmt er mir zu, »das ist es gewiß nicht.«

»Glaubst du, ich habe einen Nervenzusammenbruch?«

»Nein, aber wenn du so weitermachst, kriegen wir den schon hin.«

»Meine Mutter hatte auch einen, als sie Berlin verlassen mußte.«

»Willst du deine Situation jetzt vielleicht mit der deiner verfolgten Mutter vergleichen?«

»Nein, Gott behüte, das wäre absurd! Aber muß ich mit meinem Nervenzusammenbruch so lange warten, bis sich, sicher nicht für mich, aber für meine palästinensischen Nachbarn, eine ähnliche Situation ergibt?«

Merkwürdigerweise
gebe ich die Hoffnung nicht auf

Dr. Emil Gur ist Psychiater, Psychoanalytiker und Psychotherapeut. Er hat eine Privatpraxis in einem exklusiven Vorort Tel Avivs und arbeitet außerdem in einem Krankenhaus. Dort behandelt er Holocaustgeschädigte in der ersten, zweiten und dritten Generation. Michael, einer meiner jüngeren Freunde, ein nichtjüdischer zum Judentum übergetretener Deutscher, den man daher gut und gerne zu den Holocaustgeschädigten zählen kann, hat ihn mir wärmstens empfohlen. Er ist von Dr. Gur fünf Jahre lang dreimal wöchentlich in seiner Privatpraxis analysiert worden, und Michael behauptet, daß sich sein Leben seither grundlegend verändert habe. Ich habe nichts davon bemerkt, aber das liegt vermutlich an mir und meiner tiefen Skepsis der Psychoanalyse gegenüber. Michaels Zerrissenheit, seine hektische Suche nach der »Heilen Welt«, der idealen menschlichen Beziehung, der ungetrübten Freude an was auch immer, hat die Analyse überlebt. Außerdem hat er sich für die Verwirklichung seiner Träume den denkbar ungeeignetsten Ort ausgesucht, was man wiederum auf seinen Holocaustschaden zurückführen muß.

»Du weißt ja nicht, wie ich früher war«, sagt er, aber das sagen alle, die so viel Zeit und Geld für ihr Seelenheil und das Bankkonto ihres Analytikers geblecht haben.

»Warum empfiehlst du mir ausgerechnet einen Therapeuten, dessen Spezialgebiet der Holocaust ist?« frage ich.

Erst starrt er mit stummem Vorwurf mich, dann kopfschüttelnd die Decke an.

»Mein Problem ist die Schreibhemmung, nicht der Holocaust!«

»Überlaß die Diagnose bitte Emil.«

»Darf ich ihn auch Emil nennen, oder ist das erst nach fünf Jahren intimster Eröffnungen erlaubt?«

»Du nimmst das alles nicht ernst«, entrüstet sich Michael,

»und wenn man es nicht ernst nimmt, kann nichts daraus werden.«

»Und wenn man es ernst nimmt, auch nicht.«

Ich fahre zusammen mit Harry, denn ich habe keinen Orientierungssinn und Männer finden immer alles. Der Vorort, in dem Dr. Gur wohnt und Privatpatienten empfängt, ist wirklich exklusiv. Schmucke Villen in großen subtropischen Gärten. Die Straßen ausgestorben.

»Toll«, sagt Harry, »wenn du schon weg willst, könnten wir doch hierher ziehen.«

»Diese Bemerkung entbehrt jeglicher Logik«, erwidere ich, »wenn ich schon weg will, will ich weg und nicht auf einen Tel Aviver Friedhof.«

Er lacht und hält vor einer der schmucken Villen.

»Die hat zu einem großen Teil Michael finanziert«, bemerkt er, »aber vielleicht braucht Emil noch einen Anbau. Den kannst du dann finanzieren.«

Er hat meine unguten Gedanken auf den Punkt gebracht, und als ich an der Haustür klingele, bin ich bereits mit Groll geladen.

Dr. Gur, der in Deutschland aufgewachsene Sohn polnischer Holocaustüberlebender, ist ein ganzes Stück kleiner als ich und sieht aus wie ein rundlicher witziger Waldschrat. Sein Anblick beschwichtigt mich, das Kindergeschrei im Hintergrund irritiert mich.

»Sind das Ihre?« frage ich.

»Ja«, sagt er, »vier, aber die kommen hier nicht rein.«

»Sehr beruhigend.«

Das Sprechzimmer ist gemütlich, alte europäische Möbel, orientalische Teppiche, viele Bücher, gedämpftes Licht, das richtige Maß an Unordnung.

»Setzen Sie sich bitte dorthin«, sagt der Waldschrat auf einen Sessel deutend und hat sich schon mit hochgezogenen Beinchen auf dem gegenüberstehenden zusammengerollt und eine Zigarette angezündet.

»Sind Sie Freudianer?« frage ich, angenehm befremdet. Er kichert und nickt und bläst Rauchringe in die Luft.

»Dann hat sich das ganze Brimborium wohl ziemlich gelockert.«

Jetzt lacht er laut und sagt: »Also das hätten wir bereits geklärt.«

»Was?«

»Was Sie von der Psychoanalyse halten. Warum sind Sie trotzdem zu mir gekommen?«

»Merkwürdigerweise gibt man die Hoffnung nicht auf. Ich habe eine Schreibhemmung, und wenn ich nicht schreiben kann, ist alles aus.«

Er sieht mich lange schweigend an. Seine Augen sind dunkelbraun und blank poliert, und wenn ich es nicht besser wüßte, würde ich sagen, etwas Übersinnliches geht von ihnen aus.

»Ja«, seufze ich, »ich habe außerdem eine ganz normale Altersdepression, und wahrscheinlich gehen mein Alter, die Schreibhemmung und die abgrundtiefe Enttäuschung Hand in Hand.«

Er fragt nicht nach dem Anlaß meiner abgrundtiefen Enttäuschung, und entweder hat er wirklich transzendentale Fähigkeiten, oder Michael, der ihn noch häufig privat besucht, hat ihn bereits in mein Seelenleben eingeweiht.

»Ich muß dieses Land verlassen«, sage ich, »so wie es sich politisch und moralisch entwickelt hat, bringt es mich um. Ich habe Jerusalem über alles geliebt. Ich war glücklich, dort leben, alt werden und sterben zu können. Aber jetzt weiß ich nicht mehr, wo ich sterben soll.«

»Wollten Sie tatsächlich sterben, wäre es Ihnen egal, wo. Aber Sie wollen es ja gar nicht. Sie sind noch viel zu vital.«

»Das täuscht. Ich bin so niedergeschlagen und kaputt, daß ich es begrüßen würde, tot umzufallen.«

»Dann lohnt es sich doch gar nicht, die Schreibhemmung aufzuheben.«

»Haben sich bei Ihrer unorthodoxen Therapiemethode schon viele Patienten umgebracht?« frage ich und lache.

»Gott behüte!« ruft er aus, »machen Sie damit keine Witze!«

Das Fenster, an dem ich sitze, geht in einen schönen Garten hinaus, in dem neben saftigen Rasenflächen, Rosen und Stiefmütterchenbeeten exotische Bäume und Büsche wachsen. Eine weiße, schwarzgesprenkelte Dogge kommt mit federnden Schritten auf das Fenster zu und schaut mich tiefsinnig an.

»Was für ein herrliches Tier!« freue ich mich, »ich liebe Tiere, ich liebe überhaupt nur noch Tiere, besonders Katzen. Ist es normal, daß ich Menschen nicht mehr lieben kann?«

»Es ist vollkommen egal, was man liebt, Hauptsache, man liebt!«

»Sie halten mich also für normal und vital?«

»Und schwer depressiv. Haben Sie schon einmal Antidepressiva genommen?«

»Nein, und ich bin dagegen. Ich möchte nicht von Pillen gegängelt werden. Ich habe es bis jetzt noch immer geschafft, mich mit eigener Kraft aus dem schwarzen Loch rauszuziehen.«

»Dann ist Ihnen Ihr Zustand bekannt.«

»Das kann man wohl sagen! Als ich aus der Emigration nach Deutschland zurückkam und in München strandete, hatte ich sogar eine Dauerdepression mit allem Drum und Dran. Bin zeitweise gar nicht mehr aufgestanden.«

»Und wie hat man Sie damals behandelt?«

»Damals! Damals waren Psychostörungen, Psychobehandlungen und Psychopillen noch gar nicht in Mode und weitgehend unbekannt. Nach einem Krieg, und der Krieg ist ja nun ›der Vater aller Dinge‹, sind die Menschen immer schwer beschäftigt, sich eine neue Existenz aufzubauen, und solange man mit dem Wiederaufbau beschäftigt ist, spürt man die Psyche nicht. Ich habe sie gespürt, leider, aber ich hab ja auch nun den Anschluß von der

Zerstörung in den Wiederaufbau verpaßt. Einmal zerstört, immer zerstört. So hab ich es wohl empfunden.«

Wieder dieser übersinnliche Blick aus dunkelbraunen, blank polierten Augen, dann die Frage: »Also wie haben Sie es geschafft?«

»Mit Männern«, sage ich, »immer eine neue Verliebtheit, immer ein neues Leben, immer eine neue Möglichkeit, zu zerstören. War auf die Dauer nicht das Richtige. Aber dann hab ich's doch gefunden.«

»Was?«

»Das, was ich jetzt verloren habe: das Schreiben und Israel. Denen verdanke ich mein Leben und außerdem sehr viel Freude, Hoffnung und Glück. Na, jetzt haben Sie's mir aber gezeigt! Kommt mir vor wie bei der Geburt meines Sohnes: Erst haben sie mir, um die Schmerzen zu lindern, Lachgas gegeben, und das war himmlisch. Aber dann, als die Presswehen anfingen und die Schmerzen unerträglich waren, haben sie mir die Lachgasmaske weggerissen und erklärt: Jetzt müsse ich ganz dasein und mitmachen. Eine Gemeinheit – damals und jetzt. Immer in den bösesten Momenten wird einem die Lachgasmaske weggerissen.«

Dr. Gur ist aufgestanden, geht an seinen Schreibtisch und kommt mit zwei Schachteln und einem Rezeptblock zurück: »Nehmen Sie davon täglich morgens eine Tablette«, sagt er und reicht mir die Schachteln, »und bitte keine Diskussionen.«

Ich lese den Namen des Medikamentes und lache: »Hätten Sie mir nicht wenigstens ein originelleres Antidepressivum geben können? Der halbe Westen, Israel inbegriffen, schluckt das.«

»Und dazuzugehören beleidigt Sie, ja? Und alt zu werden beleidigt Sie. Und Hilfe anzunehmen beleidigt Sie. Und die ganze gottverdammte Menschheit beleidigt Sie, nicht wahr?« Er kritzelt etwas auf den Rezeptblock, reißt das Blatt ab und steckt es in meine Handtasche. Dann zündet er sich die soundsovielte Zigarette an. »Ich halte eine zusätzliche Psychotherapie für angemessen«, sagt er, »aber ich überlasse diese Entscheidung Ihnen.«

»Ich kann keine Entscheidungen mehr treffen.«

»Das müssen Sie aber – und ohne Lachgasmaske.« Er lächelt. Er sieht aus wie ein witziger kleiner Waldschrat und bläst Rauchringe in die Luft. Doch wenn er mich anschaut, hat er diesen übersinnlichen Blick.

»Gut«, sage ich, »ich rufe Sie morgen an und sage Ihnen Bescheid.«

Am Ortsausgang, neben einer Tankstelle, sehe ich ein Fischrestaurant, und da ich plötzlich Hunger habe, gehe ich mit Harry hinein. Es ist ein einfaches Lokal, aber es gibt Scampi in Butter- und Knoblauchsoße und einen leichten, nicht zu trockenen Weißwein.

»Die Scampi und der Wein sind sehr gut«, sage ich zu Harry, »und der Waldschrat ist es auch. Ich liebe osteuropäische Juden, aber man findet sie kaum noch. Die meisten der zweiten Generation sind schon Israelis geworden und nur noch ein Schatten von dem, was ihre Eltern waren. Wenn ich an meinen Rosental denke, ein polnischer Jude, ein Bundist, ein Mensch durch und durch.«

Ich öffne die Schachtel mit dem Antidepressivum, lege eine Tablette auf die Zunge und spüle sie mit einem Schluck Wein hinunter. »Wenn ich an all die Juden denke, die mir hier in Israel meine Lebenskraft und meinen Lebensmut zurückgegeben haben, wenn ich an all die Juden denke, die ich nie kennenlernen durfte, weil sie ermordet worden sind ...«

Harry nimmt mir die Schachtel aus der Hand, liest den Namen des Medikaments und sagt: »Und wenn ich an all den Wahnsinn denke, den du dir leistest! Diese Tabletten darf man nicht mit Alkohol mischen.«

»Das interessiert mich jetzt überhaupt nicht. Ich dürfte auch nicht mehr hier leben, wenn wir es genau nehmen wollen. Ich dürfte auch nicht mehr gegen das rebellieren, was man menschliche Natur und menschlichen Zerfall und menschliches Elend nennt.«

»Siehst du, wie schnell das wirkt«, tadelt Harry und bestellt bei der Kellnerin, die sehr hübsch aussieht, eine Flasche Mineralwasser.

»Weißt du, Harry«, sage ich, »vor zwei Monaten warst du kaum noch da, und jetzt spielst du schon wieder den Superman. Eigentlich beachtlich, wie einen die Produkte der Pharmaindustrie umbringen oder halbwegs heilen können.«

»Trink«, befiehlt Harry und gießt Mineralwasser in mein Glas. Ich trinke und freue mich an seinem guten, gesunden Aussehen und den arrogant gehobenen Brauen, mit denen er entweder den Fisch auf seinem Teller oder mich einzuschüchtern versucht.

»Du wirst mich bald los sein«, sage ich und bestelle ein zweites Glas Wein.

»Wie möchtest du das trinken?« fragt Harry. »Mit oder ohne Antidepressiva.«

»Hast du gehört? Du wirst mich bald los sein. Ich fliege nämlich nach Samarkand.«

Samarkand

In Jerusalem gehe ich in mein Reisebüro. Harry, der ungewöhnliche Situationen, kurioses Verhalten, Pannen, Krisen und harmlose Unfälle genießt, begleitet mich mit undurchdringlichem Gesicht. Daran merke ich, daß er gespannt ist.

Mein Reiseagent heißt Motti und ist ein, ausnahmsweise, schnell denkender und handelnder Jecke. Er hat einen schmalen Torso und einen ausufernden Bauch und Hintern. Eigentlich sieht er aus wie ein Stehaufmännchen, dessen untere Hälfte mit Blei gefüllt ist.

»Angelika«, begrüßt er mich, »geht's wieder mal nach Berlin?«

»Wieso Berlin?«

»Letztes Jahr um diese Zeit sind Sie nach Berlin geflogen und vor zwei Jahren auch.«

»Tatsächlich? Was habe ich denn da gemacht?«

»Das liegt nun leider außerhalb meines Kompetenzbereiches«, sagt Motti, und Harrys undurchdringliches Gesicht verzieht sich zu einem Grinsen. Es hat sich offenbar gelohnt, mich zu begleiten.

»Dieses Jahr möchte ich aber nicht nach Berlin, sondern nach Samarkand«, erkläre ich.

»Ach«, sagt Motti und schaut Harry an. Vermutlich hält er mich für unzurechnungsfähig und das Reiseziel für eine Erfindung meines verwirrten Geistes. »Usbekistan? Samarkand?« erkundigt er sich sicherheitshalber bei ihm. Harry, immer noch grinsend, nickt.

»Überrascht Sie das?« frage ich streng. »Samarkand, das sagt schon dieser wunderschöne Name, ist eine wunderschöne Stadt. Diese herrlich proportionierten Plätze, diese edlen alten Gebäude und Moscheen, diese Farbenpracht und dieses Licht! Ein Traum!«

»Ah so, Sie waren schon einmal dort!«

»Nein«, sagt Harry, »denn dann wäre es ja kein Traum mehr.«

»Harry«, mahne ich, »es gibt auch Träume, die der Wirklichkeit standhalten. Jerusalem, zum Beispiel.«

»Aber Sie leben doch in Jerusalem«, sagt Motti verdutzt, »wie viele Träume brauchen Sie?«

»Viele«, murmelt Harry.

»Ich habe von Jerusalem in der Vergangenheit gesprochen«, berichtige ich, »inzwischen ist es ein Alptraum geworden.«

»Ja«, gibt Motti zu, »um Jerusalem steht es schlecht. Alle Friedensverhandlungen werden daran scheitern. Diese vernagelten Fanatiker auf beiden Seiten, denen ein Stück Mauer oder eine Moschee oder ein Grab wichtiger ist als das Leben unserer Kinder, werden schon dafür sorgen. Was hat das noch mit Glauben zu tun? Wir Juden erklären die Stadt für heilig und ein Verbindungsglied zwischen Erde und Himmel, die Muslime lassen ihren Propheten Mohammed auf einem Schimmel vom Tempelberg ins Paradies reiten, und dann kommt auch noch Jesus, läßt sich hier kreuzigen, wird begraben, steht wieder auf und fliegt geradewegs zu seinem göttlichen Vater in den Himmel. Und unter all diesen Legenden müssen wir heute noch leiden. Nicht normal!«

Ich nicke eifrig, und Harry läßt sein lautes, sonst immer nur auf Fernsehkomödien oder Telefonklatsch beschränktes Lachen hören.

»Also Samarkand«, beschließt Motti, dessen Erkenntnisfähigkeit und Einsicht ich offensichtlich unterschätzt hatte. Er fängt an, sich mit Kursbüchern und Tabellen zu beschäftigen.

»Waren Sie schon mal in Samarkand?« frage ich ihn.

»Nein, aber in Buchara, und dort ist es auch sehr schön.«

»Kein Vergleich«, sage ich, ohne eine Ahnung zu haben.

»Es sind damals viele Juden aus Buchara nach Israel gekommen«, belehrt er mich, »es gibt sogar ein ganzes Bucharisches Viertel in Jerusalem.«

»Kenne ich. Gibt es in Samarkand auch Juden?«

»Wo gibt es keine? Aber viele sind's nicht mehr. Legen Sie Wert darauf?«

»Keineswegs, aber man weiß ja nie.«

»Was?« fragt Harry.

»Das verstehst du nicht«, sage ich.

»Sie fliegen über die Türkei und das Kaspische Meer...«

»Schön!« rufe ich aus.

»Was?« fragt Harry.

»Das Kaspische Meer. Ich wollte schon immer mal ans Kaspische Meer.«

»Du überfliegst es nur«, sagt Harry und verdreht die Augen.

»Man kann natürlich auch einen Stop am Kaspischen Meer einlegen«, erklärt Motti, der mir entweder einen

Gefallen tun oder ein besonders teures Ticket ausstellen möchte.

»Nein, nein, ich will vor allem nach Samarkand! Fliegt man eigentlich direkt dorthin?«

»Nein, nur bis Taschkent, und von dort sind es noch drei- bis vierhundert Kilometer nach Samarkand.«

»Aber es gibt eine gute Verbindung mit irgendwas.«

»Bezweifle ich«, sagt Harry.

»Wahrscheinlich gibt es Busse«, sagt Motti.

»Die Busse in diesen Ländern sind ziemlich schlimm«, gebe ich zu bedenken, »Hühner und Schafe mit zusammengebundenen Beinen und kotzende Kinder. Ich kenne das aus Bulgarien.«

»Bulgarien ist nichts dagegen«, sagt Harry.

»Willst du mir die Reise unter allen Umständen vermiesen?« fahre ich ihn an.

»Sie müssen schon auf ganz andere und vielleicht etwas beschwerliche Zustände vorbereitet sein«, unterstützt ihn Motti.

»Ich könnte mir keine beschwerlicheren Zustände vorstellen als hier«, ereifere ich mich, »hier fliegen die Busse in die Luft.«

»Sind sie, Gott sei Lob, schon lange nicht mehr«, sagt Motti, »aber jetzt, wo Camp David gescheitert ist und Barak sich wahrscheinlich nicht mehr lange halten kann ...«

»Würden Sie nicht gerne nach Samarkand reisen?« unterbreche ich ihn.

»Ehrlich gesagt, würde ich lieber nach Berlin reisen. Ist doch eine famose Stadt geworden, eine Metropole, die einem alles bietet. Während Samarkand ... na ja, ich versteh das schon mit dem Traum, nur denke ich mir dabei, Träume sind so zerbrechlich, und einen sollte man sich erhalten, nicht wahr?«

»Genau richtig«, bekräftigt Harry, »aber man soll Reisende nicht aufhalten.«

Ich sehe von einem zum anderen. Das Stehaufmännchen

verschränkt die dünnen Arme über dem dicken Bauch und lächelt nachsichtig. Harry hat wieder sein undurchdringliches Gesicht.

»Jetzt weiß ich wirklich nicht mehr, was ich tun soll«, rufe ich kläglich.

»Fliegen Sie nach Berlin«, rät mir Motti, »das Pergamon-Museum ist doch auch sehr schön und der neue Potsdamer Platz und der Wannsee.«

»Ja«, stimmt Harry zu, »und vielleicht findest du im Grunewald plötzlich ein gemütliches Haus mit Erkern und Stuck an der Decke und Parkett auf dem Boden. Wäre doch ein guter Ersatztraum, oder?«

Ein Fliegenpilz-Sonnenschirm im Garten

Ich rufe den Waldschrat, Dr. Gur, an und erkläre, daß ich mich schon viel besser fühle und eine Psychotherapie nicht notwendig sei.

»Die Pillen scheinen enorm zu helfen«, sage ich, »vielen, vielen Dank, Dr. Gur.«

Er schweigt eine Weile, und ich sehe ihn Rauchringe in die Luft hauchen. Dann sagt er: »Großartig, daß die Pillen so schnell wirken. Ich habe Ihnen eine Minimaldosis verschrieben, aber Sie sind wohl ein Ausnahmefall – wie immer.«

Seine Ironie amüsiert mich, und so frage ich fröhlich: »Sie glauben mir kein Wort, nicht wahr?«

»Nein, aber das macht nichts. Wodurch Sie sich besser fühlen, falls Sie das wirklich tun, ist schließlich egal.«

»Ja. Und ich fliege demnächst nach Berlin.«

»Also wissen Sie jetzt – ich zitiere Sie –, wo Sie sterben wollen.«

»Nein. Aber ich muß wenigstens den Versuch machen, es

herauszufinden, herauszufühlen. Ich sehe immer wieder das Haus vor mir, Stuck an den Decken, Parkett auf dem Boden, ein Fliegenpilz-Sonnenschirm im Garten, Himbeersträucher und Studentenblumen und Apfelbäume, auf die meine Katzen klettern ... entschuldigen Sie, es ist alles Unsinn, aber ich muß es wenigstens versuchen.«

»Ja, das müssen Sie wirklich! Und wenn Sie das Gefühl haben, daß es kein Unsinn ist, dann betrachten Sie es bitte nicht als Niederlage.«

»Was meinen Sie damit?«

»In ein Land zurückzukehren, aus dem Sie hinausgeworfen wurden.«

»Als was soll ich es sonst betrachten? Als Triumph?«

»Weder noch. Betrachten Sie es als die Rückkehr in ein Land, das nicht aus Ihrem Leben wegzudenken ist, so wie Jerusalem nie wegzudenken sein wird.«

»In anderen Worten: Denken Sie am besten überhaupt nicht.«

Er lacht und antwortet: »Auf jeden Fall so wenig wie möglich! Sie wollen doch etwas ›herausfühlen‹. Also fühlen Sie, endlich einmal unkontrolliert und ohne die ständige, allumfassende Angst vor der Niederlage.«

»Es ist nicht die Angst vor der Niederlage, es ist die Angst vor dem Zerfall, nicht nur dem physischen, obgleich der schlimm genug ist, sondern auch dem des Gewissens, der inneren Haltung, der Anständigkeit, na ja, meiner selbst.«

Wieder schweigt er eine Weile.

»Habe ich Sie mit meinen großen Worten erschlagen?« frage ich und versuche, die Spannung in einem Lachen aufzulösen.

»Nein«, sagt er, »ich habe schon ganz andere Dinge gehört! Also fliegen Sie nach Berlin und setzen Sie bitte auf keinen Fall das Antidepressivum ab. Auch dann nicht, wenn Ihnen dadurch der Zerfall Ihres Gewissens nicht mehr so deutlich vor Augen geführt wird und Sie anfangen sollten, Ihre innere Haltung zu vernachlässigen.«

Und hinter mir die Sintflut

Am 29. September, einem Freitag, an dem die Muslime zu Tausenden auf den Haram al-Sharif in die Al-Aksa-Moschee zum Beten gehen, erscheint dort, im Kreis von Hunderten von Sicherheitsbeamten und einigen Knessetabgeordneten seiner Partei, Ariel Scharon. Die Palästinenser empfinden es als das, was es ist, als bösartige Provokation. Sofort brechen Unruhen und Proteste aus. Steine fliegen von der einen Seite, Schüsse knallen von der anderen. Über zweihundert Palästinenser werden verletzt, sieben erschossen. Der Tag geht als »Roter Freitag« in die Annalen der palästinensischen Leidensgeschichte ein. Scharon erklärt: »Ich wollte nichts anderes als den Tempelberg besuchen, und das ist mein gutes Recht.«

Der »Rote Freitag« geht bei mir in den letzten hektischen Reisevorbereitungen unter. Zwei Koffer sind schon seit Tagen gepackt, aber plötzlich bin ich davon überzeugt, genau die falschen Sachen mitzunehmen. Bei so blauem Himmel und heißer Sonne kann man sich einfach nicht in einen mitteleuropäischen Herbst mit Regen und niedrigen Temperaturen hineindenken.

»Harry«, rufe ich, »ich muß umpacken!«

Er reißt sich vom Fernseher los und kommt in mein Schlafzimmer: »Quatsch«, sagt er, »der Herbst in Berlin kann sehr schön und warm sein ... Auf dem Tempelberg ist die Hölle los.«

»Warum jetzt schon wieder?« frage ich, mit wichtigeren Gedanken beschäftigt. »Findest du nicht, ich sollte die olivfarbenen Stiefel mitnehmen?«

»Die sind viel zu schwer.«

»Na gut. Warum ist auf dem Tempelberg die Hölle los?«

»Der fette Scharon ist da plötzlich mit einer Kompanie von Sicherheitsbeamten aufgetaucht, und das fanden die Palästinenser gar nicht komisch.«

»Und hinter mir die Sintflut«, sage ich, »wo sind die Bücher, die ich mitnehmen will?«

»Da auf dem Stuhl. Ich weiß nicht, warum du ein Dutzend Bücher mitschleppen mußt!«

»Es ist nur ein halbes Dutzend, und außerdem habe ich in Berlin endlich mal wieder die Ruhe, zu lesen und unter keinen Umständen das Fernsehen anzumachen.«

»Dann versäumst du aber die ganzen Talkshows, die du hier nicht sehen kannst. Du ahnst nicht, welcher Reichtum dir auf diesem Gebiet in Deutschland geboten wird.«

»Du behauptest doch immer, die Talkshows mit diesem geistig behinderten Publikum und den gepiercten Schießbudenfiguren, die da auftreten, wären nicht repräsentativ für das deutsche Volk. Also frage ich mich, warum der Mist in solchen Mengen ...«

»Frag dich lieber«, unterbricht mich Harry, »warum Scharon an einem Freitag den Tempelberg besteigen und sich vor der Al-Aksa-Moschee aufbauen muß. Dagegen sind die Auftritte der gepiercten Schießbudenfiguren ja noch harmlos.«

»Du hast recht. Lieber eklige Talkshows als hirnverbrannte Kriegsshows. Aber jedem Volk das Seine! Gott, bin ich froh, daß ich ab morgen nichts mehr damit zu tun habe. Ich kann dir gar nicht sagen, wie froh ich darüber bin! Ich werde sehr viel und fest schlafen und lesen und essen, bis ich wieder etwas zunehme, und mit Freunden in appetitliche Restaurants gehen, auch ins Kabarett und vielleicht sogar ins Theater.«

»Vergiß darüber nicht, das schöne Haus zu suchen.«

»Würdest du gerne nach Berlin ziehen?«

»Nein.«

»Aber wenn ich wirklich ein schönes Haus mit großem Garten finden sollte, würdest du doch mitkommen, oder?«

»Muß ich wohl ... du lieber Himmel, würden wir uns in einer gesitteten Umgebung langweilen!«

»Ich habe viele Bekannte und auch Freunde in Berlin, und mit denen könnte ich mich endlich mal über ein anderes

Thema als Israelis, Palästinenser und deren obszöne Politik unterhalten.«

Harry zieht die Brauen hoch, dann fragt er: »Du meinst es wirklich ernst, nicht wahr?«

»Todernst! Ich kann und werde nicht mehr in Israel leben, auch nicht in Jerusalem, auch nicht auf der Grünen Grenze. Es ist aus!«

So übel war mir schon lange nicht mehr

Am nächsten Tag fährt mich Harry frühmorgens zum Flugplatz, der sich etwa in der Mitte zwischen Jerusalem und Tel Aviv befindet. Ich bin benommen und in einem Zustand zwischen Wegkippen und Kotzen.

Wir starren beide schweigend durch die Windschutzscheibe, und vor uns fährt unerbittlich ein Touristenbus, der mit vielen Werbesprüchen versehen ist. Als Harry endlich überholen kann, erblicke ich an der Längsseite des Busses eine weiße Friedenstaube und ein großes Schild, das mir die Wichtigkeit dieses Transportes erklärt: »Israel welcomes a group of Christian pilgrims from Nigeria. The first in the new 21st Century.« Tatsächlich sind die Menschen hinter den Fenstern schwarz und tragen malerische Kopfbedeckungen. Ich bedaure tief, kein christlicher Pilger aus Nigeria zu sein und in einem klimatisierten Bus mit Video, Klo und einer weißen Friedenstaube durchs »Heilige Land« fahren zu dürfen.

Erst als wir die Hügel Jerusalems hinter uns gelassen und die Ebene erreicht haben, spreche ich den ersten Satz: »Harry, so übel war mir schon lange nicht mehr«, und Harry bemerkt trocken: »Ist ja nun auch kein Wunder.«

Ich frage mich, warum er glaubt, daß es ja nun auch kein Wunder sei, und gebe mir dann selber die Antwort: Weil ich nichts mehr für diese Landschaft, diesen Himmel, dieses

Licht empfinde. Weil es aus ist. Weil ich leer bin wie eine alte, ausgenommene Henne. Oder, weil ich nicht gefrühstückt habe. Ja, bestimmt ist es das unberührte Frühstück, das Harry mit dem »ist ja nun auch kein Wunder« gemeint hat.

Als wir uns der militärisch bewachten Straßensperre vor der Einfahrt zum Flugplatz nähern, raffe ich mich noch einmal auf und sage: »Bitte setz die Katzen nicht auf Diät und sprich von Zeit zu Zeit mit ihnen.«

»Und du«, sagt er, »bring bitte einen elektrischen Zauberstab mit. Die sind sehr praktisch und in Deutschland die Hälfte billiger als hier.«

»Ich zaubere nicht mehr.«

»Aber ich!«

Vor der Abflughalle fragt er mich, ob er mit hineinkommen soll.

»Auf keinen Fall«, sage ich, und er holt einen kleinen Gepäckwagen, verstaut die Koffer darauf und umarmt mich: »Wenn du wiederkommst, werden deine Katzen die dicksten von Jerusalem sein und sich andauernd mit dir unterhalten wollen.«

»Und wenn ich nicht wiederkomme, bringst du sie mir, nicht wahr?«

»Iß jetzt etwas und trink ein Glas Tee. Dann ist dir nicht mehr so übel.«

»Nicht wahr, dann bringst du sie mir.«

»Ja, natürlich.«

Ich nicke, wende mich von ihm ab und gehe.

Business Class

Ich habe mir ein Business-Class-Ticket geleistet und komme mir vor wie ein Schulkind, dem die Eltern, zum Trost, daß es sein Zuhause verlassen und ins Internat zurückkehren muß, ein besonders großzügiges Taschengeld und zwei Tafeln seiner Lieblingsschokolade spendiert haben. Die Business Class hat, unter anderem, den Vorzug, daß ich die lange Wartezeit in einer Lounge, in der die Geräusche gedämpft und die Sitzgelegenheiten bequem sind, verbringen darf. Es sind auch keine Kinder anwesend, oder man hat sie geknebelt.

Ich sitze, den Rücken dem Raum zugekehrt, in der Raucherecke an einem riesigen Panoramafenster und starre auf einen Teil des Flugareals, in dem bunt bemalte kleine Busse hin- und herfahren. Rechts neben mir sitzt ein Herr mit einem Laptop. Den interessieren die Busse gar nicht. Vor einer kleinen Bartheke, an der man sich mit Kaffee, Tee und Keksen bedienen kann, stehen zwei Frauen in mißlungener europäischer Verkleidung, quatschen in ihre Handys und greifen ab und zu in den Korb mit dem Gebäck. Im Laufe der Gespräche werden ihre Stimmen immer lauter und hektischer, und ich vermute, daß sie von hausfraulichen Themen auf politische übergegangen sind. Tatsächlich höre ich jetzt die mir altbekannten Namen von Personen, Orten und Völkern, denen ich gerade zu entfliehen versuche, und dazwischen immer wieder den Ausruf »Mazaw« (böse Situation), ein Wort, das die erste Intifada eingeleitet hatte.

Ich stehe auf und gehe zu der großen Bartheke, an der das Angebot reichhaltiger, wenn auch nicht verlockender ist. Das Stadium der Kotzübelkeit liegt mit dem Niemandsland des Flughafens hinter mir, und ich nehme mir ein paar Kekse, die die Farbe feuchten Sandes haben und bestimmt auch so schmecken. Mit dem elektrischen Wasserkocher gerate ich in technische Schwierigkeiten, aber ein hilfreicher Mensch füllt meine Tasse mit heißem Wasser und tut – mein Begriffsvermögen unterschätzend – auch noch ein Teebeutelchen hinein. Als ich zu meinem Platz zurückkehre, hat sich um die zwei telefonierenden Frauen ein Kreis von Leuten gebildet, die teils in ihre Handys, teils miteinander schnattern, und als ich zum soundsovielten Mal das Wort »Jerushalayim« höre, stehe ich wieder auf und suche mir einen anderen Fensterplatz. Von dort aus sehe ich gerade einen vielgliedrigen offenen Gepäckwagen vorbeirollen, von dem ein Koffer fällt. Der Fahrer dreht sich kurz um und fährt weiter. Auch das übrige hin- und herlaufende Personal kümmert sich nicht darum. Als wir schließlich aufgerufen werden, liegt der Koffer immer noch da, und ich frage mich, ob da vielleicht eine fünf Kilo schwere Dynamitbombe drin ist und die ganze Sache hier gleich in die Luft geht. Es ist mein letzter gewohnheitsmäßiger Gedanke, bevor ich das Land verlasse, und ich murmele: »Und hinter mir die Sintflut.«

Der Flug geht über Frankfurt, und als ich dort zwei Stunden auf den Anschluß warten muß, beschäftigen mich nur noch westliche Konsumgedanken. Ich wandere durch den »Duty-free-Shop« und besprühe mich aus etwa zehn Musterflaschen mit Parfüm, dann durchstreife ich die Boutiquen und probiere verschiedene Kleidungsstücke an, schließlich wende ich mich den Delikatessenläden zu und klaue mir aus den offenstehenden Behältern hier ein paar Nüsse, dort ein paar Bonbons und dann noch ein winziges Schokoladenpferdchen. Sehr zufrieden stelle ich fest, daß ich den Luxus ausgiebig genossen habe, und besteige köstlich duftend, einen Bonbon in der Backe, das Flugzeug nach Berlin. Jetzt beginnt mir die Reise wirklich Spaß zu machen. Ich lehne mich in dem breiten, unerhört bequemen Sessel zurück und denke an all die hübschen Dinge, die mich erwarten: Martin, ein deutscher, und Alex, ein bulgarischer Freund, die mich vom Flugplatz abholen; das Hotel, in und am Wannsee, in dem mir mein Verlag in einem teils großmütigen, teils berechnenden Anfall ein Zimmer gemietet hat – »Dort ist es ruhig, und Sie kommen hoffentlich auf andere Gedanken!« –; die mir noch bekannten Straßen und Kiefernwälder; die Minibar in meinem Hotelzimmer, das blitzblanke Bad, in dem es immer heißes Wasser gibt, ein paar Telefonate mit Freunden: »Ich bin da!«

In meiner Reihe am Fenster sitzt eine fabelhaft gestylte Dame in einem schwarzen, schmal geschnittenen Kostüm. Sie hat silbrige Fingernägel, eine silberblonde, gußeiserne Frisur und einen silbernen Hahn auf dem Revers ihres Jakketts. Ich beneide und verachte sie ein bißchen für ihr makelloses Aussehen und schaue an meiner unscheinbaren grauen Hose hinab auf die, wie immer, ungeputzten Schuhe.

»Excuse me«, sagt ein Herr, der neben mir im Gang stehengeblieben ist und mich wahrscheinlich wegen der unscheinbaren Hose, der ungeputzten Schuhe und des betäubenden Parfümgeruchs für eine Ausländerin hält, »may I ...« Er deutet auf den Sitz neben mir, auf dem ich Handtasche, Reisetasche und eine Plastiktüte mit einer nicht dicht verschließbaren Flasche Körperlotion verstaut habe. Ich nehme die Sachen mißmutig vom Sessel, von dem ich gehofft hatte, er bliebe leer, und lasse ihn an mir vorbei. Er sieht aus wie eine Schaufensterpuppe, und ich tröste mich mit dem Gedanken, daß eben nur durchgestylte deutsche Wesen Business Class fliegen. Die Stewardeß bietet uns ein Glas Kir Royal an, und da die beiden Wesen neben mir ihn lächelnd annehmen, lehne ich das Getränk brüsk ab, greife nach meinem Buch und beginne zu lesen.

Ich weiß, daß es kurz nach einer Durchsage war, in der uns Captain Schnorr mit sonorer Stimme erklärt hatte, wo wir uns gerade befinden, was auf der linken Seite Bedeutendes zu sehen sei und wie unsere Flugroute weiter verlaufe. Die Schaufensterpuppe neben mir liest Zeitung. Er hält sie ziemlich hoch, und da ich zurückgelehnt in meinem Sessel ruhe, fällt mein gelangweilter Blick auf das Zeitungsblatt und wird von einer fett gedruckten Überschrift angezogen: »Ausbruch einer neuen Intifada im Westjordanland.« Daneben ein Foto, das mir so bekannt ist wie meine ungeputzten Schuhe: eine Bahre mit einem Verletzten oder Toten, drum herum ein Kreis frenetisch tobender Menschen, die Arme und Hände zu Drohgebärden erhoben, die Gesichter verzerrt; Frauen mit zum Schrei oder Schluchzen aufgerissenen

Mündern, kleine Buben mit zum V gespreizten Fingern, einer davon mit einer lädierten palästinensischen Fahne. Ich schwenke zum Text zurück und lese: »Die israelische Armee setzt Kampfhubschrauber gegen rebellierende Demonstranten ein. Die Zahl der Verletzten geht in die Hunderte, die der Toten ...«

Die Stewardeß beugt sich mit einem Tablett in der Hand zu mir herab: »Madame«, sagt sie, »wünschen Sie einen kleinen Imbiß?« Unter der Klarsichtfolie sehe ich ein appetitliches Arrangement aus bunten Salathügeln, Räucherlachs, verschiedenen Käsesorten, rohem Schinken.

»Nein, danke«, sage ich, »aber einen Whisky hätte ich gerne, ohne Eis und mit Sodawasser.«

Die zwei Wesen in meiner Reihe nehmen ihren Imbiß lächelnd entgegen und bestellen: sie ein Glas Sekt, er ein Fläschchen Rotwein. Die Zeitung hat er gefaltet und in das am Vordersitz befestigte Netz gesteckt, in dem sich passenderweise auch die Spucktüten befinden. Ich überlege, ob ich ihn um die Zeitung bitten sollte, beschließe dann aber, daß ich nicht zu lesen brauche, was ich sowieso schon weiß.

Mit dem Whisky fließen Wärme und Gleichmut in mich ein, und ich sehne mich nach einer Zigarette. Das Bedürfnis danach ist so dringend und der Zorn über das Rauchverbot so heftig, daß für andere Gefühle kein Platz mehr bleibt. Ich male mir aus, daß das Flugzeug kurz vor dem Absturz ist, die gestylten Passagiere in Panik geraten, die Imbißtablette und Gläser, die Reisetaschen und Laptops, die Handys und Zeitungen durch die Kabine wirbeln und ich mir triumphierend eine Zigarette anzünde.

Erleichterung und Ablenkung suchend, beuge ich mich vor und schaue an meinen »Erste Welt«-Reisegefährten vorbei aus dem Fenster. Der Himmel ist blau. Wir sind über den Wolken. Und ein Lied, das eine Gruppe deutscher Studenten in einer Sommernacht auf meiner Terrasse in Jerusalem gesungen hat, geht mir durch den Kopf: »Über den Wolken muß die Freiheit wohl grenzenlos sein ...«

Das goldene Zimmer

Es ist gut, den zierlichen Martin und den riesenhaften Alex wiederzusehen, von dem leichten, mit einem wachsam-ironischen Blick begleiteten Kuß des einen und der bärenhaften Umarmung des anderen empfangen zu werden. Ich fühle mich verstanden und getröstet, denn sie kommen, obgleich wesentlich jünger als ich, aus meiner Welt der emotionalen Wirrnisse, der skeptischen Lebenseinstellung, der ungeputzten Schuhe und des unerschütterlichen Humors.

Das Auto ist alt und eng und riecht nach nassen Mänteln und Zigarettenkippen. Mein betörender Parfümduft hat mich verlassen und die Angst vor der Fremde, in der alles bis zum Exzeß gepflegt, gestylt und steril ist, auch. Mir ist wohl hinter den beschlagenen Scheiben, im Rauch unserer Zigaretten, der Wärme, die mir aus der Heizung entgegenfaucht, und ich sage: »Ach, es ist gut, bei euch zu sein.«

»Ja«, sagt Martin, der schon ein paarmal in Israel war und die Geschehnisse dort genau verfolgt, »und es ist gut, daß du hier bist. War wohl der letzte Moment, noch da rauszukommen.«

»Hätte ich gewußt, was passiert, wäre ich möglicherweise nicht gekommen. Ich hab's erst im Flugzeug aus einer Zeitung erfahren.«

»Was?« fragt Alex, der mehr mit seinen Sorgen um Bulgarien beschäftigt ist.

»In Israel ist Krieg.«

»Schon wieder?«

»Das ist tatsächlich der einzig normale Kommentar dazu«, sage ich, »oder auch die Worte des weisen Salomo: ›Was man getan hat, eben das tut man hernach wieder, und es geschieht nichts Neues unter der Sonne.‹«

Martin sieht mich mit einem argwöhnischen Grinsen an, Alex legt mir seine große Pranke auf die Schulter: »Also ein Glück, daß du hier bist, Angelientsche«, sagt er.

»Wird sich herausstellen«, antworte ich.

»Wir sind in Wannsee«, erklärt Martin, »und wo ist jetzt das noble Hotel ›Kaiserhof‹, in dem dich dein nobler Verlag untergebracht hat?«

»Keine Ahnung. Ich kenne es nicht, aber es soll am Kleinen Wannsee liegen.«

»Weißt du wenigstens, wo der ist?«

»Ja, ich habe als Kind dort gewohnt, und nach dem Krieg bin ich, dummerweise, noch zwei-, dreimal hingefahren.«

»Keine gute Idee, dich gerade da wieder einzuquartieren«, sagt Alex, der während der Zeit des Kommunismus aus Bulgarien geflohen war und eigentlich noch immer an Heimweh litt.

»War gut gemeint«, versichere ich, »und außerdem macht es mir nichts mehr aus.«

Das Hotel befindet sich nicht auf derselben Seite des Sees, auf der wir gewohnt haben, sondern an dessen entferntestem Ende. Es steht in einem schön angelegten Park und ist ein altes, stilvoll renoviertes Herrenhaus.

»Endlich mal eine standesgemäße Unterkunft«, spöttelt Martin, der mein Zimmer in der verstaubten tschechischen Pension »Marienbad«, in der ich sonst abstieg, als eine nostalgische Marotte beanstandet hatte.

»Was sagst du dazu, Alex?«

Alex sagt gar nichts, denn er ist nicht leicht in Begeisterung oder Bestürzung zu versetzen. Er betrachtet ernst die breite Freitreppe aus Marmor, die großartige Empfangshalle und das hübsche Mädchen hinter der Rezeption.

»Gnädige Frau«, sagt der vornehme Portier mit einem sparsamen Lächeln, »Ihr Verlag hat mich gebeten, Ihnen das schönste Zimmer zu geben. Ich hoffe, Sie werden sich wohl darin fühlen.«

»Das hoffe ich auch«, sagt Martin, als wir in einem großen, glitzernden Gemach stehen, »etwas viel Gold, nicht wahr?«

Tatsächlich ist der ganze Raum mit golddurchwirktem

Brokat tapeziert, gepolstert, behängt, beschirmt, und das verursacht mir ein leichtes Schwindelgefühl.

»Goldrausch«, sagt Alex, reißt den Mund auf und lacht sein lautloses Lachen, das den ganzen Körper erschüttert und in einem Röcheln endet.

»Der Verlag läßt sich dein Seelenheil was kosten«, grinst Martin.

»Seelenheil, nebbich! Der hat meine Schreibverstopfung satt und versucht's jetzt ein letztes Mal mit einem goldenen Einlauf. Mach bitte mal den Fernseher an, der ist wenigstens schwarz.«

»Nein«, protestiert Martin, der ans Fenster getreten ist, »Fernsehen verstopft. Komm mal her und sieh dir den schönen Blick an.«

Ich trete widerwillig neben ihn und starre auf den See, der in Ballen dichten Laubs gebettet ist und im Licht der Abenddämmerung wie aus Blei gegossen aussieht.

»Ich seh kaum noch was«, sage ich irritiert, »mach doch jetzt bitte mal das Fernsehen an.«

»Moment«, ruft Alex, der drei Fläschchen und drei Sektkelche aus der Minibar genommen hat, »erst mal einen Willkommensschluck.«

»Ich brauche einen Schnaps«, sage ich, »ganz egal welchen. Glaubst du, Martin, man kann hier auch BBC empfangen?«

»Oh Gott«, seufzt Martin, greift nach der Fernbedienung und schaltet den Fernseher an.

Krieg ist Krieg und Porno Porno

Wir sitzen alle drei, ein Glas in der Hand, auf der golden gepolsterten Garnitur und schauen belemmert in Richtung Fernsehschirm.

Hinter dem macht es klick, aber die Scheibe bleibt schwarz.
»Ich würde jetzt gerne ein wenig plaudern«, sagt Alex, »das ist doch hier genau das richtige Ambiente.«
Ich werfe ihm einen warnenden Blick zu, und Martin sagt: »Ich muß wohl auf den falschen Knopf gedrückt haben.«
»Kennst du dich mit dem Ding denn nicht aus?«
»Du wirst gleich mehr sehen, als dir lieb ist.«
Damit sollte er recht behalten.
Das erste Bild auf dem Fernsehschirm zeigt einen am Boden liegenden, blutverschmierten Mann mit einer klaffenden Wunde im Bauch. Hinter seinem Kopf macht ein kleiner Junge das V-Zeichen. Daneben ein Journalist mit Helm und kugelsicherer Weste, der berichtet, daß der Mann, ein dreiundzwanzigjähriger Familienvater, im Gaza-Streifen von einem Geschoß der IDF lebensgefährlich verletzt worden ist. Die Stimme geht in den gellenden Sirenen einer Ambulanz und dem wüsten Geschrei einer Horde Menschen unter, die plötzlich aus dem Hintergrund hervorbricht und sich des leblosen Körpers, ihn küssend, umarmend und auf die Bahre zerrend, bemächtigt.
»Wenn er nicht schon tot war«, murmelt Alex, »ist er es jetzt«, und ich sage mit eisiger Beherrschung: »Bitte, schalte mal weiter.«
Wir kämpfen uns von Sender zu Sender, durch diverse Kriegsschauplätze und Intifadaszenen, durch mir bekannte Ort- und Landschaften, durch Flammen, Schutt und blockierte, mit Steinen übersäte Straßen. Durch gepflegte Räumlichkeiten, in denen ernste, gutgekleidete Politiker, Historiker, Nahostexperten Lagebesprechungen und Krisensitzungen abhalten und sich aufgeregte Journalisten in gewagten Spekulationen und Prognosen ergehen. Wir schauen in verschreckte Kinderaugen, rabiate Männergesichter, ausgebrannte Häuser und dann plötzlich in ein behagliches Badezimmer, in dem sich eine Schöne in einem meergrünen Badetuch mit einer faltenglättenden Creme einreibt.
»Werbung«, glaubt Martin mir erklären zu müssen.

»Wo ist denn nun endlich BBC?« frage ich ihn ungehalten.

»Muß gleich kommen.«

Aber es kommen erst noch Ariel Scharon auf dem Haram al-Sharif, etliche Straßenschlachten zwischen bewaffneten Israelis und steineschmeißenden Palästinensern, eine Szene aus einem alten Film mit Marilyn Monroe und Clark Gable, grinsende, hopsende palästinensische Kinder mit den unausweichlichen zum V gespreizten Fingern, eine appetitanregende Pizza, ein schlagender israelischer Soldat und ein palästinensischer Jugendlicher, der die jüdische Fahne verbrennt. Und dann plötzlich die Großaufnahme eines erigierten Penis, der quasi aus dem Nichts herauswächst und den ganzen Fernsehschirm ausfüllt.

Martin stutzt einen Moment, murmelt, »das kann doch nicht wahr sein!« und drückt dann entschlossen auf den Knopf, der den Apparat ausschaltet. Eine Minute sitzen wir stumm und entgeistert da, dann reißt Alex den Mund auf und bebt in lautlosem Lachen. Sein Anblick erleichtert mich etwas, und ich denke: Die Bulgaren haben doch immer die richtigen Kommentare und Reaktionen: Krieg ist Krieg und Schwanz ist Schwanz. Und es gibt nichts Neues unter der Sonne.

Martin greift nach seinem Glas und trinkt es in einem Zug aus: »Sieht wirklich sehr schlimm aus bei euch«, sagt er auf seine bedächtige Art, »sehr, sehr schlimm.«

»Ja«, nicke ich, »entsetzlich! Aber das war vorauszusehen. Während das andere, du weißt schon, das andere, überhaupt nicht vorauszusehen war. Glaubst du, man kann es abstellen, oder muß ich, wenn ich Nachrichten sehen will, immer da durch?«

»Also ehrlich gesagt, Angelientsche«, erklärt Alex, »ich finde Krieg schlimmer als Porno, und rohe Gewalt stößt mich noch mehr ab als roher Sex.«

Und Martin sagt: »Du brauchst dir ja nun weder das eine noch das andere anzusehen. Laß den Kasten einfach aus.«

Am nächsten Tag mache ich den Kasten bereits um sieben Uhr früh an. Mein Ziel, lange und fest zu schlafen, viel zu lesen und zu essen und tief atmend durch die Kiefernwälder zu wandern, kann ich vergessen. Es hat nicht mal die erste Nacht in einem goldenen Zimmer überdauert. Ich bin entschlossen, den Sender BBC zu erreichen, denn mein Vertrauen in ihn hat sich von meiner Mutter in mich fortgepflanzt, und die sechzig Jahre, die seither vergangen sind, können es nicht schmälern.

»Angeli, komm, es fängt gleich an!« Und dann das bum, bum, bum ... bummm, und die Verwandlung in Muttis einseitig gelähmtem Gesicht, das Aufleuchten in ihren Augen, das kleine, zärtliche Lächeln, mit dem sie auf die geliebte, ihr Hoffnung schenkende Stimme wartete.

Damals ist es nur eine Stimme gewesen, die uns aus einem kleinen Radio Mut zugesprochen hat. Heute sind es große, bunte, schreckliche Bilder, die mir den Mut nehmen. Ich schalte schnell über sie hinweg: Krieg, Werbung, Krieg, Krisenkonferenz, Krieg, Klamauk mit wieherndem Gelächter, Krieg, der Papst, Krieg, die Genitalien eines nackten Paares ... aha, der Porno. Jetzt müßte gleich BBC kommen. Und als der englische Sender da ist, schenkt er mir auch keine Hoffnung. Dieselben Bilder wie am Abend zuvor, ähnliche Kommentare, ähnliche Ratlosigkeit. Und in mir dieselbe Angst, derselbe Zorn, dasselbe irrationale Gefühl: Ich muß zurück!

Ich rufe Harry an und erkläre, daß ich zurückkäme.

»Was für ein Blödsinn!« sagt er mit ruhiger Stimme, »hier ist alles im grünen Bereich, und ich sitze in der Sonne auf der Terrasse.«

»Die Nachrichten im Fernsehen ...«

»Hör mir mit den Medien auf: je mehr Blut, desto höher die Einschaltquoten. Die Leute in Europa wollen unterhalten werden. Also sieh dir den Mist nicht an und mach dich auf die Suche nach dem gemütlichen Haus mit dem Sonnenschirm im Garten. Vielleicht brauchen wir's wirklich bald.«

»Wie meinst du das?«

»Völlig undramatisch und nur in Hinblick auf das billigere Katzenfutter.«

Das einzig Unergründliche ist die Dummheit

Der Himmel ist gleichmäßig grau, ein mildes, romantisches Grau, das als Dunstschleier über dem See wabert und als Tau das herbstlich gefärbte Laub der Bäume benetzt. Eigentlich mag ich diese lyrisch verhangene Herbststimmung sehr, habe sie in Jerusalem oft vermißt und mich an den seltenen Tagen, an denen der Himmel bedeckt und das Licht gedämpft war, erfreut.

Es wäre ein guter Start gewesen: ein warmes, duftendes Schaumbad, ein Frühstück mit richtigen Berliner Schrippen, ein Spaziergang durch den Kiefernwald, Ruhe und andere Gedanken, so wie es mir der Verlag verordnet hatte. Statt dessen tost hinter mir der Kasten, und ein Sprecher gibt bekannt, daß die »Al-Aksa-Intifada« immer brutaler um sich greife.

Sie hat also schon einen Namen, die Intifada, und er klingt nicht so verheißungsvoll wie der der ersten. »Glorious Intifada« war die benannt worden, und ich hatte sie, nach dem ersten Schock, als hoffnungsvoll empfunden, als einen entscheidenden Schritt in eine Ära, in der sich ein bis dahin namenloses, erniedrigtes Volk mit Steinen einen Namen und eine Stimme, Beachtung und Selbstachtung erkämpfte. Aus ihr war Oslo entstanden, der Wahlsieg Rabins, die Anerkennung Arafats und der PLO, die Friedensgespräche und eine partielle palästinensische Autonomie. Doch an diesem Punkt angekommen, hatte sich wieder mal erwiesen, daß das Fundament fehlte, nämlich Vernunft, wahrhaftige Einsicht, aufrichtige Kompromißbereitschaft, und damit war die hoffnungsvolle Ära ins Wasser gefallen. Sie hatte auf beiden Seiten zu einem verheerenden Ausbruch nationalistischer und religiöser Affekte geführt, zu der Ermordung Rabins, zur Wahl Netanjahus mit seiner Politik der Gewalt, zum Vergessen der »Glorious Intifada«, zum Verstummen der palästinensischen Stimme. Macht und Menschenverachtung hatten triumphiert und den Weg zur »Al-Aksa-Intifada« geebnet.

Auf dem Fernsehschirm ist der Himmel gleichmäßig blau und die Gesichter der jugendlichen Kämpfer, die in strahlender Sonne ihre tödlichen Kriegsspiele für Volk und Vaterland austragen, sind gebräunt. Warum opfern sie sich, lassen sich töten, psychisch und physisch verstümmeln? Ist es Hoffnungslosigkeit, Ehrgefühl, Überzeugung bei den einen, Befehl, Gehirnwäsche, Pflichtbewußtsein bei den anderen? Ist es darüber hinaus ein männlicher Instinkt, ein biologischer Trieb: der Höhlenmensch, der mit der Keule seinen Nachbarn erschlägt, der technisch hochqualifizierte Pilot, der mit der Atombombe die Bewohner einer ganzen Stadt vernichtet?

Ich nehme kein Schaumbad, bestelle lustlos das Frühstück und setze mich damit vor den Fernseher. Natürlich gibt es in einem goldenen Zimmer keine Berliner Schrippen, sondern Croissants und Toast. Ich habe nicht den geringsten Appetit darauf, und selbst wenn ich ihn hätte, würde er mir bei den Worten einer fetten Palästinenserin vergehen. Sie schrillt mit unerträglich selbstgefälliger Stimme: »Ich habe acht Söhne und würde jeden von ihnen für Palästina opfern!« Ein paar andere Weiber um sie herum nicken mit stolzer Zustimmung. Ich erinnere mich der Todesanzeigen für gefallene deutsche Soldaten im Zweiten Weltkrieg. »In stolzer Trauer«, hieß es da, und an die Worte einer netten, israelischen Dame, deren Sohn in einem Krieg getötet worden war: »Wenigstens ist er nicht umsonst gestorben«, sagte sie.

Ich schüttele mich und schalte, auf der Suche nach etwas Harmlosem, ein paar Sender zurück. Prompt läuft mir der

Porno über den Weg, und ich bin mit einem Satz beim Telefon und verlange die Rezeption.

»Nehmen Sie bitte sofort diesen ekelhaften Sender aus meinem Fernsehprogramm«, sage ich zu dem vornehmen Portier. »Wenn Sie ein paar Kinder damit das Fürchten lehren wollen, bin ich sehr dafür, aber für mich kommt das zu spät.«

»Gnädige Frau«, stottert der Mann und scheint tatsächlich verwirrt, »ich weiß nicht, wovon Sie sprechen.«

»Von dem verdammten Pornosender! Wo bin ich denn hier?«

»Ah, ich verstehe, gnädige Frau, aber das erstaunt mich doch sehr. Diesen Sender bekommt man nur, wenn man extra dafür zahlt.«

»Sie können Gift drauf nehmen, daß ich nicht extra dafür gezahlt habe. Also bitte sorgen Sie dafür, daß er verschwindet.«

»Selbstverständlich! Ich werde sofort eruieren, wie so etwas passieren konnte. Es ist mir außerordentlich peinlich, gnädige Frau.«

»Mir auch«, sage ich.

Dann rufe ich Katrin an.

»Ich bin da«, sage ich kläglich.

»Wo?«

»In Wannsee, in einem goldenen Zwinger, vor dem Fernseher...«

Eine Stunde später ist sie bei mir, schaut sich kurz, mit zusammengezogenen Brauen, im Zimmer um, wirft einen Blick auf den Fernsehschirm, auf dem gerade der goldbekuppelte Felsendom in Jerusalem erscheint, schaltet den Apparat aus und sagt: »Es ist nicht alles Gold, was glänzt.« Dann umarmt sie mich mit festem Druck und streicht mir ein paarmal über das Haar.

Wir haben die Rollen vertauscht. Damals in Jerusalem war sie das kleine Mädchen, das sich Trost und Zuspruch suchend an mich geschmiegt hatte, jetzt ist sie eine junge Frau mit Autorität und Überblick.

»Komm«, sagt sie, »gehen wir ein bißchen raus.«

»Willst du nicht erst ein Croissant und einen Kaffee. Ich kann dir einen Kaffee bestellen, und in fünf Minuten kommen die ausführlichen Nachrichten im BBC.«

»Ich will keinen Kaffee, kein Croissant und keine Nachrichten.«

Sie sieht anders aus, ist nicht mehr das entzückende Mädchen mit lockig gebauschtem Haar, weich geformten Babyspeck-Wangen und glitzernden Tautropfenaugen, sondern eine schöne junge Frau mit ausgeprägten Zügen, freier, hoher Stirn und einem Blick, der sich verfestigt hat und mehr an Rauhreif als an Tau erinnert.

»Wie geht es dir, Katrin?« frage ich.

»Gut«, sagt sie, »das Studium macht mir Spaß, und das Leben mit Thomas ist rundum angenehm. Und du? Na, das brauch ich wohl nicht zu fragen. Aber eigentlich dürfte es dich doch gar nicht so erschüttern, du hast so was ja immer vorausgesagt und -gesehen.«

»Richtig. Aber was sich jetzt entwickeln wird, das kann ich nicht mehr voraussagen oder -sehen. Die Grenze des Voraussehbaren ist überschritten. Es wird furchtbar, das ist das einzige, was ich weiß, und es wird nichts Positives daraus entstehen, wie bei der ersten Intifada. Diese Chance hat man damals nicht wahrgenommen, und sie wird sich ein zweites Mal nicht anbieten.«

»Vielleicht doch. Man sagt doch immer, erst muß es ganz schlimm werden, damit es besser werden kann.«

»Dumme Sprüche! Außerdem handelt es sich hier nicht mehr um ›ganz schlimm‹, sondern um aussichtslos. Seit Jahren habe ich immer mal wieder geglaubt, daß es so nicht weitergehen kann und zwei Völker nicht so verbohrt sein können, um zu begreifen, daß sie mit dieser Politik kollektiven Selbstmord begehen. Daß irgendwann ein Punkt kommen müsse, an dem sie haltmachen und sich erinnern, daß sie Menschen sind. Aber wahrscheinlich sind sie das gar nicht mehr, wahrscheinlich sind sie bereits Lemminge geworden, die sich lieber geschlossen ins Meer stürzen, statt ein gemeinsames Land zu teilen. Weißt du, Katrin, das einzig Unergründliche ist die Dummheit, und mit der scheint nun mal die ganze Welt, besonders aber das ›Heilige Land‹, infiziert zu sein. Komm, gehen wir in den Kiefernwald, ich zeige dir den Weg, den ich damals als Kind gegangen bin.«

Reminiszenzen

Die Straße heißt Lindenstraße und führt ziemlich steil bergan. Am höchsten Punkt stand unser Haus, umgeben von einem großen Garten. Es steht schon lange nicht mehr da, denn die Villen und großen Gärten mußten Appartementhäusern weichen.

»Also hier war es«, sage ich zu Katrin, »stell es dir vor. Ein zweistöckiges weißes Haus mit großen, rechteckigen Fenstern und einer Terrasse, auf der ein roter, weißgetupfter Sonnenschirm stand.«

»Erinnerst du dich denn noch daran?«

»Das ist mein Pech. Seit meinem dritten Lebensjahr erinnere ich mich an jedes Haus, in dem wir gewohnt haben. Ich könnte sie dir aufzeichnen, außen und innen. Selbst die Sitzordnung um den Eßtisch oder die Bambussessel auf der Terrasse, in denen meine Großeltern Kirschner unter dem Sonnenschirm gesessen haben. So, jetzt müssen wir hier links abbiegen, und am Ende der kleinen Straße kommen wir direkt in den Wald.«

Im Grunde mag ich keine Kiefernwälder. Die Bäume mit ihren hohen, nackten Stämmen, benadelten Ästen und länglichen Kienäpfeln gefallen mir nicht. Es ist die glückliche

Erinnerung eines Kindes, die sie verschönt. Der Himmel ist immer noch mattgrau, die Stämme, mit Feuchtigkeit vollgesogen, sind fast schwarz, und die schmalen, mit Nadeln bedeckten Wege knistern und schmatzen unter unseren Schritten. Der vertraute, würzige Geruch des Waldes setzt sich in Bilder der Vergangenheit um.

»Damals trug man Überschuhe«, sage ich zu Katrin, »meine waren ganz klein und rot wie Marienkäferchen. Wir holten Bettina von der Schule ab, entweder Mutti oder, wenn sie verreist war, Omutter Kirschner und ich. Linda, die Neufundländerhündin, war auch immer dabei und rührte sich keinen Schritt von unserer Seite. Wo die Schule war, weiß ich nicht mehr. Bestimmt ist sie auch gar nicht mehr da. Es stehen ja nur noch ganz wenige Häuser aus der damaligen Zeit: das alte Gasthaus ›Berliner Kindl‹, die Kirche, ja und der Laden von Herrn Dropke. Im Sommer ist Mutti manchmal in Nachthemd und Morgenrock zum Laden gefahren, um Schrippen zu holen. Alle kannten sie in Wannsee und liebten sie.«

»Was hat man nur mit dir gemacht?« sagt Katrin leise.

»Wie meinst du das?«

»Daß du nicht loslassen und vergessen kannst.«

»Ist doch ganz normal, besonders im Alter. Du weißt doch, wenn das berühmte Kurzzeitgedächtnis im Eimer ist und man vergißt, daß man den Brief, den man gerade schreibt, vor einer halben Stunde schon mal geschrieben hat, erinnert man sich noch genau an den Geschmack von Grießpudding mit Himbeersaft, den man vor sechzig Jahren gegessen hat.«

»Ob kurz oder lang, du verhältst dich mit der Erinnerung wie eine Nonne mit dem Kruzifix. Du fällst davor auf die Knie, kriegst einen verklärten Blick, betest sie an, schmückst sie mit Blumen.«

»Glück gehabt, daß es bei mir nur die Erinnerung ist und nicht das Kruzifix«, sage ich und lache. »Aber um deine Frage zu beantworten, was man mit mir gemacht hat: Man hat mir zu viel, an dem ich gehangen habe, zu früh weggenommen, und darum war ich gezwungen, es wenigstens in meiner Erinnerung weiterleben zu lassen.«

»Ja«, nickt Katrin, bleibt stehen und schaut mich an, »ja, ich verstehe.«

Sie trägt einen schwarzen Rollkragenpullover, der die Länge ihres Halses, die Konturen ihres klaren, herzförmigen Gesichts betont.

»Und wie ist das mit dir?« frage ich. »Leben in dir keine Erinnerungen weiter?«

»Doch, natürlich. Es war so schön, so wunder-wunderschön!«

»Was?«

»Das weißt du doch ganz genau! Einmal, da saßen wir auf der alten Stadtmauer mit dem Blick in die Judäische Wüste. Es war kurz vor Sonnenuntergang, und die Farben ... na, das brauch ich dir ja nicht zu beschreiben ... es war grandios! Rafi trug ein schneeweißes Hemd, und in diesem rosiggoldenen Licht hatte seine Haut die Farbe von Honig, und sein Mund ... ich habe nie wieder einen so schönen Mund gesehen. Ich dachte: Das ist er, das ist die Inkarnation des Wüstengottes, mit dem ich damals den Bund geschlossen hatte. Erinnerst du dich noch an die Zeremonie?«

»Aber Katrin! Das ist eine der Erinnerungen, die ich jeden Morgen mit Blumen schmücke. Und du, will mir scheinen, auch.«

»Ja, ich schmücke sie, denn das, was ich für ihn und durch ihn empfunden habe, ist mir heilig. Egal wie traurig und banal es mit ihm endete. Aber genug der Reminiszenzen, deiner und meiner, komm, gehen wir mittagessen ins ›Berliner Kindl‹.«

»Das fällt in die Rubrik Reminiszenzen.«

»Also dann in deinen goldenen Zwinger. Wie lange willst du da eigentlich bleiben?«

»Bis ich auf andere Gedanken komme.«

»Was für Gedanken?«

»Produktive natürlich. Zum Beispiel: Berlin ist eine vielversprechende Stadt, und mit gutem Willen könnte ich dort ein ruhiger Mensch werden, der das Leben da wieder aufnimmt, wo es mit zehn Jahren an einem schönen Sommermorgen unterbrochen wurde.«

Ich fange an zu lachen und singe: »Ein Männlein steht im Walde, ganz still und stumm ...«

»Hör auf«, sagt Katrin, legt den Arm um meine Schultern und führt mich weiter, »ich sehe, daß es hier nicht mehr geht.«

»Ja, aber da geht es auch nicht mehr. Ich kann doch nicht in einem Circulus vitiosus aus Dummheit und Gemeinheit mein Leben beenden. Ich finde, daß Völker, denen jeglicher moralischer Anstand oder Instinkt für Recht und Unrecht verlorengegangen ist, keine Daseinsberechtigung mehr haben. Man sollte ihnen endlich, endlich den Geldhahn zudrehen, das Scheinwerferlicht der Medien ausknipsen und sie sich selber überlassen. Was meinst du, wie schnell die zu sich kommen würden!«

»Wenn du die Sache wirklich so siehst, warum bist du dann immer noch so unglücklich und aufgebracht? Um wen tut es dir dann noch leid?«

»Um die Unschuldigen, um die letzten der Gerechten, die es unter ihnen natürlich immer noch gibt. Um meine Freunde auf beiden Seiten, die, die eine Heimat gefunden, und die, die eine Heimat verloren haben. Um die Kinder, die als Waffen eingesetzt werden. Um das einstmals so schöne, faszinierende Land, das vielleicht ein Mittelpunkt des Nahen Ostens, eine Brücke zum Westen hätte werden können und statt dessen zu einem Schlachtfeld nationalistischer und religiöser Fanatiker geworden ist. Um Jerusalem tut es mir leid – törichter Ausdruck! – um Jerusalem tut es mir weh! In Jerusalem hab ich zum zweiten Mal das Licht der Welt erblickt, und es war und ist ein so magnetisches Licht, daß man daran klebenbleibt und sich, wenn man wieder loskommen will, die Haut in Fetzen runterreißt.«

»Und das zu tun bist du bereit?«

»Der Mensch lebt nicht von Licht allein, und der schmutzige Schatten, der jetzt auf dem Land liegt, löscht es allmählich aus.«

Wir treten aus dem Wald auf eine stille Straße, in der attraktive Villen in schön angelegten Gärten stehen.

»Sind alle neu«, konstatiere ich, »und kosten sicher sehr viel Geld.«

»Du schaffst das nicht mehr«, sagt Katrin.

»Was? So viel Geld aufzubringen?«

»Nein, hier zu leben.«

»Das käme aufs Haus an. Ein altes Haus, ein verwunschener Garten! Ich brauchte ja gar nicht rauszugehen. Die Menschen, die ich gerne sehen möchte, könnten zu mir kommen, und wir würden um den Kamin sitzen ... wir hatten früher immer Kamine ... Harry würde bei mir sein und die Katzen, und vielleicht würde ich mir ein paar Kaninchen zulegen. Ich liebe Kaninchen, besonders wenn sie noch ganz klein sind und aussehen wie Puderquasten. Allerdings weiß ich nicht, ob meine Katzen sie dulden würden, es sind doch wilde Jerusalemer Katzen.«

Katrin schweigt, und ich sage: »He, Katrin!« Aber das Schweigen hält an, und als ich zu ihr hinschaue, sehe ich, daß ihr die Tränen über das Gesicht und in den schwarzen Rollkragen laufen ...

»Katrin«, rufe ich, »Kind Gottes! Es ist mir wahrlich schon Schlimmeres passiert, als in einem gemütlichen alten Haus mit Kamin und verwunschenem Garten zu leben und von Freunden wie dir besucht zu werden.«

»Du hast recht«, sagt sie und wischt sich energisch mit dem Ärmel ihres Regenmantels die Tränen ab, »entschuldige, ich bin eine dumme Gans! Wir werden dir alle helfen und die Bude einrennen, und es wird schön und komisch werden in dem alten Haus mit den Katzen und Puderquastenkaninchen, die natürlich auch mit uns um den Kamin sitzen müssen.«

Wir lachen, und sie umarmt mich stürmisch und beteuert: »Selbstverständlich wirst du es schaffen, da bin ich mir jetzt ganz sicher ... Ach, ich wünschte, du wärst schon bei uns!«

Wir alle sind schuld

Ich bleibe eine Woche in meinem goldenen Zimmer, halte mich nie in der Halle auf, esse nie in einem der Speiseräume, gehe nicht einmal in die Bar, in der ein Pianist alte amerikanische Schlager spielt. In den geschmackvoll eingerichteten Räumlichkeiten sehe ich gepflegte Herren und Damen mit besten Manieren und hin und wieder ein hübsch gekleidetes, gehorsames Kind. Kein Lärm, kein Gefuchtel, keine Hektik. Und trotzdem, oder auch gerade deswegen, ergreift mich jedesmal ein banges, sich bis zum Widerwillen steigerndes Gefühl beim Anblick dieses ästhetischen Ensembles. Eine Kälte schleicht sich in mich ein, und ich spüre, wie ich mich innerlich und äußerlich verkrampfe. Vielleicht ist es die glatte, grelle Leere, vielleicht sind es dieselben Symptome, die mich nach der Rückkehr aus der Emigration in Deutschland befallen haben. Vielleicht ist es die Diskrepanz zwischen dem als selbstverständlich hingenommenen Luxusdasein und den Elendsbildern, die in meinem Zimmer über den Fernsehschirm flackern.

Ich mache den Apparat immer noch jede Stunde zu den Nachrichten an, und manchmal lasse ich ihn einfach weiterlaufen, stehe am Fenster, blicke auf den Kleinen Wannsee und lausche den Analysen sachkundiger Persönlichkeiten, den tendenziösen Berichten und gegenseitigen Schuldzuweisungen der israelischen und palästinensischen Seite, den schablonenhaften Reportagen der Journalisten. Sie ergeben nichts Neues, und auch die Bilder variieren kaum: immer wieder die gleichen haß- oder leidverzerrten Gesichter, die

gleichen Gebärden, wenn geschossen, geschlagen, Steine geschmissen, in Deckung gegangen, weg- oder hinterhergerannt wird, die gleichen Militärfahrzeuge, das gleiche Kriegswerkzeug, die gleiche Zerstörung, der gleiche Tod.
Könnt ihr nicht einmal hinter die Kulissen gehen, denke ich, die schuld- und hilflos Ausgelieferten zeigen, die Kinder, die nicht vor der Fernsehkamera zappeln und johlen, sondern die, die sich verschreckt in eine Ecke ihrer Elendsquartiere verkriechen; die Eltern und Frauen auf beiden Seiten, die ihre Söhne und Männer nicht gehen lassen wollen und zittern und weinen, ohne sich damit zur Schau zu stellen; die jungen Krieger, egal ob in Uniform oder Zivil, die einen Menschen getötet und sich dadurch selber eine unheilbare seelische Verletzung zugefügt haben? Oh, es gibt sie, muß sie geben, und sie sind die wahrhaft Betroffenen.
Als ich mich wieder dem Fernseher zuwende, sehe ich zum soundsovielten Mal den kleinen Mohammed, der mit seinem Vater unfreiwillig in eine Schießerei geraten ist, mit ihm Schutz hinter einem sperrigen Müllbehälter gesucht hat und dort von einer Kugel getroffen und getötet wurde. Die Frage, wie sich eine Kugel hinter den Müllbehälter verirren und das Kind tödlich treffen konnte, bleibt für die, die an Menschlichkeit und Versehen glauben wollen, ungeklärt. Wie auch immer, der Tod des kleinen Jungen erfüllt seinen makabren Zweck: Das Kind wird zum Liebling sämtlicher Medien, zum Vorzeigeopfer seines und zur Schande meines Volkes.
Und wir alle, denke ich weiter, wir alle verstecken uns hinter den Tonnen einer moralisch, geistig, seelisch und physisch vermüllten Welt, wir alle sind schuld am Tod dieses Kindes, am Tod unzähliger Kinder, den wir träge in Kauf nehmen.
Der Pornofilm läuft immer noch in meinem Fernsehkasten. Vielleicht handelt es sich auch hier um ein permanentes Versehen und jemand in einem anderen Zimmer wartet vergeblich auf das, was ich vergeblich loswerden will. Die Welt

ist ja voller kleiner, harmloser und schwerwiegend großer Versehen, und man gewöhnt sich daran.

Ina kommt mich besuchen, wirft einen Blick auf das goldene Zimmer, sagt trocken: »Na, dafür erwartet man von dir zumindest einen Bestseller.« Andere Freunde kommen, werden von mir mit Kaffee und Kuchen, mit alkoholischen Getränken, Krabbencocktail, kaltem Roastbeef und Käseplatten bewirtet. In meiner Minibar müssen täglich die Fläschchen ersetzt und in meinen Zukunftsplänen die Richtung gewechselt werden. Die einen meinen, ich solle mir in der Stadt eine Behausung suchen, die anderen, nein, nur außerhalb der Stadt, die dritten, ich solle gar keine suchen. Die einen vertreten die Ansicht, ich solle kaufen, die anderen, nein, ich solle mieten, die dritten, ich solle weder noch. Die einen schlagen den Westen Berlins vor, die anderen den Osten, die dritten erklären, der Westen sei zu langweilig schick und der Osten voller Neonazis. Nur in einem Punkt sind sie sich alle einig: Ich dürfe meine Wohnung in Jerusalem auf keinen Fall verkaufen. »Warum?« frage ich, und sie antworten: »Weil du immer die Möglichkeit haben mußt, zurückzugehen. Weil du nicht etwas aufgeben darfst, womit du dich selber aufgibst. Weil du Jerusalem liebst.«

»Nicht mehr«, murmele ich.

»Kokolores«, sagt Ina und wirft mir einen ungeduldigen Blick zu.

Die tschechische Pension

Nach Ablauf der Woche ziehe ich in meine tschechische Pension, in ein Zimmer, in dem ein großes Kreuz über dem Bett und ein abgeschabter lila Veloursvorhang vor dem Fenster hängt. Ich nehme das Kreuz, das mich an Sterbezimmer erinnert, ab, öffne den Vorhang und schaue in einen Hinterhof hinab, an dessen Tristesse ich mich nicht satt sehen kann. Zum ersten Mal seit meiner Ankunft in Berlin fühle ich mich warm und wohl, lege mich zu einem Nachmittagsschlaf unter das dicke Daunenplumeau und wache erst drei Stunden später wieder auf.

In der Küche, in der ich mir, wie gewöhnlich, selber den Tee machen möchte, steht Eva, die tschechische Besitzerin der Pension, und rührt in einem blubbernden Topf. Sie ist eine zierliche Dame mit schneeweißem, hochgestecktem Haar und großen, rehbraunen Augen. Wie immer trägt sie ein schwarzes Kleid von altmodischer Eleganz und hochhackige Schuhe.

»Kommen Sie, meine Werte«, sagt sie, »ich habe Ihnen schon den Tee zubereitet, einen starken, russischen, den trinken Sie doch so gerne.«

»Vielen Dank, Eva. Trinken Sie eine Tasse mit mir?«

»Gerne«, sagt sie und ergreift das kleine silberne Tablett, »gehen wir in meinen Salon.«

Ihr Salon ist mit Biedermeiermöbeln eingerichtet, mit romantischen Landschaftsgemälden, zahllosen Nippes und Spitzendeckchen.

Wir setzen uns auf eine dem Rund der Wände angepaßte Plüschbank, auf der viele Kissen liegen und ein paar Stofftiere. Eva stellt das Tablett auf ein Tischchen mit vergoldeten O-Beinen, schenkt uns Tee ein und sagt: »Ihre Freundin Ina, die heute morgen Ihr Gepäck vorbeigebracht hat, sagte mir, daß Sie sich wieder in Berlin niederlassen werden.«

»Ja«, sage ich, ihrem forschenden Blick ausweichend, »es sieht so aus.« Sie setzt sich neben mich, zieht einen Stoffleoparden auf ihren Schoß und zündet sich eine Zigarette an: »Unsere Welt ist krank«, erklärt sie, »sie kann sich von all den Kriegen, Grausamkeiten und Niederträchtigkeiten der Menschen nicht mehr erholen. Wir haben es zu weit getrieben. Wir haben Gott, Menschenwürde und alle Gesetze des Universums mit Füßen getreten, und jetzt tanzen wir den Totentanz ums Goldene Kalb. Das, was Sie fliehen, liebes

Kind, ist überall und das, was Sie suchen, nirgends mehr zu finden.«

Ich schweige, und sie bietet mir aus einem Silberschälchen getrocknetes Obst und Nüsse an.

»Bereuen Sie es, die Tschechei verlassen zu haben?« frage ich.

»Ich habe sie nur physisch verlassen. Innen drinnen ...«, sie legt die Hand auf die Brust, »kann man die Heimat ebensowenig verlassen wie das genetische Erbe seiner Eltern.«

»Und wenn Sie jetzt zurückkehren würden?«

»Würde ich in lang vergangene Jahre zurückkehren und eine Welt, eine Jugend, eine Heimat suchen, die es eben nicht mehr gibt. Sagt Ihnen der Begriff Heimat überhaupt noch etwas?«

»Das einzige, was ich mit Heimat verbinde, sind gewisse Landschaften, Gerüche, Gegenstände, Gebräuche, Melodien, die mir viel bedeuten. Ich habe mir aus drei ›Heimaten‹ Luftschlösser gebaut und in denen habe ich Luftwurzeln geschlagen.«

»Es gibt doch bestimmt ein Land, in dem Sie sich mehr zu Hause fühlen als in den anderen.«

»Gab es, ja.«

Eva seufzt, streichelt den Stoffleoparden auf ihrem Schoß und schaut mich mit sanften Rehaugen an.

»Waren Sie eigentlich schon mal in Jerusalem?« frage ich sie.

»Ja, 1984. Ich habe dort eine Freundin, die mit mir in meiner Heimatstadt auf dieselbe Schule gegangen ist. Zum Glück ist sie noch rechtzeitig aus der Tschechei herausgekommen. Sie besucht mich oft in Berlin, aber ich war nur einmal bei ihr. Wollte auch nie wieder hin.«

»Wieso? Mögen Sie Jerusalem nicht?«

»Nein, überhaupt nicht. Ich hab die ›Heilige Stadt‹ erwartet und einen Hexenkessel vorgefunden. So viel Lug und Betrug und Tanz ums Goldene Kalb. Ungeistige Menschen und Schmutz in den Straßen und Mißtrauen in den Gesichtern. Wenn man eine Stadt wie Jerusalem nicht über seine eigenen kleinen Interessen und Begierden stellt, wird sie profan und böse. Aber Sie lieben sie, ich weiß, und meine Freundin tut es auch. Sie ist so unglücklich über das, was mit Jerusalem geschieht.«

Ich schaue durchs Fenster auf den Nieselregen, der um die Straßenlaternen tanzt, und dann auf die Leuchtreklame eines Reisebüros, die eine giftgrüne Palme darstellt.

»Jerusalem hat viele Seiten und manche machen restlos glücklich«, sage ich, »aber es öffnet sich nur denen, die es bedingungslos lieben. Ich weiß es, ich habe es selber erlebt.«

»Und damit ist es nun vorbei?«

»Wie mit so vielem ... komisch, jetzt ist sie ausgegangen.«

»Was ist ausgegangen?«

»Die giftgrüne Palme am Reisebüro.«

»Ach die! Die hat schon seit Monaten einen Wackelkontakt, ist aber gleich wieder da.«

»Also ich kann darauf verzichten«, sage ich und lache, »wie auf so vieles.«

Mensch, Martin, was mache ich hier eigentlich?

Wir fahren in einem eleganten, fleckenlosen Wagen durch Berlin und Umgebung. In dem Wagen ist ein Gerät, mit dessen Hilfe man, von einer beflissenen Frauenstimme gelotst, mühelos das angestrebte Ziel erreicht.

»Praktisch, nicht wahr?« fragt mich der stolze Wagenbesitzer.

»Unheimlich«, antworte ich, »woher weiß diese Person immer gleich, wie man wo hinkommt?«

Martin, der im Fond des Autos sitzt, lacht, und der Wagen-

besitzer, der Willi Koller heißt, sieht mich verdattert an. Er ist Immobilienmakler, und Martin, der ihn flüchtig kennt, meint, er sei der Richtige, mir ein paar Objekte zu zeigen: Mittelklasse, aber mit Charme, Originalität und großem Garten.
»Gibt es so was?« habe ich mich zaghaft erkundigt, und Willi, ein jovialer, frohgemuter Typ, hat erwidert: »Es gibt alles, gnädige Frau, verlassen Sie sich auf mich.«
Wir fahren, von der Stimme präzise angewiesen, durch mir unbekannte, uncharmante Gegenden, aber ich bin von der Person hinter dem Armaturenbrett so fasziniert, daß ich nicht gleich Einspruch erhebe, sondern immer erst wenn es heißt: »Sie haben Ihr Ziel erreicht« erkläre: »Das ist hier nichts für mich.«
Die Häuser, vor denen wir halten, entsprechen der Umgebung: sogenannte moderne Bungalows in merkwürdigen Formen und kargen kleinen Gärten, Reihenhäuser mit einem Stück von Hecken begrenztem Rasen vor der Haustür und einer Hollywoodschaukel auf der ebenerdigen Veranda; Knusperhäuschen mit kleinen Fenstern und spitzen Ziegeldächern und schließlich eine Art Jägerdomizil, über dessen Tür ein Hirschgeweih angebracht ist.
»Ein Geweih«, gluckst Martin hinter mir, »hast du dir doch schon immer gewünscht.«
»Sei still«, sage ich, »das ist doch traurig.«
»Das ist ein sehr gutes Objekt«, beteuert Willi etwas beleidigt, »zwei Stockwerke, vier Zimmer und ein ausbaubarer Keller, aus dem man einen schönen Hobbyraum machen kann.«
»Ich habe keine Hobbys«, entrüste ich mich, »auf jeden Fall keine, für die ich einen Keller benötige.«
»Du könntest dir welche zulegen«, sagt Martin immer noch glucksend, »zum Beispiel Bildhauern oder Tischlern.«
»Ja«, stimmt Willi zu, »und der Garten ist ziemlich groß und grenzt direkt an den Wald. Es ist so ruhig, daß man die Vögel singen hört.«
Ich lausche und höre zwei dünne Piepser.

»Merkwürdig«, sage ich, »in Jerusalem sind die Vögel so laut, daß man sein eigenes Wort nicht versteht. Warum sind sie denn hier so verzagt?«

»Aus einem verzagten Arsch kommt selten ein fröhlicher Furz«, zitiert Martin einen Spruch, der in meiner Stammkneipe in Jerusalem über der Bar hängt.

Willi bricht in grölendes Gelächter aus, das plötzlich von einem noch viel lauteren Geräusch übertönt wird.

»Herrjemine«, rufe ich aus, »was ist denn das?«

»Die S-Bahn«, sagt Martin, »da drüben, hinter der Böschung, sind die Gleise. Also alle zehn Minuten würde man selbst einen fröhlichen Furz nicht mehr hören.«

»So was Dummes«, seufzt Willi, »man hat mir gesagt, die Gleise seien stillgelegt worden.«

»Das Haus wäre so oder so nicht für mich in Betracht gekommen«, tröste ich ihn.

»Wegen des Hirschgeweihs«, erklärt Martin.

»Ja, gnädige Frau«, bedauert Willi, »Mittelklasseobjekte sind eben Mittelklasseobjekte. Ich könnte Ihnen herrliche Häuser in Grunewald, Dahlem oder Zehlendorf zeigen, aber da müßte man schon mit siebenstelligen Zahlen rechnen.«

»Und ich mit der Armenküche«, sage ich.

»Und dann gäbe es noch einige herrliche Wohnungen innerhalb der Stadt.«

»Das kann ich meinen Katzen nicht antun. Sie sind an Freiheit gewöhnt.«

»Und an ›Cat-Star‹«, sagt Martin, »also ist die Armenküche auch nichts für die Tierchen.«

Ein zweiter Zug nähert sich, und ich halte mir die Ohren zu und schreie: »Bitte, fahren Sie hier schnell weg!«

Willi braust los, und die Frauenstimme schweigt.

»Warum sagt sie denn nichts mehr?« will ich wissen.

»Weil sie auch die Nase voll hat«, lacht Martin, aber der stolze Wagenbesitzer erklärt mir treuherzig, daß er, um sie zum Sprechen zu bringen, erst eine neue Adresse eintippen muß: »Wenn Sie Lust haben«, sagt er, »könnten wir noch schnell nach Potsdam fahren, dort habe ich ein wunderbares Anwesen zum Verkauf.«

»Ein ganzes Anwesen?«

»Ja, riesengroß, aber sehr preiswert. Ein richtiger Park und ein Herrenhaus mit zehn Zimmern, Garage, Waschküche, Mansarde, Empfangs- oder Festraum ... ist allerdings sehr heruntergekommen und sanierungsbedürftig. Man müßte schon viel hineinstecken, aber dann hätte man etwas ganz Tolles!«

»Das wär's«, sagt Martin, »du sanierst, und ich stelle das Festprogramm für die nächsten Jahre zusammen. Vielleicht könntest du einen kleinen Vorschuß von deinem Verlag erbitten. Oder glaubt der, er hätte sich mit dem goldenen Zimmer bereits freigekauft?«

»Sei doch endlich still, Martin«, tadele ich ihn, »der arme Herr Koller denkt bestimmt ...«

»Bitte, fahren Sie jetzt geradeaus bis zur Otternbuchtstraße«, sagt die inzwischen angetippte Frau, »und biegen Sie dort rechts ein.«

»Nein, nein, nein«, protestiere ich, »nicht zur Otternbuchtstraße: Ich muß ganz schnell wieder in meine Pension, ich habe dort nämlich was vergessen.«

»Sicher das Scheckbuch«, murmelt Martin.

Ich drehe mich zu ihm um, und da kann ich das Lachen nicht mehr zurückhalten und auch nicht die Worte: »Mensch, Martin, was mache ich hier eigentlich?«

Jerushalayim lag da in einem großen Glanz ...

Dieser Satz will mir nicht mehr aus dem Kopf, auch nicht, oder besonders nicht an dem Abend, als ich unter mindestens dreißig Menschen in einem großen Raum stehe und freundlich auszusehen versuche.

Der Raum befindet sich in einer alten Berliner Wohnung und hat Stuck an der Decke und Parkett auf dem Boden, einen Kamin in einer Ecke und einen Flügel in der anderen. Es findet eine Party oder, wie man es früher genannt hätte, eine Abendgesellschaft statt. Die Gastgeber, Annette und Kurt, zählen zu meinen besten Freunden, die ich wegen ihrer langjährigen heilen Ehe, ihrem wachen Interesse an allem und jedem, ihrer Warmherzigkeit und unprätentiösen Klugheit schätze und bewundere. Sie haben nur einen Tick, und der ist, daß sie Juden, welcher Art auch immer, für etwas ganz Besonderes halten und ihnen mit einer Hochachtung entgegenkommen, die eine normale Kommunikation erschwert.

Es ist eine gebildete, feinsinnige Gesellschaft, in der ich mich hier befinde, die Mehrheit unkonventionell gekleidete, idealistisch eingestellte Menschen, denen es gelingt, die Welt und deren Bewohner aus dem verklärten Blickwinkel der schönen Künste, Gedanken und Gefühle zu betrachten und die unschöne Wirklichkeit weitgehendst auszublenden.

Ich finde sie sympathisch und gleichzeitig irritierend. Sie personifizieren meinen Vater, der aus dem gleichen »kultivierten« Holz geschnitzt war und mir kurz nach der größten Katastrophe des 20. Jahrhunderts in einem Brief nahegelegt hat, mich nur an das »ewig Wahre, Gute und Schöne« zu halten. Das war mir schon damals zu weit gegangen. Und jetzt, die Fernsehnachrichten hinter mir und die Ungewißheit vor mir, wittere ich mehr denn je die Gefahr, die in dieser edlen Betrachtungsweise lauert, und der Satz »Was mache ich hier eigentlich?« beginnt in meinem Kopf zu dröhnen und zu schmerzen.

In diesem Moment eilt Annette, schön und grazil, mit einer Frau, die weder das eine noch das andere ist, auf mich zu und stellt sie mir als Stella Adler, die Kulturbeauftragte der jüdischen Gemeinde, vor.

»Ich freue mich so, Sie endlich einmal kennenzulernen«, sagt die Frau mit einschüchterndem Baß, und da in mir keine ähnliche Freude aufkommen will, weiche ich in die Bemerkung aus: »Das ist aber ein besonders hübscher Davidstern, den Sie um den Hals tragen.«

Sie bedankt sich für das Kompliment und glaubt mir mitteilen zu müssen, daß der aus Israel sei.

»Ja«, nicke ich, »da gibt es viele Davidsterne.«

Und dann geschieht, was ich befürchtet habe: Die frohe Kunde, daß ich direkt aus Jerusalem komme, spricht sich blitzschnell herum, und ich werde zur Schießscheibe vieler Blicke, Gefälligkeiten und Fragen, unter denen meine freundliche Miene zusammenbricht.

»Was halten Sie von der Situation in Israel?« möchte ein geschlechtloses Wesen von mir wissen. Die Frage ist für mich so alt wie der Anblick eines Neutrums neu. Ich möchte unbedingt dahinterkommen, ob es sich vielleicht doch männlich oder weiblich definieren läßt, aber ein weißes Frackhemd mit schwarz marmorierter Hose, Stoppelhaar und Ohrring kann heutzutage jeder tragen. Und was die schmächtige Figur und die spitzen, nervös flatternden Gesichtszüge betrifft, so könnten sie sowohl einem verstörten, da ungewürdigten Intellektuellen als einem an Magersucht leidenden Weiblein zugeschrieben werden.

»Ach, wissen Sie ...«, sage ich schließlich gedehnt und werde zum Glück durch einen als solcher deutlich erkennbaren Mann von der Antwort erlöst. Er ruft: »Die Spirale der Gewalt hat den Friedensprozeß wohl endgültig untergraben!«

»Sind Sie Journalist?« will ich wissen.

»Nein, wie kommen Sie darauf?«

»Durch die ›Spirale der Gewalt‹. Die springt einem doch aus sämtlichen Medien ins Gesicht.«

Jemand lacht, und eine schwangere junge Frau drückt mir ein Glas Rotwein in die Hand. Sie hat schwarzes Haar, lang und glatt, und verwirrend blaue Augen: »Soll ich Ihnen auch ein paar von den leckeren Häppchen holen?« fragt sie einfühlsam.

Diese Frage ist wenigstens leicht zu beantworten: »Nein danke«, sage ich, »leckere Häppchen sind mir immer suspekt.«

Jetzt lachen mehrere, und ich denke: Gott sei Dank bin ich raus aus der Spirale nahöstlichen Partygeschwätzes! Doch da zupft mich eine Dame am Ärmel und flüstert mir ins Ohr: »Meine Tochter lebt mit ihrem Mann in einer israelischen Siedlung, und was die so berichten, finde ich gar nicht gut.«

Ich nicke, trinke einen Schluck Wein, der sauer schmeckt, und sage laut und deutlich: »Wissen Sie, das, was in Israel und Palästina passiert, hängt mir inzwischen zum Hals raus. Zwei Völker, die mit so viel infamer Torheit befrachtet sind, verdienen nichts Besseres.«

»Ich würde da wohl doch einen kleinen Unterschied machen«, sagt ein Mann mit mokanter Herablassung, »die Juden haben Köpfchen und in den fünfziger Jahren ein blühendes Land aufgebaut, während die arabischen Kameltreiber, die bis zum heutigen Tage unfähig sind, bis drei zu zählen, anstatt eines Hirns ihren Kichererbsenbrei im Schädel haben.«

Der Mann ist hochgewachsen und hat pflaumengroße, schwarz behaarte Nasenlöcher, die sich jetzt auch noch blähen, mich einfangen wollen und hochziehen wie ein Klümpchen Rotz.

»Kennen Sie viele arabische Kameltreiber?« frage ich und freue mich an meiner Gelassenheit.

»Zum Glück bin ich persönlich davon verschont geblieben, aber als Redakteur einer Fernsehanstalt habe ich hinreichend Gelegenheit, sie in Wort und Bild kennenzulernen.«

»Aha«, sage ich und spüre, wie die Gelassenheit nachläßt und etwas Unheilvolles in mir ansteigt. Ich kenne diesen Typ Mann zur Genüge, kenne diese prätentiöse Intelligenz, die Hybris, die Ambivalenz Frauen gegenüber – krampfige Unsicherheit in der Liebe, Überheblichkeit in Gesprächen –, kenne ihren Mangel an Zivilcourage und Instinkt und den Überschuß an Sentimentalität und undifferenzierter Kritik.

»Waren Sie schon einmal in Israel?« frage ich.

»Mehrere Male.«

»Und da haben Sie viele Juden mit Köpfchen kennengelernt.«

»Jede Menge.«

»Aber keinen einzigen Kameltreiber mit Kichererbsen im Schädel?«

Die Sache scheint dem Mann mit den schwarzen Nasenlöchern peinlich zu werden. Er lächelt maliziös, schweigt jedoch und zündet sich eine Zigarette an.

»Haben Sie für die Juden auch einen so treffenden Namen wie für die Araber?« frage ich. »Ich meine, einen aus früheren Zeiten. Damals gab's ja viele.«

Kurt ist neben mich getreten und nimmt meinen Arm: »Komm«, sagt er mit seiner leisen, sanften Stimme, »Alica möchte dir guten Abend sagen.«

Ich lasse mich bereitwillig fortführen.

»Wer war denn dieser feine Herr?« frage ich, als wir uns ein paar Schritte entfernt haben.

»Matthias König, eine Null. Weiß gar nicht, wer ihn hier angeschleppt hat.«

»Ich hätte mich nicht auf sein Niveau begeben sollen«, sage ich, »danke, daß du mich vor Schlimmerem bewahrt hast.« Kurt küßt mich auf die Schläfe und steuert mich zum Tisch mit den leckeren Häppchen: »Iß jetzt mal was! Ist alles hausgemacht.«

»Ich bewundere Annette!« sage ich. »Sie kann einfach alles: schreibt, kocht, spielt Klavier, macht mit eurem Sohn Schularbeiten, besucht mit dir einen Tangokurs und sieht dann immer noch schön und liebenswürdig aus.«

Ein alter Herr ist zu uns an den Tisch getreten. Er ist fragil, trägt einen hellgrauen Anzug mit Weste, eine verrutschte, weinrote Krawatte und eine altmodische Brille mit stark geschliffenen Gläsern. Er erinnert mich an meinen

Berliner Kinderarzt, der einzige Mensch, dem es je gelungen ist, mich zu beruhigen, wenn ich, von einer meiner zahlreichen Angstneurosen überfallen, die merkwürdigsten Krankheitssymptome produzierte.

»Das ist Professor Abraham Blumental«, stellt Kurt ihn mir vor, »der Himmel hat ihn uns kürzlich geschickt.«

Der alte Herr nimmt meine Hand in seine beiden, lächelt und sagt: »Der Himmel ist mir fern und der Professor eine deutsche Ehrengabe. Ich selber habe es nur bis zum Doktor gebracht ... meine Liebe, Sie müssen unbedingt den Hering in Sahne versuchen. Er ist wunderbar.«

»Ja«, sage ich, »Hering esse ich gerne.«

»Na sehen Sie!« Er ergreift einen Teller, legt ein paar Stücke Fisch und eine Scheibe Brot darauf und reicht ihn mir.

»Eigentlich gehört ein Wodka dazu«, sagt er.

»Richtig«, stimme ich zu.

Kurt ist von der jüdischen Kulturbeauftragten entführt worden, und Abraham Blumental erklärt: »Ich hole uns schnell einen.«

»Nein«, rufe ich mit unmotivierter Dringlichkeit, »bitte, bleiben Sie hier. Ich hab ja noch den Rotwein.«

»Gut«, sagt mein ehemaliger Kinderarzt, »warten wir, bis sich Ihre Angst gelegt hat, und setzen wir uns inzwischen auf diese stille, einsame Insel dort hinten.«

»Waren Sie schon einmal in Samarkand?« frage ich.

»Ist das Ihre stille, einsame Insel?« fragt er zurück.

»Wie sind Sie denn darauf gekommen?«

»Ach, Kindchen«, sagt er, »diese Assoziation ist doch wirklich nicht schwer herzustellen. Stille, einsame Insel, Samarkand, das für Suchende zum Symbol innerer Ruhe, traumhafter Schönheit und tieferen Sinns geworden ist. Und Sie mit Ihrer Verzweiflung.«

»Sieht man die mir so deutlich an?«

»Wenn man etwas Menschenkenntnis und Interesse besitzt, ja.«

»Sind Sie Arzt?«

»Feld-Wald-und-Wiesenarzt. Zur Spezialisierung war es schon zu spät. Aber dafür hat man mir ja auch jetzt den Professor verliehen.« Er lacht gutmütig.

»Leben Sie gerne in Berlin?«

»Das frage ich mich nicht. Auf jeden Fall lieber als in Peru, wohin es mich verschlagen hatte, und auch lieber als in einer Chimäre, die gar nicht halten kann, was ihr wunderschöner Name, Samarkand, verspricht.«

Wir sitzen in einer angenehm abgeschirmten Ecke, und vor uns, auf einem winzigen Tisch, flackert der Stumpf einer Kerze.

»Sind Sie gläubig?« frage ich.

»Ich weiß nicht, was Sie unter Gläubigkeit verstehen. Aber nehmen wir mal die simpelste Definition: Ja, ich glaube an eine höhere Macht. Und außerdem glaube ich, daß die uns keineswegs entbindet, selber zu erkennen, was Recht und Unrecht ist, und eine dementsprechende Wahl zu treffen zwischen dem guten und dem schlechten Potential, das in jedem Menschen steckt.«

»War ein dummer Einfall, den Menschen diese Entscheidung zu überlassen«, sage ich, »man sieht ja, wohin das führt.«

»Sehr dumm«, sagt er lachend, zündet sich eine Zigarette an und fragt: »Leben Sie auch in Berlin?«

»Nein, ich lebe in Jerusalem.«

Er nimmt die Brille ab und schaut mich nachdenklich an: »Aus der Nähe sehe ich ohne Brille besser«, erklärt er.

Seine Augen haben die Farbe eines verblichenen Blaugraus, das eine ist etwas dunkler und tiefer in der Höhle liegend als das andere. Es macht den Eindruck, als amüsiere er sich mit dem einen und trauere mit dem anderen: »Seit wann leben Sie in Jerusalem?« erkundigt er sich.

»Seit 1983. Aber ich kenne es schon seit 1961 und war von da an jedes Jahr ein paar Wochen dort.«

»Ich war nie dort.«

»Warum?«

»Ich bin kein Zionist. Jerusalem ist meine geistige Heimat, und die soll es bleiben. Und Sie, warum sind Sie dort?«

»Das hat eine lange, lange Vorgeschichte.«

»Kann ich mir denken. Aber wo befinden Sie sich jetzt in dieser langen Geschichte?«

»In meinem wunderschönen Haus zwischen Israel und einem palästinensischen Dorf; in meiner Wohnung zwischen meinen amerikanischen, russischen, israelischen und arabischen Nachbarn; auf meiner Terrasse zwischen den Bergen Moabs, der goldenen Kuppel des Felsendoms, den jüdischen Gräbern des Ölbergs, von denen der Weg zu dem, in dessen Namen man sich umbringt, der kürzeste und unbeschwerlichste sein soll, zwischen den Eingangshallen zum Himmel und dem Vorhof zur Hölle. Da befinde ich mich jetzt.«

Abraham Blumental nimmt meine Hand und streichelt sie. Seine Stimme ist die meines Kinderarztes, der mit sanfter, ruhiger Zuversicht auf mich einspricht: »Kindchen«, rät er, »fahren Sie schnell wieder nach Hause, denn, wie der weise Salomon gesagt hat: ›Es ist besser in ein Haus zu gehen, wo man trauert, als in ein Haus, wo man feiert; denn da zeigt sich das Ende aller Menschen, und der Lebende nehme es sich zu Herzen! Trauern ist besser als Lachen; denn durch Trauern wird das Herz gebessert.‹«

»Ja«, nicke ich, »ein wahrlich weiser Mann. Aber darf ich zuvor noch ganz kurz feiern und einen Wodka trinken?«

»Unbedingt«, beteuert der Arzt, steht auf und zwinkert mir mit seinem helleren, amüsierten Auge zu, »und ein Stück von dem vorzüglichen Hering in Sahne müssen Sie auch essen!«

Ich tue gehorsam, was er verordnet hat, kaue, schlucke und frage: »Übrigens, glauben Sie, daß es immer noch sechsunddreißig Gerechte in unserer Welt gibt?«

Er putzt seine Brille mit dem Ende der weinroten Krawatte, setzt sie auf und antwortet mir mit einem verschmitzten

Lächeln: »Ich fürchte nein. Aber keine Sorge, dafür haben wir ja jetzt eine tadellos funktionierende ›Neue Weltordnung‹.«

Drei Tage später fliege ich nach Hause. Harry holt mich vom Flugplatz ab, und als wir uns Jerusalem nähern, das, von den letzten Strahlen der untergehenden Sonne vergoldet, hoch oben in den Hügeln liegt, sage ich: »Jerushalayim lag da in einem großen Glanz, und es gelang mir nicht, es zu verfluchen.«

Der Prediger Salomo

Wiederum sah ich alles Unrecht an,
das unter der Sonne geschieht,
und siehe, da waren Tränen derer,
die Unrecht litten und keinen Tröster hatten.
Und die ihnen Gewalt antaten, waren zu mächtig,
so daß sie keinen Tröster hatten.
Da pries ich die Toten, die schon gestorben waren,
mehr als die Lebendigen, die noch das Leben haben.
Und besser daran als beide ist, wer noch nicht geboren ist
und des Bösen nicht innewird,
das unter der Sonne geschieht.
Ich sah alles Mühen an und alles geschickte Tun:
da ist nur Eifersucht des einen auf den andern.
Das ist auch eitel und Haschen nach Wind.

Kohelet, Kapitel 4. 1–4

»When the Saints go marching out ...«

Wenn man die Bibel liest und gewahr wird, wie oft Jerusalem, Israel und das jüdische Volk von Gott und seinen Gesandten, den Propheten, gesegnet und dann wieder verflucht wurden, versteht man alles. Diese Art der Erziehung ist nach modernen Gesichtspunkten die verkehrteste, die es gibt. Man muß gelassen bleiben, die Störrischen mit ruhigem Nachdruck belehren: »Kind, wenn du dein schönes Spielzeug zertrümmerst, dann hast du doch keins mehr!« Das ist einleuchtend und viel pädagogischer, als von einem Extrem ins andere zu kippen, heißt es. Neulich kam mein Freund Philip – der jetzt, da jeder, der kann, abwandert, eingewandert ist – zu mir und erklärte sehr ernst und überzeugt, daß er endlich wisse, was mit dem jüdischen Volk los sei. Es sei in Bausch und Bogen manisch-depressiv. Philip, Jude und seit vier Jahrzehnten manisch-depressiv, muß das ja schließlich beurteilen können. Außerdem hat er vor kurzem einen ausführlichen Artikel über den Begründer des Zionismus, Theodor Herzl, und dessen Familie gelesen, und die, da hat er schon recht, waren das klassische Beispiel einer manischen Depression.

Auf jeden Fall ist die Phase, die wir hier zur Zeit erleben, eine der verfluchtesten, und ob die nun einem unpädagogischen Gott zuzuschreiben ist, den manisch-depressiven Genen seines Volkes im allgemeinen und denen Theodor Herzls im besonderen oder schlicht der Unbelehrbarkeit der menschlichen Spezies, bleibt sich gleich.

Die Mandelbäume blühen mit tausend weißen oder rosafarbenen Sternen, und im Garten der Shwarz' trägt der große weit verzweigte Maulbeerbaum pralle Knospen. Brian Shwarz hängt die Wäsche auf, ein paar Unterhosen und Sokken, zwei Büstenhalter, etwas Bettwäsche. Eine klägliche

Ausbeute gegen das, was einstmals dort hing und sich bunt im Frühlingswind bauschte. Brian trägt nur noch selten ein Käppchen, und Haar und Gesicht sind grau geworden. Er sitzt zwar immer noch vor seinem Computer, doch wenn der Abend kommt, erwacht er zum Leben, holt seine Geliebte, das Saxophon, aus dem Kasten und läßt es in nostalgischen Tönen von seinen frühen leidenschaftlichen Träumen, seinen zerbrochenen Hoffnungen erzählen. Als ich vor fünfzehn Jahren hier einzog, übte er monatelang ›When the Saints go marching in ...‹. Inzwischen sind die Saints abmarschiert, und er musiziert, fast schon professionell, alleine oder mit einer Gruppe gleichgearteter Freunde. Es sind die guten alten amerikanischen Songs, die auch mir nostalgische Töne entlocken würden. Ja, Brian, das war einmal, und die frühen Träume, die Hoffnung und Liebe, die uns in dieses Land, diese Stadt zogen, waren wohl zu hoch und naiv, um der Entwicklung eines »ganz normalen Staates« standhalten zu können.

Judith Shwarz geistert hin und wieder durch den Garten. Ihr weltabgewandter Blick scheint das »himmlische Jerusalem« zu suchen, doch ihre Kleidung, mal Jeans, mal ein knielanges Nachthemd über nacktem Körper, entspricht auch nicht mehr der züchtig-religiösen Vorschrift. Jimmy, der Halbschäferhund, und Zoe, die alt und dick gewordene schwarze Hündin, folgen ihr gelangweilt. Die drei ebenfalls alt gewordenen Katzen machen keine flotten Sprünge und Kletterpartien mehr, und nur die vier Hühner sind von einem unbremsbaren Betätigungsdrang erfüllt. Morgens legen sie kleine Eier unter lautem, triumphierendem Gegakker, und ich frage mich, warum aus diesen großen glücklichen Plusterhosenhennen so verzagte Eier kommen.

Die Kinder sind jetzt alle aus dem Haus, selbst Dina, die Jüngste, die ich als dreijähriges, cholerisches Rumpelstilzchen kennengelernt habe. Der älteste Sohn hat Israel und Eltern ein für allemal verlassen, und Dina scheint seinem Beispiel gefolgt zu sein. Geblieben ist mir das Bild der heilen

Familie, die ich aus der Vogelperspektive um einen ovalen Plastiktisch sitzen und Spaghetti essen sah. Leuchtendes Vorbild für eine betagte, familienlose Frau. Bis zu dem Moment, in dem mir Brian Shwarz, als wir uns eines Abends auf dem kleinen Platz oberhalb unseres Hauses begegneten, einen schmalen, selbst verfaßten Lyrikband zusteckte und sich gleichzeitig mit der ihm eigenen Verlegenheit dafür entschuldigte. Der Gedichtband hieß ›Demaskierung‹, und nachdem ich die knapp sechzig Seiten gelesen hatte, war mein leuchtendes Bild einer heilen Familie zerschmettert. Ich hätte es mir gerne erhalten, sozusagen als »pièce de résistance«, aber nun habe ich es zu den anderen Scherben gefegt und lausche den nostalgischen Tönen des Saxophons mit noch innigerem Verständnis. Zur Zeit übt Brian »Life is a cabaret, old chum, come to the cabaret ...«. Er findet zu jeder Situation das passende Lied.

Neulich war ich wieder mal bei meinem dreiundneunzigjährigen, sinnlos vergnügten Evchen, und als sie zum fünfundsiebzigsten Mal die Geschichte von ihrer Ausbildung zur Kindergymnastin in Berlin erzählte, ihren damaligen Lehrer, der ein Major war und Wilhelm von Uhde hieß, General Hindenburg nannte und Israel, dessen Namen ihr ebenfalls entfallen war, »unser Reich«, da konnte ich nicht mehr an mich halten und gönnte mir ein befreiendes Gelächter. Obgleich der Kern, der sich in diesen senilen Reminiszenzen versteckt, auch nicht gerade komisch ist. Aber immer noch besser eine zertrümmerte Vergangenheit als eine zertrümmerte Gegenwart. Wahrscheinlich sagt ihr der Name »Scharon« überhaupt nichts mehr, was wiederum beneidenswert ist. Wenn ich erwähnen würde, daß dieser Kerl zur Zeit der Premierminister des israelischen »Reiches« ist, dann würde das gar nichts bringen außer vielleicht eine andere unheilvolle Verwechslung. Gott behüte! Man lacht aus den verschiedensten Gründen: aus Angst, aus Verzweiflung, aus Protest oder, wie meine arme, gute Euphemia, aus Stolz. Sie erscheint nach wie vor jeden Dienstag um sechs Uhr früh bei mir in der Wohnung und berichtet in ihrem Kauderwelsch aus Englisch und Arabisch, daß in der Nacht wieder die Flugzeuge gekommen seien und – bum, bum, bum – das gerade renovierte »Paradise«-Hotel, die Polizeistation, das Haus des Sohnes der Schwester ihres Schwagers zerstört hätten, auch den Andenkenladen zusammen mit seinem Besitzer, der hingerannt sei, um ein paar Sachen zu retten, und alle Reservetanks auf den Dächern, alle Fensterscheiben bei ihr und in der Nachbarschaft. Und der Krach und das Feuer und der Rauch und das Baby, das fast erstickt sei und… terrible, terrible, terrible! Ihre Stimme klingt wie die Sirenen von Polizei und Ambulanzen, die wir jetzt ständig in den Straßen hören, und ihr Gesicht hat die Farbe eines Klumpens Lehm, den ungeschickte Hände zu menschlichen Zügen zu formen versuchen.

»I afraid«, schreit sie und beginnt zu lachen, »very afraid!«

Es hat Jahre gedauert, bis ich dieses makabre Lachen, mit dem die Palästinenser ihre Greuelgeschichten begleiten, verstanden habe. Nein, es ist keineswegs das Lachen eines Menschen, dem die Absurdität des Lebens mitunter das Zwerchfell erschüttert. Für eine sechzigjährige Frau, die drei arbeitslos gewordene Söhne und deren Familien mit Putzarbeiten bei ihren Peinigern ernähren muß, die um vier Uhr früh aufsteht, bei Dunkelheit und jedem Wetter um die israelischen Checkpoints schleicht und dann querfeldein läuft, um irgendwo ein Vehikel aufzutreiben, das sie in meine Nähe fährt, die nach stundenlangem Schuften auf dieselbe Art nach Bethlehem zurückkehrt und dort in Angst vor dem bum, bum, bum, das ohne Vorwarnung zu jeder Tages- und Nachtzeit über sie hereinbrechen kann, auf den nächsten Sisyphustag wartet, ist die Absurdität eine unentwegte, unentrinnbare Lebenswahrheit und das Lachen ein verzweifelter Versuch, das Gesicht zu wahren: »Sie können mich quälen, wie sie wollen, das trifft mich nicht in meiner Würde.« Nur zweimal hat sie bei Geschichten dieser Art ihre Würde vergessen und anstatt gelacht geweint. Einmal, während der ersten »Glorious Intifada«, als ihr jüngster, damals vierzehnjähriger Sohn unter dem Verdacht, einen Stein geworfen zu haben, von israelischen Soldaten festgenommen wurde und sechs Monate in diversen Gefängnissen saß. Das andere Mal, jetzt während der »Al-Aksa-Intifada«, als ihr ältester Sohn, unter dem Verdacht, ein israelischer Spitzel zu sein, von der palästinensischen Polizei verhaftet und zwei Monate ins Gefängnis gesteckt wurde. Durch Intervention der katholischen Kirche, der Euphemia und ihre Kinder angehören, wurde er entlassen und prompt von Anhängern der Hamas bedroht. Er versteckte sich, bis die Sache, auf welche palästinensische Art auch immer, geregelt wurde, mit Frau und zwei Kindern bei seiner Mutter, die wochenlang um ihrer aller Leben zitterte.

Über diese Art der Absurdität kann ich nun nicht mehr lachen, und sie ist in diesem grausam gewordenen Land die Regel. Das Tor zur Hölle hat sich weit geöffnet, und in seinem Rahmen stehen mit einladenden Gebärden die zwei alten, sturen Feinde, Scharon und Arafat, und schlachten ihre Völker.

»Was soll daraus werden?« fragen mich Bekannte und Freunde, die irgendwo im Ausland vor den Fernsehern sitzen und auf die Nachrichten starren, in denen Israel/Palästina meist an erster Stelle steht, wenn es nicht in einem der zahllosen anderen Krisengebiete noch lauter kracht. »Wie konnte es nur dazu kommen?«

Als ob das alles von heut auf morgen passiert und der Fettkloß Scharon aus heiterem Himmel gefallen wäre! Er ist doch nur das bislang letzte folgerichtige Glied in einer langen Kette fest geschmiedeter Glieder.

In diesem Jahr schlägt der Feigenbaum im Garten der Shwarz' viel zu früh aus. Er war immer der letzte, auf dessen zarte Blättchen ich mit Ungeduld gewartet hatte. Denn sein voll entfaltetes Laub erspart mir den widerlichen Anblick der Bauruine, die wohl noch dastehen wird, wenn ringsum die Häuser des palästinensischen Dorfes gesprengt worden sind. Harry meint, wir sollten die Entfernung der Monstrosität selber in die Hand nehmen. Sprengstoff gebe es ja nun genug im Land, und es würde gar nicht weiter auffallen, wenn sie in die Luft ginge.

Ich mache mir Sorgen um Harry. Er kann dieses Land, das ihm so wichtig war, nicht mehr leiden, und manchmal sitzt er stundenlang vor dem Fernseher, der jetzt auf »digital« umgestellt wurde – eine mörderische Erfindung, bei der man zum Einschalten fünf, zum Ausschalten vier winzige Knöpfe drücken muß und meistens schon daran scheitert –, und spielt ›Tetris‹. Das ist ein blödsinniges, unappetitliches Spiel, bei dem man bunte, zylinderförmige Klötzchen aufeinanderstapelt, und je mehr man stapelt, um so mehr Punkte bekommt man. Das Unappetitliche daran sind die Begleitgeräusche: Es schmatzt und rülpst wie ein an Bulimie leidender Mensch, der das, was er hastig in sich hineinschlingt, gleich wieder auskotzt. Vielleicht ist Harry am Rande einer Depression, was in seinem Zustand Gift wäre.

Aber er läßt sich nach wie vor nichts sagen, lacht und drückt auf die komplizierte Fernsteuerung. Es schmatzt und rülpst, drei blaue Klötzchen senken sich auf drei gelbe, und draußen ruft meine Nachbarin, Elena, nach ihrem Sohn. Ich trete ans Fenster und winke ihr zu. Sie breitet die Arme aus und fragt mit ihrer dunklen Stimme und dem schweren russischen Akzent: »Oh, Angelina, there is a Tango party tonight. Please come with me!«

Elena besucht seit geraumer Zeit einen Tangokurs, und ich würde sie gerne tanzen sehen. Mit ihren langen Beinen und der Biegsamkeit des schmalen Körpers ist sie wie dafür geschaffen.

Es ist gut, daß sie das Gemetzel um sich herum ignoriert und auf dem brodelnden Vulkan Tango tanzen geht. Sie ist jung und schön und will das Leben, das sie schon oft mißhandelt hat, genießen. Jeder junge Mensch hat das Recht, dem Leben so viele glückliche Momente wie nur möglich abzuluchsen. Egal wo, egal wie, egal unter welchen Umständen. Amüsiert euch, Kinder, liebt euch, tanzt, solange ihr noch warm und saftig seid. Hortet die glücklichen Momente wie die Eichhörnchen Nüsse für den frostigen Winter.

Ich sage ihr, daß ich den letzten Tango vor hundert Jahren getanzt habe, sehr stümperhaft, mit meinem ersten Mann, in einer bulgarischen Nachtbar, bei rotem Licht. Sie lacht und spricht etwas, aber ich starre fasziniert auf das tanzende, selig verliebte Paar, er in der eleganten amerikanischen Offiziersuniform – mattgraue Gabardinehosen mit einem Stich ins Rosafarbene, flaschengrüne Jacke –, sie in einem roten, enganliegenden Kleid und echten Seidenstrümpfen; seine Wange an ihrer Schläfe, seine heiße Hand auf ihrem nackten Schulterblatt, sein an sie gepreßter Körper, der Liebe, Schutz und Glück versprach. Lieber Gott, was für ein welterschütternder Moment inmitten eines Infernos, aus dem unermeßliches Elend und fünfzig Millionen Tote hervorgegangen waren, ein Inferno, das schon ein paar Schritte weiter vor der Tür zur Nachtbar sichtbar wurde.

Elena summt einen Tango und tanzt ein paar Schritte dazu. Nikolas, ihr ältester, inzwischen elfjähriger Sohn, ein bezaubernder Junge mit Gentlemanmanieren, kommt die Straße herab, an der einen Hand seinen kleinen Bruder, ein flachsblonder, stämmiger Muschik, an der anderen die dreijährige Schwester, ein zierliches Kind mit einer Puppe im Arm und einer Schleife im Haar. Sie sind alle drei in Israel geboren, aber, so wie die Eltern, richtige Russen geblieben. Elena lehnt Israel ab und liebt ihre Heimat. Sie sehnt sich nach der Kultur, den Freunden dort, nach Eiszapfen und Weite. Nikolas geht auf eine französische Schule und erhält außerdem Privatstunden in russischer Sprache und Literatur. Den beiden Kleinen erzählt sie Geschichten aus einem Zauberland, in dem es meterhohen Schnee, goldene Zwiebeltürme, Birkenwälder und sogar Bären gibt. Die entsetzliche Not, die sie zusammen mit fast einer Million russischer

Leidensgenossen in ein Land trieb, in dem angeblich Milch und Honig flossen, erwähnt sie nicht, hat sie vielleicht auch längst verdrängt. Sie hat das Geheimnis ihrer Abstammung und ihrer Einwanderungserlaubnis nie vor mir gelüftet, und mich interessiert es nicht. Elena ist eine wunderschöne Frau, die in den glücklichen Momenten außerhalb des Teufelskreises lebt, in dem sich zwei autistische, ihr fremde Völker zu Tode drehen. Was für eine Offenbarung in einem Land, in dem Millionen junger Menschen von der Politik in Mitleidenschaft gezogen und verseucht werden. In einem Land, in dem einem der Frühling blühende Mandel- und zart begrünte Feigenbäume schenkt und die Landschaft vor einem liegt wie eine herrliche, geschmückte Frau, die auf ihren Geliebten wartet und noch nicht ahnt, daß er nie wiederkommt.

Es war einmal

Es war einmal ein Dorf, ein palästinensisches, zu dem ich durch die Judäische Wüste, auf der Alon-Straße bis zu der großen Kreuzung fuhr, an der es rechts nach Jericho abging und links zu einer Kette von Dörfern, die mit Mandelbäumen übersät waren. Ein riesiges Feld weißer Blütensterne, so zauberhaft schön, daß ich andächtig wurde und sich alles in mir glättete, bis ich ganz weich und milde war und das Leben als Gnade empfand. Ich ließ das Auto am Anfang des ersten Dorfes stehen, und wenn ich mich glücklich gesehen hatte, ging ich zu Fuß durch den kleinen Ort. Hier waren die Stämme der Mandelbäume kräftiger, die Blüten üppiger und von einem tiefen Rosarot. Sie standen überall, am Straßenrand, in den Gärten und Höfen der kleinen Häuser, bei deren Anblick mich der brennende Wunsch erfüllte, dort geboren worden zu sein und nie etwas anderes kennengelernt zu haben als den Rhythmus eines auf seine Ursprünge beschränkten Lebens.

Seit wie vielen Jahren bin ich nicht mehr dorthin gefahren. Ich glaube, seit der ersten Intifada. Es war damals nicht ratsam gewesen, und ich wollte nicht mit einem mulmigen Gefühl das Blütenmeer betrachten und vergeblich darauf warten, daß mein Zorn in Milde umschlüge und ich das Leben als Gnade empfände. Dann, in der Pause zwischen der ersten und der zweiten Intifada, hatte ich es auf meinen Fahrten nach Jericho wachsen gesehen. Ich hatte hinübergeblickt und festgestellt, daß immer mehr Autos in seine Richtung fuhren und immer neue, immer größere Häuser entstanden. Es waren gesichtslose Kästen, und die Fernsehschüsseln auf den Dächern legten den Gedanken nahe, daß der Rhythmus eines auf seine Ursprünge beschränkten Lebens unterbrochen worden war.

Inzwischen ist die Alon-Straße so wie zahllose andere, die durch palästinensisches Gebiet führen, gesperrt. Riesige Zementblöcke, Checkpoints, aufgerissenes Pflaster verhindern die Zufahrt, und sollte man sich auf Schleichwegen dorthin mogeln, geht man das Risiko ein, von radikalen Palästinensern erschlagen, erstochen oder erschossen zu werden.

Dieses Risiko geht man allerdings auch ein, wenn man auf der israelischen Seite in stark belebte Straßen, auf Märkte oder in gut besuchte Lokale geht, wenn man durch einsame Gegenden wandert, wenn man im Bus sitzt oder in dessen Nähe gerät, wenn man an der Haltestelle wartet, wenn man an einem Plastiksack oder Karton vorbeischlendert, wenn man an der Ecke eine Rolle Klopapier kauft.

Neulich habe ich vier Sträußchen Anemonen auf einer Straße liegen sehen. Ich mag Anemonen und bückte mich, um sie aufzuheben. Doch als ich die Hand danach ausstreckte, durchfuhr mich der Schreck wie ein elektrischer Schlag. Warum lagen da vier Sträußchen frischer Anemonen? Der Strauß zu sechs Schekeln? Warum lagen sie ausgerechnet auf einem Gully und so eng zusammen, daß etwas unter ihnen versteckt sein könnte? Warum hatte sie noch niemand vor mir aufgehoben? Und wozu brauchte ich eigentlich Anemonen, da mir ein Freund doch gerade Tulpen geschenkt hatte? Ich machte einen Sprung zur Seite und lief weg. Ich lief vor vier Sträußchen Anemonen weg.

Ich laufe auch vor Schritten, die mir folgen, oder finsteren Gesichtern, die mir entgegenkommen, weg – und darin bin ich gewiß keine Ausnahme. Man könnte mich sogar tapfer nennen, denn ich wage mich noch manchmal in die Altstadt, irre da herum und fühle mich wie ein Kind, das bei Nacht in den Keller geschickt wird. Es ist eine fremde Altstadt geworden, leer und trostlos, die Läden zum größten Teil mit schweren eisernen Türen verbarrikadiert, ein paar, in der Hoffnung der Besitzer, vielleicht doch ein Kinkerlitzchen verkaufen zu können, einen Spalt weit geöffnet.

»Hello, lady«, sagen die vor dem Spalt hockenden Händler mit verzagter Stimme und mühsamem Lächeln, »come and see my shop.«

»No, thank you«, sage ich mit der gleichen Stimme und dem gleichen Lächeln, und keiner insistiert, versucht mich mit einem Kamel aus Olivenholz, einem Davidstern, einem Kruzifix zurückzuhalten. Selbst die Straße, die an der Mauer entlang zum jüdischen Viertel und weiter hinab zur Klagemauer führt, ist leer, und ich sehne mich fast nach der hupenden, stinkenden Autoschlange, die ich auf meinen einstigen Spaziergängen verflucht habe.

Auch in der westlichen Stadt hat der Verkehr deutlich nachgelassen, und den Fußgängern, die so wie ich gewisse Straßen und Plätze meiden, sieht man die Unsicherheit an Schritt und Körperhaltung an. Bei Anbruch der Dunkelheit sind die Straßen ausgestorben und in einsameren Gegenden die Rolläden vor den Fenstern der unteren Etagen heruntergelassen.

Scharon hat uns mit seiner Politik der »Sicherheit« endgültig in absolute Unsicherheit gestürzt. Auch seine Vorgänger haben sich dieser Politik bedient und zu dem Zweck die Palästinenser zu Sklaven oder Parias gemacht sowie das ganze Land mit Siedlungen befestigt. Schließlich und endlich brauchte der Staat billige Arbeitskräfte und für die eigenen Leute sehr viel »Lebensraum«. Da sich das aber schlecht anhört, nennt man es »Sicherheit«.

Ich hätte für jedes Mal, wenn ich das Wort »Sicherheit« hier gehört und gelesen habe, einen Schekel fordern sollen. Ich wäre heute Millionärin. Leider habe ich das versäumt – obgleich es ja immer noch weitergeht mit der »Sicherheit«. Da es mit Unterdrückung, scharfen militärischen Maßnahmen und Besiedlung nicht geklappt hat, werden neue Sicherheitsmöglichkeiten erwogen und neue Sicherheitspläne geschmiedet: Zum Beispiel könnte man die palästinensischen Städte und Dörfer in Grund und Boden bombardieren; man könnte die Bevölkerung deportieren und in andere arabische Länder »umsiedeln«; man könnte, wie der stellvertretende Polizeiminister vorschlug, die Selbstmordattentäter vor weiteren Aktionen abschrecken, indem man ihnen droht, ihre kärglichen Überreste in der Haut eines Schweines – ein Tier, das für die Muslime ebenso unrein ist wie für orthodoxe Juden – zu begraben oder, noch besser, sie wissen zu lassen, daß ihre Nächsten und Liebsten, vom Säugling bis zum Greis, eine furchtbare Rache erwarte. In anderen Worten: »Sippenhaft.«

Aber das waren, wie gesagt, nur Vorschläge, und der grauenhafte Gedanke, der dahinterstand, wurde von den wenigsten zur Kenntnis genommen. Für mich, die ich dank Abstammung, Alter und Geburtsland meine Lektion gelernt hatte, gehen bei solchen Worten und Berichten die Alarmsignale an. Ich fühle mich mitschuldig, weil ich zu einem Volk gehöre, das einem anderen Unrecht und Gewalt antut. Ich sitze mittendrin, höre, sehe, erlebe alles, was vorgeht, und verhalte mich wie seinerzeit gewisse Antinazis, die sich mit den Worten: »Wir sind doch machtlos« in ihre Elfenbeintürme verkrochen haben und nur in den seltensten Fällen aktiv geworden sind.

Ich denke an meinen Vater und all die anderen mir Bekannten, die in ihrem Elfenbeinturm saßen, denke an meinen Bruder, der ihnen das nie verziehen hat und für die »gerechte Sache« starb, an meine Großmutter, die nach einem mißglückten Selbstmordversuch, zweiundachtzigjährig, deportiert wurde, an meine Mutter, die mich, in Haß und Zorn ausbrechend, zurechtwies: »Angeli, du bringst das alles durcheinander! Werd du erst mal so alt wie wir und gerate dann in eine solche Situation. Erst dann darf man urteilen!«

»Du bringst das alles durcheinander«, sagt man mir heute wieder, »denk doch zuerst an das, was die Nazis dir und deiner Familie angetan haben. Das läßt sich nun doch wirklich nicht vergleichen.«

Als ob ich nicht wüßte, daß sich das eine nicht mit dem anderen vergleichen läßt! Aber ich kann doch ein Unrecht nicht an einem anderen, schlimmeren messen und sagen, das was wir begehen, ist milde dagegen.

»Warum tut man das mit uns?« fragt mich meine zweifellos unschuldige palästinensische Euphemia mit verängstigtem Gesicht. Und ich hebe die Schultern und schweige. Soll ich ihr vielleicht erklären, daß das, was ihr von den Zionisten angetan wird, in keinem Vergleich zu dem steht, was uns von den Nazis angetan wurde, und daß sie froh sein müsse, überhaupt am Leben zu bleiben?

Sie würde glauben, ich brächte alles durcheinander.

Der Mauersegler

Zu Beginn der Amtszeit Scharons ging es ja fast noch gemütlich zu. Ein Selbstmordattentäter hier, ein im »Fadenkreuz« durchgeführter Mord an einem angeblichen oder tatsächlichen Hamas-Aktivisten da, eine geringe Zahl an

Toten, eine Menge Lebensraum in Form von Landenteignung und Siedlungsbau.

»Scharon ist zum Glück nicht mehr der Wüterich, der er mal war«, sagten die Optimisten, »er ist alt geworden und damit vielleicht einsichtiger und klüger.«

Ich fuhr, wenn auch seltener, weiterhin nach Jericho, Beit Jalla und Ramallah. Letzteres allerdings unter Vorsichtsmaßnahmen. Ismael holte mich jedesmal mit seinem Auto vom Checkpoint ab, denn es wäre unvorsichtig gewesen, mit einem gelben, israelischen Nummernschild durch die Stadt zu fahren. Bei der Familie Abu Bashir war, oberflächlich gesehen, alles in Ordnung. Sie waren gesund, litten keine materielle Not, gingen zur Schule oder zur Arbeit, wurden sowohl von israelischer als palästinensischer Seite in Ruhe gelassen.

»Was wird werden?« fragte ich meinen zuverlässigen Freund Ismael. »Das wirst du bald sehen«, erwiderte er mit einem aufmunternden Lächeln, »aber wir machen trotzdem weiter.«

Eine kryptische Antwort, die zu deuten mir überlassen blieb. Ich deutete sie dem »trotzdem« gemäß, fragte aber sicherheitshalber noch einen israelischen Freund, bei dem und dessen holländischer Frau ich zu einer gemütlichen Abendrunde eingeladen war. Er sagte: »Laß dich von der gegenwärtigen relativen Ruhe nicht täuschen. Die Intifada ist nicht zu Ende, sie fängt gerade erst an.«

»Keine Politik, bitte«, sagte seine Frau.

Ich hielt das für eine gute Idee, denn schließlich gibt es noch andere aufregende Themen: das Pro und Kontra künstlicher Befruchtung, zum Beispiel, der Umgang mit Alzheimer-Kranken, deren Zahl stündlich zuzunehmen scheint, der Segen des Computers, Preise, Reisen, der letzte Flugzeugabsturz. Oder, wie im aktuellen Fall, Altersprobleme.

Die Gastgeberin, die in der Grauzone ihres Lebens, also zwischen fünfzig und sechzig Jahre war, unterhielt sich mit drei Frauen, die sich ebenfalls in der Grauzone befanden, über Fett absaugen und Falten unterspritzen. Da ich zwar kein Fett, dafür aber um so mehr Falten habe – geht ja wohl immer Hand in Hand –, lauschte ich interessiert. Doch noch bevor ich mich eingehend nach den verschiedenen Methoden erkundigen konnte, wechselten die Damen das Thema und begannen auf Männer zu schimpfen. Da ich das gar nicht mag, setzte ich mich zu denen. Sie unterhielten sich über Börsengeschäfte im Internet, und das war noch schlimmer. Glücklicherweise erschien plötzlich ein später, mir gut bekannter Gast und erzählte eine lange Geschichte von einem verletzten Mauersegler, den er irgendwo gefunden und mit nach Hause genommen hatte. Ich wollte wissen, was ein Mauersegler sei, und er erklärte mir, das sei ein schwalbenähnlicher Zugvogel von geselligem Naturell. Er sei sofort mit ihm zu einem Veterinär gegangen, und der hätte gemeint, es stehe nicht gut um den Vogel.

»Er hätte eben nicht in Mauern segeln sollen«, kicherte ich, und Chaim, der Vogelretter, fuhr auf: »Wir auch nicht!«

»Was meinst du denn damit?« fragte ihn einer der Herren, und er antwortete: »Die vier palästinensischen Häuser, die wir gestern mit Bulldozern platt gemacht haben.«

Und man sitzt da, schaut sich resigniert an, trinkt noch ein Glas Wein, rettet Mauersegler, füttert Katzen, läßt sich Fett absaugen, fliegt, um der bedrückenden Atmosphäre ein paar Tage zu entkommen, in andere Länder.

Ich sagte: »Wir sind alle schuld.«

Und manche sagten: »Was können wir denn tun? Wir sind doch in einer kleinen Minderheit. Wir sind doch machtlos.«

Ich zuckte die Achseln und sagte: »Jetzt ist es sowieso zu spät, und wir haben den Regierungschef, den wir verdienen.«

Das lassen sie ungern auf sich sitzen. Barak, belehrten sie mich zum soundsovielten Mal, hätte sechsundneunzig Prozent des Westjordanlandes und den gesamten Gaza-Streifen zurückgeben wollen, aber Arafat sei nicht darauf eingegangen.

Das stimmt. Barak hatte, aus welchen Gründen auch immer, dieses Angebot gemacht, und viele, die noch ein Stück »schönes Israel« retten wollten, bauten jetzt ihre Argumente darauf auf. So wie sie sich auf die Osloer Prinziperklärungen, 1993, stützten, die den Palästinensern einen Staat und Teilhabe an der »israelischen« Hauptstadt, Jerusalem, in Aussicht gestellt hatten. So wie sie sich auf das Veto der Palästinenser, 1948, das Land zu teilen, stützten. Es sollten alles, wenn auch noch so weit zurückliegende Beweise dafür sein, daß mit dem unzurechnungsfähigen Volk der Palästinenser kein Frieden zu schließen wäre. Doch was sie wohlweislich darüber vergaßen, war, daß Israel zu einem großen und immer größer werdenden Teil für die Tragödie des palästinensischen Volkes verantwortlich war und daß die Akzeptanz ihrer Verantwortung und Schuld möglicherweise der erste Schritt zu einem friedlichen Nebeneinanderleben wäre. Dieser Schritt war nie gemacht worden, und ob Hochmut und Selbstgerechtigkeit dahintergesteckt hat oder die unerschütterliche Gewißheit, daß es das Recht der Israelis sei, sich in »ihrem« Land oder, wie schon Theodor Herzl sich ausgedrückt hat: »als Volk ohne Land in einem Land ohne Volk« niederzulassen und es zu besiedeln, bleibt dahingestellt.

»Jihije tow« – es wird gut sein – ist der beliebteste Ausspruch der Israelis, »Maybe« der der Palästinenser.

· Barak brach sich an dem Versprechen, sechsundneunzig Prozent des Landes zurückzugeben, das Genick und verlor die Wahl mit Pauken und Trompeten. Scharon, der den Israelis, unter dem verzweifelten Gelächter der Palästinenser, »absolute Sicherheit« und seinen Feinden die »eiserne Faust« geschworen hatte, gewann sie haushoch. Die Gefahr weiterer Verhandlungen, die Jerusalem, die Rückwanderung palästinensischer Flüchtlinge und die Auflösung der Siedlungen betroffen hätte, war gebannt. Wäre sowieso ein Ding der Unmöglichkeit gewesen, über diese drei Punkte eine Einigung zu erzielen.

»Maybe Scharon better«, sagte ein Teil der verstörten Palästinenser, »bei dem weiß man wenigstens, woran man ist.« »Jihije tow«, sagt die große Mehrheit der Israelis, »Scharon greift durch, da kann uns nichts mehr passieren.«

Barak spielt jetzt wohl wieder Klavier und ist im Volksmund nicht mehr der »kluge« Mann, sondern ein verlogenes arrogantes Arschloch, das eigenmächtig gehandelt hat. Die Palästinenser wissen – ohne »maybe« –, woran sie mit Scharon sind, und die Israelis bezweifeln mitunter, daß ihnen nichts mehr passieren kann und alles »gut werden wird«. Aber inzwischen stehen zweiundsiebzig Prozent des Volkes geschlossen hinter der »eisernen Faust« ihres Regierungschefs.

Die Obsession

Ich weiß nicht mehr, wann ich zu schreiben begonnen habe und was dazu geführt hat. Möglicherweise der Schock des Geschehens, der heilsam auf mich wirkte, indem er so etwas wie einen Motivationsschub in mir auslöste. Wie auch immer, es geschah um dieselbe Zeit, in der die Tansim, eine der Fatah zugehörige Miliz, aus dem autonomen Beit Jalla auf Gilo, einen sehr großen, auf enteignetem palästinensischem Land gebauten Vorort Jerusalems, zu schießen begannen und die Israelis das Feuer mit Raketen auf Beit Jalla erwiderten. Da ich in der Nähe dieser Ortschaften wohne, wurde ich, zumindest akustisch, in die Gefechte einbezogen.

Es begann immer mit dem Tack, Tack, Tack der palästinensischen Maschinengewehre, auf das prompt die Antwort in Form einer gewaltigen Detonation kam. Gleichzeitig knatterten israelische Armeehubschrauber über die friedlich schlafenden Hügel Jerusalems hinweg nach Beit Jalla, um dort die Häuser zu beschießen. Es passierte fast jeden

Abend, und während ich die unangenehmen Geräusche verfolgte, bauten sich noch weitaus unangenehmere Gefühle in mir auf. Zum ersten Mal griffen Palästinenser ihren mächtigen Feind mit Schußwaffen an und ließen sich damit auf einen Kampf ein, der ihnen zum Verhängnis werden mußte. Ich wußte, daß wir in jene Phase der »blutigen Intifada« eingetreten waren, über die wir damals so oft in einem ähnlich resignierten Ton gesprochen hatten wie über die Schimmelflecken auf unseren Wänden, die uns die Regengüsse des Winters hinterließen.

Und eines Morgens, nachdem ich meine Freunde in Beit Jalla angerufen und mir meine gerechte Strafe in Form eines schluchzenden Berichts über zerbombte Häuser, zerschmetterte Fensterscheiben und durchlöcherte Reservetanks geholt hatte, verließ ich mit Teekanne und -tasse die Terrasse, brüllte meine ungebärdigen Katzen an und strebte der Schreibmaschine zu.

»Was hast du denn vor?« fragte Harry mit hochgezogenen Brauen und einem süffisanten Zug um den Mund.

»Keine Ahnung«, erwiderte ich, »aber halt mir bitte die nächsten vier Stunden die Tiere vom Leib.«

Er stand auf, tanzte mit stampfenden Schritten seinen berühmten Bolero, und die Katzen flüchteten mit entsetzten Augen, angelegten Ohren und gebogenen Schweifen ins Freie.

Es waren inzwischen sieben, die in meiner Wohnung lebten: der senile, in Menschenjahre umgerechnet einhundertachtjährige Dino, der, wenn er ein paar Schritte gegangen war, vergessen hatte, wohin er eigentlich wollte; der schöne Puschkin, der immer deutlicher die Marotten einer neurotischen »alten Tunte« entfaltete; die biedere, bescheidene Zille, deren Paradestück der gepflegte Puderzuckerbauch war; der einäugige, wie ein Frischling gemusterte Nachtsche, den Harry aus unerfindlichen Gründen, aber mit Erfolg zum fettesten Kater Jerusalems gefüttert hatte und den er jetzt liebevoll meine »Wuchtbrumme« nannte; der ritterliche

Kater General Schwarzkopf, der das Waisenkind Vicky aufgezogen und gegen mich, die er verehrte, noch nie die Pfote erhoben hatte; Vicky, ein wildes kleines Luder, das sich die Umgangsformen des Landes angeeignet hatte und sein Lieblingsspiel »Attacke, Attacke, Attacke« jetzt ziemlich brutal ausübte; und schließlich die verhuschte Olga, die früher nur unregelmäßig zum Fressen gekommen war, sich nun aber, um Zille und Vicky zu ärgern, auch in der Wohnung breitgemacht hatte. Sie liebten diese Wohnung so wie ich, verließen sie nur in der Morgen- und Abenddämmerung zu Patrouillengängen oder unter Zwang, zum Beispiel wenn ich mit Gegenständen um mich schmiß oder Harry Bolero tanzte. Kriegsgeräusche wie Schüsse, Explosionen, Polizeisirenen oder das Dröhnen von Flugzeuggeschwadern machten ihnen nichts mehr aus, und nach einer Weile hatten sich auch die Hunde der Shwarz' daran gewöhnt und bellten nicht mehr.

Nur ich gewöhnte mich nicht daran, denn die traumatischen Erinnerungen an jenes Jahr in Sofia, in dem ich jeden Mittag, um Punkt halb zwei, mit dem Tod gerechnet hatte, lassen sich nicht bewältigen. Da war das Gellen der Sirenen gewesen, das immer näher kommende Surren der englischen oder amerikanischen Flugzeuggeschwader und dann das Tosen über unseren Köpfen, das Klirren des Geschirrs auf unserem Mittagstisch und die um Ruhe bemühte Stimme meiner Mutter: »Angeli, nimm dich bitte zusammen und iß weiter. Du mußt doch inzwischen gemerkt haben, daß sie nur nach Ploest in Rumänien fliegen, um dort die Ölfelder zu bombardieren.«

Und dann, nach Monaten würgenden Wartens, waren es doch nicht die Ölfelder von Ploest, sondern die Wohnviertel von Sofia gewesen.

Nein, hier in Israel fürchtete ich nicht um mein Leben, hier fürchtete ich mich vor dem unaufhaltsamen, sich beschleunigenden Verfall zweier Völker, für die blindwütiger Haß, Vergeltung und Zerstörung zum Lebensinhalt geworden waren. Es war eine unterschwellige Furcht, mit der ich funktionieren, aber nicht unbeschwert leben und über den nächsten Tag hinaus denken konnte.

Bereute ich damals, nach Jerusalem zurückgekehrt zu sein? Nein, denn ich schrieb ja und folgte unermüdlich dem roten Faden meiner Intuition, der mich vielleicht aus dem Labyrinth persönlichen und generellen Niedergangs herausführen könnte.

»Würde es dir nicht guttun, mal irgendwo hinzufahren, wo es schön ist und du neue Dinge sehen und erleben könntest?« fragten mich besorgte Freunde.

»Ich muß erst mal mit den alten fertig werden, denn sonst schleppe ich sie ja überallhin mit.«

»Glaubst du, daß du jemals damit fertig wirst?«

»Diese Frage stelle ich mir selber und kann sie, leider Gottes, nicht beantworten.«

Je weiter ich dem roten Faden folgte, desto tiefer geriet ich in Dunkel- und Verworrenheit, und aus Intuition wurde Obsession. Es war doch nicht möglich, daß ich hier nicht mehr herausfand? Es war doch nicht das erste Mal, daß ich durch ein Labyrinth irrte und mich Schritt für Schritt oder Satz für Satz weitertastete, bis ich an irgendeiner Biegung den Schimmer eines Lichts erblickte. Ein Licht, das mit jedem Schritt, den ich tat, oder jedem Satz, den ich schrieb, heller und weiter wurde und mich, unter innerem Jubel, der Erlösung des Begreifens näher brachte. Diesmal war da kein Schimmer eines Lichts, nur ein paar Spritzer hier und da, Glühwürmchen, die sich um sich selber drehten, in Spinnweben hängenblieben und ein paarmal zuckten, bevor sie erloschen.

Und ich tastete mich weiter bis zur nächsten Biegung und zur übernächsten. Denn jetzt, nach all den Strapazen aufzugeben und mich damit der Ungewißheit auszuliefern, daß keine drei Schritte weiter vielleicht doch ein Lichtlein auf mich wartete, schien mir ebenso unmöglich wie die Aussicht auf ein endloses Weitertapsen durch die dunklen, verschlungenen Gänge persönlicher und politischer Ereignisse. Also entschied ich mich für die Obsession, die mir wenigstens die winzige Chance eines doch noch auftauchenden Lichtschimmers gewährte, während mir die zwei Völker nichts anderes mehr boten als den öden Kreislauf primitivster urgeschichtlicher Affekte.

Die Zeit der täglichen Bombenattentate, in der sich die unterschwellige Angst in akute Panik verwandelte, war noch nicht angebrochen. Damals hätte ich mich noch furchtlos in ein Café gesetzt oder die vier hübschen Anemonensträußchen von der Straße aufgehoben. Ich bewegte mich auch noch verhältnismäßig frei in West- und Ostjerusalem und in der Altstadt, in die sich höchstens noch kleine Gruppen ahnungsloser Asiaten verirrten. Einmal stürzte ich mich sogar in das Abenteuer einer Fahrt nach Nablus, zusammen mit dem lutheranischen Probst und im Schutz eines großen Kreuzes, das er auf der Brust, und einer Kirchenflagge, die das Auto auf dem Kotflügel trug. Dank dieses gewichtigen Zubehörs gelang es uns, alle Sperren zu durchbrechen, eine Tat, die uns heute vielleicht nur noch mit Scharon auf dem Kühler gelungen wäre.

Sandkastenspiele oder Menschenrechtsverbrechen?

Nablus war damals schon seit einem Jahr hermetisch abgeriegelt, und frische Lebensmittel, freundliche Gesichter und vor allem Geld waren äußerst knapp geworden. Ich ging mit einem mir bekannten Palästinenser durch den Basar, in dem die Händler hinter und die Leute vor den Warentischen standen, ohne etwas kaufen oder verkaufen zu können. Der Palästinenser, ein gutaussehender Mann mit einem extravagant gezwirbelten Schnurrbart, sagte: »Unsere verdammte, korrupte Autonomiebehörde, mit Arafat an der Spitze, kürzt und entzieht uns immer weiter die Gehälter und kümmert sich einen Dreck um das notleidende Volk.«

Es gab inzwischen Zahllose, die so dachten, aber wenige, die wagten, es offen auszusprechen – die einen, weil sie ihre klägliche Stellung oder Freiheit nicht verlieren, die anderen, weil sie das Gesicht ihres Volkes wahren wollten. Immerhin war Jassir Arafat über Jahrzehnte ihr Nationalheld, der Begründer der palästinensischen Freiheitsbewegung, kurzum derjenige gewesen, der die Größe und Macht besitzen könnte, sie aus finsterster Not vor dem Feind zu retten, ihnen Stolz und Würde zurückzugeben, Gerechtigkeit, Fortschritt und Wohlstand zuteil werden zu lassen und sie schließlich als ein Volk mit einem nationalen Bewußtsein, Fahne, Hymne, Heldentum in einem eigenen Staat zu vereinen.

Armes, immer wieder getäuschtes, belogenes, ausgebeutetes Volk, das sich weder auf das Einsehen der westlichen Welt noch auf die Hilfe der arabischen Bruderstaaten, und jetzt nicht einmal auf »Abu Amar« – Vater des Volkes –, wie er liebevoll im Volksmund genannt worden war, verlassen konnte.

Zugegeben, Arafat rasselte in eine Situation, der möglicherweise nicht einmal ein genialer Politiker hätte gerecht werden können, und er, der einstmals charismatische Revolutionär und begabte Agitator, war als Politiker, der den Zenit längst überschritten hatte, alles andere als genial. Gut, aber hätte er nicht wenigstens die Finger von dem Geld, das doch eigentlich dem Aufbau des palästinensischen Staates und der Unterstützung des Volkes zugedacht war, lassen können? Hätte er nicht als »Vater des Volkes« an seine Kinder denken müssen, statt an seine ebenso unfähige wie korrupte Gefolgschaft, der er die höchsten Ämter verlieh und ihnen Maul und Taschen mit Geld stopfte?

Ich glaube, die Enttäuschung über ihre eigene Führerschaft schmerzte das palästinensische Volk noch mehr als die Gemeinheiten ihrer israelischen Feinde. Es saß zwischen allen, von fetten Hintern besetzten Stühlen und zappelte wie die noch nicht totgebissenen Vögel, die mir meine Katzen im Schnäuzchen anschleppten und als Geschenk vor die Füße legten. Ich weiß nicht, ob die Palästinenser, wären sie in die Freiheit entlassen worden, sich und uns nicht weiter in die Luft gesprengt hätten. Ich weiß nicht, ob die Israelis in Ermangelung der Selbstmordattentäter eine andere triftige Rechtfertigung gefunden hätten, ihre Feinde zu überrollen. Man kann das eben alles nicht wissen, man kann nur bedauern, daß ein Versuch niemals gemacht worden ist. Ich glaube noch immer, er hätte sich gelohnt. Denn die Phase, die dann mit der gleichmäßigen Schwungkraft eines Pendels anbrach und sich, hin und her, her und hin, immer höher schaukelte, enthielt alle Ingredienzien der Barbarei.

Zunächst konnte man diese Phase noch zynisch sehen und mit Sandkastenspielen vergleichen: zwei kleine garstige Jungen, die sich um ein Schäufelchen stritten, mit Sand bewarfen und schließlich so wütend wurden, daß sie sich gegenseitig die Eimer um die Ohren hauten. Doch objektiv gesehen, waren es schlicht und einfach Menschenrechtsverbrechen.

Die Israelis beschossen und ermordeten einen der vielen Führer der Palästinenser, der nichts Böses ahnend in seinem Auto saß, und nahmen versehentlich auch gleich drei Frauen mit, die sich dummerweise in dessen Radius befanden.

Die Palästinenser revanchierten sich, indem sich zwei Selbstmordattentäter auf einer belebten Straße Jerusalems in die Luft sprengten und eine große Zahl an israelischen Zivilisten töteten und verletzten.

Die Israelis gaben bekannt, daß sie auf ihrer Abschußliste noch sechsundzwanzig – später wurden es Hunderte – palästinensische Führer hätten, die sie einen nach dem anderen liquidieren würden.

Die Palästinenser gaben bekannt, daß sie Hunderte von Selbstmordattentätern auf ihren Listen hätten und jeder von denen soundso viele Israelis mit in den Tod reißen würde.

Beide Völker hielten Wort. Beide Völker mordeten auf

die ihnen zur Verfügung stehende Art. Beide Völker beschuldigten und verdammten sich nach jedem Anschlag gegenseitig. Beide Völker schworen Vergeltung.

Anfangs sammelten die Israelis wesentlich mehr Punkte, denn sie hatten eine Armee und modernstes Kriegsgerät, während die Palästinenser nur über Schußwaffen verfügten und sich ihre Bomben selber bastelten, eine Beschäftigung, bei der sie nicht selten verfrüht in die Luft gingen. Dafür hatten sie wiederum die Hoffnungslosigkeit und den Mut der Verzweiflung auf ihrer Seite, während sich die Israelis lediglich auf die »Sicherheit« ihrer Bürger berufen konnten. Aber schließlich ging es ja hier um Ehre, um nationale Belange, ums Vaterland. Also um all die Ziele, die vor einem Menschenleben Priorität hatten.

Anfangs verursachte der Kleinkrieg im »Heiligen Land« auch noch großes Unbehagen in der westlichen Welt, und die versuchte zu schlichten. Es gab den Mitchell-Bericht und den Tenet-Plan, diverse ausländische Politiker, die hin und her flitzten und sich mit Scharon, mit Arafat, mit Mubarak, mit diesem oder jenem Minister der jeweiligen Regierung trafen. Scharon eilte nach Amerika, Arafat nach Europa, dem einen wurde vom großen Bruder jegliche Unterstützung zugesagt, dem anderen ein Staat in Aussicht gestellt. Unter der Voraussetzung, daß sie sich wieder an den Verhandlungstisch setzten. Sie setzten sich nicht. Der amerikanische Außenminister Powell forderte internationale Beobachter in Israel/Palästina. Arafat stimmte freudig zu, Scharon lehnte entrüstet ab. Daraufhin schlug der entnervte Powell eine »Phase der Abkühlung« vor, in der Scharon den Siedlungsbau stoppen, Arafat den Terror unter Kontrolle bringen und komplette Waffenruhe herrschen müsse. Scharon verlangte drei Monate Waffenruhe, Arafat acht Wochen. Zum Schluß wurden es sieben Tage, in denen sich weder der eine noch der andere an die Abmachung hielt. Dessenungeachtet erklärte Arafat, die Frist sei nun erfolgreich abgelaufen, woraufhin Scharon erklärte, sie habe noch nicht einmal begonnen. Er nannte Arafat einen krankhaften Lügner und Arafat Scharon einen pathologischen Verbrecher. Wenigstens bestand kein Zweifel an der Richtigkeit ihrer Worte.

Sie kehrten zur Tagesordnung zurück. Die Anschläge auf beiden Seiten mehrten und intensivierten sich. Man mordete unermüdlich und wahllos, Männer, Frauen, Kinder. Die Israelis setzten Raketen, Kampfflugzeuge und Panzer ein, um zu zerstören und zu töten; die Palästinenser, in Ermangelung dieses Kriegsgeräts, vornehmlich Waffen kleinen Kalibers und natürlich die selbstgebastelten Bomben.

Nach jedem Selbstmordattentat wetterte Scharon, Arafat sei dafür verantwortlich, denn er unternehme nichts, um die Mörder in den Griff zu bekommen und damit das Gemetzel an unschuldigen Zivilisten zu verhindern. Inwieweit er mit dieser Anschuldigung recht hatte, entzieht sich meiner Kenntnis, nicht aber meiner Kombinationsfähigkeit, die mir sagte, daß eine komplette Verhinderung der Terroranschläge ein Ding der Unmöglichkeit sein müsse. Die Mord- und Selbstmordkandidaten schossen wie Pilze aus dem Flickenteppich der autonomen Gebiete, und sie gehörten keineswegs nur dem Hamas- oder Dschihadblock an, sondern auch den neu entstandenen extremistischen Gruppierungen, die die wankelmütige Politik der PLO und die Ammenmärchen ihres Präsidenten schon lange nicht mehr ernst nahmen und gar nicht daran dachten, sich dessen womöglichen Befehlen zu fügen.

So schwankte die einstmalige Galionsfigur auf dem Bug eines zum Kentern verurteilten Schiffes zwischen Konzilianz – er werde alles tun, um die Gewalttäter in den Griff zu bekommen – und Wutausbrüchen: Scharon, der im Grunde gar keinen Frieden wolle und sich in immer brutalerer Form der palästinensischen Gebiete bemächtige, sei der Alleinschuldige an der unhaltbar gewordenen Situation.

Präsident Bush steckte den Kopf in den Sand, und die EU verurteilte die Angriffe beider Seiten aufs schärfste. Das israelische Volk schrie nach jedem Attentat: »Tod den Arabern!«

und forderte Vergeltung. Das palästinensische Volk schrie nach jedem Angriff: »Tod den Zionisten!« und schwor Rache.

Zu der Zeit las ich in einer Zeitung folgenden kurzen Bericht: Ein alter Palästinenser, dem israelische Siedler die Schafherde vergiftet hatten, führte seinen Esel, den einzigen Besitz, der ihm noch verblieben war, zu einem Flecken Gras in der Nähe Beit Jallas. Er sagte: »Ich bin zu alt für diesen Krieg, zu alt zum Hassen und zu alt, um noch würdig zu sterben.«

Es war einer der wenigen Vorfälle und der einzige Satz, der mich in diesem schauderhaften Wust an Mord und Totschlag, Lug und Trug, Rachegezeter und Wehgeschrei zutiefst ergriff.

Der elfte September

Am 11. September rasten eine gekidnappte Passagiermaschine der American Airlines und eine der United Airlines jeweils in einen Turm des Welthandelszentrums in New York und köpften sie. Die Zwillingstürme klappten zusammen wie Kartenhäuser und richteten in weitem Umkreis Verheerung an.

Ich betrachtete das Inferno auf dem Fernsehschirm, das, wie die blutrünstigen Szenen in einem der zahllosen Sciencefiction-Action- oder Horrorfilme, erst starres Entsetzen, dann lebhaften Widerwillen in mir auslöste. Ich wollte ausschalten, doch in diesem Moment sah ich eine kleine menschliche Gestalt aus einem der feuerspeienden Fenster der obersten Stockwerke fliegen und wie ein tödlich getroffener Vogel der fernen Erde entgegentaumeln. Ein zweiter folgte, dann ein dritter. Ich kniff die Augen zusammen, ballte die Hand zur Faust und biß hinein. Nie zuvor war mir die Hilflosigkeit und Verzweiflung, die Hinfälligkeit und Vergeblichkeit menschlicher Existenz so deutlich geworden wie bei dem Anblick dieser unseligen Gestalten, die einem Tod zu entfliehen suchten, indem sie sich in einen anderen stürzten.

»Mach aus«, bat ich Harry, der neben mir saß, »das ist nicht auszuhalten! Wir können uns doch nicht die letzten, fürchterlichen Sekunden dieser Todeskandidaten mit ansehen! Wahrscheinlich leben sie noch, denken, schreien, leiden Höllenängste.«

Harry schaltete aus und blieb stumm neben mir sitzen.

»Die Tauben«, murmelte ich, »erinnerst du dich noch an die 2000 Friedenstauben, die in der Millenniumsnacht ins Feuerwerk gerieten und tot auf Bethlehem fielen?«

»Und ob«, erwiderte er, »das war der Anfang der ganzen Katastrophe.«

»Da irrst du! Die Katastrophe begann mit dem Erscheinen des ersten Homo sapiens. Alles ist doch nur eine Reaktion auf das, was vorausgegangen ist, ob in der Weltgeschichte oder in unserem eigenen kleinen Leben.«

»Na, da können wir uns ja jetzt auf eine hübsche Reaktion gefaßt machen«, sagte er trocken.

»Können wir«, nickte ich.

Von einigen, mir allerdings nicht bekannten Ausnahmen abgesehen, identifizierte sich der Westen mit Amerika und überschlug sich in Trauer und moralischer Empörung. Die Tatsache, daß täglich Zigtausende von Menschen – Männer, Frauen, Kinder – auf diese oder jene Art zugrunde gehen, daß ihr Besitz zerstört, ihre Länder kaputtgemacht werden, ist für sie eine Selbstverständlichkeit und darum nicht vergleichbar mit dem perfiden Terrorangriff auf eine freie, gerechte, unschuldige Weltmacht, dem 3400 Amerikaner und zwei Gebäude des Welthandelszentrums zum Opfer fielen. Und das auch noch mit Hilfe zweier vollbesetzter amerikanischer Passagiermaschinen, die, man weiß nicht recht wie, in die Klauen islamistischer Terroristen geraten waren.

»Nach dem 11. September wird nichts mehr sein, wie es einmal war!« Diese Phrase bekam ich aus jedem Mund zu hören.

»Wüßte nicht, warum«, sagte ich, »es ist schon wesentlich Schlimmeres passiert, und alles wurde wieder so, wie es einmal war.«

»Die Unverletzbarkeit Amerikas wurde in Frage gestellt.«

»Und das Heiligtum des Kapitalismus ist zertrümmert worden. Wird aber auch nichts ändern.«

»Es scheint dich in keiner Weise zu beeindrucken.«

»Nein. Die angekratzte Unverletzbarkeit Amerikas und die Zertrümmerung des ›Goldenen Kalbes‹ ritzt mir nicht die Haut. Und was die armen Menschen betrifft, die dabei ihr Leben lassen mußten, so bedauere ich sie nicht mehr und nicht weniger als zum Beispiel die, die hier, oder wo auch immer, ihr Leben lassen müssen.«

»Sag mal, auf welcher Seite stehst du eigentlich?«

»Eine typische Frage! Wenn ich nicht gutheiße, was die einen machen, muß ich gutheißen, was die anderen machen. Tue ich aber nicht. Die menschliche Natur ist eine Fehlkonstruktion, wo auch immer. Damit muß man sich wohl oder übel abfinden. Womit ich mich aber bis heute noch nicht abgefunden habe, das ist diese verdammte Scheinheiligkeit und Heuchelei. Die Mächtigen dürfen alles, die Machtlosen dürfen nur eins: stillhalten.«

»Wir müssen unsere Freiheit und Werte verteidigen. Sie sind in Gefahr!«

»Das glauben die anderen Völker auch.«

Ein neuer Feind war geboren worden und einigte die gesamte westliche Welt. Was da züngelnd das Haupt gereckt hatte, war eine Hydra, die, wenn man ihr den einen Kopf abschlug, sogleich mehrere neue produzierte und damit die Vorrangstellung des Westens angreifen würde. Der Feldzug gegen die Hydra, die sich nun also aufgemacht hatte, den Westen zu erobern und zu islamisieren, begann damit, die Massen darauf einzustimmen, und damit hatte man, wie gewöhnlich, ein leichtes Spiel.

Es wurde das größte Trauerfestival seit dem Unfalltod der

englischen »Prinzessin der Herzen« und das nationalistischste, peinlichste Spektakel des 21. Jahrhunderts.

Es ist immer wieder erstaunlich, was für Stilblüten und primitive Affekte der Nationalismus sprießen läßt – egal in welchem zivilisierten oder unzivilisierten Land. Ganz Amerika war eine Fahne und eine Phrase, und Herr Bush avancierte zum bejubelten Star. Mit Fahnen gespickt, ein siegessicheres, schmieriges Grinsen im Gesicht, zog er immer neue Abstrusitäten aus seiner Phrasendreschmaschine, schwor »Infinate Justice« und »Enduring Freedom«. Er kündigte einen »Kreuzzug« gegen den Islam im allgemeinen und Osama Bin Laden im besonderen an.

Ich fragte mich, wer dieser Osama Bin Laden wohl sein mochte, und brauchte nicht lange auf die Antwort zu warten. Er erschien mir in Bild und Wort: ein unerhört reicher Saudi-Araber und Führer der extremen Islamisten, der sich in Afghanistan aufhielt und von dort in der teuflischsten Weise agierte. Das Bild zeigte mir einen schönen Mann in traditioneller arabischer Kleidung, hoch, feingliedrig und mit einem edlen, orientalischen Gesicht.

»Donnerwetter«, sagte ich zu Harry, »der ist aber schön.«

Doch Harry, der gegen das unzivilisierte, islamische Pack und für die hohen Werte der westlichen Welt war, fuhr mich wutentbrannt an: Solche Bemerkungen gingen nun endgültig zu weit.

Ich könne doch nichts dafür, daß der Mann schön sei, verteidigte ich mich.

Osama Bin Laden sei ein grauenvoller Typ, der es darauf abgesehen hätte, uns allen seine verkackte islamische Weltanschauung aufzuzwingen. Davon abgesehen, sei er schon lange nicht mehr schön, wenn man so was schön nennen wolle, und gehe am Stock.

»Also für mich ist oder war er trotzdem schön«, beharrte ich, »und daß er gegen die zivilisierte westliche Welt ist, scheint mir eine Einstellung zu sein, die, von Millionen sogenannter Terroristen in der gesamten dritten Welt unterstützt, uns noch viele Unannehmlichkeiten einbringen wird. Vielleicht sollte man sich endlich einmal überlegen, was diesem Terror zugrunde liegt.«

Mit dieser Meinung stand ich damals, in einer Zeit selbstgerechten Aufruhrs, so alleine, daß ich, meinem einäugigen Kater Nachtsche ähnlich, in Stummheit verfiel.

Ich verfolgte das Krakeelen des amerikanischen Präsidenten und die Vorbereitungen zum »Kreuzzug«, und wenn mir das zu sehr auf die Nerven ging, suchte ich einen Sender, der mich über den allgemeinen terroristen- und fahnenfreien Stand der Dinge informieren konnte. Aber den gab es zuweilen nur in deutschen Privatkanälen, wo mir in den Werbepausen ein »Kuschelbärchen« und meinen Katzen – das heißt den deutschen Wohlstandskatzen – ein »Knacki-Katzenschmaus« angeboten wurde. Dem folgte der seit Wochen unausweichliche amerikanische Song ›Powered by emotion‹, den eine sich vor Emotionen überschlagende Männerstimme grölte und damit, so nehme ich an, ein verklemmtes Volk anfeuern wollte, mehr Gefühl und Leidenschaft zu entfalten. Geriet ich an einen Sender, aus dem mir die unergründliche Dummheit in Form des vernachlässigten Nahost-Konflikts entgegenschlug, wußte ich wenigstens, woran ich, woran wir hier alle waren. Die israelische Regierung, die seit der amerikanischen Tragödie mehr denn je von der großen Mehrheit unterstützt wurde, imitierte die Politik des mächtigen Bundesgenossen und Bruders aufs Haar. Derselbe aufschäumende Nationalismus, gekrönt von denselben bombastischen Phrasenblasen, dieselben Racheschwüre gegen den islamistischen Terrorismus. Die Palästinenser, die mit dem gelungenen Anschlag endlich mal wieder einen Anlaß zur Freude hatten, wurden in Bausch und Bogen zu Terroristen abgestempelt, die Terroranschläge in Israel mit dem auf das Welthandelszentrum verglichen und Arafat zum zweiten Osama Bin Laden gekürt, eine Aufwertung, die ihm keineswegs zustand.

Und so nahm das »Powered by emotion«-Desaster seinen unerbittlichen Gang.

Ich schreibe. Was sollte ich auch sonst tun? Man schreibt nirgends besser, hat mir mal jemand, der es wissen mußte, gesagt, als in einem Gefängnis. Da wird man von nichts abgelenkt.

Jerusalem ist ein Gefängnis geworden, und jeder, der nicht gezwungen ist, sein Leben zu riskieren, indem er zur Arbeit geht oder fährt, bleibt im Umkreis seines jeweiligen Stadtbezirks und da am liebsten in seinen vier Wänden.

Ich schreibe, Herr Bush bombardiert die Wüste Afghanistans und räuchert Bin Laden aus, Herr Scharon bombardiert palästinensische Regierungsviertel und Terroristennester und jagt Arafat, und Harry sorgt für die Katzen und die Wäsche. Er wäscht leidenschaftlich gern und auf wissenschaftlich deutsche Art. Wenn ich, Gott behüte, ein grün kariertes Küchentuch zu weißer Unterwäsche in die Maschine tue, regt er sich schrecklich auf.

»Es gibt Wichtigeres«, sage ich, und er antwortet: »Du mußt nicht immer alles über einen Kamm scheren: weiße Unterwäsche ist eins, ein paar umgebrachte Menschen was anderes.«

Er hat recht. Das kleine Leben muß weitergehen, und in dem ist eine grün verfärbte Unterhose nicht zu akzeptieren.

Um zwei Uhr lege ich mich zu meiner gewohnten Siesta hin. Auch da könnte man die Wichtig- und Richtigkeit anzweifeln und sagen: Du legst dich zu deiner gewohnten Siesta ins Bett, während andere tot auf der Bahre oder schwer verletzt auf dem Operationstisch liegen. Korrekt! Aber würde ich mich nicht hinlegen, würde das auch keinen Menschen retten. Also lege ich mich ins Bett und schalte meine Gedanken aus, indem ich das Fernsehen einschalte. Da erfahre ich dann auch, daß die Welt schön ist und das Leben herrlich, solange man sich jung, fit, attraktiv, schlank und gesund hält.

Es gibt Hunderte von Rezepten, wie man das kann, und ich staune, wenn ich die Resultate sehe. Solche Mengen an jungen, fitten, attraktiven, schlanken und gesunden Menschen!

Und alle sind dazu verurteilt, zu »kuscheln«, zu »genießen« und sich gegenseitig zu »verwöhnen«. Ich frage mich, ob das gerade der »Powered by emotion«-Trend ist, ein einschlägiger Werbeslogan oder der Wahlspruch einer ausgelaugten, übersättigten Unisex-Gesellschaft, die sich offenbar erfolglos um Jugend, Attraktivität und Fitness bemüht.

Der Nachmittag verläuft wie der Vormittag, und wenn ich mich mal von meinem rückenfreundlichen Stuhl mit verstellbarem Sitz und aufblasbarer Kreuzstütze losreiße, um ein paar Schritte zu gehen und mich damit fit, attraktiv und gesund zu halten, sagt Harry: »Mach bitte keinen Quatsch und geh nicht auf die Promenade!«

Auf der wird jetzt nämlich mitunter von Palästinensern mit Messern gestochen, und das hat eine junge Frau kürzlich das Leben gekostet. Also gehe ich lustlos einmal ums Karree und träume von der Freiheit, von Wüstenhügeln und Oasen, arabischen Dörfern und einem Garten in der Nähe von Beit Jalla, in dem Dutzende von Aprikosenbäumen stehen und zur Ernte immer ein großes Fest stattfand – Musik und Gesang, Arrak und bauchige Körbe vollgepackt mit arabischen Speisen. Das wird nicht wiederkommen, nicht in meiner Zeit.

Wie lange wollt ihr Unverständigen unverständig sein?

Die Regierung plant eine Mauer zu bauen, um die unversöhnlichen Nachbarn voneinander zu trennen. Ich möchte wissen, wo diese Mauer verlaufen soll. Eine sich zwischen 145 Siedlungen und Hunderten von palästinensischen Ortschaften, zwischen West- und Ostjerusalem, mit seinen Dutzenden von Dörfern, hindurchwindende Schlange? Wie, zum Teufel, wollen sie das trennen und damit auch noch verhindern, daß Terroristen Schlupflöcher finden, um in Israel einzudringen? Von den »autonomen« Palästinensern abgesehen, befinden sich doch Hunderttausende im Kernland, israelische Araber, wie sie genannt werden, die dort in ihren Dörfern und den israelischen Städten leben, Jerusalemer Araber, die in Dutzenden von Dörfern innerhalb der Stadtgrenze wohnen und massenweise in israelischen Lokalen und Hotels, als Bauarbeiter, Taxifahrer, Gärtner, Straßenkehrer arbeiten. Sind das keine potentiellen Terroristen?

Nein, sagen die Israelis in dummdreister Überheblichkeit, die Privilegien, die sie als israelische und Jerusalemer Araber von uns bekommen, sind ihnen weitaus wichtiger als die Solidarität mit ihren Brüdern. Ich fürchte, die Privilegien schließen die Solidarität, unter gewissen Umständen, nicht aus. Ich kenne zu viele von ihnen, weiß, daß die Dörfer mit radikalen Gruppen und deren Sympathisanten durchsetzt sind, weiß, daß auch die friedlichsten unter ihnen voller Groll und Frustration sind. Denn trotz der Privilegien sind sie Unterdrückung und Schikanen, Wassermangel, Bauverbot und Häuserzerstörung ausgesetzt. Glauben die Israelis wirklich, daß es sich hier nur um vereinzelte Terrorgruppen handelt, die ein Arafat, wenn er wollte, in Schach halten könnte? Waren sie, die Juden und späteren Israelis, während der britischen Mandatszeit nicht selber Terroristen, die sich, unter anderem, mit Terroranschlägen ihre Freiheit erkämpften? Werden jetzt Freiheitskämpfer und Guerillakrieger in allen unterdrückten, sich ihrer Haut wehrenden Völkern als Terroristen bezeichnet? Müssen wir uns da auf die Terminologie der »ersten Welt« verlassen: Macht, ob willkürlich oder zum Heil des jeweils einzukassierenden Volkes eingesetzt, ist ein Synonym für Recht, und der Widerstand gegen diese Macht oder dieses Recht ist ein Synonym für Terror? Muß wohl so sein. Denn die Mächtigen töten mit Prinzip, hochentwickelten Waffen und »Fadenkreuz«, während die Machtlosen auf die brutalste Art und Weise morden.

Ich kann die zerfetzte Leiche eines palästinensischen Zivilisten nicht von der eines zerfetzten israelischen Zivilisten unterscheiden. Ich versuche es manchmal, aber ich kann es einfach nicht.

Vielleicht könnte ich noch Scharon begreifen, der sich schon immer durch Machtgier auszeichnete und jetzt, endlich doch noch am Ziel seiner Wünsche angelangt, mit seinem Todfeind Arafat und dem palästinensischen Pack abrechnen will. Aber das israelische Volk begreife ich nicht mehr. Es gibt doch noch viele, die mit der Regierungspolitik nicht einverstanden sind und Scharon lauthals einen Verbrecher nennen. Glauben die, so wie damals die deutschen Juden, daß das alles nur ein flüchtiger Spuk wäre und sie danach wieder in ihren alten Trott fallen könnten? Wenn sie ihn überhaupt unterbrochen haben. Wenn sie überhaupt einen Gedanken über die eigenen Verluste hinaus an die verschwenden, die sich wohl nicht aus Jux und Tollerei den tödlichen Gefahren israelischer Waffen ausliefern und sich nicht nur wegen der »siebzig himmlischen Jungfrauen« ins Jenseits expedieren. Aber vielleicht dürfen sie sich solche Gedanken gar nicht erlauben, vielleicht würden sie Fragen und Zweifel aufwerfen, die ihr nationales Bewußtsein ein für allemal ins Wanken bringen würden.

»Volk im Gehirnwaschgang«, nannte es ein israelischer Journalist, einer, der mit erbarmungsloser Ehrlichkeit wagt, über den ungleichen Krieg und die ruchlose Politik seiner Mitbürger zu berichten. Er ist nicht der einzige. Die sogenannten Defätisten mehren sich – Journalisten und Schriftsteller, Geisteswissenschaftler und Armeeangehörige, die sich weigern, in den besetzten Gebieten ihren Militärdienst abzuleisten und damit gezwungen wären, gegen Zivilisten Krieg zu führen. Für mich sind es Sterne an einem sturmzerfetzten Nachthimmel, leuchtende Beispiele in einem Volk, das einstmals für seinen analytischen Verstand, seine Weltoffenheit und scharfe Kritik berühmt und berüchtigt war. An sie klammere ich mich, wenn ich Sätze höre wie: »Wir sollten sie alle totschlagen, erst dann herrscht Ruhe!« oder wenn ich sie unter Gebrüll demonstrieren sehe – Zigtausende von Siedlern und religiösen Fanatikern, die Scharon dazu ermutigen, noch stärker mit seiner »eisernen Faust« durchzugreifen, ihre Toten mit Hunderten von palästinensischen Toten zu rächen, »ihr« Land von arabischen Städten und Dörfern zu säubern.

Wo ist die große Gegendemonstration? Nicht zwanzig- oder vierzigtausend geknickte »Oldtimer«, die schon während der ersten Intifada gegen die Politik ihrer Regierung und für die Rechte der Palästinenser demonstrierten, sondern Hunderttausende, eine Million überzeugter Bürger, die den Rückzug der israelischen Armee aus den palästinensischen Gebieten, die Aufgabe der Siedlungen, einen palästinensischen Staat, Frieden fordern?

Was hält sie zurück? Ist es Resignation, Überdruß und Gleichgültigkeit einem endlosen Konflikt gegenüber, den man mit den dumpfen Worten: »Ach, was soll's? So war es doch schon immer« abtut. Oder ist es tatsächlich der »Gehirnwaschgang«, der eigenständiges, kritisches Denken aus ihren Köpfen geschleudert und sich in einer vorgefaßten Meinung, in jahrzehntealten, immer wieder hochgespülten Klischees niederschlägt: »Im Grunde wollen sie doch nichts anderes als uns ins Meer treiben.«

Wollen sie zweifellos, können sie aber nicht. Israel hat seit langem alle politischen, militärischen, ökonomischen, propagandistischen und »gottgewollten« Trümpfe in der Hand, während die Palästinenser nichts, aber auch gar nichts dergleichen zu bieten haben und die Chance, daß sie von den Israelis ins Meer getrieben werden, ungleich größer ist.

»Sie wollen ja gar nicht in den 67er Grenzen bleiben, sie wollen das ganze Land und in ihre ehemaligen Häuser in Jaffa, Haifa, Ramla, Westjerusalem und sonstwo zurückkehren.«

Wollen sie zweifellos, können sie aber nicht. Denn ihre Häuser und der Grund und Boden, auf dem sie stehen, sind fest in israelischer Hand. Und ob sie nun, wie in ganz vereinzelten Fällen, von verantwortungsbewußten Israelis gekauft oder, in absentia ihrer geflohenen Besitzer, enteignet wurden, spielt dabei keine Rolle.

»So ist es eben, wenn man Kriege vom Zaun bricht und dann verliert«, erklärt man mir. Es gibt eben immer irgend etwas, mit dem sich beweisen läßt, daß an allem einzig und allein die Araber schuld sind.

Sie haben sich nie lieb und still verhalten, haben Kriege angezettelt, Revolten, Intifadas, Hetzkampagnen. Haben Steine geschmissen und hinterrücks mit Messern gestochen. Wollten die Juden geschlossen ins Meer treiben und das Land, die Häuser, die angeblich ihnen gehören, zurückhaben. Sie waren im »Friedensprozeß« diejenigen, die sich quer stellten und ihn damit zum Scheitern brachten, und sie haben auf den Dächern getanzt und gejubelt, wenn es den Israelis an den Kragen ging und, je mehr desto besser, von ihnen umkamen.

»Und wenn ich sie gewesen wäre«, sage ich, »und mit so unerwarteten, ungebetenen Gästen wie euch hätte leben müssen, Gästen, die darüber hinaus behaupteten, eigentlich seien sie die Eigentümer des Landes und mich gäbe es überhaupt nicht, Gästen, die immer aggressiver wurden und anfingen zu verfolgen, zu unterdrücken, zu zerstören – ganze Dörfer und Landstriche, ich hätte möglicherweise genauso gehandelt wie sie. Ich hätte mir nichts sehnlicher gewünscht, als daß ihr alle verschwindet, auf welche Art auch immer, so wie ihr euch wünscht, daß sie verschwinden, und seit Jahrzehnten alles dazu tut, um den Wunsch wahr zu machen.«

»Du kennst eben nicht die atavistische Angst, die hier von Generation auf Generation übertragen wird. Wir sind von arabischen Völkern umzingelt, und jedes von denen will uns loswerden. Aber wir haben aus der Erfahrung gelernt. Wir lassen uns nicht mehr umbringen, wir setzen uns zur Wehr, koste es, was es wolle!«

Ich schweige und denke mir: Es hat keinen Sinn, an die

Vernunft und Einsicht zu appellieren und mit Salomo zu fragen: »Wie lange wollt ihr Unverständigen unverständig sein und ihr Spötter Lust zur Spötterei haben und ihr Toren die Erkenntnis hassen?«

Es ist zu spät. Die Israelis glauben, das einzig Richtige aus der Erfahrung gelernt zu haben, und brächten die Palästinenser es zu deren Machtposition, hätten sie genauso aus der Erfahrung gelernt und würden nicht anders handeln als die Israelis. Es gibt halt nichts Neues unter der Sonne.

Die israelische Armee fährt mit Panzern in den palästinensischen Autonomiegebieten ein, und wenn das die Weltöffentlichkeit stört, fährt sie wieder raus und hinterläßt böse Spuren. Sie verwüstet Straßen, Felder und Anpflanzungen, tötet wahllos Menschen. Letzteres nennen sie »state killings«. Die Palästinenser folgen, was das wahllose Töten angeht, deren Beispiel. Das wiederum wird Terror genannt. Tot sind die Männer, Frauen und Kinder in beiden Fällen.

Amerika erteilt Scharon milde Verweise und Arafat strenge Verwarnungen. Bush ist es mit Hilfe seiner europäischen Verbündeten gelungen, den Stamm der Taliban bis auf weiteres zu besiegen. Zu diesem Zweck hat er ein gewaltiges Kriegsarsenal benötigt, Tonnen über Tonnen Bomben in den Sand und den bereits reichlich vorhandenen Schutt gesetzt, Millionen von Flüchtlingen und eine unbekannte, aber wohl recht erhebliche Zahl an Toten hinterlassen und den mannigfaltigen wilden Stämmen Afghanistans die »neue Weltordnung« beschert.

Osama Bin Laden allerdings, dem dieser Feldzug in erster Linie gegolten und dessen Kopf er uns allen unzählige Male versprochen hatte, war verschwunden. Eine peinliche Angelegenheit, wenn man bedenkt, daß Bin Laden der »mastermind« der Hydraschlange und der unbedingt zu liquidierende Erzfeind des Westens gewesen sein soll.

»Derselbe Schlamassel wie bei Saddam Hussein«, seufze ich, »riesiger Aufwand und dann heiße Luft. Ich versteh das nicht.«

»Du verstehst nie was«, maßregelt mich eine Bekannte, die mit der Weltpolitik auf vertrautem Fuße steht, »Amerika hat Afghanistan von den Taliban befreit, und jetzt kann das Land nach endlosen Bürgerkriegen endlich in Ruhe und Frieden leben.«

»Tja«, nicke ich, »ich wußte doch immer, daß man sich auf die Selbstlosigkeit der Vereinigten Staaten verlassen kann.«

Wie gesagt, die Taliban sind bis auf weiteres besiegt, Afghanistan hat eine neue rechtschaffene Regierung, die Ordnung und Demokratie einführt, und der Krieg, ein, wie uns versprochen wurde, jahrzehntelanger Krieg, geht weiter. Die nächsten Stationen in Bushs »Achse des Bösen« sind Irak, Iran und Nord-Korea. Bestimmt kommen noch ein paar andere Länder hinzu. Die Europäische Union findet das nicht mehr klug und distanziert sich von ihren amerikanischen Verbündeten. Auch Israels Politik gibt Europa jetzt zu denken. Die belgische Staatsanwaltschaft ermittelt inzwischen gegen Scharon. Wie kann man gegen einen Mann ermitteln, der, wie Präsident Bush, einen »gerechten Krieg« führt?

In der Nacht erwache ich vom Dröhnen eines Flugzeuggeschwaders. Vielleicht sind es auch mehrere, denn das Dröhnen nimmt kein Ende. Dann vier ungewöhnlich heftige Detonationen. Ich fahre hoch, Vicky und General Schwarzkopf, die neben mir auf dem Bett liegen, springen auf und starren mit phosphoreszierenden Augen auf die klirrende Fensterscheibe. Die Hunde der Shwarz' bellen hysterisch.

»Psst«, sage ich zu den Katzen, »habt keine Angst!«

Ich gehe auf die Terrasse und schaue in Richtung Bethlehem. Dort, oder in Beit Jalla, müssen die Bomben gefallen sein und die Menschen, Schutz suchend und vor Angst schlotternd, auf dem Boden liegen. Doch jetzt ist alles wieder still und die Landschaft unheimlich friedlich. Unten im Dorf ragt das weiße Minarett aus der Dunkelheit empor und trägt seine grünglitzernde Kette aus Glühbirnchen um den

Hals. Ein sanfter Wind streichelt mich. Die Katzen, die mir gefolgt sind, räkeln sich wohlig zu meinen Füßen. In weiter Ferne läutet eine Kirchenglocke. Ich weine.

Am Morgen singt die Nachbarin, die mit Mann und Kind in dem Stockwerk über der russischen Familie wohnt, Tonleitern. Sie übt jeden Freitag und hat eine platte, aber durchdringende Stimme.

Harry unterbricht sein ›Tetris‹-Spiel und erscheint kopfschüttelnd auf der Terrasse. »Die singt, und zwei Völker bringen sich gegenseitig um«, sagt er, zieht sein T-Shirt aus und setzt sich mit dem Rücken zur Sonne auf einen Schemel. »Scheißland!«

Joe, sein koptischer Freund, kommt und erklärt, Harrys Haare seien zu lang und er würde sie schneiden. Obgleich er in Ostjerusalem wohnt, ein gelbes, israelisches Nummernschild an seinem Auto hat und, bis auf gelegentliche Kontrollen, frei nach Westjerusalem fahren darf, kommt er nur noch ganz selten und besucht auch nie mehr ein öffentliches Lokal. Es ist weniger Angst, die ihn davor zurückhält, als sein Stolz und ein tiefer Widerwille gegen die Israelis.

»Ich setze mich doch nicht zu meinen Feinden«, sagt er, »erdulde ihr lautes, arrogantes Gehabe und laß sie dann auch noch an mir verdienen.«

Ich mag Joe sehr, seine großen, wachsamen Augen, denen nichts entgeht, seine weltmännischen Manieren, seine Ehrlichkeit.

Die Politik beginnt Freundschaften, Liebesbeziehungen, Familien zu spalten. Ich habe mich von allen zurückgezogen, bei denen ich nicht eine ähnliche politische Einstellung voraussetzen kann, und von diesen Menschen gibt es nur noch erschreckend wenige. Wenn mich ein Anschlag auf die Israelis nicht mehr entsetzt als ein Panzer- oder Flugzeugangriff auf die Palästinenser, dann sehen sie darin eine extreme Stellungnahme für die, die Juden umbringen. Und wenn ich ihnen erkläre, daß es mir einzig und allein um

Gerechtigkeit geht und ich den Mord an einem unschuldigen Juden für ebenso verdammenswert halte wie den an einem Palästinenser, Afrikaner, Amerikaner, Chinesen, dann versuchen mich einige davon zu überzeugen, daß Krieg eben Krieg sei und sie, die Israelis, ihn mit sauberen Methoden, die Palästinenser aber mit gemeinsten Praktiken führen. Oder sie schweigen, scheinen mein Argument zu akzeptieren, betrachten mich aber gleichzeitig mit einem Blick, in dem ich mich als Feindin des jüdischen Volkes wiederfinde. So was tut scheußlich weh, und trotzdem weigere ich mich, mit zweierlei Maß zu messen und das Blut der Juden für wertvoller zu halten als das irgendeines anderen Menschen.

Selbst mit den liberalsten unter ihnen, die Scharon und die Methoden seiner Politik verurteilen und mit trüben Gesichtern die Situation, den Tod ihrer Mitbürger, den Zustand »ihres« Landes, die Zersplitterung »ihrer« Gesellschaft beklagen, mag ich mich nicht mehr unterhalten. Sie gehören zu denjenigen, die über das »unser« nicht hinauskommen, nicht einmal heute, und schon gar nicht damals, als alles noch gutging, man sich der Errungenschaften des israelischen Staates rühmen und über seine kleinen Fehler hinwegsehen konnte. Die Palästinenser, solange sie sich willig zeigten, waren ein Teil »ihres« Landes, Arbeiter und Händler oder auch kleine Beamte, Assistenzärzte, Studenten aus dem Osten Jerusalems. Sie gingen freundlich mit ihnen um, erkundigten sich nach ihren Familien, sagten anstatt auf hebräisch »toda« – danke – auf arabisch »shukran«. Was habe ich diesen Israelis vorzuwerfen? Sie leben in einem soliden bürgerlichen Rahmen, haben Kinder, die im Bus fahren, Enkel, die zur Armee müssen, haben alles Recht der Welt, sie schützen und verteidigen zu wollen. Sie sind hier aufgewachsen, haben in den Schulen, so wie die Araber in den ihren, die einseitige Geschichte ihres Landes und die Furcht vor den grausamen Nachbarn gelernt. Haben in ihren »Shomer Haza'ir«-Jugendgruppen Pionierlieder gesungen, waren idealistisch, patriotisch und fleißig, waren das, was man den »schönen« Teil der israelischen Gesellschaft nannte. Sie lieben ihre Heimat, für die sie gearbeitet, gekämpft und Opfer gebracht haben. Ich habe das alles nicht getan, und vielleicht bin ich sogar ein bißchen neidisch auf ihr Staat-und-Familie-orientiertes Leben, das ihnen Halt, Schutz und Anerkennung bietet.

In einer Zeit, in der ich mich zu integrieren versuchte, waren sie meine Vorbilder gewesen, Menschen, mit denen ich mich gerne umgab. Die Entfremdung begann mit meiner Einwanderung in Israel und der Wiedergeburt meiner Kritikfähigkeit. Ich konnte mich nicht mit der chauvinistischen Hybris der Staatsführung identifizieren, nicht mit der xenophobischen Nabelschau des Judentums und auch nicht mit den Strukturen der israelischen Gesellschaft, in denen ich das entdeckte, was meine kosmopolitische Mutter »die jüdische Enge« genannt hatte. Ich kehrte reumütig zu mir und meinem Außenseitertum zurück.

Inzwischen habe ich mir vom »schönen« Israel nur noch ganz wenige Freunde aufbewahrt, von denen ich weiß, daß sie nicht mit zweierlei Maß messen. Es gehören Juden, Araber und Christen dazu, Gläubige und Ungläubige, zum Judentum Konvertierte und praktizierende Katholiken, Heimatlose und Neurotiker, aktive Friedenskämpfer und resignierte Fatalisten. Aber sie alle haben eines gemeinsam: die Fähigkeit, selbständig zu denken, und den Mut zur Ehrlichkeit.

Ich fühle mich in dieser unangepaßten Gesellschaft gut aufgehoben. Sie gibt mir das Gefühl, nicht allein, und sie gibt mir die Freiheit, Individualist zu sein, ohne damit eine Be- oder Abwertung herauszufordern.

»Warum gehst du nicht endlich weg?« fragt mich Katrin am Telefon. »Was hält dich denn noch dort?«

»Praktisch gesehen: mein Alter, meine Wohnung, meine Katzen. Emotional gesehen: Jerusalem, sein Licht und meine Freunde. Moralisch gesehen: der diffuse Gedanke, daß man das Land nicht dem Lumpenpack überlassen darf und bleiben muß, wo man noch ein bißchen helfen kann.«

»Und wenn Bush seine Drohungen wahrmacht, den Irak angreift und eure ganze Region in einen heillosen Krieg stürzt?«

»Dann brauche ich wenigstens nicht mehr Ex-International zu bemühen.«

Ich lache, aber sie regt sich auf: »Willst du unbedingt für eine so sinn- und verstandlose Sache draufgehen?«

»Und warum sollte ich vor einer sinn- und verstandlosen Sache fliehen, um in die nächste verwickelt zu werden? Die Sinn- und Verstandlosigkeit holt einen doch immer wieder ein.«

»Dir ist wirklich nicht zu helfen!«

»Nein!«

Die Truhe der Vergangenheit

Was für ein wunderschöner Tag. So ruhig, so harmonisch, so strahlend. Die Nachbarin singt, die Russenkinder spielen im Garten, ihre Mutter, Elena, liegt in der Hängematte, Brian und Judith Shwarz sitzen an dem ovalen Plastiktisch und lesen, ihre Hunde haben die Schnauzen auf ihre Knie gelegt, meine Katzen sind nach einem reichhaltigen »Cat-Star«-Frühstück auf Patrouille gegangen, General Schwarzkopf und sein Zögling Vicky, Seite an Seite, er gelassenen Katerschritts, sie in schwarzen Kniestrümpfen, kokett das kleine Hinterteil schwingend. Joe schneidet Harry auf der Terrasse die Haare. Sie kichern und tuscheln. Ich gehe in den Patio, pflücke eine Rose vom Strauch und stelle sie auf das Fensterbrett vor die Fotografien meiner Eltern und meines Bruders. Er ist mit siebenundzwanzig Jahren als Soldat der Französischen Freien Armee im Krieg gefallen – für die

»gerechte Sache«, wie er es nannte. Mein Blick streift die flachen, hellen Grabsteine auf dem Ölberg. Sie haben sich, seit ich hier eingezogen bin, verdreifacht. Ein Kolibri schwirrt am Fenster vorbei. Aus seinem schwarzen Gefieder strahlt wie Neonlicht ein türkisfarbener Latz. »Peter«, frage ich das Bild meines Bruders, »was ist eine ›gerechte Sache‹?«

Vorgestern hat ein Selbstmordattentäter in einem Jerusalemer Café zehn Menschen in die Luft gesprengt und vierzig, zum Teil schwer, verletzt. Die meisten waren Frauen und Jugendliche.

Heute sind die Israelis mit Panzern in fast alle autonomen Städte der Palästinenser ein- und nicht wieder ausgerückt.

Ich rufe meinen Freund Ismael Abu Bashir in Ramallah an.

»Sie sind um halb fünf Uhr früh gekommen«, sagt er, »haben das Hauptquartier Arafats angegriffen und die Stadt besetzt. Es gibt bis jetzt sieben Tote, aber momentan schießt man nicht mehr. Wir sind unter Ausgangssperre, haben aber Lebensmittelvorräte. Mach dir keine Sorgen, es geht uns gut.« Der Satz »Wir machen weiter« bleibt diesmal aus, statt dessen kommt die ältere Tochter an den Apparat. Sie ist siebzehn und steht kurz vor dem Abitur. Ihre Stimme ist leise und atemlos: »I miss you, Angelika«, sagt sie.

Vier Jahre war sie alt, als die erste »Glorious«-Intifada ausbrach, und sie hatte schreckliche Angst vor den Israelis, die sie nur als bewaffnete Soldaten kennenlernte. Bis zum heutigen Tag kennt sie sie nur als bewaffnete Soldaten, mit Panzern jetzt, mit F-16-Kampfflugzeugen und scharfer Munition. Was für eine Kindheit hatte das kleine Mädchen, was für eine Gegenwart hat der Teenager, was für eine Zukunft wird die junge Frau haben? Was kann sie für den barbarischen Wahnsinn, in den sie hineingeboren worden ist?

»Hab keine Angst«, sage ich, »sie werden euch nichts tun, bestimmt nicht! Und wir sehen uns bald wieder.«

Ich spreche mit ihr wie mit meinen Katzen, mit dem Unterschied, daß sie den Blödsinn, den ich sage, versteht.

Woher weiß ich, daß sie ihnen nichts tun werden, nachdem ich gerade gestern einen angeblich gescheiten, zivilisierten Mann habe sagen hören: »Wir sollten sie alle platt walzen!« Woher weiß ich, daß ich sie wiedersehen werde?

»Sie schießen die ganze Zeit«, haspelt sie, »und sie haben Arafat in ein Zimmer eingesperrt und wollen ihn umbringen.«

»Das dürfen sie gar nicht. Amerika hat's ihnen verboten.«

»Amerika will uns alle umbringen. Glaubst du, Europa wird uns helfen?«

»Ja, bestimmt.«

»I miss you so much.«

»We all miss each other.«

Ich hänge ein, gehe zu meiner »Truhe der Vergangenheit« und nehme ein Fotoalbum heraus: »Israel: Freunde, 1984–90« steht auf dem Einband. Ich habe sie alle dort eingefangen, für eine Blitzlichtsekunde dem unbarmherzigen Sog der Zeit entrissen:

Stanley, der aus Brooklyn stammende Literaturprofessor, mit Sheba, seiner Lieblingskatze, im Arm und dem blutjungen Ibrahim, Subjekt seiner Leidenschaft, im Hintergrund. Er blickt in die Kamera, und in seinem unentschiedenen Lächeln spiegelt sich sein Wesen: halb verlorenes Kind, das sich nach Liebe sehnt, halb kluger Mann, der sich seiner geistigen Überlegenheit bewußt ist.

Jane und Tony, er ein Grandseigneur, schon sehr krank, aber noch immer elegant, sitzt in seinem Lehnstuhl, die geliebte Hündin, Gina, zu seinen Füßen; sie steht hoch aufgerichtet hinter ihm, das groß angelegte, dramatische Gesicht das einer warnenden Prophetin.

Evchen, mit der mich damals so viel verband, und ich, Wange an Wange: eine üppige Frau, deren schönes, strahlendes Gesicht, lebensfrohes Temperament und unerschütterlicher Optimismus die Menschen scharenweise angezogen haben und die heute kaum noch sehen, hören, gehen kann und denken überhaupt nicht mehr.

Philip auf einem Purimfest, goldblondes Haar, tief gebräunte Haut und blau geschminkte Augenlider. Um den Hals einen weißen Blumenkranz, in der Hand die Zigarette, im Gesicht den erloschenen Ausdruck einer schweren Depression.

Rick, in lässiger Pose auf meinem Sofa, ein Arm über die Rückenlehne geworfen, ein Bein über das andere geschlagen und in dem kleinen Gesicht mit der großen, dunkel gerahmten Brille das sardonische Grinsen, hinter dem sich Einsamkeit und Angst verbergen.

Ibrahim auf seiner Hochzeit. Ein typisch amerikanisch-arabisches Foto: er, eine schmale, attraktive Gestalt in einem weißen Smoking, sie, eine erdgebundene Vollblutfrau in Tüll und Seide, beide erstarrt in Würde und Verlegenheit.

Und schließlich das Bild, das ich während der ersten Intifada von »meiner« Familie aus Ramallah aufgenommen und »ein Augenblick im Paradies« genannt habe: Sie sitzen unter einem Olivenbaum, Jamila mit dem Baby an der Brust, Ismael mit der älteren Tochter auf den Schultern.

Ich blättere nicht weiter, schlage das Album mit lautem Knall zu und werfe es in die Truhe: »Zerfall auf der ganzen Linie«, murmele ich. Stanley ist seit acht, Tony seit zwölf Jahren tot. Jane befindet sich in dem Dämmerzustand der Alzheimerkranken. Evchen ist das Zerrbild einer Frau geworden, die sich von ihrem ehemaligen »Image« nicht trennen kann und unter gellendem Gelächter einen infantil-senilen Optimismus verströmt. Philip steckt in einer manischen Phase, deren Auswüchse ihn lebensgefährliche Pläne schmieden lassen: Er ist, im schlimmsten aller Momente, in Israel eingewandert, will eine Wohnung kaufen, Teilhaber einer arabischen Essiggemüsefabrik werden, Scharon umbringen und mit einer von ihm neu gegründeten Partei in die Knesset einziehen. Rick ist seit acht Jahren spurlos verschwunden, Ibrahim zählt in der amerikanischen Provinz, in der er Manager eines kleinen Supermarkts ist, zu den potentiellen Terroristen, auf die man Hexenjagd macht, und die

Familie Abu Bashir sitzt eingesperrt in ihrer Wohnung, in der ihnen sowohl die Elektrizität als der letzte Hoffnungsfunken abgeschnitten wurde.

Habe ich das wirklich alles kommen sehen, damals, als sämtliche Glocken der Jerusalemer Kirchen das Jahr 2000 einläuteten und Harry zu mir sagte: »Zweitausend weiße Friedenstauben fallen in der Millenniumsnacht tot auf Bethlehem hinab. Also wenn das kein eindeutiges Zeichen ist!«

Und ich: »Du meinst, ein eindeutiges Zeichen, daß es hier keinen Frieden geben wird? Harry, dazu brauche ich keine toten weißen Tauben, sondern nur einen klaren Menschenverstand.«

Ja, ich habe es kommen sehen, so wie man den Tod kommen sieht und sich trotzdem nicht vorstellen kann, daß er einen eines Tages mitnimmt.

Die Nachbarin schmettert Tonleitern, im Garten lachen die Russenkinder, die Katzen kehren von ihrem Patrouillengang zurück, und aus dem Haus der arabischen Familie, die auf der anderen Seite des »ehemaligen« Niemandslandes mir gegenüber wohnt und der Kollaboration mit Israel verdächtigt wird, bricht plötzlich ein schauerliches Getöse, das man mit einiger Phantasie für Musik halten kann. Harry mit einem mißglückten 8-Millimeter-Haarschnitt kommt ins Zimmer gesprungen, wirft die Arme hoch und grölt: »Wir machen durch bis morgen früh und singen bums fallera, bums fallera, bums fallera ...«

»Wenn er jetzt auch noch Springerstiefel anhätte«, lacht Joe, der ihm gefolgt ist, »könntest du mit ihm sogar in ein Flüchtlingslager gehen. Die Palästinenser würden vor euch weglaufen.«

»Und die Israelis auf uns schießen«, sage ich.

»Ihr irrt euch beide«, verkündet Harry, »jetzt sehe ich endlich so unwiderstehlich aus, daß mir die israelische Armee, die palästinensischen Tansim, die Siedler und zukünftigen Selbstmordattentäter hinterherlaufen würden. Bums fallera!«

»Nicht alle sind schwul«, sage ich und muß lachen, »leider! Wäre das der Fall, würde man sich hier miteinander verbrüdern, und darüber hinaus wäre die Kinderproduktion gestoppt ... Lebt wohl, meine Lieben, ich gehe ein bißchen spazieren.«

»Wo?« fragt Harry argwöhnisch.

»Gute Frage!«

Ich gehe ziellos durch die Stadt. Erst durch die engen, malerischen Straßen der »Deutschen Kolonie«, in denen es noch alte arabische Herrenhäuser gibt, Gärten, Bäume, Hecken, blühende Büsche und, wie in ganz Jerusalem, Schilder, auf denen Häuser und Wohnungen zum Verkauf angeboten werden. Die Ratten verlassen das sinkende Schiff, denke ich bei jedem Schild und gehe weiter durch die »Emek Rafa'im«, die Hauptgeschäftsstraße dieses stillen Viertels, dem Zentrum zu.

Hier sind in den letzten Jahren viele neue Boutiquen, Läden und Cafés eröffnet worden, die dem Geschmack einer exklusiveren Kundschaft als der im Zentrum der Stadt entsprachen und sie zu einem Einkaufsbummel mit anschließendem Kaffee und Kuchen verführten. Die Straße war schließlich so betriebsam geworden, daß sie verbreitert werden mußte. Doch dann, eines Tages, war sie nicht nur Ziel einer exklusiveren Kundschaft, sondern auch eines Selbstmordattentäters geworden, der in dem bestbesuchten Café seinen Sprengstoff loswurde.

Der Schreck sitzt den Bürgern der Stadt noch heute in den Knochen. Die Geschäfte sind leer, und vor den kaum besuchten Cafés und allen größeren Einrichtungen stehen bewaffnete Wächter, die nun wirklich einen undankbaren Job haben: Entweder sie ballern auf Verdacht los und riskieren damit, einen harmlosen israelischen Rucksackträger zu liquidieren, oder sie zögern bei einem nicht harmlosen und gehen mit ihm in die Luft.

Ich laufe jetzt die breite »King-David-Straße« zwischen dem »Liberty Bell«-Park und den Anlagen von »Jemin

Moshe« hinauf. Natürlich bin ich früher durch die öffentlichen Gärten gegangen, die mich mit ihren Rasenflächen und weinberankten Pergolen, ihren Olivenbäumen und Zypressen, ihren Oleander- und Thymiansträuchern gelockt hatten. Manchmal hatte ich mich ins Gras gelegt oder auf eine der Steinbänke gesetzt, die um den von der deutschen Bundesrepublik gestifteten Brunnen herumstehen. Der Brunnen, auf dessen breitem Beckenrand große, aus Bronze gegossene Raubkatzen posieren und auf dessen höchster Spitze eine einsame Friedenstaube hockt, war ein begehrtes Ziel israelischer und arabischer Kinder. Sie planschten mit den Füßen im Wasser, ritten auf den Raubkatzen, lachten und schrien vor Entzücken. Die Mütter saßen auf den Bänken, Araberinnen mit Kopftüchern und weiten, langen Mänteln, Israelinnen mit Trägerhemdchen und kurzen Röcken. Sie teilten nie eine Bank und die Kinder nie den Rücken eines Tieres. Aber die Liebe und Achtsamkeit, mit der die Mütter ihre Kinder im Auge behielten, war dieselbe.

Jetzt ist der einstmals vergoldete Brunnen mit Grünspan überzogen und das Becken leer. Auf den Bänken sitzt keine Mutter mehr, und auf den Raubkatzen reitet kein Kind. Ich selber laufe aus Sicherheitsgründen auf der Straße und blicke sehnsüchtig zu den weinberankten Pergolen, den Olivenbäumen und Rasenflächen hinüber.

»Der Kampf gegen den Terror ist hart und lang«, hatte Ministerpräsident Scharon verkündet, »aber ein Wandel zu erwarten.«

Kürzlich hat sich ein sechzehnjähriges palästinensisches Mädchen in einem Supermarkt Jerusalems in die Luft gesprengt und zwei Menschen, ein gleichaltriges israelisches Mädchen und den Wächter, mitgenommen.

»Sie töten uns um des Tötens willen«, entrüstete sich eine Ärztin, die ich seit Jahren kenne und immer für sehr liberal und intelligent gehalten habe, »es steckt etwas widerlich Perverses in ihrer Mentalität. Kein Jude würde auf so eine barbarische Art töten.«

Mir wurde kalt bis in die Knochen.

»Jeder tötet auf seine Art«, sagte ich, »aber töten bleibt töten und ist meiner Meinung nach immer widerlich pervers. Die Israelis töten mit spezialisierten Waffen, die Deutschen haben mit Gas getötet, die Amerikaner mit Napalm und schließlich der Atombombe. Wäre Ihnen lieber, den Palästinensern stünden diese anständigen westlichen Mittel zur Verfügung?«

Sie starrte mich vorwurfsvoll an und schwieg.

»Weißt du«, hatte mir meine Freundin aus Beit Jalla am Telefon erklärt, »wenn man so erbärmlich leben muß wie wir, vielleicht auch noch Familienangehörige, sein Haus, sein Stück Land verloren hat, und dann die Israelis so unbekümmert und fröhlich ihr Leben genießen sieht, braucht man gar nicht lange indoktriniert zu werden, um zu töten. Haß und Verzweiflung sind bei unsereinem stärker als der Lebenswille.«

Ich versuche mich oft in diese jungen Attentäter hineinzuversetzen, und wenn ich an die Zeit unseres Exils in Bulgarien zurückdenke, an das gequälte, halbseitig gelähmte Gesicht meiner Mutter und die vergnügt durch Sofias Straßen schlendernden deutschen Soldaten, dann gelingt mir das. Ich habe mir damals gewünscht, daß sie zugrunde gehen, Männer, Frauen, Kinder, ganz egal, und über jeden Bombenangriff auf ihre Städte gejubelt. Ich wollte, daß sie leiden, so wie wir leiden, daß ihre Häuser, ihr gottverdammtes heiles Leben zertrümmert wird. Oh ja, ich kenne den unbändigen Haß und die Verzweiflung, die Menschen, und wenn auch nur in Gedanken, töten lassen.

Jetzt gehe ich die Balfour-Straße hinab und sehe an einer der Ecken ein kleines Häuflein bedrückt dreinschauender Menschen. Zwei von ihnen halten ein Schild, mit dem sie ihrem unerfüllbaren Wunsch »Scharon tritt ab!« Ausdruck verleihen. Nicht unweit der Ecke, in der Smolensk-Straße, die für Verkehrsmittel und verdächtig aussehende Gestalten gesperrt ist, befindet sich Scharons Residenz. Ein Auto fährt dauerhupend an den protestierenden Menschen vorbei, und ein junger Kerl spuckt in deren Richtung.

Ein in der Nähe postierter Polizist, der am Kotflügel seines Wagens stehend eine Mahlzeit einnimmt, schüttelt mißbilligend den Kopf. Da er damit meine Zuneigung gewinnt, lächele ich ihn an und wünsche ihm einen guten Appetit. Er hält mir einladend ein halbes Sandwich entgegen, und ich bin darüber so gerührt, daß ich es überschwenglich dankend annehme, um die nächste Ecke in eine kleine Straße biege und dort eine magere Katze damit beglücke.

Es ist eine der hübschen, gepflegten Straßen Rechavias, eines Viertels, das die deutschen Juden Anfang der dreißiger Jahre gegründet haben. Es stehen viele Bäume dort und viele geparkte Autos. Im Vorbeigehen lese ich die Aufkleber an den Rückfenstern: »Schalom« steht kurz und bündig auf dem einen, »Ariel Scharon der Führer zum Frieden« auf dem nächsten, »Schalom friend« erinnert ein dritter an die Ermordung Rabins. Die nächsten drei Autobesitzer haben sich einer öffentlichen Meinung enthalten, doch dann, der vierte – ein ganz neuer Aufruf: »Krieg jetzt!«

»Denn sie wissen nicht, was sie tun«, sage ich leise, wende mich angeekelt ab und gehe auf direktem Weg ins Zentrum der Stadt. Dort bleibe ich erst wieder stehen, als ich am oberen Ende der Ben-Jehuda-Straße angelangt bin.

In dieser Straße, in der es früher wie auf einem Jahrmarkt zuging, sind schon viele Menschen umgekommen. Nach jedem Anschlag war sie ein paar Tage lang leer geblieben, doch dann war das Bombenattentat vergessen und die Leute kamen wieder. Nach dem letzten, das vor kurzem in einer Nebenstraße und da direkt vor meiner Stammkneipe stattfand, sind sie nicht mehr wiedergekommen, denn jetzt ereignen sich täglich und im ganzen Land Anschläge und mit jedem wachsen die Unsicherheit und Angst ins Unermeßliche.

Ich kenne die Ben Jehuda seit vierzig Jahren, kannte sie in ihrer ganzen liebenswerten Ärmlichkeit und dann als aufpolierte Fußgängerzone und Flaniermeile, auf der die Jugend Kontakte knüpfte, die Älteren und Alten die Cafés bis auf den letzten Platz besetzten und sich russische Neueinwanderer mit zweifelhaften musikalischen Darbietungen ein paar Schekel zu verdienen hofften. Ich war sie unzählige Male hinauf- und hinuntergegangen, hatte in der Wechselstube Geld getauscht, in dem spießigen kleinen Kaufhaus »Krawitz« irgendeinen Gebrauchsgegenstand und bei »Chique Parisienne« einen Strohhut gekauft. Hatte im Café »Attara« ein Eis gegessen und mich dabei über die dicken, Kuchen mampfenden Frauen, die kreischenden Kinder und rücksichtslosen jungen Burschen geärgert.

Jetzt stehe ich hier und starre sie an wie einen langjährigen Freund, der sich als Feind entpuppt hat. Und plötzlich empfinde ich Mitleid mit dieser nach wie vor häßlichen Straße, den leeren Geschäften und Cafés, den Menschen, die ihr fernbleiben, den Menschen, die hier töteten und getötet wurden, den aufsteigenden Erinnerungen an eine Zeit, in der ich das israelische Volk geliebt habe, in der es mich, als ich nicht mehr ein noch aus wußte, wie eine herrenlose, verschreckte Katze aufgenommen, mich gestreichelt und gewärmt und mir mein Selbstwertgefühl zurückgegeben hat. Ja, ich verdanke ihm viel, sehr viel und werde den Verlust nie verwinden.

Ich drehe mich um und laufe in die entgegengesetzte Richtung, laufe sehr schnell und fühle einen Schmerz irgendwo zwischen Brust und Kehle, der mit kleinen, spitzen Flammen die Worte: »Krieg jetzt!« in mich einbrennt. In einem öffentlichen Gärtchen setze ich mich auf eine Bank neben einen Mimosenstrauch, der, in voller Blüte, wie eine gelb genoppte Mütze aussieht. Ich möchte mich in diesen Strauch verkriechen, die Worte »Krieg jetzt!« und die Gedanken, die sie auslösen, mit seinem süßen Duft auslöschen, die Erinnerungen auslöschen, die Sehnsucht, den Schmerz.

»Krieg jetzt«, ja, das paßt ihnen in den Kram. Nichts kommt Scharon und der großen Mehrheit, die inzwischen hinter ihm steht, mehr entgegen als dieser sogenannte Krieg, mit dem sie ein jahrzehntelang vergewaltigtes, periodisch rebellierendes und um seine Freiheit kämpfendes Volk endlich und vollends kaputtmachen können. Und das auch noch mit der Zustimmung Amerikas, dem Schweigen Europas, der allgemein anerkannten Notwendigkeit, die Welt vom »Terrorismus« zu säubern. Der mächtigste Mann der Welt, George Bush, mit dem Gesicht eines Makaken, und der mächtigste Mann des Mittleren Ostens, Ariel Scharon, mit dem Erscheinungsbild eines Rhinozerosses, haben da ein ganz einfaches Prinzip: Terroristen konzentrieren sich in den Ländern, die man zu seinen eigenen Zwecken braucht und sich daher gefügig machen muß, oder in solchen, mit denen man eine alte Rechnung begleichen will. Und wenn sie nicht willig sind, ihr Land, ihre Unabhängigkeit und Freiheit aufzugeben, so braucht man Gewalt.

Das, was der Welt unter dem Decknamen Krieg verkauft wird, rechtfertigt jedes Verbrechen, denn man tut es, um sein eigenes Volk zu schützen und zu verteidigen. Und die Menschen, in diesem Fall die israelischen, die durch den Gehirnwaschgang gingen und von allem eigenständigen Denken, von Kritik, Gewissen und Vernunft reingeschrubbt wurden, machen mit. Die Armee vollstreckt blindlings, was ihr befohlen wird, und einiges, was ihr nicht befohlen wird. Die Soldaten besetzen mit einem Überaufgebot an Panzern die autonomen palästinensischen Gebiete, bombardieren sie, verwüsten und besudeln die Inneneinrichtungen öffentlicher Gebäude, durchkämmen Haus für Haus, und manch einer steckt das Geld, das er dabei findet, in die eigene Tasche. Sie schlagen, treten, schießen, verhängen strikte Ausgangssperren, treiben die männliche Bevölkerung der Orte zusammen, fesseln sie, verbinden ihnen die Augen, sperren sie zu Hunderten in Schulgebäude, registrieren sie und lassen häufig Verwundete, Schwerkranke und Hochschwangere so lange an den Checkpoints warten, bis sich die Weiterfahrt erübrigt hat.

Bin ich verrückt, frage ich mich, daß ich aus dem Holocaust offenbar eine falsche Lehre gezogen habe und es nicht schaffe, über die Menschenrechtsverbrechen, die heute in Israel begangen werden, hinwegzusehen? Oder sind die verrückt, die glauben, ein Recht darauf zu haben? Ich weiß es nicht. Ich folge nur einem simplen Gerechtigkeitssinn, der mir sagt, daß das, was hier geschieht, moralisch untragbar geworden ist und sowohl Israel als dem jüdischen Volk unvergleichlich mehr schaden als nützen wird.

Eine wunderbare Traurigkeit

Ein altes Männlein, kurz und breit, setzt sich ächzend neben mich auf die Bank. Worüber ächzt er? Über das Alter und seine Beschwerden? Über den Krieg, der uns »aufgezwungen« wird? Über das gestrige Selbstmordattentat, das vierzehn Menschen das Leben gekostet hat? Über die Hitze, die Sirenen der drei Polizeiautos, die an uns vorbeirasen, den hübschen, blauäugigen Husky, der an der Ecke unserer Bank das Bein hebt?

Ich spüre, daß er mich anschaut, wende den Kopf und lächele.

»Schalom«, sagt er und seufzt. Bei diesem Wort stimme ich in sein Seufzen ein. Er hat ein liebes Gesicht, voller Falten und Gram. Ich biete ihm eine Zigarette an und stecke mir eine zwischen die Lippen. Er bedankt sich und gibt uns Feuer. Wir rauchen und schweigen. Woran denkt dieser Mann, woher kommt er, was hat er erlebt? Ich frage mich, wie er reagieren würde, wenn ich jetzt nach seiner Hand griffe und sie liebevoll festhielte? Was treibt mich zu solchen Gedanken? Instinkt oder ein scheinbar unmotiviertes Schuldgefühl? Sein liebes, bekümmertes Gesicht oder der Schmerz zwischen meiner Brust und Kehle? Das Bedürfnis,

Hilfe zu empfangen, oder das, ihm helfen zu wollen? Solidarität mit einem mir fremden und doch vertrauten Mann oder Bestürzung über dieses Gefühl der Solidarität, das einer ewig gegenwärtigen Erinnerung an Menschen seiner Art entspringt?

Er sagt, ich trüge schöne Schuhe, ob ich die hier oder im Ausland gekauft habe?

Ich sage: »Im Ausland« und erkundige mich, woher er komme.

Er sagt, aus Rußland, aus einem kleinen Schtetl in der Nähe von Odessa.

Ob er gerne in Jerushalayim lebe, frage ich.

Er sagt, er würde nirgends mehr gerne leben, denn er sei alt und allein und es wäre für keinen Menschen gut, allein zu sein. Und ich, ob ich gerne in Jerushalayim lebe?

Ich sage, es gehe mir wie ihm, und streiche über die gelbe Noppenmütze des Mimosenstrauchs.

»Der ist schön, nicht wahr?« frage ich den alten Mann, und er antwortet: »Ja, es gibt viele schöne Dinge auf der Welt.«

Ich nicke und spüre, wie sich Haß und Zorn in mir zurückziehen und einer grenzenlosen Traurigkeit das wohlverdiente Feld räumen. Es ist eine wunderbare Traurigkeit, ohne Schärfe und so glatt wie Seide. Sie ist weit wie die Judäische Wüste, klar wie die Berge Moabs bei Ostwind, sanft wie das Licht Jerusalems, kurz bevor es von der Nacht ausgelöscht wird. Und ich weiß, daß sie mich als einzige nicht verlassen, daß sie mich begleiten wird bis ans Ende.